第六届丝绸之路（敦煌）国际文化博览会
The 6th Silk Road (Dunhuang) International Cultural Expo

论文集

《第六届丝绸之路（敦煌）国际文化博览会论文集》编委会　编

读者出版社

图书在版编目（ＣＩＰ）数据

第六届丝绸之路（敦煌）国际文化博览会论文集 /
《第六届丝绸之路（敦煌）国际文化博览会论文集》编委
会编. -- 兰州 ：读者出版社，2024.2
　　ISBN 978-7-5527-0785-4

　　Ⅰ．①第… Ⅱ．①第… Ⅲ．①文化交流－世界－文集
Ⅳ．①G115-53

中国国家版本馆CIP数据核字(2023)第245910号

第六届丝绸之路（敦煌）国际文化博览会论文集
《第六届丝绸之路（敦煌）国际文化博览会论文集》编委会　编

责任编辑　房金蓉
装帧设计　雷们起

出版发行　读者出版社
地　　址　兰州市城关区读者大道 568 号（730030）
邮　　箱　readerpress@163.com
电　　话　0931-2131529（编辑部）　0931-2131507（发行部）

印　　刷　深圳市国际彩印有限公司
规　　格　开本 787 毫米 ×1092 毫米　1/16
　　　　　印张 37　插页 9　字数 600 千
版　　次　2024 年 2 月第 1 版
　　　　　2024 年 2 月第 1 次印刷
书　　号　ISBN 978-7-5527-0785-4
定　　价　128.00 元

　　▲ 2023 年 9 月 6 日，第六届丝绸之路（敦煌）国际文化博览会在敦煌隆重开幕，来自 56 个国家、地区和国际组织以及国内 28 个省（区、市）的1200 多名嘉宾出席开幕式。

▲ 2023 年 9 月 6 日，第六届丝绸之路（敦煌）国际文化博览会在敦煌隆重开幕，来自 56 个国家、地区和国际组织以及国内 28 个省（区、市）的 1200 多名嘉宾出席开幕式。

▲ 2023 年 9 月 6 日，第六届丝绸之路（敦煌）国际文化博览会"传承丝路文化与构建文明新形态论坛"在敦煌举办。

▲ 2023 年 9 月 6 日，第六届丝绸之路（敦煌）国际文化博览会"敦煌学研究弘扬的世界意义学术研讨会"在敦煌举办。

▲ 2023年9月6日至7日，第六届丝绸之路（敦煌）国际文化博览会"敦煌舞的创新与发展论坛"在敦煌举办。

▲ 2023年9月6日，第六届丝绸之路（敦煌）国际文化博览会"国际青年文化论坛"在敦煌举办。

▲ 2023 年 9 月 6 日，第六届丝绸之路（敦煌）国际文化博览会"第二届文明古国友好组织对话会"在敦煌举办。

▲ 2023 年 9 月 6 日，第六届丝绸之路（敦煌）国际文化博览会"2023 丝绸之路国际商协会（敦煌）会议暨甘肃重点产业链对接洽谈会"在敦煌举办。

▲ 2023 年 9 月 6 日，第六届丝绸之路（敦煌）国际文化博览会"推进智慧广电建设论坛"在敦煌举办。

▲ 2023 年 9 月 7 日，第六届丝绸之路（敦煌）国际文化博览会"联合国教科文组织保护非物质文化遗产公约 20 周年论坛"在敦煌举办。

　　▲2023年9月7日，第六届丝绸之路（敦煌）国际文化博览会"中国—中亚和东盟发展合作论坛"在敦煌举办。

　　▲2023年9月7日，第六届丝绸之路（敦煌）国际文化博览会"2023文化交流与合作论坛"在敦煌举办。

▲ 2023 年 9 月 7 日，第六届丝绸之路（敦煌）国际文化博览会"丝绸之路影视剧创作论坛"在敦煌举办。

▲ 2023 年 9 月 6 日至 7 日，第六届丝绸之路（敦煌）国际文化博览会"广播电视和网络视听经纪人研讨会"在敦煌举办。

前　言

由中共中央宣传部指导，甘肃省人民政府、文化和旅游部、国家广电总局、中国贸促会共同主办的第六届丝绸之路（敦煌）国际文化博览会（以下简称第六届敦煌文博会）于2023年9月6日至7日在敦煌市成功举办。大会以习近平新时代中国特色社会主义思想为指引，以服务共建"一带一路"为使命，以"沟通世界：文化交流与文明互鉴"为主题，组织开展了会谈、论坛、展览、演出和招商推介等30多项活动，土库曼斯坦担任主宾国，新疆维吾尔自治区担任主宾省，来自56个国家、地区和国际组织以及国内28个省（区、市）的1200多名嘉宾参会。

中共中央政治局委员、中宣部部长李书磊出席开幕式并发表主旨演讲。马达加斯加国民议会副议长让·布鲁奈尔、上海合作组织副秘书长尼亚扎利耶夫、主宾国土库曼斯坦代表阿什哈巴德市副市长古尔班诺夫·巴以拉穆拉特等嘉宾在开幕式致辞。中外嘉宾表示，敦煌是古丝绸之路的重要节点，也是文化文明的汇聚交融之地。今年是习近平主席提出共建"一带一路"倡议10周年。在新起点上，要大力倡导丝路精神，积极践行全球文明倡议，广泛开展国际人文交流合作，为共建"一带一路"注入更加深厚的文明力量。中外嘉宾认为，应倍加珍惜、深入研究、大力弘扬敦煌文化，挖掘敦煌文化所蕴含的哲学思想、人文精神、价值理念、艺术传统。尊重文明多样性，在开放中共同发展，在互鉴中彼此成就，共同谱写相知相交相亲的新篇章。保护传承人类文明瑰宝，在古代文明研究、联合考古、古迹修复、博物馆建设等方面深入推进文化遗产领域国际合作。秉持对各国优秀传统文化的礼敬之心，贯通传统与现代、传承与创新，建设富于时代精神和世界眼光的现代文明。

第六届敦煌文博会举办了以"敦煌论坛"为统一名称的12场分论坛，580多名中外嘉宾出席，其中230多名嘉宾在各分论坛发表演讲，相互碰撞智慧火花，广泛凝聚思想共识。围绕传承弘扬丝路精神，举办了传承丝路文化与构建文明新形态论坛、敦煌学研究弘扬的世界意义学术研讨会、敦煌舞的创新与发展论坛，挖掘历史文化时代价值，践行全球文明倡议，提出一系列新观点、新理念、新方法，促进文明交流、互学互鉴。围绕共建"一带一路"，举办了中国—中亚和东盟发展合作论坛、联合国教科文组织保护非物质文化遗产公约20周年论坛、国际青年文化论坛、2023文化交流与合作论坛、推进智慧广电建设论坛、丝绸之路影视剧创作论坛等，深入阐释中国同共建国家合作共赢的坚定决心和务实行动，充分彰显中国推动构建人类命运共同体的大国担当，展望携手共建"一带一路"的美好未来。围绕机制性对话，举办了第二届文明古国友好组织对话会、广播电视和网络视听经纪人研讨会、丝绸之路国际商协会（敦煌）会议，探索推进文化交流与文明互鉴的工作机制，为常态化、长效化、机制化合作交流提供重要的国际遵循。

为广泛宣传第六届敦煌文博会取得的重要会议成果，让社会各界深入了解敦煌文博会的丰富内容，我们编辑了《第六届丝绸之路（敦煌）国际文化博览会论文集》，共收录开幕式和12场论坛会议上的嘉宾演讲、论文100余篇，与大家分享。

在论文集的编辑过程中，我们得到了有关领导和论坛承办单位的大力支持帮助，在此一并致谢。

编委会

2023 年 12 月

目　录

开幕式

1. 在第六届丝绸之路（敦煌）国际文化博览会开幕式上的致辞
   中共甘肃省委书记、省人大常委会主任　胡昌升 …………………… 005

2. 在第六届丝绸之路（敦煌）国际文化博览会开幕式上的致辞
   文化和旅游部副部长、国家文物局局长　李　群 …………………… 008

3. 在第六届丝绸之路（敦煌）国际文化博览会开幕式上的致辞
   土库曼斯坦代表　古尔班诺夫·巴以拉穆拉特 …………………… 011

4. 在第六届丝绸之路（敦煌）国际文化博览会开幕式上的致辞
   上海合作组织副秘书长　尼亚扎利耶夫 …………………… 013

5. 在第六届丝绸之路（敦煌）国际文化博览会开幕式上的致辞
   马达加斯加国民议会副议长　让·布鲁奈尔 …………………… 015

6. 第六届丝绸之路（敦煌）国际文化博览会开幕式主持词
   中共甘肃省委副书记、省人民政府省长　任振鹤 …………………… 018

传承丝路文化与构建文明新形态论坛

7. 在"传承丝路文化与构建文明新形态论坛"上的致辞
   甘肃省政协副主席　王　锐 …………………… 024

8. 在"传承丝路文化与构建文明新形态论坛"上的致辞
   阿塞拜疆文化部部长　阿迪尔·卡里姆利 …………………… 026

9. 在"传承丝路文化与构建文明新形态论坛"上的演讲
   原文化部部长　王　蒙 …………………… 030

10. 在"传承丝路文化与构建文明新形态论坛"上的主旨演讲

　　中国文联党组成员、书记处书记　张　宏 …………………… 033

11. 中国文学的"一带一路"

　　中国作协创联部主任　彭学明 …………………………………… 036

12. 文学名词意象的继承和创新

　　湖南省文联原副主席　王跃文 …………………………………… 040

13. 在"传承丝路文化与构建文明新形态论坛"上的演讲

　　北京大学助理教授　柯伟业 ……………………………………… 043

14. 在"传承丝路文化与构建文明新形态论坛"上的演讲

　　《诗刊》主编　李少君 …………………………………………… 045

15. 在"传承丝路文化与构建文明新形态论坛"上的演讲

　　读者出版集团总经理　马永强 …………………………………… 048

"敦煌学研究弘扬的世界意义"学术研讨会

16. 在"敦煌学研究弘扬的世界意义"学术研讨会上的致辞

　　甘肃省人民政府副省长　李　刚 ………………………………… 054

17. 敦煌胡语文献所见的丝绸之路

　　中国敦煌吐鲁番学会会长、北京大学教授　荣新江 …………… 057

18. 唐代艺术、文学和表演的宝贵证据

　　——再谈发现于莫高窟藏经洞的《降魔变文画卷》

　　美国芝加哥大学教授　巫　鸿 …………………………………… 059

19. 敦煌石窟的营造是中华民族共同体的历史见证

　　——从敦煌石窟供养人看古代多民族的交往交流交融

　　敦煌研究院原副院长、研究员　张先堂 ………………………… 077

20. 西汉敦煌郡酿酒业研究

　　兰州大学敦煌学研究所所长、一级教授　郑炳林 ……………… 080

21. 回鹘医学与中医学的互动

　　敦煌研究院人文研究部博士后　海　霞 ……………………… 099

22. 敦煌历史文化与中华民族精神

　　敦煌研究院　纪应昕　马　德 ………………………………… 120

23. 敦煌学的世界意义

　　浙江大学教授　刘进宝 ………………………………………… 129

24. 近百年敦煌本《吐蕃大事纪年》研究现状刍议

　　敦煌研究院文献研究所　刘拉毛卓玛　万玛项杰 …………… 140

25. 论古代敦煌人的幸福观

　　——以敦煌文献为中心

　　甘肃省社会科学院社会学所研究员　买小英 ………………… 173

26. 敦煌文化对铸牢中华民族共同体意识的历史贡献与价值意蕴

　　敦煌研究院敦煌文献研究所副研究员　彭晓静 ……………… 182

27. 化梵为夏　胡汉交融

　　——麦积山石窟北朝造像艺术

　　敦煌研究院麦积山石窟艺术研究所研究员　孙晓峰 ………… 202

28. 莫高窟第 205 窟隐没题记初识

　　敦煌研究院考古研究所副研究员　赵　蓉 …………………… 226

29. 敦煌类书研究的知识史方法与博物学进路

　　兰州大学敦煌学研究所　郑炳林　刘全波 …………………… 243

30. 从敦煌壁画所绘玻璃器看公元 5 至 10 世纪东西方文化交流

　　敦煌研究院敦煌文献研究所研究员　王　东

　　西北民族大学历史文化学院硕士研究生　曹　琴 …………… 263

敦煌舞的创新与发展论坛

31. 在"敦煌舞的创新与发展论坛"上的致辞

　　甘肃省文联主席　王登渤 …………………………………………… 282

32. 在"敦煌舞的创新与发展论坛"上的致辞

　　中国舞蹈家协会主席、中国文学艺术基金会副理事长　冯双白 …… 285

33. 学术对话第一场：敦煌舞派的价值意义 ………………………… 287

34. 学术对话第二场：如何建构敦煌舞的理论体系 ………………… 293

35. 学术对话第三场：敦煌舞未来发展的路径与方向 ……………… 305

36. 在"敦煌舞的创新与发展论坛"上的总结发言

　　甘肃省文联主席　王登渤 …………………………………………… 311

推进智慧广电建设论坛

37. 在"推进智慧广电建设论坛"上的致辞

　　甘肃省人大常委会副主任　俞成辉 ………………………………… 322

38. 在"推进智慧广电建设论坛"上的致辞

　　国家广播电视总局副局长　朱咏雷 ………………………………… 325

第二届文明古国友好组织对话会

39. 在"第二届文明古国友好组织对话会"上的致辞

　　中国人民对外友好协会副会长　鄢　东 …………………………… 332

40. 在"第二届文明古国友好组织对话会"上的致辞

　　甘肃省人民政府副省长　李　刚 …………………………………… 334

41. 在"第二届文明古国友好组织对话会"上的致辞

　　克罗地亚前副总理　司马安 ………………………………………… 337

42. 在"第二届文明古国友好组织对话会"上的致辞

　　摩尔多瓦文化部部长　塞尔久·普罗丹 ················· 340

43. 跨越洲际的旅程——从敦煌壁画日、月神图像看丝路多元文明交融

　　敦煌研究院副院长　张元林 ······················· 343

44. 深刻领会中华文明的突出特性

　　——以敦煌文化的包容创新性为中心的考察

　　西北师大历史文化学院教授、博士生导师　李并成 ·········· 346

45. 在"第二届文明古国友好组织对话会"上的发言

　　埃及前外交部助理部长、埃中友协理事　阿卜杜法塔赫·伊扎丁 ······ 350

46. 在"第二届文明古国友好组织对话会"上的发言

　　圣马力诺中国友好协会会长　芭芭拉·泰伦齐 ············ 354

47. 在"第二届文明古国友好组织对话会"上的发言

　　乌兹别克斯坦民族间关系与对外友好委员会代表　阿比多夫 ······· 356

48. 在"第二届文明古国友好组织对话会"上的发言

　　德国中国友好联合会副主席　库尔茨 ················· 359

49. 文化交流与文明互鉴　共创开放包容合作新局面

　　奥地利中国友好协会副主席　艾琳娜 ················· 361

50. 在"第二届文明古国友好组织对话会"上的发言

　　亚美尼亚中国友好协会会长　阿瓦江·卡连·卡罗耶维奇 ········· 364

51. 伊朗茶源于中国之考证

　　伊朗语言中心汉语专业创始人、汉语系主任　巴阿明 ········· 366

52. 在"第二届文明古国友好组织对话会"闭幕式上的总结发言

　　甘肃省人民对外友好协会专职副会长　梁保平 ············· 369

联合国教科文组织保护非物质文化遗产公约 20 周年论坛

53. 强化非遗保护传承　推动文明交流互鉴

　　甘肃省委宣传部副部长、省文化和旅游厅厅长　何效祖……………375

54. 在"联合国教科文组织保护非物质文化遗产公约 20 周年论坛"上的致辞

　　联合国教科文组织东亚多部门地区办事处主任兼代表　夏泽翰……378

55. 在"联合国教科文组织保护非物质文化遗产公约 20 周年论坛"上的致辞

　　世界银行文化遗产与可持续旅游项目国际协调员　艾哈迈德·艾威达

　　……………………………………………………………………380

56. 在"联合国教科文组织保护非物质文化遗产公约 20 周年论坛"上的演讲

　　文化和旅游部非物质文化遗产司司长　王晨阳………………382

57. 十年来中国非遗保护的政策导向与努力方向

　　中国非物质文化遗产保护中心副主任　郝庆军………………388

58. 非物质文化遗产传承与发展的重要话题

　　文化和旅游部民族民间文艺发展中心主任　兰　静………………392

59. 传承创新　携手发展

　　——"联合国教科文组织保护非物质文化遗产公约 20 周年论坛"闭幕式致辞

　　甘肃省文化和旅游厅副厅长　田学功………………395

国际青年文化论坛

60. 践行全球文明倡议　为建设世界文明百花园贡献青春力量

　　——在"国际青年文化论坛"上的致辞

　　共青团中央书记处第一书记　阿　东………………402

61. 在"国际青年文化论坛"开幕式上的欢迎辞

　　甘肃省人大常委会副主任　俞成辉………………404

62. 用中国乐器让敦煌壁画活起来

　　中国传统文化的推广者　柳青瑶………………407

63. 张骞出使西域与丝绸之路的开通

　　敦煌研究院敦煌学信息中心副研究员　米小强 …………… 410

64. 文化遗产保护与艺术文化交流

　　——以中国的敦煌莫高窟为例

　　阿根廷布宜诺斯艾利斯大学副教授、副研究员　傅维柔 ………… 413

2023 文化交流与合作论坛

65. 在"2023 文化交流与合作论坛"上的致辞

　　甘肃省政协主席　庄国泰 …………………………………… 419

66. 担当文化传承创新使命　助力实现中国式现代化

　　兰州大学党委书记　马小洁 ………………………………… 422

67. 发挥故宫世界文化遗产优势　扩大中华优秀传统文化国际影响力

　　文化和旅游部党组成员、故宫博物院院长　王旭东 ………… 428

68. 关于中华优秀传统文化创造性转化创新性发展的思考

　　中国国家博物馆馆长　王春法 ……………………………… 433

69. 担负新的文化使命　建设中华民族现代文明

　　中国社会科学院中国历史研究院副院长　李国强 …………… 441

70. 加强历史文化遗产保护利用　推进优秀传统文化创造性转化创新性发展

　　浙江省政协副主席　成岳冲 ………………………………… 444

71. 深度挖掘阐释"红山文化"　推动中外文明交流互鉴

　　辽宁省政协副主席　温雪琼 ………………………………… 448

72. 下一代互联网技术助力传统文化深度传承

　　腾讯集团市场与公关部副总裁　李　航 …………………… 452

73. 丝绸之路是中国文化推动世界文明进程的历史见证

　　西北师范大学历史文化学院院长　刘再聪 ………………… 455

74. 敦煌：西汉华戎交融一都会

    兰州大学敦煌学研究所所长、一级教授　郑炳林 …………………… 458

75. 拓展深化古籍保护　传承发展中华优秀传统文化

    中国国家图书馆古籍馆副馆长　刘　波 …………………………… 462

76. 以文化融通筑牢"一带一路"根基

    天津市政协文化和文史资料委员会主任　靳方华 ……………… 468

77. 坚定文化自信　传承弘扬敦煌文化

    甘肃省社会科学院副院长　陈永胜 ……………………………… 473

78. "让文物活起来"

    ——敦煌研究院在壁画数字资源活化利用方面的探索与实践

    敦煌研究院副院长　张元林 ………………………………………… 477

中国—中亚和东盟发展合作论坛

79. 在"中国—中亚和东盟发展合作论坛"上的致辞

    甘肃省人大常委会副主任　俞成辉 ……………………………… 482

80. 在"中国—中亚和东盟发展合作论坛"上的致辞

    兰州大学党委书记　马小洁 ……………………………………… 485

81. "一带一路"背景下中国与中亚深化交流合作的成效与路径

    兰州大学政治与国际关系学院教授、中亚研究所副所长　汪金国… 488

82. 共同开辟中国式现代化同"一带一路"融合发展新境界

    中联部当代世界研究中心研究员

    "一带一路"智库合作联盟秘书处办公室主任　李鼎鑫 ………… 494

83. 提高中国和越南在"一带一路"框架下合作效果的一些建议

    越南计划与投资部发展战略研究所副所长　阮国长 …………… 498

84. 合作与发展愿景

　　塔吉克斯坦共和国总统公共行政学院教授　埃尔加舍娃·法里扎·马马季耶夫娜
　　…………………………………………………………………………… 502

85. 乌兹别克斯坦与中国：文化对话与教育政策的共同愿景

　　乌兹别克斯坦国立东方大学副教授　菲茹扎·哈萨诺娃 ………… 506

86. 中国式现代化与周边国家命运共同体及其现实意义

　　南京大学中国南海协同创新研究中心教授　成汉平 …………… 509

87. 绿色"一带一路"建设：进展与挑战

　　上海交通大学国际与公共事务学院教授　刘宏松 ……………… 513

丝绸之路国际商协会（敦煌）会议暨甘肃重点产业链对接洽谈会

88. 在"丝绸之路国际商协会（敦煌）会议暨甘肃重点产业链对接洽谈会"上
　　的致辞

　　甘肃省政协主席　庄国泰 ………………………………………… 521

89. 在"丝绸之路国际商协会（敦煌）会议暨甘肃重点产业链对接洽谈会"上
　　的致辞

　　中国国际贸易促进委员会副会长　张慎峰 ……………………… 524

90. 在"丝绸之路国际商协会（敦煌）会议暨甘肃重点产业链对接洽谈会"上
　　的致辞

　　白俄罗斯驻华大使　尤里·先科 ………………………………… 527

91. 继续践行讲好故事　推动中美文化交流

　　美中文化协会基金会主席　林　旭 ……………………………… 530

92. 用电影架起丝路国家间文化交融与民心相通的桥梁

　　中国电影家协会儿童电影工作委员会会长　郑　虎 …………… 533

丝绸之路影视剧创作论坛

93. 在"丝绸之路影视剧创作论坛"上的致辞

　　甘肃省人大常委会副主任　俞成辉 …………………… 540

94. 在"丝绸之路影视剧创作论坛"上的致辞

　　国家广播电视总局副局长　朱咏雷 …………………… 543

95. 甘肃影视资源及重点选题项目主题推介词

　　甘肃省委宣传部副部长、省广播电视局局长　李润强 …………… 548

96. 勇担文化使命　共创精品力作

　　中央广播电视总台影视剧纪录片中心副主任　梁　红 ………… 550

97. 把握"一带一路"倡议机遇，以影视精品助力民心相通

　　华策影视集团总裁　傅斌星 …………………………… 553

98. 描绘美好生活　讲好中国故事

　　正午阳光影业董事长　侯鸿亮 ………………………… 558

99. 同心启新程：加强剧集国际化传播　促进"一带一路"民心相通

　　完美世界集团高级副总裁、影视业务负责人　曾映雪 ………… 561

广播电视和网络视听经纪人研讨会

100. 在"广播电视和网络视听经纪人研讨会"上的致辞

　　甘肃省政协副主席　王　锐 …………………………… 570

101. 在"广播电视和网络视听经纪人研讨会"上的致辞

　　中国广播电视社会组织联合会会长　范卫平 …………… 573

102. 在"广播电视和网络视听经纪人研讨会"上的发言

　　经纪人委员会副会长、北京泰洋明山文化传媒公司联合创始人　赵　珊

　　………………………………………………………… 576

103. 在"广播电视和网络视听经纪人研讨会"上的发言

　　经纪人委员会副会长、嘉行传媒执行总裁　赵若尧 …………… 578

开幕式

开幕式

相聚如意甘肃，共享丝路机遇。2023年9月6日上午，第六届丝绸之路（敦煌）国际文化博览会开幕式在敦煌隆重举行。中共中央政治局委员、中宣部部长李书磊出席开幕式并发表主旨演讲。

马达加斯加国民议会副议长让·布鲁奈尔，中共甘肃省委书记、省人大常委会主任胡昌升，文化和旅游部副部长、国家文物局局长李群，主宾国土库曼斯坦代表阿什哈巴德市副市长古尔班诺夫·巴以拉穆拉特，上海合作组织副秘书长尼亚扎利耶夫分别致辞。中共甘肃省委副书记、省人民政府省长任振鹤主持。共青团中央书记处第一书记阿东，全国政协常委、文化文史和学习委员会副主任朱生岭，甘肃省政协主席庄国泰出席。

胡昌升代表中共甘肃省委、甘肃省人大常委会、甘肃省政府、甘肃省政协和全省人民对各位嘉宾表示热烈欢迎。他说，习近平总书记提出共建"一带一路"倡议10年来，沿线文化由此发扬光大，沿线人民借此对话交流，沿线地区因此繁荣昌盛，成为深受欢迎的国际公共产品和合作平台，取得了一系列政治、经济和文化成果。甘肃自古就是丝绸之路的战略通道和商埠重地，在共建"一带一路"中承担着特殊而重要的使命。10年来，甘肃深入推进政策沟通、设施联通、贸易畅通、资金融通、民心相通，持续深化同共建国家和地区的交流合作，对外开放向更高层次、更宽领域迈进。我们举办敦煌文博会，旨在推动共建国家和地区文化融合、思想融汇、感情融通，为丝路文化交融搭建相通之桥，为促进民心相通缔结人文纽带，为沿线携手发展增添动力之翼，合力奏响各美其美、美美与共的华彩乐章。

李群表示，2013年习近平主席向世界发出共建"一带一路"倡议，提供了充满东方智慧、促进共同繁荣发展的全球方案。共建"一带一路"国家因历史的渊源而情谊深厚，因真诚的合作而心意相通，因相同的目标而携手并肩。丝绸之路（敦煌）国际文化博览会传承、弘扬丝路精神，为文化艺术交流搭建相通之桥，为文化遗产合作构筑广阔平台，为共谋高质量发展增添动力之翼，为不同文明交融开启对话之门。我们将继续擦亮敦煌这张具有重要国际辨识度的文化名片，广泛开展国际交流合作，充分展示敦煌学研究成果，深入挖掘敦煌文化所蕴含的历史价值、文化价值、审美价值、科技价值、时代价值，为促进民心相通、深化中外人文交流开拓更加广阔的前景。

古尔班诺夫·巴以拉穆拉特表示，土库曼斯坦与中国的关系源远流长，连接两国的丝绸之路不仅是互惠贸易的纽带，也是文明交流的桥梁。希望借助丝绸之路（敦煌）国际文化博览会这一平台，继续在两国之间架起理解与合作的桥梁，共同传承丝绸之路的丰富遗产，共享发展机遇，共创美好未来。

中宣部副部长王纲，文化和旅游部党组成员、故宫博物院院长王旭东，主宾省代表新疆维吾尔自治区党委常委、宣传部部长王建新；甘肃省领导张永霞、张伟、马廷礼、俞成辉、李刚、王锐，兰州大学党委书记马小洁等出席。

开幕式前，与会领导和嘉宾参观了敦煌文博会文化展览。

在第六届丝绸之路（敦煌）国际文化博览会开幕式上的致辞

中共甘肃省委书记、省人大常委会主任 胡昌升

在这个充满收获的金秋时节，很高兴同国内外嘉宾相聚文化圣殿敦煌，共同拉开第六届丝绸之路（敦煌）国际文化博览会的帷幕。首先，我代表省委、省人大、省政府、省政协和全省 2500 万人民，对远道而来的各位嘉宾表示热烈的欢迎，对长期以来关心支持甘肃发展的国内外朋友表示衷心的感谢！

肇始于 2000 多年前的丝绸之路，既是贸易大走廊，也是文明大动脉，更是友谊大纽带，打开了各国友好交往的新窗口，书写了人类发展进步的新篇章。穿过历史烟云，顺应各方期待，2013 年习近平总书记提出共建"一带一路"倡议，倡导"和平合作、开放包容、互学互鉴、互利共赢"的丝路精神，这是在新的历史条件下加强同世界各国的合作交流、促进各国文明对话和文化交流的重要举措。共建"一带一路"倡议提出 10 年来，沿线文化由此发扬光大，沿线人民借此对话交流，沿线地区因此繁荣昌盛，成为深受欢迎的国际公共产品和合作平台，取得了一系列政治、经济和文化成果。

文化的孕育和传承穿越千年，文明的融会和互鉴历久弥新。我们所在的敦煌，就是众多民族文化的融会地，来自不同国家的思想、宗教、艺术、文化在这里汇聚交融，造就了独具特色的敦煌文化和丝路精神，集中展现了中华文明的连续性、创新性、统一性、包容性、和平性。正如中国国学大师季羡林先生所说："敦煌文化的灿烂，正是世界各族文化精粹的融合，也是中华文明几千年源远流长不断融会贯通的典范。"

今年的文博会，以"沟通世界：文化交流与文明互鉴"为主题，举办高端论坛、展览展示、文艺演出、经贸洽谈、项目签约等一系列活动，必将为国内外嘉宾提供高水平文化交流与合作平台。我们将全力办好本届文博会，让各位嘉宾、朋友和客商各有所获、满载而归。

女士们、先生们、朋友们！

习近平总书记指出，甘肃最大的机遇在于"一带一路"。这里自古就是丝绸之路的战略通道和商埠重地，在共建"一带一路"中承担着特殊而重要的使命。

甘肃历史厚重、文化多元灿烂。是中华民族和华夏文明的重要发祥地，世界文化遗产数量居全国第二位，文化资源丰度居全国第五位，始祖文化、黄河文化、农耕文化、丝路文化等交相辉映，敦煌莫高窟享有"世界艺术宝库"美誉，武威出土的铜奔马成为中国旅游标志。

甘肃区位独特、交通物流便利。古丝绸之路全长 7000 多公里，贯穿甘肃境内就有 1600 多公里，河西走廊一直是亚欧陆路商贸流通的必经之地，陆续建成国际陆港、国际空港、综合保税区、跨境电商综试区等一大批开放平台，拥有承东启西、连南通北、四通八达的立体交通物流网络。

甘肃资源富集、开发潜力巨大。矿产资源储量排在全国前列，可开发利用土地面积大，风能和光伏技术可开发量分别排在全国第四位和第五位，特色农业资源丰富，科教人才资源在西部具有比较优势，旅游资源禀赋得天独厚，是全球公认的最佳旅游目的地。

甘肃开放包容、交流合作广泛。习近平总书记提出共建"一带一路"倡议 10 年来，甘肃深入推进政策沟通、设施联通、贸易畅通、资金融通、民心相通，持续深化同共建国家和地区的交流合作，与"一带一路"国家实现进出口 2076.6 亿元，对外开放向更高层次、更宽领域迈进。

女士们、先生们、朋友们！

文明因交流而多彩，文明因互鉴而丰富。我们举办敦煌文博会，旨在推动沿线国家和地区文化融合、思想融汇、感情融通，为丝路文化交融搭建相通之桥，为促进民心相通缔结人文纽带，为沿线携手发展增添动力之翼，合力奏响各美其美、美美与共的华彩乐章。在这里，我诚挚邀请海内外朋友常来甘肃考察指导、旅游观光，领略交响丝路的浓郁风情，感受如意甘肃的独特魅力。

最后，预祝第六届丝绸之路（敦煌）国际文化博览会圆满成功！祝愿各位嘉宾和朋友身体健康、工作顺利、事业兴旺！

在第六届丝绸之路（敦煌）国际文化博览会
开幕式上的致辞

文化和旅游部副部长、国家文物局局长　李　群

李书磊部长，

胡昌升书记、任振鹤省长，

布鲁奈尔阁下，

尼亚扎利耶夫副秘书长阁下，

各位部长、各位使节、各位嘉宾，

女士们、先生们、朋友们：

很高兴在充满希望与收获的金色秋季，与新老朋友相聚"东方世界的艺术博物馆"——敦煌，共同拉开第六届丝绸之路（敦煌）国际文化博览会的序幕。首先，我受中华人民共和国文化和旅游部部长胡和平先生委托，代表中国文化和旅游部、国家文物局，对第六届丝绸之路（敦煌）国际文化博览会隆重开幕表示诚挚祝贺！对各位嘉宾表示热烈欢迎！

习近平主席指出，"敦煌文化是中华文明同各种文明长期交流融汇的结果。我们要铸就中华文化新辉煌，就要以更加博大的胸怀，更加广泛地开展同各国的文化交流，更加积极主动地学习借鉴世界一切优秀文明成果"。敦煌是历史上东西方物产交换、思想交流、文化交汇的重要枢纽。两千多年前，亚欧大陆上勤劳勇敢的人民，开辟出绵亘万里、延续千年的"丝绸之路"。1987年，敦煌莫高窟成为中国首批列入联合国教科文组织世界文化遗产名录的项目之一，符合世界文化遗产遴选的全部6项标准，是中国献给世

界的丝路明珠。2014 年，中国、哈萨克斯坦、吉尔吉斯斯坦三国联合申报的"丝绸之路：长安—天廊道路网"成功列入世界文化遗产名录，敦煌的悬泉置遗址、玉门关遗址位列其中，再次彰显敦煌在丝绸之路上的特殊重要地位。

古丝绸之路既是商贸交流之路，也是文明交往之路，更是民心相通之路，不仅创造了以莫高窟为代表的世界文化遗产，还孕育形成了以和平合作、开放包容、互学互鉴、互利共赢为核心的丝路精神，为促进世界文明的发展与进步作出巨大贡献。丝绸之路（敦煌）国际文化博览会传承、弘扬丝路精神，为文化艺术交流搭建相通之桥，为文化遗产合作构筑广阔平台，为共谋高质量发展增添动力之翼，为不同文明交融开启对话之门。敦煌是文化旅游的福地、文化遗产的高地，本届文博会以"沟通世界：文化交流与文明互鉴"为主题，甘肃省的同事们精心策划了一系列论坛、展览、演出、推介活动，相信中外嘉宾能够深入讨论、凝聚共识、规划未来，为共同开拓繁荣发展之路贡献智慧和力量！

女士们、先生们、朋友们，2013 年，习近平主席向世界发出共建"一带一路"的宏大倡议，提供了充满东方智慧、促进共同繁荣发展的全球方案。十年来，中国文化和旅游部、国家文物局持续推动文化、文物和旅游领域共建"一带一路"工作。我们与 152 个共建"一带一路"国家中的 144 个国家签订了文化和旅游合作文件，丝绸之路国际剧院联盟、博物馆联盟、艺术节联盟、图书馆联盟和美术馆联盟稳健运行，成员规模不断扩大，目前中外成员单位已达 562 家。为促进与共建国家在旅游领域的交流合作，我们刚刚发起成立了丝绸之路旅游城市联盟。"欢乐春节""你好！中国""艺汇丝路""'茶和天下'·雅集"等品牌活动为夯实共建"一带一路"民心相通发挥了积极作用，中国文化品牌影响力不断提升。

文化遗产承载不同国家和民族的悠久文明，具有弥合分歧，增进信任的独特作用。共建"一带一路"倡议提出以来，中国与共建国家文化遗产交流合作成果丰硕。我们与 38 个国家签署 65 项文化遗产部门间合作协议，构建稳定的政府间文化遗产合作网络。我们在 6 个国家开展 11 处历史古迹保护修复项目，在 24 个国家开展 44 项联合考古合作，推进跨国申报世界文化遗产、开展文化遗产智力合作和能力建设，架起民心相通、相知、相亲的桥梁。我们与 25 个国家签署防止文物非法进出境政府间协议，当选联合国教科文组织 1970 年公约附属委员会副主席国，实现 1800 多件文物艺术品回归祖国。我们举办文物进出境展览 500 余项，以展览"金名片"讲好古代中国与当代中国故事，讲好中国与世界的故事。今年 4 月，首届亚洲文化遗产保护联盟大会在中国西安举办，习近平主席向大会致贺信，亚洲文化遗产保护联盟正式成立，联盟成员国、观察员国数量达到 18 个，中国当选首届主席国，文化遗产的厚重历史底蕴源源不断地融入中外文明交流互鉴的宏阔时代大潮之中。

2023 年 3 月，习近平主席在中国共产党与世界政党高层对话会上提出全球文明倡议，共同倡导尊重世界文明多样性，共同倡导弘扬全人类共同价值，共同倡导重视文明传承和创新，共同倡导加强国际人文交流合作。共建"一带一路"国家因历史的渊源而情谊深厚，因十年的合作而心意相通，因相同的目标而携手并肩，理应成为共同践行全球文明倡议的好伙伴、同路人。中国文化和旅游部、国家文物局正在实施"文化丝路"计划，扎实开展"亚洲文化遗产保护行动"，希望在音乐、美术、演艺、图书馆、文化遗产等方面进一步深化与各国的交流合作，为国际社会提供更多高质量的公共文化产品，以实际行动践行全球文明倡议。同时，我们支持甘肃省以举办本次文博会为契机，继续擦亮敦煌这张具有重要国际辨识度的文化名片，广泛开展国际交流合作，充分展示敦煌学研究成果，深入挖掘敦煌文化所蕴含的历史价值、艺术价值、审美价值与时代精神，为促进民心相通、深化中外人文交流开拓更加广阔的前景！

最后，祝第六届丝绸之路（敦煌）国际文化博览会圆满成功！谢谢大家！

在第六届丝绸之路（敦煌）国际文化博览会
开幕式上的致辞

土库曼斯坦代表　古尔班诺夫·巴以拉穆拉特

李书磊部长，胡昌升书记，各位来宾，与会者们：

首先，请允许我对举办第六届丝绸之路（敦煌）国际文化博览会的倡议表示感谢，感谢举办方的热情款待，以及为建设性工作创造的条件。

在中共中央宣传部富有远见的指导下，在中国文化和旅游部、中国国家广电总局、中国国际贸易促进委员会和甘肃省人民政府的共同努力下，我们即将在甘肃省敦煌市见证一场意义非凡的盛会——第六届丝绸之路（敦煌）国际文化博览会。

女士们、先生们，丝绸之路历来是互联互通、文化交流和经济繁荣的象征。伟大的丝绸之路不仅是商队的贸易通道，还是各民族文化成就、精神价值观和宗教思想的传播道路。我们很高兴地看到，在当今时代下仍能发扬这一传统，大家汇聚一堂，共同传承丝绸之路的丰富遗产。

女士们、先生们，土库曼斯坦与中国的关系源远流长，两国人民在此期间相互了解，传播彼此的文化、传统和世界观，受益良多。连接两国的"丝绸之路"不仅是互惠贸易的纽带，也是文明交流的桥梁。我们作为这一独特经验的传承者，应当在当今形势下加强联系，发展合作，确保两国关系的连续性。

尽管土库曼斯坦和中国距离遥远，但却拥有同一个梦想——创造一个繁荣昌盛、互联互通、文化多样、经济合作无国界的世界。正是本着这种友好合作的精神，我们殷切期待第六届丝绸之路（敦煌）国际文化博览会的到来。

女士们、先生们，此次活动不仅是一次文化盛会，更是加强几个世纪以来各国之间联系纽带的机会，是文化外交和经济伙伴关系恒久力量的印证。我们有机会向世界展示我们独特的传统、艺术和遗产，创造崭新的经济机遇，造福我们的人民和子孙后代。

我可以自豪地说，在土库曼斯坦总统谢尔达尔·别尔德穆哈梅多夫的不懈努力下，我们的城市阿什哈巴德在这些领域发挥着至关重要的作用。我们已经成为文化交流和经济合作的门户，始终欢迎中国游客和投资者的到来。

此外，值得注意的是，我国国家领导人的愿景与中国国家主席习近平的倡议不谋而合。习近平主席提出的"一带一路"倡议是复兴古代丝绸之路精神的宏伟愿景——一个互动、合作、互利的愿景。我们的阿尔卡达格新城愿景也反映了这一倡议，强调在各国之间架设文化和经济桥梁的重要性。两国领导人的观点相得益彰，证明了我们正在共同致力于加强两国之间的友谊与合作纽带。丝绸之路（敦煌）国际文化博览会将进一步加强这些联系，它将成为土库曼斯坦艺术家一展才华的平台，中国表演者展示精湛技艺的舞台，以及两国商界、旅游业开拓新视野的平台。

丝绸之路（敦煌）国际文化博览会是独一无二的高端文化交流和展示平台，它代表了文化外交的最高水准，各国汇聚于此，共颂共同遗产，共建新的伙伴关系，共创美好未来。

女士们，先生们，我们应当牢记，文化与经济是密不可分的。文化联系为我们的经济伙伴关系奠定了基础，我们的经济合作又为我们的文化交流注入了活力。文化与经济共同绘就了友好进步的和谐画卷。

最后，衷心感谢中国朋友，始终和我们保持伙伴关系。让我们张开双臂，敞开心扉，迎接第六届丝绸之路（敦煌）国际文化博览会的到来。让我们继续在两国之间架起理解与合作的桥梁，期待未来在文化和经济的支撑下，中土两国的关系将更加灿烂。

预祝本次博览会取得圆满成功，实现互利共赢。

在第六届丝绸之路（敦煌）国际文化博览会
开幕式上的致辞

上海合作组织副秘书长　尼亚扎利耶夫

李书磊部长，胡昌升书记，各位来宾，女士们，先生们：

首先，感谢主办方邀请我参加第六届丝绸之路（敦煌）国际文化博览会，我对甘肃省领导的热情款待和贵方为文博会嘉宾创造的良好条件表示衷心的感谢。

我非常高兴参加今天的活动，因为此次活动是在美丽的古城敦煌举办的。几千年来，敦煌一直吸引着不同宗教和文化背景的人们。值得一提的是，敦煌是丝绸之路的重要中转站之一，也是中国佛教文化的摇篮。今天，在我们的共同努力下，敦煌正在成为复兴丝绸之路的国际文化中心。

今天，我们的大会是在中国国家主席习近平提出"一带一路"倡议十周年之际举行的。需要指出的是，这一倡议不仅对发展经济合作，而且对促进世界文明间平等的文化对话也具有重要意义。

各位与会者，今天，上海合作组织拥有9个成员国和17个具有观察员国和上海合作组织对话伙伴国地位的国家。其成员国的领土从北极延伸到印度洋，从上海延伸到加里宁格勒，占据了欧亚大陆的重要部分，覆盖了世界近一半的人口。上合组织的空间蕴含着丰富多彩的独特文化和古老文明。

因此，上海合作组织视发展文化领域的合作为优先方向。上海合作组织每年都举办大量文化活动，如博览会、展览、电影节和音乐会等。

本组织为加强人文交流并促进民心相通，尊重民族传统和习俗、保护和促进文化多样性作出了巨大贡献。本组织特别重视研究和保护上合组织国家的文化和自然遗产，包括历史悠久的"丝绸之路"沿线的文化和自然遗产。

2023年7月4日峰会结束时通过的《上海合作组织新德里宣言》承诺积极发展文化领域的合作，以加强上海合作组织地区的睦邻友好关系。

文化部长会议是上合组织成员国之间开展文化合作的常设机制，该会议每年举行一次。在文化问题专家工作组会议期间制定具体的合作项目和计划。

为进一步发掘上合组织成员国丰富的历史文化遗产和旅游潜力，上合组织地区旅游文化之都项目于2022年开始启动。2022年，具有印度独特历史、传统和风俗的城市瓦拉纳西成为上合组织的旅游文化之都。今年，接力棒传到了哈萨克斯坦共和国的明珠阿拉木图。我相信，上合组织国家的人民将有一个美妙的机会来了解这个大都市的丰富历史，并享受现代生活的色彩。

我还想强调的是，上合组织致力于文化合作，为保护和促进文化多样性、推动文化间平等对话作出了巨大贡献。上合组织成员国境内目前有169处世界自然和文化遗产古迹，在此背景下，本组织与联合国教科文组织的积极合作具有重要意义。一年前，上合组织秘书处和教科文组织秘书处签署了合作谅解备忘录，确定了在文化领域开展联合项目与活动。在全球气候变化和世界一些地区存在武装冲突的背景下，为子孙后代保护文化和历史遗迹的工作具有尤为重要的意义。

在发言的最后我还想强调以下的观点：经济、投资和金融问题在现代社会非常重要，但在追求经济指标和物质财富的同时，我们不应忘记文化，正是文化赋予了一个人精神力量，确定了一个民族的特性，并成为将我们的人民和国家团结在一起的坚强纽带。

谢谢各位！

在第六届丝绸之路（敦煌）国际文化博览会开幕式上的致辞

马达加斯加国民议会副议长　让·布鲁奈尔

每次来中国，我都会很感动。这种强烈的情感，尤其源自我自马达加斯加来到中国期间人们给予我的关注。在向大家致辞之前，我要向许多人表示最衷心的感谢，是他们让我得以与大家相聚于此。我要感谢第六届丝绸之路（敦煌）国际文化博览会的主办方对我的邀请。你们邀请我参加这次博览会，为我打开了通往中国的大门，以及随之而来的机遇。我还要感谢他们给予我的特别礼遇和热情接待。我很荣幸能够在今天发言，也很感激这座城市的热情好客，非常感谢你们！请允许我对第六届丝绸之路（敦煌）国际文化博览会的举办表示祝贺。前几届博览会都取得了成功，我相信这一届也不会例外。该博览会的国际性赋予了其独创性的一面，也表明了中国向世界开放和与世界接轨的愿望。

马达加斯加是首批签署"一带一路"倡议谅解备忘录的国家之一。马达加斯加过去支持，在未来也将继续支持"一带一路"倡议的发展。在"一带一路"框架内，每年的贸易额达20多亿美元。目前，中国已与151个国家和32个国际组织签署了近200项"一带一路"框架内的合作协议。中华人民共和国主席于2013年提出的这一倡议如今已初见成效，并使相关国家受益匪浅。古老的丝绸之路如今已呈现出全新的面貌，得到了延伸，真正成了促进共建国家发展的有力工具。这条道路将继续发展，非洲国家也将从其产生的附加值中受益。"一带一路"是一项杰出的创新和成功的规划，我们也将继续从中获益。

近几十年来，中国始终向其合作伙伴特别是非洲敞开大门。中国是非洲的潜在同盟，也成了非洲的朋友，从未停止过对非洲大陆重建的投资。马方认为中国在本国的大型基础设施项目中发挥着重要作用。我认为中国的参与是有益的，因为中国的技术使马达加斯加能够修建通往许多地方的主要干道，中国的技术使马达加斯加能够在其他领域也取得进展，特别是在新技术领域，MRTAM 项目由一家中国公司负责实施，在医疗领域，中国医疗队在本国的几家医院工作等，我也曾经去过这些医院看望他们。但是，当我对中国实施的这些项目进行总结时，我发现其实我们仍处于合作的早期阶段。有几个合作领域仍有待开发。在这里我可以举一个具体的例子：旅游业，中国旅游市场巨大，马达加斯加可以为这一领域的合作铺平道路。我在政府任职期间已经着手开展这方面的工作，我相信在不久的将来，我们就能将其变为现实。

综上所述，中国已经给予了非洲很多，并将继续在非洲贡献力量。作为双赢伙伴关系的先驱，非洲与中国的关系必须继续发展。我们非洲国家必须无所畏惧地走向中国市场，利用这一巨大机遇改善我们非洲人民的福祉。我们不能够满足于已有的经济关系，要向真正能够成为我们合作伙伴的国家敞开大门。非洲必须参与多极世界的建设，让非洲大陆能够自由选择自己的发展道路，丝绸之路为我们展示了中国为非洲提供的这一跳板。

马达加斯加和中国在文化层面有许多相似之处。我们对于我们某些独有的传统根深蒂固。这次丝绸之路（敦煌）国际文化博览会将帮助我们认识到这一点，但我们更加需要明白的是：这次博览会将为非洲大陆的国家打开大门，让他们了解中国所提供的不可估量的合作机会。

最后，我想再次衷心感谢本次博览会的主办方以及所有帮助我参加此次盛会的人。我向你们保证，对于此类博览会的专业性和组织工作我仍然感到十分惊喜。我祝愿第六届丝绸之路（敦煌）国际文化博览会取得圆满成功。

祝愿取得丰硕成果，实现既定目标，并进一步加强和延续中国与非洲，特别是中国与马达加斯加之间的关系。就我本人而言，我对两国关系的未来充满信心，相信两国都将受益于不断扩大的合作领域。

谢谢大家！

第六届丝绸之路（敦煌）国际文化博览会
开幕式主持词

中共甘肃省委副书记、省人民政府省长　任振鹤

李书磊部长，

各位领导，各位嘉宾，

女士们、先生们，朋友们：

大家上午好！

交响丝路逢盛会，大美敦煌迎嘉宾。今天，由中华人民共和国文化和旅游部、国家广播电视总局、中国国际贸易促进委员会与甘肃省人民政府联合主办的第六届丝绸之路（敦煌）国际文化博览会现在就要开幕了。

我谨代表第六届丝绸之路（敦煌）国际文化博览会组委会，向出席盛会的海内外嘉宾表示热烈欢迎和衷心感谢！

首先，请中共甘肃省委书记、省人大常委会主任胡昌升先生致辞，大家欢迎；

……

感谢胡昌升先生。

现在，请文化和旅游部副部长，国家文物局党组书记、局长李群先生代表本届文博会主办单位致辞，大家欢迎；

……

感谢李群先生。

现在，请本届文博会主宾国土库曼斯坦代表古尔班诺夫先生致辞；

……

感谢古尔班诺夫先生。

现在，请上海合作组织副秘书长尼亚扎利耶夫先生致辞；

……

感谢尼亚扎利耶夫先生。

现在，请马达加斯加国民议会副议长让·布鲁奈尔先生致辞；

……

感谢让·布鲁奈尔先生。

现在，请中共中央政治局委员、中宣部部长李书磊先生发表主旨演讲并宣布开幕，大家欢迎。

传承丝路文化与构建文明新形态论坛

传承丝路文化与构建文明新形态论坛

2023 年 9 月 6 日下午，第六届敦煌文博会"传承丝路文化与构建文明新形态论坛"在敦煌国际会展中心举办。甘肃省政协副主席王锐，阿塞拜疆文化部部长阿迪尔·卡里姆利，白俄罗斯文化部第一副部长格罗马达·瓦列里出席论坛并致辞。

此次论坛由文化和旅游部指导，中国文学艺术界联合会、中国作家协会、中共甘肃省委宣传部主办，甘肃省文化和旅游厅、甘肃省文学艺术界联合会、甘肃省作家协会承办，主题为"传承丝路文化与构建文明新形态"，旨在贯彻落实习近平总书记在文化传承发展座谈会上的重要讲话精神，围绕传承丝路文化，挖掘各国历史文化时代价值，礼敬人类文明，创造人类文明新形态，落实全球文明倡议，弘扬全人类共同价值，促进不同文明之间平等交流、互学互鉴，为人类破解时代难题、实现共同发展贡献智慧和力量。

在"传承丝路文化与构建文明新形态论坛"上的致辞

甘肃省政协副主席　王　锐

尊敬的阿塞拜疆文化部阿迪尔·卡里姆利部长、穆拉德·胡赛耶诺夫副部长，

白俄罗斯文化部格罗马达·瓦列里第一副部长，

王蒙部长、张宏书记、邱华栋书记，

以及来自美国、意大利、伊朗、委内瑞拉、尼泊尔等国的知名汉学家和来自全国各地的著名作家朋友们：

大家下午好！

首先，请允许我代表主办方，代表甘肃人民，向各位嘉宾的莅临表示热烈的欢迎和衷心的感谢！

十年前的九月，习近平总书记率先提出共建"丝绸之路经济带"的伟大倡议，随即提出共建"21世纪海上丝绸之路"的宏阔目标。十年来，这一伟大倡议得到了越来越多共建国家的响应和欢迎，也成为破解时代难题、共建美好未来的光明大道。在共建"一带一路"十周年之际，第六届丝绸之路（敦煌）国际文化博览会在敦煌隆重召开，这是各国学者、作家、艺术家平等交流、增进理解的盛会。本届盛会以"沟通世界：文化交流与文明互鉴"为主题，旨在服务共建"一带一路"，传承弘扬敦煌文化，赋能经济社会发展，促进丝绸之路沿线各国文化交流合作，增进民心相通，为构建人类命运共同体，奠定更广泛的人文基础。

由中华人民共和国文旅部指导，中国文学艺术界联合会、中国作家协

会、中共甘肃省委宣传部主办的"传承丝路文化与构建文明新形态"论坛，是本次文博会最为重要的论坛之一。本论坛特别荣幸地邀请到了阿塞拜疆、白俄罗斯文化部的负责人，著名作家、人民艺术家王蒙先生，多国汉学专家，以及来自中国文联、中国作协和省内外的著名学者、作家参会。论坛将通过主旨演讲、交流发言等方式，深入贯彻落实习近平总书记在文化传承发展座谈会上的重要讲话精神，围绕传承丝路文化、挖掘各国历史文化时代价值、礼敬人类文明优秀成果、创造人类文明新形态，以及落实全球文明倡议、弘扬人类共同价值追求等主题，提出新观念、新理念、新方法，促进不同文明之间平等交流、互学互鉴，为人类破解时代难题、实现共同发展贡献智慧和力量。

我们甘肃是华夏文明的重要发源地，也是国务院批复的华夏文明传承创新区，一画开天、肇启文明的伏羲文化，一统中华、奠定制度的秦文化都发源于此。甘肃存留的世界文化遗产和非物质文化遗产保护名录，以及历史文化资源的深度和厚度等方面，都位居全国前列，可以说，甘肃本身就是中华优秀传统文化和中华文明的富矿和高地。在文化传承发展座谈会上，习近平总书记对中华文明的突出特性进行了深邃而高远的总结提炼，归纳起来便是"连续性""创新性""统一性""包容性""和平性"。事实上，这五个特性在甘肃历史文化中都有十分集中的体现，特别是包容开放的丝路精神、交流互鉴的和平夙愿，在我们所在的敦煌，都得到了鲜活而突出的印证。因此，在敦煌召开"传承丝路文化与构建文明新形态"的论坛，不仅十分贴切和吻合，而且具有十分强烈的现实意义和格外深远的文化意义。

我们相信，在接下来的主题演讲和交流发言中，大家一定会围绕这一主题，发出许多令人振奋的真知灼见、提出许多令人深思的意见建议，梳理文脉，培根铸魂，为构建人民命运共同体和平等多元的文明新形态，做出更加积极的贡献。

最后，祝各位嘉宾在敦煌期间身体健康、心情愉快，也希望大家持续地关注甘肃、支持甘肃、共建甘肃。

谢谢大家！

在"传承丝路文化与构建文明新形态论坛"上的致辞

阿塞拜疆文化部部长　阿迪尔·卡里姆利

尊敬的部长，

诸位阁下，

女士们，先生们：

首先，我在此衷心祝贺本次论坛成功举办。

其次，非常感谢中国邀请我们来到美丽的敦煌。从踏入中国的那一刻起，我们就感受到了中国人一如既往的热情好客。同时，我们还领略了中国丰富的文化和传统。在过去几天里，我还有幸在北京和敦煌参观了一些令人敬畏、惊叹的文化遗址。

今天，我们相聚在中国腹地讨论丝绸之路文化遗产的相关问题，十分令人鼓舞，因为两千多年前，这条历史悠久的丝绸之路就是从这里开始的。我希望且相信，本次论坛将开辟新的合作途径，并产生新的思路。

诸位阁下，今天，我们将着重讨论的是保护丰富的丝绸之路文化遗产与构建文明新形态挑战之间的相互联系。我希望，我们能在今天讨论的基础上，收获新的科学研究成果和资料，进而为我们这些决策者起草政策和行动计划提供帮助。

丝绸之路史，特别是沿途不同文化兴衰的里程碑事件，为我们提供了建设繁荣文明的宝贵经验。忠于传统、保护民族文化价值观和坚持实现全球目标是任何文明，尤其是全球化时代文明稳定和繁荣的关键因素。

在进一步探讨构建文明新形态以及两个议题之间的联系前，请允许我谈谈对丝绸之路文化的一些看法。

全世界的科学家一致认为，伟大的丝绸之路为遥远的文化提供了前所未有的交流平台。换句话说，丝绸之路多样化的贸易网络承载的不仅仅是商品。

外交官、工匠和科学家在欧亚大陆上跋涉数千里，将文化、文学、语言、传统和信仰传播到整个大陆。

几个世纪以来，人口的大规模流动对丝绸之路沿线所有国家都产生了巨大影响。这种影响不仅体现在社会经济和政治方面，也体现在文化方面。

文化互动带来的是在不同地区建造了数以百计的文化和宗教遗址。这些历史遗迹代表了不同的风俗习惯和传统，彰显着丝绸之路在欧亚民族文化形成过程中的重要作用。

除了古迹和建筑，非物质文化遗产也得到了发展，并在之后成为我们生活的一部分。

综上所述，我们这些丝绸之路沿线国家对保护我们所继承的丰富的物质和非物质遗产负有首要责任。这是历史赠与我们的遗产，我们有义务将它们传给子孙后代。

我很高兴，今天我们将共同分享观点和经验，以实现这个最重要的使命。

尊敬的同仁、朋友们，阿塞拜疆位于欧亚大陆的中心，是东亚和西亚的十字路口，为全球运输网络的发展作出了重要贡献。阿塞拜疆在发展连接中亚与黑海和西方的贸易和文化路线方面发挥了重要作用。巴库、沙马基、舒沙和舍基等大城市成为丝绸之路沿线重要的商业、科学和文化中心。

如今，阿塞拜疆仍致力于保证历史悠久的丝绸之路沿线的畅通性。阿塞拜疆主办了多场以伟大的丝绸之路为主题的国际会议，并为此启动了重大区域基础设施建设项目。巴库—第比利斯—卡尔斯铁路和巴库国际海上贸易港带来的是另一条从中国到西方的便捷运输路线。

同时，我们非常重视保护阿塞拜疆的丝绸之路文化遗产。在国家层面上，我们出台并制定了相应的立法和制度措施，以确保历史古迹得到保护，并且将最著名的文化遗址列入具有普遍价值的国家文化古迹名录。此外，作为古代丝绸贸易枢纽的舍基城等 3 处遗址已列入联合国教科文组织的《世界遗产名录》。

古丝绸之路的历史意义对我国的文化和经济发展产生了深远影响。如今，许多古城遗迹、商队遗址、浴场、陵墓等都具有重要价值，成为伟大的丝绸之路文化遗产的重要组成部分。

阿塞拜疆积极参与联合国教科文组织的丝绸之路计划，今年，我们还参加了一些在该计划内开展的活动。阿塞拜疆致力于促进文化间对话，积极促进教科文组织丝绸之路网络平台的发展，并在巴黎教科文组织总部举办了丝绸之路遗产展。

今年 6 月初，我们签署了一项关于促进丝绸之路遗产的协议，作为教科文组织推动文化间对话与和平任务的一部分。

在这个方面，我们相信，我们的共同努力和有效合作对于保护、促进和保存丝绸之路独特的文化遗产来说至关重要。

各位同仁，我想借此机会简要谈谈本次论坛主题的第二部分——构建文明新形态。正如我在前面讲到的，弘扬文化价值观构成了社会繁荣的基石。

纵观历史长河，宽容忍耐与和平共处这些美好的价值观始终贯穿于阿塞拜疆人的传统生活方式中。不同的种族和文化在我们国家蓬勃发展。

我们推动跨文化和跨信仰对话交流的国家政策是以伊利哈姆·阿利耶夫（Ilham Aliyev）总统的话语为指导的。伊利哈姆·阿利耶夫总统指出："琐罗亚斯德教神庙、清真寺、天主教教堂、东正教教堂、亚美尼亚教堂和犹太教堂都是我们的国家遗产"。

为了将这一理念推广到国际层面，2008 年，阿塞拜疆政府发起了"巴库进程"（Baku Process）——一个促进跨文化合作的独特平台。

在这一框架下，阿塞拜疆与联合国教科文组织、联合国文明联盟、联合国世界旅游组织、欧洲委员会以及伊斯兰教科文组织（ISESCO）携手合作，共同组织了世界文化间对话论坛。我们相信，随着时间的推移，这些活动将有助于在和谐与和平中建设更加可持续的社会。这些活动正是基于这样的理念开展的。

我相信本次论坛将成为促进丝绸之路沿线国家文化互动和经验交流的里程碑事件。

最后，请允许我再次感谢主办方的周到安排和热情接待，并借此难得的机会预祝本次论坛成功召开。

谢谢大家！

在"传承丝路文化与构建文明新形态
论坛"上的演讲

原文化部部长　王　蒙

　　在我们的文化生活、文化事业、文化建设正在蓬蓬勃勃地进行的时候来到敦煌，感受到了很多的鼓舞和启发。第一，我希望我们能够传承和弘扬敦煌的文化精神、丝路的文化精神，来推进我们的文化强国的建设，推进我们的文明的新形态，我们的现代的中华文明的发展。

　　敦煌，对于中国来说，是它的文化精神的一个典范，一个范例，一个瑰宝。它在敦煌的文化遗产和文化的成就上，充分彰显了习近平总书记最近在座谈会上所强调的文化的连续性、创造性、统一性、包容性和和平性。

　　它是几千年来的连续发展，但同时，敦煌文化又是一种中华文化的创造性转化与创新性发展的一个契机，它具有某种传统文化的变数。因为我们这里特殊的地理环境，我们是中原文化、河西走廊文化、西凉文化和多民族的交往，以及和域外国外的各个人士的人文交流所呈现出来的特色。可以说没有其他的例子能够和敦煌相比。其次我们认为敦煌丝路既是我们的文化的宝藏，也是我们学术的宝藏发展，更是我们历史的一个有待进一步开发研究的地方。我们完全可以更好地总结这个地方的治理，这个地方历史的发展，这个地方的成败，这个地方的它的辉煌和它的悲哀。

　　我们去看莫高窟的时候，就看到了陈寅恪先生提到的，这是中华文化的一个伤心史。这里头的经验和教训太多了。这里有政治学、历史学、地缘政治学、地缘经济学、地缘社会学，有多方面的历史、地理、学术的课题等待着开发，等待着我们中国的以及对此有兴趣的国外的学者们来总结、来研究、来开拓。

对于中国来说，这又是我们的一个文化学、宗教学和民族学来值得我们认真研究的地方。我们这里有许许多多的不同的民族，有我们国内的中华民族的成员，是怎样交流互鉴，而且能够互相有所融合、有所发展的，又有哪些是值得我们汲取教训，改善我们的状况的？

我们的宗教学也非常有趣，中国的宗教学和现在全世界，包括我们自己远远还没有很好地认识到中国的宗教学。习近平同志讲的中华文明的统一性，也表现在知和行的统一，表现在认知和信仰、宗教和哲学观念，以至于和艺术激情的统一。所以我们中国很长时间没有一种排他性的、由官方制定的全民统一的宗教，但是我们不乏终极的关怀。在我们敦煌的文化里，既有现世的这种世俗生活的反映，更有对于终极的，对于世界的多重性、多体性的设想和愿望。既有对生命的珍惜，也有对生命之后的无限的畅想。这些都等待着我们的学术的开发。

我要谈到我们现在已经成为显学的敦煌学。敦煌学里既充满着美学，也充满着文物学，也充满着科学，一系列的科学的知识需要我们发展。我认为我们不能够忘记在敦煌学上树立了各种突出成绩的，像常书鸿先生、像樊锦诗女士、像常莎娜女士、像张大千先生等在敦煌学上取得的成就，我们还期待着有更出色的、更大地向前推进一步的敦煌学的发展。

我个人还有一个很大的兴趣，就是对敦煌壁画，对敦煌的雕塑的这种艺术的延伸和发展。昨天晚上我们看了文艺晚会，看了东方歌舞团与甘肃的文艺工作者合作的，以飞天为主题的这样一个音乐会，或者他们称自己是音乐剧。这是一个非常诱人的想法，就是把雕塑和壁画这样一个视觉的艺术，通过音乐、通过歌词、通过语言和文字能够表现出来。但是现在我们已经做到的，远远没有达到群众可以接受的程度，远远没有达到观众可以理解的程度，远远没有达到可以发挥了、延伸了敦煌艺术的程度。敦煌的艺术是一个宝藏，它在呼唤天才，它呼唤蒲松龄，它呼唤吴承恩，它呼唤大的音乐家，呼唤哲学家能够从零零碎碎，你看不出它的完整的联系的这样一个艺术的宝库中，能够出现中国的新的西游记、新的聊斋志异、新的魔幻现实主义或者是新的歌剧、音乐剧、交响乐，我想这个实在是一个非常美丽的矿藏，等着我们的艺术家，等着我们的作家同行去钻研、去开放，去大胆地构想。

我还希望，通过在这里的活动我们也都关心敦煌地区、"一带一路"地区，整个丝路地区的旅游业和民生经济的发展，所以我前边提到了地缘政治学、地缘关系学，我们还要注意地缘经济学。我们希望我们的敦煌能够重现当年的繁荣，它不但是一个文化上有特色的地区，也是一个商贸发达，人来人往，大家都喜欢的这么一个美好的地方。我期待着敦煌，我对敦煌充满了信心。我在我的有生之年，我相信我会看到越来越多敦煌的好消息。万一没有生了，我也还期待着能感觉到从敦煌来的喜讯，谢谢大家！

在"传承丝路文化与构建文明新形态论坛"上的主旨演讲

中国文联党组成员、书记处书记　张　宏

尊敬的王锐副主席、王蒙部长,

各位前辈、各位文学家艺术家,各位领导、朋友们:

大家下午好!

非常高兴与大家相聚在丝路明珠——敦煌,出席本次"敦煌论坛"。受中国文联党组书记李屹同志委托,我谨代表中国文学艺术界联合会,向出席敦煌论坛的各位朋友表示亲切问候!向为多年传承丝路文化、付出心血和汗水的文学艺术工作者,致以崇高敬意!向给予论坛大力支持的甘肃省委、省政府,以及热情好客的甘肃人民,表示衷心感谢!

今天,我们论坛的主题是"传承丝路文化与构建文明新形态",站在新时代文艺事业发展角度,我向大家汇报几点体会:

一是站位历史纵深,敬仰古圣先贤伟大创造,传承博大精深的敦煌文化。习近平总书记指出,博大精深的中华文明是中华民族独特的精神标识,是当代中国文艺的根基。丝路文化传承久远、纵贯古今,融汇中外、饱藏精华,使其成为中华文明历史长河中的璀璨明珠。这里独特的山川自然风貌、深厚的历史人文风情,造就了独具特色的敦煌文化。敦煌文化延续近两千年,不仅孕育了以莫高窟为代表的耀眼瑰宝,还涵养了一批杰出的文艺巨匠,构成了中华文化历久弥新的源泉。我们要充分开掘敦煌文化、丝路文化这座文艺宝库,守护好古圣先贤的精神创造,推动保护传承与研究利用并举，深入阐释和传播其中富含的思想观念、人文精神、道德规范，使之成为推动新时代文艺事业高质量发展的丰沃滋养与不竭动力，成为新时代文艺事业发展最为深沉的根脉。

二是把握发展经纬，尊古创新，以丝路文化助力新时代文艺创作。习近平总书记指出，对历史最好的继承就是创造新的历史，对人类文明最大的礼敬就是创造人类文明新形态。从发展历程看，一代代敦煌人秉持莫高精神，坚持守正前行、遵古创新，推出了一大批高品质文艺作品，为推动丝路文化创造性转化、创新性发展积累了有益经验。我们要在巩固文化主体性的前提下，把握好丝路文化发展的历史、现在和未来，以守正创新的精神、别开生面的担当，承百代之流、会当今之变，推动丝路文化展现强大生机、充沛活力，滋养涵育新时代文艺迈向更加广阔的发展天地。

近些年来，正是在丝路文化的滋养下，甘肃文艺创作创新一直繁茂葳蕤，在美术、书法、舞蹈等领域，创作了一系列优秀文艺作品，取得了良好反响。比如：舞剧《大梦敦煌》，纪录片《河西走廊》等，"敦煌画派"等文艺品牌影响力持续提升，成为丝路文化在新时代的新成果。

三是树立开放视野，推动文明互学互鉴，以丝路文化彰显新时代文艺自信。习近平总书记指出，要积极传播中华文化，加强同共建国家的文化交流，增进民心相通，共同构建亚洲命运共同体、人类命运共同体，共同创造更多更优秀的人类文明成果。丝路文化因友好交往而生，因多元交流而兴，因深层交融而盛，是中外文明互学互鉴的生动体现，彰显着中华文明开放的姿态、包容的胸怀、博大的气象。今年是"一带一路"倡议提出十周年。十年来，共建"一带一路"倡议从理念到行动、从愿景到现实，丝路文化也从古代走向新时代，从沿线地区走向更加广阔世界，为人类命运共同体注入了新内涵。我们要充分挖掘丝路文化所蕴含的开放包容元素、海纳百川品质、万物并育胸怀，创作更多彰显中国审美旨趣、传播当代中国价值观念、反映全人类共同价值追求的文艺作品，在增强中华文化传播力影响力的过程中彰显自信、实现自强，助力建设文化强国、建设中华民族现代文明。

最后，预祝敦煌论坛圆满成功，祝第六届丝绸之路国际文化博览会取得丰硕成果！谢谢大家！

中国文学的"一带一路"

中国作协创联部主任　彭学明

在我的理解里，敦煌飞天不仅仅是一种宗教文化的艺术形态和中国艺术的文化形态，更是一种人类文明的飞天精神。飞天是一种形态，也是一种动态，更是一种艺术的想象和一种梦想的图腾，是人类追求自由、渴望飞翔的精神所在。

中国文学自古就有一种敦煌飞天的梦想。中国古老的民间传说嫦娥奔月、夸父追日、精卫填海、八仙过海，就是中国最早的民间文学，都有一种飞天的形象和意象。其瑰丽浪漫的丰富想象、广阔广博的意象抵达，体现了中国古人渴望走出去的最早想象，是中国古人世界大同、人类命运共同体的最初愿望和最早体现，可以说，是中国文学"一带一路"的最早胚胎和萌芽。中国四大名著之一的《西游记》，通过唐僧师徒西天取经的玄幻故事，也以文学的形式展示了中国古代"一带一路"的真实图景。

当下，在"一带一路"的宏大背景下，国家对中国文学和中国文化的走出去，采取了不少行之有效的措施，比如国家外文局实施多年的"熊猫丛书"，国家新闻出版署的"经典中国国际出版工程""丝路书香工程"，中国作协的中国当代作品翻译工程，还有"中国图书对外推广计划""中外图书互译计划""中华学术外译项目"等，都已经取得了显著的成效。中国文学也搭乘"一带一路"的班列，借船出海，取得了丰硕的成果。莫言、曹文轩、刘慈欣等先后斩获了诺贝尔文学奖、安徒生童话奖和雨果文学奖。世界文学的巅峰，有了中国文学的身影。这些年，中国作协还领头倡议，成立了由中国等 35 个国家的 30 个具有影响力的文学组织和 19 位各国有代表性的文学家、翻译家共同组成的"一带一路"文学联盟，中国作协还在 22 个国家成立了中国文学海外读者俱乐部。

但是，我以为，远远不够。一是我们现在推介出去的文学作品固然不乏好的，但不见得是最好的，中国文学值得推介的优秀作品太多了。我们许多真正优秀的作品没有得到推介，我们需要推介的不仅仅只是《红高粱》《三体》这样的作品，还应有王蒙的《青春万岁》、梁晓声的《人世间》等这样的作品。二是即便得到推介的，也没有在国外真正得到传播和推广。很多作品，仅仅只是翻译成了外国文字而已，在国外可能连一个读者都没有。中国文学作品的对外国际传播与外国文学作品的中国市场普及，可以说是脑体倒挂，我们的文学作品的国际化与世界化的传播，远远没有外国作品在中国的传播那样普及和深远。一部外国文学作品引进中国后，很快就会占领中国市场，而一部中国作品走出自己的国门后却始终踏不进人家家门半步。

所以，把什么样的中国文学和文化翻译和推介出去，怎样把已经翻译和推介出去的作品加大力度、拓展渠道去深入推广和传播，是中国文学"一带一路"的当务之急。

那么当下的中国文学的"一带一路"何去何从？当下中国文学丝路花雨的美丽何在？

国家工程、国家行动、国家意志和国家力量，是推动中国文学和文化在"一带一路"中发挥作用的关键与灵魂。我们的优秀作品推介出去后，还要深耕，还要细化，还要转化，还要花大气力做后续跟踪服务，花大气力在当地推广和传播，注重翻译效果和影响，不能只是仅仅翻译成了外国文字，如果只是仅仅变成了一种外国文字，而不注重推广和传播，既飞不起天，也立不住地，是油去了灯不亮。

　　我创作的长篇纪实文学作品《娘》自 2011 年问世以来，已出版了 6 个不同的中文版本，发行两百多万册，先后翻译成了英语、俄语、日语、斯拉夫语、阿拉伯语、尼泊尔语等语种在美国、俄罗斯、日本、哈萨克斯坦、黎巴嫩、尼泊尔等国家出版发行。意大利语、匈牙利语、西班牙语和韩语等语种的翻译也在进行中。其中，仅哈萨克斯坦就发行了两万册，并印制了 1000本精装本。《娘》这部作品之所以能引起国人和不同国家不同肤色人等的共鸣与喜爱，在于我们每一个人都有一个伟大的父母，都有完全彻底无私的父爱母爱，但我们都并没有真正理解过父母、珍惜过父母、读懂过父母，我们都或多或少地亏欠过父母，都有意无意地伤害过父母，从而犯下了子欲养亲不待的错误。我们并没有明白世界上最宝贵的人往往是我们最不珍惜的人，世界上最爱我们的人往往是我们伤害最深的人，没有明白一个孩子给父母的，不仅仅是物质上的富有，更应是心灵上的自由和精神上的需求。《娘》的英文版翻译、美国芝加哥大学的中国文化和历史学教授斯定文先生说，《娘》一书里倡导的亲情、孝道等中国传统文化价值观，是整个西方国家和全世界都需要学习的，因为正如《娘》书里所说的父母是我们生命中最宝贵的，我们要学会珍惜，学会报答，学会爱。联合国教科文国际认知语言学研究会主席、瑞典隆德大学教授克里斯·辛哈在读了《娘》后，专程到我老家湘西沿着娘的足迹走了一圈，他说，彭学明先生的《娘》告诉我们，世界上唯有母爱是不分国家，不分阶级，不分人等，不分肤色的，因为母爱是人类共有的情感，是人类终极的关怀。《娘》的日文翻译、日本拓殖大学教授立松升一先生读了《娘》说，如果每一个人都善待自己的父母，我们的家庭就和睦了，如果每一个人都善待别人的父母，这个社会就和谐了，如果每一个国家都不伤害别个国家的父母，这个世界就没有战争，只有和平了。这就是我的作品《娘》带给外国人的感受。

　　我举自己作品的例子，有两层意思：一是要在"一带一路"中推介优秀作品，得作家们首先写出好作品，这个世界上不是没有好读者，而是缺乏好作品，好的作品是没有国界和隔阂的。二是当我们的作家对外讲中国故事时，一定要像习近平总书记所要求的那样，讲可亲、可敬、可爱和可信的故事，只有这样的故事才会直抵人心，才会传得开，走得远，留得下，立得住。

文学名词意象的继承和创新

湖南省文联原副主席　王跃文

我从潇湘大地飞来古边塞敦煌，从飞机舷窗俯瞰祖国壮丽河山，忽然觉得自己是在中国文学版图上飞翔，无数清词丽句、无数文学名词意象映入脑海。望着波光粼粼的洞庭湖，我想到的是"八月洞庭秋，潇湘水北流""舟浮潇湘月，山倒洞庭波"等古诗句；而我要去往的壮美敦煌，让我想起边关冷月、孤城玉门、雪满弓刀等古诗词中常见的名词意象，想起"山南山北雪晴，千里万里月明"等许多描写茫茫大漠和河西古道的诗句。

中国文学史是从一声鸟叫开始的。"关关雎鸠，在河之洲"，《诗》三百由此响亮开篇。于诗，这是起兴；较之于小说，则是为人物和故事布景。读《诗经》，某种意义讲就是读名词意象，如孔子所说"多识于鸟兽草木之名"。我们能说出的名词有多少，我们所认识的世界就有多大。中国文学作品中的名词，往往并非单纯客观的物象，这些名词贯注着作家的独特情感、标识着作家的精神气质，附丽着不同时代的声音和色彩。经由作家的创作，很多普通的名词就成了意象，或形成言有尽而意无穷的意境。每一位富有独创性思想和艺术表现力的作家都怀有雄心，梦想能在斑斓的文学长轴上添加独属于自己的名词意象，至少也要在前人已重重书写过的名词上再开拓出属于自己的新疆域，扩展和加深其内涵与外延，增强它所表达的情感和美。从雎鸠开始，几千年的中国文学卷轴越展越长，历朝历代的文学家们不断在这卷轴上添加着一个又一个名词，并赋予它们独创性的情感与思想意义。言及杨柳，必联想到送别；香草美人，必是忠臣明君；陶渊明以隐逸贞秀为菊命名；李白则通过对月亮的无数次书写为其生发出丰富的含义,"举头望明月"时,明月即故乡;"欲上青天揽明月"时,明月是高远的理想;"我寄愁心与明月"时,明月是善解人意的友人;"今人不见古时月,今月曾经照古人"时,明月是永恒的宇宙与时间。

我记得自己上初中的时候,语文老师有一次突然宣布,这节语文课不按课本上课,他要给我们讲故事。这个故事叫《党员登记表》。我的语文老师用他那并不标准的普通话开始讲故事:"一九四三年的海莱山区战栗在凛冽的寒冬里。风卷着雪花,狂暴地扫荡着山野、村庄,摇撼着古树的躯干……"我听着语文老师讲的故事,为他的才华而折服。多年后,我才知道老师是把峻青的小说《党员登记表》背了下来。我至今记得语文老师讲故事时战栗着的嘴唇,但我更记住了一个新的名词:党员登记表。这个名词直到现在依然烙刻在我心里,这个名词也深深烙刻在了中国现代文学史上。这个名词凝结着那个时代的信念、忠诚与牺牲。描写革命战争岁月的文学作品,贡献了许多构成文学意象的名词,比如烈火金刚、野火春风、赤卫队、地道战、地雷战、麻雀战、苦菜花等等,这些名词都有着特殊的美学意义。这些名词意象有一种共同的颜色叫红色,它散发着热烈而赤诚的气息。

我热爱鲁迅先生,经常重读他的作品。鲁迅作品中的名词,仿佛沸腾的熔浆淬冷,大多具有铁的玄色,它们无一不是鲁迅思想和情感的载体。鲁迅的作品独创了一个名词体系:夜、月亮、路,辫子、匕首、投枪、人血馒头、野草、地火,等等。这些名词构成一个整体,共同撑起了鲁迅独有的精神世界与艺术世界,如此深邃、凛冽、美丽、广大。鲁迅的爱与恨,他的斗争与顽强,他的犀利与温暖,无不体现在他笔下的名词里。《秋夜》的开头已是耳熟能详:"在我的后园,可以看见墙外有两株树,一株是枣树,还有一株也是枣树。"枣树,似铁而沉默,直刺奇怪而高的天空,刺得月亮发窘。这是枣树的锐利与倔强,也是枣树的孤独与荒凉。但"还有一株也是枣树",于是有同伴,有后继者,但依然孤独,却依然倔强,正如许广平说到鲁迅:

"不退走，不悲观，不绝望"。"枣树"是鲁迅先生的自我写照，他将"枣树"这一普通名词变成了独创的意象，鲁迅也把自己变成了中国和人类文学史上一个不朽而伟大的名词。

"诗文随世运，无日不趋新。"所谓一代有一代之文学，既有文学样式和表现手法的演进，更应该有文学表现对象的变化，应该有新的文学意象的发现与创新。中国新时代文学既要传承中华传统美学精神，也必须有适应时代的再造与创新。古老而漫长的中国文学卷轴上需要增添具有新时代典型意义的新名词、新意象。比如，我们应注目于天和号核心空间站，注目于袁隆平的禾下乘凉梦，注目于古丝绸之路上刻画出的崭新线条，注目于田间地头使用无人机施肥撒药的年轻农民，注目于坐在店铺台阶上匆匆吃一碗方便面就起身投送邮件的快递员。文学如何叙写他们？如何为这些名词赋予独创性的精神意蕴，如何将他们添加到中华民族璀璨夺目的文学名词宝库中去？这是我们这一代文学工作者需要努力的方向。

在"传承丝路文化与构建文明新形态论坛"上的演讲

北京大学助理教授　柯伟业

尊敬的领导、专家学者：

大家好！

我是北京大学艺术学院的 Michael Cavayero，汉语名字是柯伟业，来自美国纽约，目前已经在中国学习、工作和生活了十三个年头。首先，我要衷心感谢本次会议的主办方，包括中央宣传部、文化和旅游部、国家广播电视总局、中国贸促会以及甘肃省人民政府，感谢各个机构对本次活动每个环节的组织和协调。

我很荣幸能参加这次活动，因为我的研究内容为中国古代艺术与宗教，这与古丝绸之路、敦煌艺术以及佛教文化都有非常紧密的联系。本次会议的主题——"沟通世界：文化交流与文明互鉴"在全球历史中展现了"敦煌学"与"敦煌文化"的核心价值所在。敦煌地区作为佛教从印度和中亚传入中原地区的重要地理和文化节点，见证了历史上佛教在世界范围内的传播历程。佛教在自身发展与传播过程中不仅尊重与融合了文化的多样性，亦展现了和平的价值观。这一理念使敦煌成为中外文化交流的典范，同时也彰显了古代全球主义和文化多样性的蓬勃发展。这些优良的文化内容都汇聚于敦煌，在此形成了绚丽无比的文化宝库。

在我的研究中，敦煌被无数次地提及，在此显示着多元文明互补与互鉴的历史成果：唐代画家张璪的"外师造化，中得心源"不仅留下了中国画史的浓墨重彩，也深刻影响了中国艺术史的实践与理论。然而，鲜为人知的是，这句名言中的"心源"一词就源自于西晋时期敦煌出生的吐火罗僧人和译经师竺法护的翻译："于是，最选光明莲华开剖如来闻诸菩萨歌颂之声，察其心源，为诸菩萨大士衍，以佛法分别要义，令心悦豫。"这句话表达了大乘佛教菩萨精神的"初心"，即追求法之态。其中的"心源"最早表达了菩萨听闻佛法后因感动而产生的"心灵波动"现象，可引申为"行菩萨道"和"发（菩提）心"。这个概念是竺法护对古印度"cita-carita"和"cita-vispand"等概念的传译。此后，这一新词逐渐成为汉语佛教文献和论著中的重要术语。隋唐时期，竺法护在敦煌创造的"心源"概念在佛教本土化的过程中被进一步深化，这与佛经中"心源"的含义相契合。令人惊叹的是，仅这一词的发展脉络，就已展现了古丝绸之路上文化互鉴、相互融合的波澜壮阔的历程。

通过这样的一些实例，在文人艺术的语境之下，我们可以看到，通过张璪等上层文人对佛教概念术语的使用，这些词汇在当时相关的圈层中产生了深刻的影响，并且最终成为画论文献中的核心词汇，影响了中国核心艺术的审美指向与意趣。有趣的是，在 20 世纪后，"心源"作为中国艺术及其创作实践的核心概念引起了潘天寿、黄宾虹等众多名家学者的深入研究。这些词汇由古至今，通过丝绸之路上的足迹缓步而来，相互沁润与影响，最终塑造了众多灿烂的历史文化与艺术遗产。

在这个重要的历史节点上，我们不仅关注敦煌文化的遗产，更关切文明互鉴和新型构建的迫切需求。因此，从敦煌艺术与敦煌学的视角来看，我们应深入挖掘丝绸之路背后的古老智慧和优雅情操，将古代的启示与现代发展的智慧相融合，造福人类文明的不断繁荣与发展。

最后，请允许我再次向本次活动的组织者表达由衷的谢意，谢谢大家！

在"传承丝路文化与构建文明新形态论坛"
上的演讲

《诗刊》主编　李少君

大家下午好，今天我想用一首诗歌来讨论今天的这个议题——传承丝路文化与构建文明新形态。这首诗是我十多年前第一次到敦煌的时候写的，题目是《荒漠上的奇迹》：

> 对于荒漠来说，
>
> 草是奇迹，
>
> 鱼也是奇迹，
>
> 神很容易就在小事物之中显灵
>
> 荒漠上的奇迹
>
> 总是比别处多，
>
> 比如鸣沙山下永不干枯的月牙泉，
>
> 比如三危山上无水，
>
> 也摇曳生姿的变色花
>
> 荒漠上还有一些别的奇迹，
>
> 比如葡萄特别甜，
>
> 西瓜格外大
>
> 牛羊总是肥壮，
>
> 歌声永远悠扬

荒漠上还有一些奇迹，

是一个偶尔路过的人创造的

我第一次来敦煌的时候，当时非常地惊讶。应该说那个时候的环境生态可能还不如现在。在这么一个地方能够有敦煌这么多的宝贝在这里展示。让我看到了人类文明的创造的魅力，当时这种惊讶让我觉得在这种地方产生的任何东西都是奇迹，比如说昨天突然下雨，大家都知道敦煌其实的雨水不是很多，它本身就是一个奇迹。

关于丝绸之路有很多的概括，这是人类文明的一个宝贵遗产，它也是自由开放或者说是人类文明的一种复学复鉴、复利复盈的基础上产生的。应该说丝绸之路啊还产生了很多精神成果，其中最重要的就是边塞诗。我们经常有说有盛唐气象，全唐诗将近五万首，主要有两种类型：一种是山水诗，一种是边塞诗。山水诗是一个普遍的题材，因为唐代相对比较和平，大家都可以很自由的、安全的游山玩水。但是边塞诗相对是不容易的，其实边塞诗在全唐诗里面占的数量不多，只有两千多首，但是我们现在提所谓的盛唐气象，真正能够象征盛唐气象的其实是边塞诗，因为边塞诗里面包含着一种自由的精神，开放的精神，包容的精神，浪漫的情怀。比如说大量写西域风景的一些诗歌"明月出天山，苍茫云海间""大漠孤烟直，长河落日圆"，也有很多写开放性、包容性的诗歌，比如"五陵年少金市东，银鞍白马度春风。落花踏尽游何处，笑入胡姬酒肆中"等。

其实关于西域的一些风景，可以说是雄奇瑰丽的一种美学景观，这才是真正的盛唐。那么对历史最好的继承就是开创新的历史，我们要把边塞诗这种宝贵的人类文明，这种瑰宝要珍惜下来，所以，我一直有个倡议，我希望在敦煌能够建一个边塞诗博物馆。边塞诗博物馆，一个是有一种具体的一种形式，能够把边塞诗化为能够让人们日常可以接受的，日用而不觉的这么一种精神财富。同时呢，我觉得新的边塞诗也应该放在里面。新的边塞诗就是在"一带一路"背景下面的这一些不仅来自中华民族，也有"一带一路"其他国家和地区民族的一些新的诗歌。

边塞诗博物馆应该分两个部分，一个部分以唐代的边塞诗为主的诗词馆藏，另外一部分就是能够把我们在新时代"一带一路"背景下，关于西域关于"一带一路"的诗歌，把世界各国诗歌中的一些优秀的作品也在其中展示。我们都知道，敦煌的这些宝藏都已经非常古老了，但是我们在古老的基础上，我们还是要开创新的奇迹，或者说亮点，这是我的一个倡议，谢谢大家！

在"传承丝路文化与构建文明新形态论坛"上的演讲

读者出版集团总经理　马永强

各位领导，各位专家：

大家下午好！

今天我们身处的人类文明场景——敦煌——早已不是一个普通的地名，而是一个交汇、融合了世界古代多种文明的象征。季羡林先生认为，世界上历史悠久、地域广阔、自成体系、影响深远的文化体系只有四个：中国、印度、希腊、伊斯兰。再没有第五个，而这四个文化体系汇流的地方只有一个，就是中国的敦煌和新疆地区，再没有第二个。

正如习近平总书记所指出的，敦煌文化是各种文明长期交融交流融汇的结晶，中华文明自古就以开放包容闻名于世，在同其他文明的交流互鉴中不断焕发新的生命力。敦煌文化正是典型代表，展示了中华民族的文化自信。下面我交流三个小话题。

第一个话题是充分认识敦煌文化精神的四种内涵。敦煌文化是中华优秀传统文化的璀璨明珠，蕴含其中的文化精神，千年赓续绵延不绝。我个人所理解的敦煌文化精神主要概括为四句话：一句话是向心而行，包罗古今。敦煌文化是最具包容精神的文化体系，两千多年来，敦煌历代先贤情系大漠，开拓洞窟，宣扬文明，以心为灯，传薪播火。丝绸之路这一文明纽带敞开胸怀，宣扬文化，创造了包容开放的敦煌文化，持续历史之漫长，涵盖地域之广泛，蕴藏内容之丰富，世所罕见，光耀古今。二是象征而立，反璞还淳。敦煌文化是最具求真精神的文化体系，万象在旁，真理弥漫是敦煌文化的文化体质，以真为主线，处处凸显着中华文明的真谛，时时渗透着简单淳朴执着的人间真味，充分体现了敦煌文化创造者对真理与真挚的无畏追求。三是向善而从，润泽心灵。敦煌文化是最具向善精神的文化体系，敦煌文化注重人类精神世界的探索和人类美好心灵的塑造。千百年来，无论敦煌的自然环境多么恶劣严酷，敦煌莫高窟却始终代有兴建，延续不断。洞外黄沙漫天，洞内气象万千，这是人类心怀天下，追求美好的生动历史画卷。四是向美而生，华彩千古。敦煌文化是最具审美精神的文化之脉，惟美惟妙，流光溢彩，是敦煌文化的基本表征。敦煌文化涵盖古今融贯中西，忽然一起，令人叹为观止。敦煌艺术美容美奂，诉说出中西文明交流的不朽传奇，传递出人类对美的追求和向往，成为各美其美，美人之美，美美与共的人类文明典范，成为中外文明交流中，你中有我，我中有你，融汇创新的敦煌文化范式。

第二个话题是东方文化与当代文学的使命。1990 年前后的西部地理大发现和敦煌藏经洞的发现，标志着西部本土文化在 20 世纪初再次引起了世界的关注，埋没了近千年的敦煌文化和敦煌文学横空出世，具有丰富的文化史与文学史的朝气意味，标志着中国西部现代文学开始了现代意义上的觉醒和萌动。一方面，敦煌文化是西部现代文学孕育形成的源头活水，精神家园。另一方面，包括西部文学在内的中国当代文学要成为敦煌文化的美学诠释者和宣介者。独一无二的包容、求真向善和生命精神，赋予了敦煌文化作为世界稀缺性文化资源的独特禀赋，这要求文艺工作者必须以独有的文学表达、文学传播的形式，全方位阐述好敦煌文化精神，讲好敦煌故事，充分展现敦煌模式的审美创造，凸显敦煌文化的博大精神，肩负起服务共建"一带一路"，实现文明互鉴的时代使命。

第三个话题是合力复现中国文学新的时代华章。从文明史的视角看，西部文化具有活化石的意味，远古中华文明的辉煌，丝绸之路文明的交汇交融，西部少数民族口传文学文化的浩如烟海，敦煌文化的自成一格，以及游牧文明、农耕文明、前工业和现代文明的交相辉映，共同绘就了西部文化的多彩画卷，织就了绚丽多彩的中国文化版图，西部蕴藏着最丰富的文学内容是文学的富矿。自 20 世纪 80 年代掀起的西部文学热到新世纪今天，中国文学一直存在着一个显性与潜藏着的精神上的西进，向西部寻找精神资源和动力，寻找生命的力与美，寻找诗性浪漫主义。因为西部是一个独特的存在，是一个精神高地，是这个文化消费时代的纯与真。因此，我们要以弘扬敦煌文化为切入口，重新审视丝绸之路等西部文化的价值和意义，重新确立文学创作的中国立场，人类意识和世界视域。我们呼唤并期待中国作家能够用自己的文学智慧和以人民为中心的价值理念，创造出无愧于一个大时代的鸿篇巨制。我们不要忽略脚下具有世界意义的文学描写的重要元素，那个能够创造浪漫主义和现实主义富矿的，原始的、野性的自然形态和尚未被完全破坏的文化形态所给予的审美关照。那充满活力的多民族融合发展的诗意的栖居的生活途径与发自心灵深处的人性的歌咏。

谢谢大家！

"敦煌学研究弘扬的世界意义"
学术研讨会

"敦煌学研究弘扬的世界意义"学术研讨会

  2023 年 9 月 6 日下午，为期两天的敦煌论坛"敦煌学研究弘扬的世界意义"学术研讨会在敦煌国际会展中心开幕。甘肃省人民政府副省长李刚出席开幕式并致辞。

  研讨会上，来自俄罗斯、美国、英国等 11 个国家和地区的百余名专家学者齐聚敦煌，就国际视野下的敦煌文化研究领域拓展与敦煌文化艺术传承弘扬等话题，碰撞智慧火花、分享真知灼见。开幕式当天，中国敦煌吐鲁番学会会长、北京大学教授荣新江，敦煌研究院原副院长、研究员张先堂，美国芝加哥大学教授、著名艺术史家巫鸿等 6 位国内外专家学者作了精彩的学术报告。其后，还有近 60 位学者围绕古代丝绸之路民族交流交融发展、多元文化艺术交流互鉴等议题，集中展示国际敦煌学研究的最新成果，深入探讨敦煌学研究、弘扬敦煌文化的世界意义。

  在敦煌文博会期间举办此次学术研讨会，对促进新时代敦煌文化创造性转化、创新性发展，拓宽敦煌学研究方向和领域，揭示敦煌学研究弘扬在促进人类社会文明和谐发展、铸牢中华民族共同体意识方面的实际作用，具有重要的现实意义和时代价值。

在"敦煌学研究弘扬的世界意义"
学术研讨会上的致辞

甘肃省人民政府副省长　李　刚

尊敬的各位专家，女士们，先生们，朋友们：

大家下午好！

丝路飞天舞动千年神韵，文博盛会汇聚四海翘楚。在这千枝盈果、万物流金的初秋时节，我们相聚在丝路重镇、文化圣殿——敦煌，共同举办"敦煌学研究弘扬的世界意义"学术研讨会，探究文明宝藏，促进文明互鉴，共铸文化辉煌，意义十分重大。在此，我谨代表甘肃省人民政府，对出席本次研讨会的各位嘉宾，表示热烈的欢迎！对长期以来关心支持甘肃文化文物事业发展的社会各界人士和国际友人表示衷心的感谢！

公元前 111 年，汉武帝设敦煌郡，敦煌成为古丝绸之路上的枢纽城市，创造了"使者相望于道，商旅不绝于途"的繁盛。公元 366 年，乐尊和尚在鸣沙山开凿第一个洞窟，从此东西方建筑、壁画、雕塑艺术在敦煌融合汇聚，历经千年不断，造就了辉煌灿烂的敦煌文化。公元 1725 年，敦煌开始重建，大规模移民迁入，敦煌文化得以延续。1900 年，藏经洞发现后，敦煌文化轰动世界，一门国际性显学敦煌学由此形成，深深吸引着世界各国无数朋友走近她。站在新时代新征程上，回眸历史长河，我们对敦煌文化更加充满了自信。

敦煌是中国的敦煌。敦煌蕴含着中华民族、文化的生动密码。敦煌文化绵延 2000 多年，集中体现了中华文明的连续性、创新性、统一性、包容性、和平性五个突出特性，充分彰显了中华民族各美其美、美美与共的天下大同哲学思想，展示了中华民族的文化自信，是中华文明几千年源远流长，不断融会贯通的典范。

敦煌是世界的敦煌。敦煌作为中国通向西域的重要门户，来自古印度、古希腊、古波斯等不同国家和地区的思想、宗教、艺术、文化在这里交融汇聚，季羡林先生说"敦煌文化的灿烂，正是世界各族文化精粹的融合"。同样，莫高窟及敦煌文献文物已成为世界许多国家争相研究的热门。敦煌文化早已超越了国家、民族、地域界限，为世界文明进步提供了深厚滋养，成为全人类共有的文化宝藏和精神财富。

2019 年，习近平总书记在敦煌研究院座谈时强调，要把莫高窟保护好，把敦煌文化传承好，努力把研究院建设成为世界文化遗产保护的典范和敦煌学研究的高地。今年 6 月，习近平总书记在文化传承发展座谈会上发表的重要讲话，对中华文化传承发展的一系列重大理论和现实问题作了全面系统深入阐述，就担负起新时代新的文化使命、努力建设中华民族现代文明作出重要战略部署，为我们推动中华优秀传统文化创造性转化、创新性发展，建设中华民族现代文明指明了前进方向、提供了根本遵循。

在敦煌文博会期间举办"敦煌学研究弘扬的世界意义"学术研讨会，这是贯彻落实习近平总书记重要讲话和指示精神的重大举措，也是打造敦煌学研究高地、推动文化遗产保护研究交流合作，讲好敦煌故事、传播中国声音的具体行动。本次研讨会聚焦新时代敦煌学关键领域，围绕三个专题进行交流研讨。希望各位专家深入交流探讨，碰撞智慧火花，分享真知灼见，深入挖掘新时期敦煌学研究弘扬对铸牢中华民族共同体意识和构建人类命运共同体的重大意义，提出更多前瞻性、建设性、创造性的真知灼见，形成引领世界敦煌学繁荣发展的权威成果，持续扩大敦煌学研究国际影响力。我们将从本次研讨会的丰硕成果中汲取营养，以守正创新的正气和锐气，大力传承弘扬中华优秀传统文化，努力为建设中华民族现代文明、构建人类命运共同体作出甘肃贡献！

最后，预祝本次研讨会取得丰硕成果！祝各位嘉宾朋友在甘肃期间身体健康，工作愉快！

谢谢大家！

敦煌胡语文献所见的丝绸之路

中国敦煌吐鲁番学会会长、北京大学教授　荣新江

摘要：本文在概述敦煌藏经洞出土的于阗语、回鹘语、粟特语文书的研究成果基础上，勾勒其中有关丝绸之路的记载，据以阐述以敦煌为中心、多民族沿丝绸之路进行商品贸易、文化交往的情况。

敦煌的于阗语文献主要是公元 10 世纪于阗王国与敦煌归义军交往的产物，因为两地保持着姻亲关系，所以交往密切，有不少人来到敦煌，有些还长期居留，因此留下不少于阗语文献，内容包括佛教典籍、医药文献、文学作品、使臣报告、地理文书、公私账历、双语词表、习字或字母表，以及于阗人写的梵语、汉语、藏语文献。其中与丝绸之路关系最为密切的是于阗使臣留下的报告，因为这些使臣从于阗到敦煌，再到中原，甚至北上高昌、焉耆等地，其报告详细记载了当时丝绸之路上的各种情况，也清楚描述了他们进行的路线，还有他们与当地官府或居民贸易往来的记录。另一类佛教文献本身就是丝绸之路文化交流的结晶，同时也有一些是求法僧留下的记录，保留了他们的行记，他们使用的各类文本，以及他们的双语对话手册，真实再现了丝绸之路上交流的情形。敦煌保留的于阗语医药文书，也是丝绸之路上医药文献交流的重要遗物，是探讨东西方医学和药物交流的主要依据。

由于 840 年漠北回鹘汗国破灭，部众大批西迁，在 9 世纪后半叶逐渐形成甘州回鹘和西州回鹘政权，位于沙州归义军的东西两侧，与归义军政权有着频繁的官私往来，因此敦煌也留存了一批回鹘语的佛典、使臣发愿文、书

信、买卖账单等，也有少量但十分珍贵的回鹘人所信奉的摩尼教经典，甚至还有两地基督教徒的通信，这些都是9—10世纪丝绸之路商贸往来、文化交流等方面的真实记录。

众所周知，粟特人是中古时期丝绸之路上的贸易承担者，粟特商人很早就来到敦煌经商，这在敦煌长城烽燧下发现的公元4世纪初叶的粟特语古信札中得到了印证。到8世纪，敦煌曾有一个粟特聚落，并立有祆祠一所，供奉着他们传统信仰的祆教神祇。但随着粟特人在敦煌和中原佛教文化氛围中的长期居住，他们的宗教信仰逐渐转变为佛教，因此敦煌藏经洞发现的粟特语宗教文献，主要都是从汉文翻译过来的佛经，既有汉地最为流行的经典，也有汉地僧人撰写的疑伪经和禅籍，真切地反映了丝路上文化交流的逆向传播。同时，敦煌还发现了一些回鹘化的粟特语文书，则是9—10世纪粟特人继续在丝绸之路上经商的写照，数量虽然不多，但与上述回鹘语、于阗语文书可以互相补充，成为此时段丝绸之路的珍贵记录。

敦煌出土的上述三种胡语文书，展现了于阗人、回鹘人、粟特人在丝绸之路上所扮演的角色，加之敦煌藏经洞发现的大量汉语、藏语文书，共同描述了5—11世纪丝绸之路的多种面相，特别是传世文献所较少记录的商贸经营的运作、不同民族之间交往的手段、详细的道路记载、三夷教的传播方式与文本翻译的选择等等。这些不同语言文字的材料，共同描绘了一幅中古时期丰富多彩的丝绸之路历史画卷。

唐代艺术、文学和表演的宝贵证据
——再谈发现于莫高窟藏经洞的《降魔变文画卷》

美国芝加哥大学教授　巫　鸿

　　《降魔变文画卷》发现于敦煌莫高窟藏经洞，被伯希和携至巴黎，现存法国国家图书馆，编号为 P.4524。在过去 70 年中它被许多学者关注，或从文学角度审视，或以美术史方式讨论；前者着眼于卷上摘抄的变文，后者注重卷上所绘的图像。① 这些研究无疑对我们了解这个作品提供了极为宝贵的信

---

　　① 对此卷的整体介绍见 Nicole Vandier–Nicolas, Sariputra et les six maitres d'erreur, Facsimile du Manuscrit Chinois 4524 de la Bibliotheque Nationale, Mission Pelliot en Asie Centrale, Serie in–Quarto, V, p.1. 其他有关研究包括：Arthur Waley, A Catalogue of Paintings Recovered from Tun–huang by Sir Aurel Stein, British Museum, London, 1931, no. LXII；松本荣一：《敦煌地方に流行せし劳度叉斗圣变相》，《佛教美术》19 期（1923 年）；《劳度叉斗圣变相の一断片》，《建筑史》2—5 期（1940 年）；《敦煌画の研究》，页 201—211。秋山光和：《敦煌本降魔变（劳度叉斗圣变）画卷について》，《美术研究》187 期（1956 年），页 1—35；《敦煌における变文と绘画》，《美术研究》211 期（1960 年），页 1—28；《劳度叉斗圣变白描粉本（Pelliot Tibétain 1923）》，《东京大学文学部文化交流研究施设研究纪要》2、3 号，1978 年；金维诺：《敦煌壁画祇园记图考》，《文物参考资料》1958 年 8 期，页 8—13；罗宗涛：《降魔变文画卷》，《中国古典小说研究专集》，台北，台北书局，1979 年；Jao Tsong–yi, et.al., Peintures Monochromes de Dunhuang, Paris, Ecole Francaise D'extr me–orient, 1978；Roderick Whitfield, The Art of Central Asia: The Stein Collection in the British Museum, 3vols., Kodansha, 1982；李永宁、蔡伟堂：《〈敦煌变文〉与敦煌壁画中的"劳度叉斗圣变"》，敦煌文物研究所编：《一九八三年全国敦煌学术讨论会文集（石窟·艺术编）》，兰州，甘肃人民出版社，1985 年。Wu Hung, "What is Bianxiang？—On The Relationship Between Dunhuang Art and Dunhuang Literature," Harvard Journal of Asiatic Studies, 52.1（Jun. 1992），pp. 111–192；中译：巫鸿：《何为变相？——兼谈敦煌叙事画与敦煌叙事文学的关系》，《礼仪中的美术：巫鸿中国古代美术史文编》，北京：生活·读书·新知三联书店，2005 年，第 2 卷，346—404 页。简佩琦：《牢度差斗圣变文本与图像关系》，《敦煌学》第 27 辑（台湾嘉义县：南华大学敦煌学研究中心，2008 年），第 493—520 页。最后这篇文章没有在注解和参考文献中包括笔者的《何为变相？》一文，但其中的一些研究角度与该文相同或相似。

息和见解，但本文希望强调的是一个相对被忽视了的方面，即在笔者看来，这个卷子的意义不仅在于同时提供了变文的图画和文字，而且是用于变文演出的唯一传世实物证据。我们因此应该把它看作是研究唐代文化中结合绘画、文学和讲唱的"综合性艺术"的一份宝贵材料。下文从四个方面对其进行讨论，分别为卷子的形态和内容、卷子正面所绘的画像、卷子背面抄写的文字，以及可能的演出方法。此外在最后一节中讨论一个前文遗留的问题，提出此卷在使用过程中可能发生了变化，以残缺之体继续辅助变文演出。

《降魔变文画卷》的形态和内容

现存的《降魔变文画卷》由 12 张纸联结而成，卷高 27.5 厘米，长 571.3 厘米。由于开头与结尾部分有残损，571.3 厘米并不是原来画卷的长度。根据对实物的现场观察和法国国家图书馆提供的高清照片，我们可以比较准确地重构原来画卷的形态和内容。①

为此目的我们首先需要简单了解一下画卷的基本内容。此画卷描绘的是"牢度差斗圣"故事中的斗法情节，每次斗法都在佛家代表舍利佛和外道首领牢度差之间进行。二人"化出"各种动物和神怪相互较量，国王则以仲裁者身份出现，如果佛家得胜就鸣奏金钟，外道赢了就击打金鼓。可想而知，舍利佛在各次斗法中都取得了胜利。

从文献和敦煌壁画中我们知道这个故事中有六次斗法，但现存画卷上只表现了五次，从右到左按照顺序分别为：

舍利佛化出的金刚力士摧毁牢度差化出的宝山（有残缺）；

舍利佛化出的狮子吞食牢度差化出的水牛；

舍利佛化出的白象吸干牢度差化出的水池；

---

① 此处我希望向法国国家图书提供这些材料致谢。台湾学者简佩琦对此问题进行了讨论，但较简洁也未涉及原卷的长度和视觉逻辑，此处在其观察基础上加以发展。见《牢度差斗圣变文本与图像关系》，第 511 页。

舍利佛化出的金翅鸟击败牢度差化出的毒龙；

舍利佛化出的毗沙门天王降服牢度差化出的夜叉鬼。

画卷没有包括的另一次斗法应是舍利佛以旋风吹倒牢度差的变出的大树。根据卷尾残存的图像，我们可以肯定这次斗法原来被画在画卷的最后一部分：在现存的卷尾处可以看到一株开花的树，然后是手执禅杖和僧砵的两个和尚，都面向左方。如果与卷前部完整的斗法图像比较，可知这些形象应该位于一段斗法情节的最右边——先是一棵分割场景的树，然后是舍利佛和他的随行。由此可知原卷末尾还描绘了一个斗法场面，内容应是舍利佛化出的旋风吹倒牢度差变出来的大树。参考前面斗法场面的宽度，此处的残缺部分为 115~125 厘米长。

根据同样的推理方式，我们也可以估计出卷首残缺的部分和长度。目前我们在这里看到的是舍利佛化出的金刚力士正在摧毁牢度差化出的宝山，但是在这个图像的右上方残留了一个手持击钟木杵人物。根据这个细节，我们知道前面缺失的形象是舍利佛和他的随从，以及他们旁边的金钟和敲钟人。根据后部的图像，残缺的部分大约为 40 厘米。

《降魔变文画卷》的画面构图

根据以上重构，可知《降魔变文画卷》的原来长度达到 720 厘米以上，所绘图像为"牢度差斗圣"故事中的六次斗法情节。这个故事是敦煌艺术中的一个恒久题材，从 6 世纪到 12 世纪的几百年中不断描绘，其表现形式也不断变化。把《降魔变文画卷》放在这个变化系列中，我们大体可知它在敦煌艺术发展中的历史地位。

对这个故事的最早图像表现见于西千佛洞第 12 窟，敦煌研究院将其时代定为北周。[①] 如笔者在《空间的敦煌：走近莫高窟》一书中谈到的，[②] 这幅

---

① 见敦煌研究院编：《中国石窟·安西榆林窟》，东京：平凡社，1990 年，第 291—293 页。

② 关于各种敦煌艺术中的《降魔变相》壁画的讨论，参见拙著《空间的敦煌：走近莫高窟》，北京：生活·读书·新知三联书店，2022 年，第 241—255 页。

壁画最重要的特点是以"线性叙事"方式描绘了全本"降魔"故事的两个部分，画面上层描绘创建佛教圣地祇园的事迹，下层描绘舍利弗和劳度叉的斗法。这种构图方式在初唐出现的一幅壁画中被进行了彻底改造。这幅画位于莫高窟第335窟的佛龛内，根据墙壁上的题记可知为702年绘。[①] 创作此画的初唐画家完全省略了故事第一部分中的寻找祇园情节，而是完全聚焦于舍利弗与劳度叉的斗法。由于所有讲述这个故事的文学版本——无论是古老的《贤愚经》还是后出的《只园图记》和《降魔变文》[②]——都包含"须达起精舍"部分，没有只讲斗法的，我们有理由认为这一新的侧重点产生于视觉艺术领域。[③]

同样重要的是，莫高窟第335窟以"二元图画空间"取代了"线性叙事"方式。这种新的构图总是以左右并列的两个人物为中心，二者处于辩论或争斗之中，故事中的其他人物和情节则出现在二者周围。335窟《降魔变》或《牢度差斗圣变》壁画代表了这种空间模式的初期形态：它被分割为左右相对的两组图像。一组在佛龛内北壁上，以坐在华盖之下的舍利弗为核心，围绕数位僧人；在与之相对的南壁上是男女外道拥簇的劳度叉。这两组人物之间散布着斗法情节：靠近舍利弗处是金刚力士击山、白象吸干水池；靠近劳度叉处则有金翅鸟战胜毒龙、狮子吞食水牛、飓风吹倒大树。

---

① 从这些题记来看此窟从垂拱二年画（686年）已开始修建，带有佛龛的西壁为长安二年（702年）所画。

②《贤愚经》为一部佛教故事集，编纂时间约在445年（宋元嘉二十二年）左右。《祇园图记》原题为《祇园因由记》，见王重民等编：《敦煌变文集》，北京：人民文学出版社，1984年，第405—410页。潘重规根据卷后朱书"已上祇园图记"改题并对校订内文。见《敦煌写本祇园图记新书》，《敦煌学》第3辑（香港：敦煌学会，1976），第103—110页。《降魔变文》出于莫高窟藏经洞，中有"大唐汉圣主开元天宝圣文神武应道皇帝陛下"字样，学者根据唐玄宗的称号推断为天宝7年至8年间的作品（748—749）。见罗宗涛：《贤愚经与祇园因由记，降魔变文之比较研究》，《中国古典小说研究专集》，第2期。

③ 其图像蓝本为在此之前的维摩诘与文殊菩萨辩论的图像。见拙著《空间的敦煌：走近莫高窟》，第250—255页。

把这个构图和《降魔变文画卷》相比，二者既有共同之处又有一些重要区别。一个共同处是画卷也只表现斗法而不含"须达起精舍"部分，因此在内容上和壁画一致。而且画卷的每段里也采用了"二元图画空间"，以舍利弗和牢度差相对，其间现出每次斗法的场面（见图3-6）。但二者也有两个重要的不同之处，一是画卷中的国王形象不见于335窟壁画；二是六次斗法在画卷中逐次从右向左展开，因此把作为构图基础单元的"二元图画空间"重新纳入"线性叙事"之中。

与《降魔变文画卷》关系更密切的是一大批规模宏大的《牢度差斗圣变》壁画，在敦煌地区的四个石窟群中都有遗存（即莫高窟、榆林窟、西千佛洞和五个庙石窟），时代大约从晚唐延续到西夏，以10世纪为最多。这种壁画也见于中原佛寺，郭若虚就在《图画见闻志》中两次提到相国寺殿东画有《牢度叉斗圣变相》。[1] 如笔者在《空间的敦煌》中谈到的，这些壁画虽然篇幅庞大、人物众多，但都含有五个基本形象，分别是位居两边的舍利佛和牢度差及金钟和金鼓，作为斗法裁判人的国王居中。[2] 这五个形象也构成了《降魔变文画卷》中每段斗法场面的空间框架。但就如上面谈到的，由于《降魔变文画卷》采用了卷轴的形式，它把这种空间结构转化为线性叙事，在实践过程中一段段展开。

通过这三项比较，可以认为《降魔变文画卷》的创作时间与《牢度差斗圣变》大型壁画接近。画中一处绘有高耸的山峦，与考古发现的盛唐墓葬中的山水具有类似的风格，都表现了高耸的山崖、峭壁和远山；而有别于10世纪的"平远"风格的山水图像，建议此卷的制作年代可能靠前，大约在9世

---

[1] 见郭若虚：《图画见闻志》，北京：人民美术出版社，1963年，第76、149页。
[2] 见拙著《空间的敦煌：走近莫高窟》，第263—278页。

纪末至10世纪初左右。① 此外，一些征象指出此画卷很可能是作坊产物，由不同画手参与制成。我们看到画中的一些形象比较僵硬呆板，如每段中重复出现的国王和随从；而一些只出现一次的独特形象，如卷首的金刚力士击山，则显示出远为生动灵活的笔法。

《降魔变文画卷》上书写的文字

晚唐时期含有"牢度差斗圣变"故事的文本有三个，即5世纪编纂的《贤愚经》，时代不明的《只园图记》，以及7—8世纪出现的《降魔变文》。其中只有《降魔变文》中的斗法次序与图卷相合。② 这个画卷还有一个不同凡响的特点，就是在卷轴背面写有五段文字（录文见本文《附录》），③ 经查对是《降魔变文》中第一到第五次斗法中的韵文部分。由于《贤愚经》和《只园图记》均不包含这些韵文，这五段文字进一步锁定了《降魔变文画卷》与《降魔变文》的关系。

将这五段韵文与《降魔变文》中的相对段落加以比较，虽然二者大体相同或相似，但也有一些值得注意的相异之处。④ 一是一些句子结构相同但个别词语有异。《变文》中的衍字较多，而《画卷》上的相异词语有时比《变文》

---

① 考古发现的盛唐墓葬中山水画的例子见于8世纪上叶的贞顺皇后墓和嗣鲁王李道坚墓。10世纪初期的山水图像见于王处直墓和崔氏墓。综合讨论见拙著《唐墓中的"拟山水画"——兼谈绘画史与墓葬美术的综合研究》，《中国文化》2021年秋季号。

②《贤愚经》中的顺序为：（1）树——旋风，（2）水池——白象，（3）山——金刚力士，（4）龙——金翅鸟，（5）水牛——狮子，（6）夜叉鬼——毗沙门天王。《只园图记》中的顺序相同但无狮子斗水牛的情节。

③ 之所以只有五段而非六段，是因为画卷里表现最后一次斗法的部分缺失了，原来抄写在这段背后的韵文也因此遗失。此外卷子背后开头处另有两行题字，字体和大小与五段韵文不同而且方向相反，内容也和这个卷子的内容没有关系，因此不在此处讨论。

④ 此处比较所使用的《降魔变文》见王重民等编：《敦煌变文集》，北京：人民文学出版社，1984年，第361—404页；潘重规：《敦煌变文集新书》，台北：文津出版社，1994年，第609—646页；黄征，张涌泉校注：《敦煌变文校注》，北京：中华书局，1997年，第552—589页。

中相对语汇更为准确传神。① 如《变文》中第一段以"数由旬"一语形容牢度差化出的高山,《画卷》中则作"百由旬",比前者精确有力。另如《画卷》上的第二段韵文用"哮吼两眼奔星雷"形容舍利佛化出的狮子王,比《变文》中的"哮吼两眼如星雷"来得更为生动。

另一类区别是《画卷》和《变文》的一些韵文段落在整体结构上大体相同,但《画卷》比《变文》多出一些关键的句子。如在第一段的结尾处,当舍利佛化出的金刚力士摧毁了牢度差化出的宝山之后,《变文》中的韵文止于"手执金杵火冲天,一拟邪山便粉碎",而《画卷》则继续写道:"外道哽噎语声嘶,四众一时齐唱快。"在第二次斗法的韵文中,《变文》以"意气英雄而振尾,向前直拟水牛伤"形容狮子击败水牛的情形,而《画卷》在此之后继续说:"慞剉(锉)登时消化了,并骨咀嚼尽消亡",指明狮子不但是"伤"了水牛,而且是把整个水牛吞食了。两个例子都显示《画卷》上的韵文更为完整。

第三种差异是《画卷》比《变文》中的韵文段落在内容上有重大区别和增益。如第四段韵文讲述的是舍利佛化出金翅鸟击败牢度差的毒龙的事迹,《画卷》上的录文比《变文》中的相对韵文长出一半。特别是开始的 10 句完全不见于变文:

变　文

舍利既见毒龙到,便现奇毛金翅鸟。

头尾慞到不将难,下口其时先啗脑。

肋骨粉碎作微尘,六师莫知何所道。

三宝威神难测量,魔王战悚生烦恼。

---

① 见上书中的校文,第 390—394 页。

画　　卷

是日六师渐冒惨，忿恨罔知无控。

虽然打强且祗敌，终竟悬知自顷倒。

又更化出毒龙身，口吐烟云怀操暴。

雷鸣电吼雾昏天，礔砾声炀似火爆。

场中恐怯并惊嗟，两两相看齐道好。

舍利既见毒龙到，便见奇毛金翅鸟。

头尾憿剟不将难，下嘴其时先啐脑。

血流遍地已成泥，瞬息之间湌啜了。

　　思考造成这三种差别的原因，我们可以假定《画卷》上的韵文录自比目前所知《降魔变文》抄本更完整的一个版本。但我们无法用这个原因解释二者之间的另一个重要差异，见于第五段韵文，描写的是舍利佛化出的毗沙门天王降服牢度差化出的夜叉鬼。此处不但二者的长度和文辞不同，而且在目的性上也显示出明显区别。为什么会有这种不同？而且是显示在现存《画卷》所载的最后一段中？这是有关这个《画卷》的一个"谜"，将在本文的最后部分加以考虑。

对《降魔变文画卷》使用方式的推测
——变文和画卷的讲唱的展示

　　以上对画卷上抄录的韵文的讨论所针对的是文字的内容，特别是与《降魔变文》的关系。但这些录文还提出了一些更基本的问题，关系到这个画卷的性质和功能。首先，为什么要在画卷上抄写这些韵文？再者，为什么要抄在画卷的背面？实际上，这种题字方式是笔者所知历代中国手卷画中的孤例，一般的情况都是在正面写字，字与画共享同一空间，但《降魔变文画卷》上的字与画则分属于两个不同的空间。这样做的原因和目的是什么？这个问题把我们引到本文的下一个题目，即这个画卷的使用方法，进而牵涉到一个更广阔的问题，即古代变文讲唱和变文画卷展示的方式。

长期以来，学者们都同意变文的演出可以辅以图画，所举证据包括敦煌藏经洞出的一卷《目连救母变文》，原来的标题包括"变文并图一卷"字样；还有唐代诗人吉师老写的《看蜀女转昭君变》诗，其中有"画卷开时塞外云"一语，等等。① 具体到《降魔变文画卷》，学者都认为它应该就是表演变文时使用的这种"图"或"画卷"，但对使用方式则有不同意见。如白化文提出："至于这个变相卷子纸背附记变文，乃是作简要的文字记录，供（讲述者）参考用的。"② 这一建议难以令人信服，因为卷轴背后的文字并非简要记录，而是忠实抄写了变文中的韵文部分。与之相比，王重民提出的另一假说更有启发。他写道："这一卷变图的正面是故事图，在背面相对的地方抄写每一个故事的唱词。这更显示出变图是和说白互相为用（图可代白），指示着变图讲说白，使听众更容易领会。然后唱唱词，使听众在乐歌的美感中，更愉快地抓住故事的主要意义。"③ 王氏的建议可以从美国学者梅维恒（Victor Mair）对古印度讲唱传统的一项观察中得到支持。他说："如果要在表演使用的卷子上写点什么的话，当然应当是韵文。这一点我们从整个印度说唱传统中早已了解到了。在这个传统中，韵文总是相对固定的，而白话部分则倾向于在每次讲唱中不断更新。"④

笔者同意这个观点，即变文表演中的说白部分是比较灵活的，讲说者可以在脚本的基础上现场发挥，韵文部分则难于随口创造，如果不是费工夫背

① 见那波利贞：《俗讲与变文》，《佛教史学》第1—3期，1950年；王重民：《敦煌变文研究》，载于周绍良、白化文编：《敦煌变文论文录》，上海：上海古籍出版社，1982年，第313—314页。

② 白化文：《什么是变文》，载于周绍良、白化文编：《敦煌变文论文录》，第435页。

③ 王重民：《敦煌变文研究》，载于周绍良、白化文编：《敦煌变文论文录》，上海：上海古籍出版社，1982年，第314页。

④ Victor Mair, T'ang Tansformation Texts, Cambridge, Mass., Harvard University Press, 1979, p. 100.

下来的话，就需要按照写下来的歌词吟唱。但是王重民和其他学者们都没有谈到表演的具体形式，给人的印象是表演者只需一人，一边讲述故事一边展示画卷。这种情况在历史上无疑存在，比如上述吉师老笔下的"蜀女转昭君变"可能就是这种类型的表演。然而由两人或多人一起讲述故事的情况在中外也都有大量例子，特别是当一个演出包含了"讲"和"唱"等不同形式。如梅维恒注意到在中古印度的说唱中：

（拉贾斯坦语史诗）《巴布吉》（Pābūjī）的传统吟唱中有两位讲述者，一般是丈夫和妻子，分别被称作 bhopo 和 bhopī；而 Devnārāyan 的吟唱传统中则有两位或更多的男性讲述者。这两种传统都利用相互穿插的"唱"（gāv）和"说"（arthāv，即"意义"或对"唱"的解释）。后者不是白话文，而是对具有韵律的歌词的或多或少的改写版本。gāv 中的一些句子常被一字不差地引用到 arthāv 中，arthāv 的最后一词或数词经常由助手说出。①

相互穿插的"唱"和"说"的讲唱表演在中古时期的中国也有大量例子，最重要的形式是唐代盛行的"讲经"和"俗讲"。文学史研究者根据历史文献和藏经洞发现的讲经文对这种讲唱传统进行了大量研究。②虽然不同学者对具体环节的意见不尽相同，但都认为讲经文中包括"唱经""吟词""说解""押座"等不同部分，在文体和吟唱方法上都有区别。如孙楷第认为："讲唱经文之体，首唱经。唱经之后继以解说，解说之后，继以吟词，吟词之后又为唱经。如实回环往复，以迄终卷。"③从藏经洞发现的讲经文看，"唱经"和"吟词"是特别重要的两个部分，由不同人进行。在转折节点上常有"若

---

① Victor Mair, Painting and Performance: Chinese Picture Recitation and Its Indian Genesis, Honolulu: University of Hawaii Press, 1988, p.96。梅维恒还把这些讲述传统与中国的变文表演进行了比较，见同书第 97—109 页。

② 参见周绍良、白化文编：《敦煌变文论文录》中向达、孙楷第、傅芸子、周一良、关德栋等人的文章。

③ 孙楷第：《唐代俗讲轨凡与其本之体裁》，载于周绍良、白化文编：《敦煌变文论文录》，第 78 页。

为""唱将来""唱唱罗"等词语，向接续的讲述者发出邀请。"唱经"——有时也包括"解说"——的功能是诵读和解释经文，"吟词"则以梵音或韵文赞之。孙楷第继续写道：

此种吟词，与解说相辅而行。近世说书，尚沿用此格。今按其词，即歌赞之体，彼宗所谓梵音者。盖解说附经文之后，所以释经中之事；歌赞附解说之后，所以咏经中之事：用意不同，故体亦异业。①

这些学者也以大量材料证明了讲经在唐代极度流行，不但得到皇家支持也受到普通民众的欢迎。不止一位唐代诗人写到这种说唱对当时社会风俗的影响，如姚合在《听僧云端讲经》中说："远近持斋来谛听，酒坊鱼市尽无人。"又在《赠常州院僧》中写道："仍闻开讲日，湖上少鱼船。"说的都是举行俗讲时，不仅酒店与市场门可罗雀，而且湖上的渔舟也大都消失。②我们可以想见，如此流行的大众艺术形式很可能也会影响其他类型的说唱表演。

回到《降魔变文画卷》，它的两个内在特征引导我们设想当日使用这个画卷讲述《降魔变》的时候，也有两个表演者相互配合、一起讲述这个故事。这两个特征之一在上面已经提到，就是此卷将韵文抄在背后，因此和前面的绘画部分属于两个分隔的空间，无法被一个人同时看到。指着图像讲故事的人无疑是站在前面，而吟唱韵文的人必须置身于画卷后方。另一个特征是每段抄录的韵文之间隔了相当宽的空间，这种位置一定有其特殊目的。仔细观察，我们发现每段韵文总是抄在相对于正面一段画面将近结束的部位。这意味着当身处画卷后方的人展卷露出一段韵文之后，前面展示出的画面正好是这段韵文歌咏的对象。此外，查阅敦煌藏经洞中发现的《降魔变》，我们发现每个情节的白话叙事部分总是以"若为"的问句结尾，由此引出接

---

① 同上。

② 关于讲经流行情况的研究，见向达：《唐代俗讲考》，载于周绍良、白化文编：《敦煌变文论文录》，第41—69页；傅芸子：《俗讲新考》，同书，第147—156页。

下来的唱词。此处举一个例子说明这种结构，这是六次斗法中的第二次，牢度差化出一只巨大水牛，舍利佛随后化出一只雄狮将其吞食：

　　劳度叉忽于众里，化出一头水牛。其牛乃莹角惊天，四蹄似龙泉之剑；垂斛曳地，双眸犹日月之明。喊吼一声，雷惊电吼。四众嗟叹，咸言外道得强。舍利弗虽见此牛，神情宛然不动。忽然化出师子，勇锐难当。其师子乃口如豁豁，身类雪山，眼似流星，牙如霜剑，奋迅哮吼，直入场中。水牛见之，亡魂跪地。师子乃先慑项骨，后拗脊跟，未容咀嚼，形骸粉碎。帝王惊叹，官庶茫然。六师乃悚惧恐惶，太子乃不胜庆快处。若为？

　　六师忿怒在王前，化出水牛甚可怜，
　　直入场中惊四众，磨角掘地喊连天。
　　外道齐声皆唱好，我法乃遣国人传。
　　舍利座上不惊忙，都缘智惠甚难量，
　　整理衣服安心意，化出威棱师子王。
　　哮吼两眼如星电，纤牙迅抓利如霜，
　　意气英雄而振尾，向前直拟水牛伤。
　　慑锉登时消化了，并骨咀嚼尽消亡。
　　两度佛家皆得胜，外道意极计无方。

　　综合这些证据，我们可以对《降魔变文画卷》的使用作如下重构。两位故事讲述者——此处称为"讲者"和"唱者"——互相配合表演。"唱者"手执画卷，把画面朝外；"讲者"站在画卷前面，指着展开的图画以白话讲述其中描绘的斗法情节。当"讲者"讲完一段就发出"若为"的提示，"唱者"遂吟唱抄在手卷背面的韵文。唱完后他便卷动卷轴，展开下段画卷，直到露出下一段韵文之后停止。"讲者"继续往下讲述刚刚展开的画中段落，讲完之后再发出"若为"的问语，"唱者"随即吟唱眼前的韵文，如此循环往返。如此就可以解释为什么把韵文抄在画卷背后，而且每段相隔甚远的原因。其目的一是使"唱者"在吟咏韵文不至出错，二是指示出每次展卷的停止之处。如上所说，每段韵文总是抄在相对于一段画面将近结束的部位，"唱者"无须查看正面图像就能知道每次展卷时应该停在哪里。也就是说，当他卷动画轴露出一段韵文时，前面看到的正好是一段完整画面。"唱者"因此总是面对着卷轴背面抄写的韵文，而"讲者"和听众总是看着卷轴正面的图画。

为了配合这个表演，制作《降魔变文画卷》的画家对这幅四米半的超长画面进行了内部分割，以类似电影"帧格"（frames）的方式构成整个叙事系列。每个帧格以同样的树木形象相互分隔，不断重复相同的三组人物和构图。每段画面的长度（即树与树之间的距离）分别为115厘米（第一段，据重构），126厘米（第二段），112厘米（第三段），119厘米（第四段），93厘米（第五段），都在一个成年人张开两臂，将打开的一段卷轴擎在身前展示的宽度之内。还值得注意的是，每段画面的结尾处总有一两个人物转头面向下一场景。我们需要记住此处所说的"下一场景"尚未打开，这些人物的作用因此是使观众期待将要展开的部分，就如"讲者"说完一段情节后发出"若为？"的问题一样。

一个遗留的问题

上文在比较《降魔变文画卷》上抄录的韵文与《降魔变文》中对应韵文的时候，提出二者有关第五次斗法——即舍利佛化出毗沙门天王降服牢度差化出的夜叉鬼——有着相当不同的描写。此处将这两段韵文抄录于下：

变　文

六师自道无般比，化出两个黄头鬼，

头脑异种丑尸骸，惊恐四边令怖畏。

舍利弗举念暂思维，毗沙天王而自至。

天王回顾震睛看，二鬼迷闷而擗地。

外道是日破魔军，六师胆慑尽亡魂。

赖得慈悲舍利弗，通容忍耐尽威神。

驴骡负重登长路，方知可得比龙鳞。

祗为心迷邪小径，化遣归依大法门。

画　卷

六师频弱怀羞耻，会中化出黄头鬼，

神情异种丑尸骸，望得四边而怕畏。

舍利弗和颜悦不已，保知定得强于敌。

遮莫你变现千百般，不免归降为弟子。

场中化出大天王，威陵赫异精奇异。

身穿精甲曜三天，腰间宝剑星霜起。

手中宝塔放神光，长戟森森青炜炜。

天王怒目暂回眸，二鬼迷闷而辟地。

外道是日破魔军，六师忙怕尽亡魂。

赖得慈悲舍利佛，直从放汝尽威神。

驴骡负重登长路，方知可得比龙鳞。

六师悔谢深惭耻，比日无端长我仁。

忘饥失渴淹年岁，终日驰驱仕大神。

担柴负草经艰苦，徒劳自役枉辛勤。

铁盎打充铸厕镬，铁钳揣破栅泥尘。

一时惭谢归三宝，更莫痴心恋旧门。

一切竞儿揔（总）去尽，唯残钝鸠曹（瞿）昙恩。

二者含有一些相似的句子，但用词和用意则有区别。如开始的四句《变文》作"六师自道无般比，化出两个黄头鬼。头脑异种丑尸骸，惊恐四边令怖畏"；《画卷》则作"六师频弱怀羞耻，会中化出黄头鬼。神情异种丑尸骸，望得四边而怕畏"。两者不但用词不同，而且传达了不同的意趣：《变文》中的牢度差（即"六师"）一如既往地争强好胜，化出的黄头鬼也令人畏惧；而《画卷》上的韵文则强调牢度差在连连失败之后已怀有羞耻之心，化出的黄头鬼四顾张望，也露出怯阵之意。面对这种情况，舍利佛对自己的胜利已是毫无疑问，心中盘算的是如何使牢度差皈依佛门："舍利弗和颜悦不已，保知定得强于敌。遮莫你变现千百般，不免归降为弟子"。这四句在《变文》里完全缺失。

对于天王的出现，《变文》仅仅说"舍利弗举念暂思维，毗沙天王而自至"，但《画卷》上的歌词则以一连六句形容天王的相貌和威严："场中化出大天王，威陵赫异精奇异。身穿精甲曜三天，腰间宝剑星霜起。手中宝塔放神光，长戟森森青炜炜。"在天王的无比威仪之下，黄头鬼不堪一击、魂晕倒地。《画卷》对此的陈述是"天王怒目暂回眸，二鬼迷闷而辟地"，比《变文》的"天王回顾震睛看，二鬼迷闷而擗地"更为精到传神。

两段韵文的随后部分都是关于牢度差在这次失败后，认识到自己的微末道术无法与佛家相比而皈依了佛门。但《画卷》以多于《变文》一倍以上的文字描写这个转变，18句的长度甚至超过前面天王威震恶鬼的部分（16句），因而构成这段韵文中的一个独立主题。其中多出《变文》的12句详细地描述了外道将如何以"担柴负草经艰苦，徒劳自役枉辛勤"等方式为佛家服务。最后的四句如同是宣誓般的总结："一时惭谢归三宝，更莫痴心恋旧门。一切竞儿总去尽，唯残钝鹑瞿昙恩。"

整体观察一下画卷背面抄录的五段韵文的长度，它们分别是18句（第一、二段）、24句（第三段）、16句（第四段）和34句（第五段）。第五段在长度上不但是第一、二、四段的一倍左右，在内容指向上也跟其他韵文很不一样。最重要的是，这段文字中一半以上的句子并非描写具体的斗法情节，而是宣告佛家的最后胜利和外道的失败和皈依。这些特征都使人感到这标志了斗法过程的终结，整个变文表演应该就此结束。

那么，如何解释在原始画卷中，这幅画面之后还有一个描绘飓风吹倒大树的画面呢？一个可能性是在这个画卷在失去最后一段画面之后，它仍然被持续用作表现变文的道具，表演者遂将描写第五次斗法的唱词加长，以赞美佛家的胜利和外道的皈依作为表演的结束。可以支持这个猜测的一个证据是：这段韵文的录文显示出两种题写方式，将其自然分成前后两段。前段包括右边开始的四行16句，从"六师频弱怀羞耻"起，到"二鬼迷闷而辟地"止，描写的第五次斗法的情节。书写的字体稍大，行距较宽，与前面四段韵文的字体和题写方式完全一致，应该是同时抄录的。后段包括五行18句，从"外道是日破魔军"起，至"唯残钝鹞曹昙恩"止。这段的字体稍小，略有倾斜，行距较窄，与前面题写的韵文都有所不同，应该是后加的。而这部分也正是叙述佛家获得最后胜利，外道最终失败、皈依佛门的结语部分。

附录：《降魔变文画卷》背面抄写的韵文

（一）

六师愤怒情难止，化出宝山难可比。

高下可有百由旬，紫葛金藤而复地。

山花密叶锦文成，金石崔嵬碧云起。

上有王乔丁令威，香水浮流宝山里。

飞仙往往散名花，大王遥见生欢喜。

舍利见山来在会，安详不动居三昧。

应时化出大金刚，眉高额阔身躯碨。

手执金杵火冲天，一拟邪山便粉碎。

外道哽噎语声嘶，四众一时齐唱快。

（二）

六师不急又争先，化出水牛甚可怜，

直入场中惊四众，磨角掘地喊连天。

外道齐声皆唱好，我法乃遣国人传。

舍利座上不惊忙，良由圣力料难当，

整理衣服安心意，化出威凌师子王。

哮吼两眼奔星电，纤牙峻爪利如霜，

意气英雄而振尾，向前直捉水牛伤。

慅锉登时消化了，并骨咀嚼尽消亡。

两度佛家皆得胜，外道惨酢口雌黄。

（三）

其池七宝而为岸，马瑙珊瑚争灿烂。

池中鱼跃览衡冠，龟鳖鼋鼍竞头审。

水里芙蓉光炜灼，见者莫不心惊愕。

外道夸叹甚希奇，看我此度诤强弱。

舍利举目而南望，化出六牙大香象。

行步状若雪山移，身躯广阔难知量。

口里嚱岩吐六牙，一一牙高数十丈。

牙上各有七莲花，花中玉女无般当，

手搊琴瑟奏弦歌，雅妙清新声合响。

共赞弥陀极乐国，相携只劝同心住。

象乃动步入池中，蹴踏东西并岸上，

已鼻吸水尽干枯，六师哽噎怀惆怅。

（四）

是日六师渐冒惨，忿恨罔知无□控。

虽然打强且祗敌，终竟悬知自顷倒。

又更化出毒龙身，口吐烟云怀操暴。

雷鸣电吼雾昏天，礔砾声烦似火爆。

场中恐怯并惊嗟，两两相看齐道好。

舍利既见毒龙到，便见奇毛金翅鸟。

头尾慑铿不将难，下嘴其时先啄脑。

血流遍地已成泥，瞬息之间飡啜了。

（五）

六师频弱怀羞耻，会中化出黄头鬼，

神情异种丑尸骸，望得四边而怕畏。

舍利弗和颜悦不已，保知定得强于敌。

遮莫你变现千百般，不免归降为弟子。

场中化出大天王，威陵赫异精奇异。

身穿精甲曜三天，腰间宝剑星霜起。

手中宝塔放神光，长戟森森青炜炜。

天王怒目暂回眸，二鬼迷闷而辟地。

外道是日破魔军，六师忙怕尽亡魂。

赖得慈悲舍利佛，直从放汝尽威神。

驴骡负重登长路，方知可得比龙鳞。

六师悔谢深惭耻，比日无端长我仁。

忘饥失渴淹年岁，终日驰驱仕大神。

担柴负草经艰苦，徒劳自役枉辛勤。

铁盎打充铸厕镬，铁钳揣破栅泥尘。

一时惭谢归三宝，更莫痴心恋旧门。

一切竞儿捴（总）去尽，唯残钝鸠曹（瞿）昙恩。

敦煌石窟的营造是中华民族共同体的历史见证

——从敦煌石窟供养人看古代多民族的交往交流交融

敦煌研究院原副院长、研究员　张先堂

敦煌石窟是享誉全球的佛教历史文化遗址，是中华民族的历史文化宝藏。敦煌石窟自公元 4 世纪至 14 世纪千余年的营造史表明，它是由不同历史时期多民族在相互交往、交流和交融的过程中共同合作创建的结果，是中华民族共同体的历史见证。

笔者近 20 年致力于研究敦煌石窟供养人，即出资营造石窟的窟主、功德主，随着研究的推进，我越来越深刻地体认，从供养人这一角度可以生动具体地见证多民族共同创建、维修、保护敦煌石窟的历史图景。

一、从敦煌石窟营造的整体历史来看，不同历史时期在敦煌栖息的匈奴、鲜卑、吐蕃、吐谷浑、回鹘、党项、蒙古等多个民族都参与了敦煌石窟的营造、重修和维护。

敦煌所在的河西走廊地区自古以来就是多民族往来迁徙、栖息繁衍之地。从汉武帝时代丝绸之路开通后，随着东西文化的交流，佛教逐渐成为丝绸之路沿线许多地区诸多民族居民共同的宗教信仰，得到广泛传播。营造石窟以坐禅修行、礼佛供养这种起源自南亚次大陆天竺的佛教信仰活动，也在丝绸之路沿线许多地区流播开来。由于敦煌位于丝绸之路上的一处咽喉之地，它不仅成为东西方贸易的中转站，而且成为宗教信仰、宗教文化艺术传播的枢纽。随着佛教信仰的传播，敦煌逐渐演变成为一个佛教文化艺术的圣地，敦煌地区逐渐创建出莫高窟、榆林窟、西千佛洞、东千佛洞、五个庙石窟等一批石窟群。从公元 4 至 14 世纪千余年间，不同时期栖息在敦煌的汉族、匈奴、鲜卑、吐蕃、吐谷浑、回鹘、党项、蒙古等多民族居民都基于佛教信仰，作为供养人出资雇佣打窟匠、塑匠、画匠开窟造像，参与到石窟营造活动中来，从而创建了敦煌石窟这一中华民族的佛教文化艺术宝库。

二、从敦煌石窟具体洞窟的创建来看，也反映出同一时期在敦煌栖息的多民族供养人共同合作创建、补修和维护敦煌石窟。

我们且看几个典型的例证。

1. 西魏时期多民族合作创建莫高窟第 285 窟

据以往学者们研究可知，西魏时期，来自中原的元魏宗室东阳王、瓜州刺史元荣及其鲜卑家族成员牵头组织敦煌本地汉族、鲜卑等民族和粟特裔敦煌人的多个家庭联合创建了莫高窟第 285 窟。这是早期最经典的洞窟。

2. 中唐时期多民族合作补修莫高窟第 285 窟

据笔者和本院同事最新合作对莫高窟第 205 窟西壁吐蕃文祈愿文研究可知，9 世纪上半叶吐蕃统治敦煌时期，粟特裔敦煌人康进达与擦尔龙撒吴（族属暂不明）牵头补塑了该窟中心佛坛上 2 身天王塑像。

以往在可见光下拍摄的普通照片看不清楚第 205 窟西壁下部 24 身社人供养人的脸部和服饰细节，近期笔者请本院数字化所同事利用多光谱成像技术拍摄出该窟西壁下部供养人的清晰图像。笔者研究判断，与敦煌石窟大部分洞窟供养人像千人一面程式化特征不同，该窟供养人像具有突出个性特征写实化的特征。西壁南侧面北第一身供养人头戴红色风帽，着单翻领长衫，当为吐蕃人。其他供养人虽都是汉族姓名，但其中有几人明显具有高鼻深目、虬髯浓须的特征，可能是汉化的粟特裔敦煌人。由此可知，中唐时期来自敦煌多个民族家庭的成员结社合作补绘了第 20 窟西壁的弥勒经变。

3. 西夏时期多民族合作创建了东千佛洞第 5 窟

据笔者考察，东千佛洞共保存供养人画像 81 身（其中僧人 1 身、男 46 身、女 33 身、小儿 1 身），供养人题记条 59 条，是西夏石窟中保存供养人图像、题记最多的洞窟。其中男性均着圆领窄袖长袍，腰间束带，有的头戴与榆林窟第 29 窟西壁南侧上排西夏武官男供养人相似的头冠，女性均着交领长袍，头戴尖顶桃形冠，与榆林窟第 29 窟西壁北侧、东千佛洞第 2 窟甬道北壁和俄藏黑水城出土木版画中的西夏女供养人头冠类似。根据对该窟供养人图像的考察，并结合敦煌石窟的一般规律，可以得出一个基本判断：此窟是在僧人指导下，由西夏时期多个武官、文官家族男女成员共同合作营造的洞窟。笔者将该窟可以辨识字迹的 20 条题记呈送西夏学家史金波先生释读，识读出 13 条西夏文题记，其中既有"地瑞""史合"等西夏姓氏，也有"金""田"等汉族姓氏，由此可知，该窟是由来自多个党项族、汉族家庭合作营造的。

通过对敦煌石窟供养人图像、题记的深入研究，使我们深刻地认识到：敦煌石窟是由不同历史时期多民族在相互交往、交流和交融的过程中共同合作创建的结果，是中华民族共同体的历史见证，同时也为我们铸牢中华民族共同体意识提供了历史借鉴和历史经验。

西汉敦煌郡酿酒业研究

兰州大学敦煌学研究所所长、一级教授　郑炳林

西汉敦煌郡的酿酒业由于缺乏资料记载，故尚未有学者进行细致研究，特别是在敦煌悬泉汉简出土刊布之前，很少有人能够知道西汉敦煌郡的酿酒情况，就是有部分相关的研究，也仅仅是通过敦煌出土文物中有与饮酒有关的器皿而推测敦煌存在酿酒业，但是缺乏直接的文献资料记载。敦煌悬泉汉简出土之后，其中有很多关于敦煌悬泉置驿站及其相关机构酿酒、售酒、饮酒的记载，涉及敦煌酿酒方方面面，但是由于这些记载非常琐碎，不成系统，很难引起学术界的重视。我们可以借此大体了解西汉敦煌郡酿酒业的基本情况，特别是其中蕴含的中西文化交流因素。我们将从西汉敦煌郡饮酒、酿酒和售酒、交流等方面进行探讨，力图揭示西汉敦煌郡酿酒业的真实面貌。

一、西汉敦煌郡酒的用途与饮酒风气

西汉敦煌郡酿酒业的发展与当时酒的用途有很大的关系，我们根据敦煌悬泉汉简的记载，可以得知西汉敦煌郡酒的用途主要有以下几种情况：分别是接待用酒、社会活动用酒、御寒用酒、医用酒、祭祀用酒。

第一种用途是接待用酒，敦煌悬泉置驿站接待的是过往的西域诸国国王、王使、侍子、诸国客使、胡客、自来客、胡商等[①]。根据西汉接待的规定，其中很多人享受酒肉招待规格；西汉派遣到西域地区高级别的使者同样也按照规定享受酒肉招待。敦煌悬泉汉简90DXC:94A记载："……＃肉

---

① 参郑炳林、司豪强：《西汉敦煌郡迎送接待外客研究》，待刊稿。

四斤，羊肉#，酒三斗，米二斗□。"①所谓肉四斤应当指牛肉，饮食中配置牛羊肉和酒，这大概是当时接待的最高标准。Ⅰ 91DXT0309 ③：187 记载："六人乘传，当食酒肉，案厨毋见酒牛羊肉二脯，□□唯廷调给。"西汉政府对饮食标准是有严格规定的，何等级别身份享受何等标准，在当时已经有明确的规定，驿站只是按照标准提供而已，如果驿站不按照标准提供就会招致质疑和上诉。Ⅱ 90DXT0112 ③：54 记载："□县泉置，其四人肉食，平贾钱卅八。□/□置佐王万。·右酒□。"这里记载除了每人提供平均每人十二钱的肉外，还提供酒。西汉敦煌郡接待用酒很可能是酒中最大的开支。Ⅱ 90DXT0111 ①：401 记载："□□丁君所将诸国客治酒□□□。"丁君是西汉派遣护送西域诸国客的使者，而其护送的使客的饮食按照规定就需要提供酒。Ⅴ 92DXT1812 ②：214 记载："出酒一斗。以给蒲犁使者一人一食，食一斗。直六钱□。"蒲犁是西汉三十六国之一，王治蒲犁谷，"东至莎车五百四十里，北至疏勒五百五十里，南与西夜子合接，西至无雷五百四十里。"②即今新疆塔社库尔干自治县。这里供给蒲犁使者的酒是计值供给，每斗酒的价格是六钱。Ⅱ 90DXT0113 ②：24 记载："出钱百六十沽酒一石六斗。至，以食守属董并、叶贺所送莎车使者一人，罽宾使者二人，祭越使者一人，凡四人，人四食，食一斗至。"③Ⅴ 92DXT1813 ③：24AB 记载："疏勒肉少四百廿七斤，直千七十……酒少十三石，直……/且末酒少一石，直百……□"。疏勒使客消费了四百多斤肉，酒十三石，若按照每人每餐一斤肉计算，说明接待的使客在 227 人次，如果按照使团在悬泉置驿站接待两

① 本文所引敦煌悬泉汉简，均见甘肃简牍博物馆、甘肃省文物考古研究所、陕西师范大学人文社会科学高等研究院、清华大学出土文献研究与保护中心编《悬泉汉简》(壹)上下，中西书局，2019 年。《悬泉汉简》(贰)上下，中西书局，2021 年。其余由甘肃简牍博物馆馆长朱建军同志提供，在此表示感谢。
② 《汉书》卷 96 上《西域传上》，第 3883 页。
③ 《悬泉汉简》贰下，第 591 页。

餐计，那么这个使团的疏勒使客最少在二百人以上。若按照每人饮酒一斗计算，疏勒使团最少在一百三十人以上。加上且末使团，这是一个数百人的使团。这批使节的数量很大，酒肉都是计值供给。Ⅴ 92DXT1812 ②：192 记载："受酒一斗。以给狐胡王副使者。" Ⅴ 92DXT1311 ③：34 记载："出米三石，治酒三石。二年十月中以过使者赵君所将客东。" Ⅱ 90DXT0113 ②：24 记载："出钱百六十，沽酒一石六斗。至以食守属董并√叶贺所送沙车使者一人、罽宾使者二人、祭越使者一人，凡四人，人四食，食一斗，至。"我们从这些记载推知，西汉敦煌郡诸厩置为过往的西域诸国朝奉使节提供的餐饮接待标准有除了米、肉之外，还有酒，而酒的供应标准大概是每人每餐一斗。Ⅱ 90DXT0314 ②：355 记载："出：米四升，酒半斗，肉二斤。以食乌孙贵姑代一食，西。"当时乌孙与西汉关系最近，双方通婚结为昆弟之国[①]，往来最为密切，敦煌悬泉汉简记载乌孙通使西汉的次数最多，这里记载的是乌孙贵人姑代一次餐食的标准：米四升，酒半斗，肉二斤。这个餐饮标准可能是当时接待西域诸国贵人的标准。无论使团规模多大，接待标准都相同，驿站接待还受到同行的使者监督，不得懈怠。Ⅰ 90DXT0207 ②：15 记载："[ ]使者、贵人、从者度四百人，使者严急自临禀，欲酒美米糵☐。"厩置驿站为了接待这些诸国客，专门造酒用以招待。Ⅱ 90DXT0115 ①：26 记载："宛酒涠二"。这是敦煌悬泉置驿站为了接待大宛过客使专门酿造了一批酒。Ⅴ 92DXT1312 ④：9 记载："☐善酒食，来往数赐，记问／伏地再拜。"使者得到驿站酒食招待而行文感谢。此外，经过厩置的一般过客也同样提供酒食，Ⅱ 90DXT0115 ④：221 记载悬泉置招待过客用酒："☐幸酒食，慎过客，宽忍☐"。甚至连食用肉品的肥瘦都有要求，需要提供肥瘦相间的肉品，如

---

①《汉书·西域传下》记载："乌孙于是恐，使使献马，愿得尚汉公主，为昆弟。……汉元封中，遣江都王建女细君为公主，以妻焉。……公主死，汉复以楚王戊之孙解忧为公主，妻岑陬。"

Ⅰ 90DXT0112 ③:88 记载:"不可以过客韭尽,酒肉度少,唯廷为调肥牛,肉肥半瘦"。通过这些记载,足见西汉政府对同西域间的交往之重视,连餐饮标准的细节都有规定,这种接待规格的详细制定是西汉政府与西域的长期交往中形成的。并且,来往的西域诸国客使对这些接待标准也是掌握的,如果驿站或者地方郡县没有按照标准提供,就会遭到使客的投诉,西汉中央政府负责部门就会发文地方追查。敦煌悬泉汉简《康居王使者册》就是康居王使者杨伯刀等奉献入贡橐驼,而敦煌郡、酒泉郡沿路没有按照标准提供饮食遭到投诉,主客官员行文核查,要求厩置驿站提供情况①。我们通过这些记载推知,西汉政府对接待西域诸国客使有明确的规定,地方厩置驿站不得随意改变接待标准。

西汉敦煌郡悬泉置接待西汉使者的标准中也包括酒,级别比较高的使者都享受酒肉招待。汉宣帝本始三年(前71年)校尉常惠使持节护乌孙兵击败匈奴有功,被封为长罗侯②。长罗侯常惠经过悬泉置驿站,效谷县和悬泉置都出面用酒招待,敦煌悬泉汉简中有接待长罗侯册,详细记载招待常惠及其随行人员的各种支出,除了羊、鸡、鱼等等肉食之外,还包含有酒,且效谷县和悬泉置都专门为迎接长罗侯酿造了酒③。神爵三年(前59年)匈奴日逐王投降西汉,西汉设置西域都护,护南北道,从此以后西域都护成为西

---

① 悬泉汉简Ⅱ0216②:877–883《康居王使者册》,郝树声、张德芳:《悬泉汉简研究》,兰州:甘肃文化出版社,2009年,第217页。胡永鹏编著:《西北边塞汉简编年》,福州:福建人民出版社,2017年,第192—193页。胡平生、张德芳:《敦煌汉简释粹》,上海:上海古籍出版社,2001年,第118—119页。

②《汉书·西域传下》记载:"遣校尉常惠使持节护乌孙兵,昆弥自将翕侯以下五万骑从西方入,至右谷蠡王庭,获单于父行及嫂、居次、名王、犁汙都尉、千长、骑将以下四万级,马牛羊驴橐驼七十余万头,乌孙皆自取所房获。还,封惠为长罗侯。是岁,本始三年也。汉遣惠持金币赐乌孙贵人有功者。"

③ 见Ⅰ90DXT0112③61–78《悬泉置元康五年正月过长罗侯费用簿》。参郝树声、张德芳著:《悬泉汉简研究》,兰州:甘肃文化出版社,2009年,第226页。

汉管理西域地区的最高行政长官，其级别与郡太守相当①。历任西域都护经敦煌前往西域或者经过敦煌返回长安，都是由悬泉置驿站出面接待并安排接送，他们在悬泉置驿站留下很多记录，其中就包括饮食接待记录，其中就包括有酒。Ⅱ 90DXT0212S：72 记载："☑□。出酒三樽，给都护☑ / 出酒三卮，给都护☑ / 出酒□□给都☑。"Ⅱ 90DXT0212S：73 记载："出酒□□给都☑ / 佐王忠病以月廿日莫归☑。"这是悬泉置驿站接待过往西域都护用酒的记录。Ⅱ T0214 ②：392 记载："出米一石六斗九升，以食☑ / 辛巳，肉八斤，☑ / 鸡一只，酒一□。☑。"这是驿站辛巳日接待中用酒肉的情况。Ⅱ T0216 ③:44AB 记载王子夏提出饮食"麓饭少酒"，因没有按照规定标准提供饮食，而遭到客使的投诉。

敦煌悬泉置驿站除了迎送过往的西汉政府高级使者外，还为其他行经驿站的官员提供酒食。Ⅱ 90DXT0213 ③：147 记载："地节四年二月癸巳，效☑ / 四人当□□酒肉前承□☑ / 白大守府，将骑□转酒五斗☑"。此四人是得到敦煌郡太守的同意而享受酒食和乘马的接待。Ⅴ 92DXT1510 ②：147 记载："永光四年闰月丙子朔戊戌，客子金城郡允吾寿贵里薛光，为效谷宜王☑ / 阳武田中知券趣禀食。加酒旁二斗☑。"作为客子的金城郡允吾寿贵里的薛光，是作为商客还是拥有其他身份，我们不得而知，但是仅从他们能得到酒食招待就表明其身份很不一般。Ⅴ 92DXT1311 ④:35 记载："赵长孙。☑ / 从官酒□☑。"这条记载表明因官的级别而得到酒食招待。Ⅱ T0215 ③：182 记载："☑用酒四斗☑"。Ⅱ 90DXT0111 ①：141 记载："☑□胳马酒致令美可食☑"。Ⅴ 92DXT1812 ②:146 记载："☑骆若马酒五斗"Ⅱ T0214 S :10 记载："·告县置皆具马酒□☑。"马酒是指传马或者驿马乘具和酒食

①《汉书·西域传上》记载："其后日逐王畔单于，将众来降，护鄯善以西使者郑吉迎之。既至汉，封日逐王为归德侯，吉为安远侯。是岁神爵三年也。乃因使吉并护北道，故号曰都护。"

招待。ⅡT0214 S:95记载："君酒三斗"，君是对使者的称呼，这里记录的是敦煌悬泉置驿站招待使者的开支。Ⅰ91DXT0405④A:10记载："☑苑啬夫甘卿属到亭，毋他饮，清酒二升，叩头叩头。"苑是敦煌郡的放牧机构，而苑啬夫应当是指牧苑管理人员。Ⅱ90DXT0115②:85记载："☑出酒五两掾取以给君弟□□。"Ⅱ90DXT0115②:139记载："☑□人都尉史一人敦煌有酒□☑。"ⅡT0215③:81记载："☑酒二斗，六月丙戌为都吏☑。"Ⅱ90DXT0212S:26记载悬泉置接待用酒："米一斗八升。酒二斗，/出粟☑"。我们从这些记载得知，敦煌悬泉置驿站接待用酒很普遍，高级官吏经过驿站，驿站要按照规定提供酒食招待，而一般低级官吏若得到郡太守的特许或者驿站举出报告，同样能够得到酒食招待，这反映出西汉敦煌郡的酒的饮用很普遍，饮酒深入人们生活中的方方面面。

自汉武帝元鼎二年置酒泉郡通西北国开始，到元鼎六年置敦煌郡，西汉与西域往来密切，关系不断加深，直到神爵三年置西域都护，西汉在西域地区驻军屯田，大量的吏士经过敦煌悬泉置驿站前往，少者数十人，多者数百人[①]，经过敦煌悬泉置驿站前往西域的将军和军吏都同样受到酒食接待。Ⅰ90DXT0110③:10记载："出酒四斗。给军吏食。"这是悬泉置关于酒的支出账，这些军吏很可能是经过敦煌前往西域地区戍守的，拟或是经过悬泉置护送使者使客的吏士。Ⅰ90DXT0205②:23记载："白所市受贾掾钱二千。又之贾掾田得三千。其千二百与收贷吏张卿所买县泉奉直，谨得鸡三只一枚。以付就家李君仲，余钱度匸钱市米麹。睾狗自使，田持行/□□□。白龙□□□盘十七，薪三，故，故□□赤韦鱼爵卌六枚；君威坐前闲过将军夫人，得毋有它遣，叩头叩头，因。"Ⅰ90DXT0112③:74记载："出酒十八

---

① 过往敦煌悬泉置驿站的戍边吏卒很多，如Ⅰ90DXT0112③:77记载："出米廿八石八斗。以付亭长奉德、都田佐宣，以食施刑士三百人。"Ⅰ90DXT0109 S:237记载："☑十二月余徒大男廿五人。☑"。

石。以过军吏廿；遮候五人，凡七十五人。"将军和军吏是前往西域屯戍的官员，厩置驿站有义务为他们提供饮食和交通工具，饮食标准中就包括了酒食。

第二种是社会活动用酒。西汉敦煌郡百姓进行的各种社会活动都使用到酒，而且敦煌地区以饮酒出名，《汉书·地理志》记载：

> 自武威以西，本匈奴昆邪王、休屠王地，武帝时攘之，初置四郡，隔绝南羌、匈奴。
>
> 酒礼之会，上下通焉，吏民相亲。是以其俗风雨时节，谷籴常贱，少盗贼；有和气之应，贤于内郡。[①]

悬泉汉简 I 90DXT0110 ①:124AB 记载："长报：人伯廷寿赐饭后，复子酒且一斗立尽。又薄及闲党有□□□"，"决益发去即复持酒来，取善者，如氏毋以为"。II 90DXT0111 ①：459 记载："□赏酒□"。90DXC:101A 记载："敦煌太守长史君足下进酒食。进史"。II T0214 ②:551 记载："食，毋过一月，监史以传廪米者，毋给肉，皆务以省为故，敢不变更。而县享杀食两肉，饮/酒与宾客会传舍，请寄长丞，征发非法乘吏车马，致案长丞阿党，听请不言必坐"。I 90DXT0111 ①:6 记载："□令史宗曰□属□□□□舍者，竟曰：同舍颇有先去者，请及问之。至六月中，竟去求剑得不，宗曰：不得剑。竟欲言，长丞宗惶恐自持剑，酒二斗谢。竟书到愿验☑"。II 90DXT0115 ③：90 记载："☑意其臧天下口钱，赦天下自殊死以下，非手杀人盗宗庙服御物及吏盗受赇直金十斤☑赦除之，免官徒隶。为令赐天下男子爵人一级，女子百户牛一酒十石加赐鳏寡孤独者"。这是根据西汉政府的规定可以享受牛酒的待遇。II T0216 ②:246 记载：

---

① 《汉书》卷28下《地理志下》，第1644—1645页。

建昭二年二月甲子朔辛卯，敦煌太守强、守部侯修仁行丞事，告督
邮史众欣、主

羌史江曾、主水史众迁，谓县：闻往者府掾、史、书佐往来縣案
事，公与宾客所知善

欲饮酒，传舍请寄长丞食或数……①

敦煌郡官员为接待督邮史、主羌史和主水史使用了酒食，表明这些官
吏对敦煌郡进行督查，他们的态度直接影响到敦煌郡的考核结果，所以在
接待他们中用比较高的规格。Ⅱ90DXT0113 ④：217 记载："□委粟里陈
子都取同县得王里田盖宗为庸贾钱九百五十期钱今以□□日钱毕任者龙次
卿沽酒饮二斗。"Ⅱ90DXT0115 ②：167 记载："五斗酒送之，事云何，至
今毋报。"Ⅱ90DXT0114 ⑥：71 记载悬泉置驿站士吏间也经常饮酒："□
□张掾饮酒□。"Ⅱ90DXT0112 ②：71 记载："□之木兰财足皆以酒百
上。"ⅡT0215 ④：1 记载："□往枯稿茂荣，金兽产精，状若毛豪，神气并
应，减受福祥，增禄续命，曼延久长，□以瑜□，福□/□毋事，百姓永
安，朕甚嘉之。其赐天下男子爵人一级，女子百户牛酒，酒十石，加赐鳏寡
孤独。"国家一方面因重大赦令赐民牛酒，同时又严历打击非法烹杀饮酒食
肉。ⅡT0214 ②：551 记载："食毋过一月，监史以传廪米者，毋给肉，皆务
以省为故，敢不变更，而县享杀食两肉饮酒，与宾客会传舍，请寄长丞，征
发非法，乘吏车马致案，长丞阿党，听请不言必坐。"另外我们从汉简的记
载中得知，两汉之际佛教出入敦煌，并在敦煌建立寺院和聚落，根据 91DX-
F13C ②：30 记载："少酒薄乐，弟子谭堂再拜请，会月十三日小浮屠里七门
西入。"最初佛教传入中国的是小乘佛教，佛教徒是可以饮酒的。

第三种酒的用途是抵御寒冷。驿站为过往客使和使者、行商等提供

---

① 郝树声、张德芳：《悬泉汉简研究》，兰州：甘肃文化出版社，2009 年，第 161 页。

酒，特别是一些地位比较低的过往使者，其主要目的不是按照规定享受这种带有酒水的饮食，而是长期行走在风寒地带，风餐露宿，为了御寒的需要，餐饮期间适量饮酒可以御寒。例如Ⅱ90DXT0214②：41记载："寿报子陵所饭客皆寒不美酒又不可得东欲自言督邮奈何客心不与人同／骑士芙谷皆未得夜矣当奈何骑士自言什小。"Ⅱ90DXT0114②：217记载："□关白妤㩁数以求索忧界□□▨／露居大寒，愿赐少酒，可以辟寒者，叩头叩头，顷□▨。"ⅡT0214②：340记载："枎浚辨与戀异器寒乃酿美捣▨。"ⅡT0215②：176记载："▨□皆得之饮美酒，若中大风□▨。"在寒冷时节酿制酒，很显然就是为了御寒而用。这些可能是行走在驿道上的吏士，他们风餐露宿，借酒御寒。至于驿站为他们提供酒食是自费还是免费，我们不得而知。

第四种用途是以酒作为医药。在西汉敦煌郡留存的医药文献中有很多药方和诊断疾病的事例，在医学中药和酒是并用的，一般服用药都要配以酒，或是因为酒能增强药效，减缓病痛。敦煌悬泉汉简中有很多关于马医医治病马的记载，也有敦煌郡派员前往各地采买药材的记载，同时还有接待中央派遣太医前往敦煌西域行医的记录，因此这些采购记录中就有采购药酒的记录，药酒有可能是一种药，也有可能当时是将药和酒分开，酒也有药的功效。ⅡT0214②：394记载："·马柳张药以温酒一半盐□▨"。这可能是马医行医中使用酒的事例。Ⅱ90DXT0114③：82记载："▨所遣卒史许况为戍卒市药酒"。这是敦煌郡遣吏卒购买药酒的记录。

第五种用途是祭祀用酒，敦煌郡的祭祀对象有按照规定政府设置的庙宇，也有很多当地独有的神祇，其中包括山神、水神、驼马神等。悬泉置附近就有贰师泉神庙，P.2005《沙州都督府图经》记载：

悬泉水

右在州东一百卅里，处于石崖腹中，其泉旁出细流，一里许即绝。

人马多至，水即多，人马少至，水出即少。《西凉录·异物志》云：汉贰师将军李广利西伐大宛，回至此山，兵士众渴乏，广利乃以掌拓山，仰天悲誓，以佩剑刺山，飞泉涌出，以济三军。

人多皆足，人少不盈。侧出悬崖，故曰悬泉。①

S.5448《敦煌录一本》记载贰师泉有贰师庙：

贰师泉，去沙州城东三程，汉时李广利行军渴乏，祝山神以剑刺山，因之水下，流向西十里黄草泊，后有将渴甚，引水泉旁而终，水遂不流，只及平地。后来若人多即水多，若人少即水少，若郡众大唤，水则猛下，至今如然。其贰师泉庙在路旁，久废。

但有积石驼马，行人祈福之所。次东入瓜州界。②

西汉敦煌悬泉作为神泉已经开始祭祀，敦煌悬泉汉简中记载到祭祀很可能就是祭祀贰师泉。Ⅰ90DXT0112③:2记载："出米一石。二月以治酒一酿，食泉上。"Ⅱ90DXT0114④:304记载："出米一石二斗。六月戊子入治酒一酿，祠泉上。"另外唐代敦煌的水神有玉女娘子，即玉女泉神，玉女泉神出现的时间，敦煌文献没有明确记载，只知道在唐开元年间已经存在。玉女泉神是祭祀水神保佑庄稼丰收的神祇，所以应当出现西汉敦煌郡置郡进行农业开发的时候，特别是这个阶段敦煌郡在党河与疏勒河交会地带修筑过堤堰，玉女泉神亦应当出现于此时，也是西汉敦煌郡祭祀的水神。Ⅰ90DXT0209S:71记载开支："用酒一卮，用米汁一，用奈酱□。"此处用酒一卮、米汁一和奈等水果类的东西，应当是祭祀中使用的物品。Ⅵ92DXT1222⑤:1记载："祭祠具。黍稷米各一斗。酒二斗，盐少半升。"表明祭祀中需要酒。

---

① 郑炳林：《敦煌地理文书汇辑校注》，兰州：甘肃教育出版社，1989年，第6页。
② 郑炳林：《敦煌地理文书汇辑校注》，兰州：甘肃教育出版社，1989年，第86页。

我们根据敦煌悬泉汉简的记载将西汉敦煌郡酒的使用分为接待用酒、社会活动用酒、御寒用酒、医用酒、祭祀用酒等几个类型，但是这些并不能完全将敦煌酒开支和用途全部概括出来，敦煌郡酒的使用数量最大应当接待用酒，其次是娱乐用酒的开支。实际上百姓之间酒的开支更频繁，虽然记载有限，但是我们根据仅有的记载，能够推测出来酒对敦煌地区的影响。

二、西汉敦煌郡酒的酿造和贸易

西汉敦煌郡酒的酿造分为几种类型，有政府机构主持下酒的酿造，其中包括郡县各种机构与敦煌郡诸县管辖的厩置等，还有其他店铺个人酿造的酒。敦煌悬泉置驿站负责使客使者物资转运和书信传送的机构，悬泉置设置有仓储和厨房等，有管理厨房的啬夫，不仅仅负责为过往使客提供饮食，而且保存有酒曲，负责有目的地酿造一部分酒，我们从悬泉汉简接待长罗侯常惠饮食册中得知，悬泉置和效谷县都保存有酒曲，就是说效谷县和悬泉置随时都可以自己酿造酒。

悬泉置拥有很多酒具，以招待过往行客。Ⅱ T0215 ②:74 记载："酒用卮。麦☐ / 寒具：马酒用卮。葵☐ / 液汤用卮。☐☐"。Ⅴ 92DXT1611 ③:266 记载悬泉置驿站所使用的酒器有："羹梃三，羹科三；温酒尊二，酒枓二；大盘十。"Ⅱ T0216 ②:360 记载酒具："酒尊一合，酒杯十四枚，酒勺二角勺一。"Ⅱ T0216 ②:457 记载物品中有"脯卅斤"，"酒樽三。"Ⅱ 90DXT0114 ④:266 记载："小盘十三"，"☐具。卮廿铜☐ / 酒樽三韦☐、酒橇三☐☐。"Ⅰ 90DXT0114 ①:220 记载："曲十石，于十只，酒十石，酒尊四；☐酱三石，大盘四只。"Ⅰ 90DXT0109 ②:6 记载酒具："☐☐☐☐☐☐敢言之，写移效谷，书曰：敦煌安国里 / 女子邯陵自言：夫安故，为县泉置啬夫持私案三、铜鼎一、釜三、华于十二、大杯十、小杯七十二、酒樽一合大。"Ⅱ T0216 ②:360 记载："酒尊一合，酒杯十四枚，酒勺二，角勺一。"Ⅱ T0216 ②:346 记载酒具："杯大小员三百，酒杯五十六，小杯百廿四☐ / 杨濯卅五"我们从这些酒具的使用得知，悬泉置接待用酒非常普遍。悬泉置驿站不仅存储有很多酒具，还保存有酒账，如Ⅰ90DXT0109 S：91记载："簿酒少二簿酒☒。"这里的酒是作为特需物品进行登记的。

敦煌悬泉驿站酿酒使用大量的酒曲，敦煌悬泉汉简Ⅰ90DXT0112①：41记载："□□四石五斗，□子阳二石。曲九百九十六石丿。术八百廿二八斗丿十六石。米百丿君功□。"我们目前很难确定这里记载的九百九十六石曲是悬泉置驿站一年酿酒的用量，还是一个月酿酒的用量。就是一年酿酒用酒曲的量，那么悬泉置酿酒的规模也是很大的。由此我们推测西汉敦煌郡的酿酒业发展程度之发达。

西汉敦煌悬泉置收藏酒曲造酒，敦煌悬泉汉简Ⅰ90DXT0112③：63记载："入鞠三石。受县。"效谷县为了接待长罗侯而出曲造酒。由此我们推知酒曲是掌握在县里，各个驿站需要造酒时酒曲不够用，就需要从县调配。《汉书·赵广汉传》记载："初，大将军霍光秉政，广汉事光。及光薨后，广汉心知微指，发长安吏自将，与俱至光子博陆侯禹第，直突入其门，廋索私屠酤，椎破卢罂，斧斩其门而去。"①所谓"私屠酤"是指私自贩卖肉食和酒类。当时酒类在官营之列，霍光之子霍禹私下酿酒售卖营利不合法度，成为赵广汉攻击的把柄。可见，西汉时期酒一度同盐铁一样实行国家专卖，敦煌悬泉置需要经常接待过往行客，因此酒的开支也是较大的，这样悬泉置就需要经常不断地酿造酒，悬泉汉简中就保存很多驿站酿造酒的记载。ⅡT0215②：128 A B记载："☒□欲得麴二斗，须以/☒□坐前赵长史。"悬泉置用二斗酒曲造酒以招待赵长史一行。91DXF9：1记载："☒□使令载土六车，度用六十车以上，曲五车置场。""曲"可能就是指酒曲。Ⅴ92DXT1812②：251记载："效谷移三月谷簿。出粟百卅七石九斗四升，县泉置啬夫欣书言：故啬夫赵欣食毋传者治酒给过客，不宜出，出当负在二月。"悬泉置驿站二月间出粟137石治酒供给过客，所谓过客就是往来悬泉

---

① 《汉书》卷76《赵广汉传》，第3204页。

置的外来使者。由此得知，粟是敦煌悬泉置酿造酒的主要原料，酒的主要招待对象是过往的使客，也招待汉使。Ⅱ90DXT0111①：401记载："☐☐丁君所将诸国客治酒☐☐☐。"丁君应当是使者，他携带一批客使经过敦煌悬泉置，悬泉置专门为他们酿造酒来招待，就说明这批使客人数众多，饮用酒的量也很大。Ⅳ91DXT0617③：16记载："月廿日受余六千二百一十。出五千候用偿责。入仇酿卅五钱。五千五百卅八，责六百卅八。出千予张伟卿米钱。出百一十，新一车。出七十五，予佰使君所。"Ⅱ90DXT0114①：120记载："出钱。出钱百廿，以粬八石☐/。正月出梁二斗以食廷☐。"此处用酒曲八石来酿酒，足见酿酒的量很大。Ⅱ90DXT0113④：74记载："十二月甲子出梁粟十石付徒强。十二月戊寅出梁粟十六石三斗厨；十二月出麦十石付厨治酒；十二月己卯出青粟廿石付厨。"Ⅴ92DXT1412③：21记载："出米一石，治酒一酿。浇＝治晦君。"ⅡT0216②：537记载："乃戊申小酿二斗米沫酒塞故祷。"Ⅱ90DXT0212S：90记载："言置有粬☐☐……毋令有遗☐。"Ⅱ90DXT0113②：38记载："☐☐承玄胆波泽粬一石淳酒一石五斗皆并合酿。"Ⅰ90DXT0112③：64记载："出鞠三石。以治酒六酿。"ⅡT0214③：51记载："三月余鞠九斗。"Ⅳ91DXT0617③：5记载："☐出廿五，予酿下君阳；☐出十七，予酿下稚文。"Ⅴ92DXT1412③：25记载："出米七斗。六月戊戌以治酒一酿☐。"Ⅱ90DXT0213S：36记载悬泉置酿酒："☐☐三月甲/☐卅日鞠三斗。"Ⅱ90DXT0111①：301记载："☐一酿米二石二斗。"Ⅴ92DXT1312④：22记载："☐受米五斗为酒☐。"Ⅴ92DXT1312④：26记载："☐不备酒用之。"Ⅱ90DXT0213②：68记载："癸丑受壬子余酒二斗，毋出入。"Ⅱ90DXT0213S：36记载："☐☐三月甲/☐卅日鞠三斗。"

这些都是悬泉置酿造酒的有关记录。从这些记载看，敦煌悬泉置经常出曲酿造酒，很多酒曲是由效谷县提供的，我们从这些提供的酒曲与酿酒的数量来看，酒曲同粟之间的搭配关系是1比2，而且悬泉置酿造酒是一种经常性的行为。另外我们从这些酿酒的记载得知，酿酒的原料主要有粟、米、麦等敦煌当地出产的粮食。

客使往来众多导致厩置酿造人力不够的情况下，厩置可以出资雇人代为酿造。Ⅱ90DXT0111②：142记载悬泉置开支有买苜蓿买酒："出钱五十治酒。出钱百治酒尸。出钱廿四御买目宿四束。出钱廿四买目宿四束。出钱卅买目宿五束。出钱六十买目宿廿束。出钱五十治酒。钱五百。三百卅尸。☐☐/。"①出钱治酒，实际就是出钱请人酿造酒，或者是悬泉置驿站出资聘请人至驿站酿造酒。

西汉敦煌郡市场酒的销售，根据Ⅱ90DXT0115③：409记载："·☐吏民多賫，沽酒不予钱。诏☐人饮☐具☐☐，☐☐。☐☐☐☐☐☐☐"。Ⅱ T0214②：671记载："出钱百八十，沽酒☐☐"。Ⅱ T0214③：124记载："☐月事。沽酒旁二斗，旁人韩子文"。Ⅱ90DXT0115②：139记载："☐☐人都尉史一人敦煌有酒☐☐"。当时吏民有沽酒的地方，这个地方就是酒肆，賫也是一种交易方式。不仅酒可以出售，就是酒曲也同样可以出售，Ⅱ90DXT0212S：21记载："☐☐次君鞠六石，石百钱☐"。由此得知，曲的价格每石百钱。

敦煌悬泉置驿站酒的开支主要依靠驿站自己酿造酒，若开支过大驿站不能满足需要，作为驿站的管理部门的效谷县，就调配酒以保证驿站开支需要。《悬泉置元康五年正月过长罗侯费用簿》中有关于酒的酿造和支出的记载：

入鞠三石，受县。（Ⅰ90DXT0112③：63）

出鞠三石，以治酒六酿。（Ⅰ90DXT0112③：64）

入酒二石，受县。（Ⅰ90DXT0112③：73）

---

① 《悬泉汉简》贰下，第503页。

出酒十八石，以过军吏廿，斥候五人。凡七十人。（Ⅰ90DXT0112③：74）

凡酒廿石，其二石受县，十八石置所自治酒。（Ⅰ90DXT0112③：75）

凡出酒廿石。（Ⅰ90DXT0112③：76）[①]

我们从这些记载得知，悬泉置为接待长罗侯军吏斥候七十人用酒二十石，其中悬泉置驿站自己酿造了十八石，二石属于效谷县提供的。悬泉置用了效谷县提供的三石曲，治酒六酿，每酿用酒曲半石，酿酒六石。就是说悬泉置为迎接长罗侯一次开销的酒二十石。由此类推，当时敦煌郡酿酒规模和水平。另外我们从Ⅴ92DXT1812②：216记载："☑年二月出谷治酒食毋传者用谷石斗簿"，推知诸厩置酿酒是一种常态化的行为。ⅡT0214③：51记载："三月余鞠九斗"，ⅡT0214②：643记载："☑十月余鞠☑"，就是说每个驿站都酿酒，而且每个月都酿酒，对驿站存储的酒曲按月结算上报主管部门。西汉敦煌悬泉置酿造酒量有多大，91DXF9：1记载一次酿酒用曲五车，Ⅴ92DXT1812②：251+345+277记载某年三月用谷百三十七石：

效谷移三月谷簿：出粟百卅七石九斗四升，县泉置啬夫欣书言：故啬夫赵欣食毋传者治酒给过客，不宜出，出当负在二月。/建始元年/☑月茭簿：出茭二千五百石，县泉置啬夫欣书言：校不备故啬夫赵欣、唐霸，主当负在二月甲辰/赦令前，今以实出，校不以时收责，猥以赦令出，除解何。

从三月谷簿中得知酿酒用谷137.94石，这是一个很大的数字。

西汉敦煌悬泉置驿站过往使客频繁，驿站酿酒不能满足使客饮用需要，

---

① 郝树声、张德芳：《悬泉汉简研究》，兰州：甘肃文化出版社，2009年，第226页。

因此往往需要从外面购买一部分酒。Ⅳ 92DXT0317 ③:54 记载:"出百,酒一石。"Ⅰ 90DXT0111 ②:133 记载:"出钱千。出钱二百八十五,买峀三枚,枚九十五卩。出钱百,酒一石。出钱百,粜白米四斗,斗廿五。出钱□□□□"。可知每石酒的价格是百钱。Ⅱ 90DXT0113 ②:51 记载:"出赋钱百卌,沽酒一石四斗,斗十钱。"Ⅰ 90DXT0110 ②:4 记载酒的价格:"·右用酒一石六斗,直百一十二。□"。Ⅰ 90DXT0109S:71 记载:"酒五十斤,直六……"Ⅱ 90DXT0213 ②:21 记载:"县泉置酒五斗。"Ⅳ 92DXT0317 ③:54 记载:"出百,酒一石。□"。Ⅱ T0216 ②:551 记载:"□□沽酒·率一斗。"我们从这些记载中得知悬泉置从外购买酒,酒的价格大约每百钱一石,每斗十钱。这大概就是当时敦煌郡酒的价格。

敦煌悬泉置驿站每年酒的开销有多大,我们不得而知,根据悬泉汉简Ⅱ 90DXT0115 ②:182 记载悬泉置酒的开支情况:"酒用二百五十八石。"这大约是驿站一年用酒总量或者拟一个月的酒的开销总量,我们更倾向后者。作为西汉敦煌郡厩置中的一个酒的支出就这样大,那么整个敦煌厩置的开销就是一个庞大的数字。这种庞大开销是建立在敦煌郡整个酿酒业的发展水平上的,由此推知西汉敦煌郡酿酒业的发展水平。Ⅱ 90DXT0213 ②:68 记载:"癸丑受壬子余酒二斗。毋出入。"这是酒支出结余情况。为了招待过往客使和使者的需要,悬泉置平常都要存储一定数量的酒,以应付不时之需。Ⅰ 90DXT0112 ③:103A+95A 记载:"□库佐同敢言之。谨移变第用酒度。"这个库佐有可能是敦煌悬泉置驿站的,更可能是敦煌郡库佐,因为敦煌郡仓仍然有接待使客的职责。

西汉敦煌悬泉置驿站既是一个过往行商使客的接待机构,同时也是一个国营酒店,他除了酿酒向使客供应之外,还对达不到接待标准的商客出售酒肉,以获得酒肉销售的盈利。

三、西汉敦煌郡酒肆与酒的交流

西汉敦煌郡市场的酒肆发展程度决定敦煌酒的市场发展程度,而酒肆的标志就是酒户出现，敦煌市场是否有酒户，就标志着敦煌市场私营酿酒和售酒的发展程度。敦煌悬泉置为了接待使客，用酒量很大，当驿站存酒或者酿酒不能满足需要时，就需要向效谷县调配酒，或者出钱向市场购买酒，这些出售酒给悬泉置的酒户，实际上就是敦煌市场的个体酿酒者或者酒肆。不仅效谷县有酒户，龙勒县也有。敦煌悬泉汉简 II 90DXT0114 ⑥：68 记载："☐☐☐月……皁袭一领龙勒沽酒赵子卿所"。这里记载的赵子卿是龙勒县的酒户。所谓沽酒，就是酿酒并向外出售。II 90DXT0313S：134AB 记载："酒一石，直☐ / 置中酒入☐ / 钱☐二☐。"这条记载表明悬泉置驿站酿造的酒中很多是出售酒给过往客使，是有价接待。实际上悬泉置很多情况下扮演了一个酒店的角色，不仅造酒而且卖酒。

西汉敦煌郡酒的酿造技术有来自中原地区，也有来自西域地区的。根据 I 90DXT0111 ①：86 记载："以私印行事敢言之，廷书曰：施刑阑政，有鞠穀。"如果鞠就是曲，就是说很可能西汉敦煌酒的酿造技术是由这些服刑的弛刑士传播到敦煌的。敦煌悬泉汉简中还记载到酿酒的技术，提到合酿，II 90DXT0113 ②：38 载："☐☐承，玄胆被泽，曲一石，淳酒一石五斗，皆并合酿。"①这种酿酒方法可能是从中原地区传入的。91DXC：50 记载："☐徒广汉里年卅岁姓史氏未有鞠系时"，将酒曲同刑徒联系在一起，足证酒曲中很多是遣送到敦煌服刑中携带而来。

西汉敦煌的酿酒与中西交流有着密切的关系。西汉在与西域诸国的交往中同时将西域的酿酒方法也引入西汉。《史记·大宛列传》记载安息出产"蒲陶酒"②，"大宛在匈奴西南，在汉正西，去汉可万里。其俗土著，耕田，田稻麦。有蒲陶酒。"③"宛左右以蒲陶为酒，富人藏酒至万余石，久者数十岁

---

① 《悬泉汉简》贰下，第 593 页。
② 《史记》卷 123《大宛列传》，第 3162 页。
③ 《史记》卷 123《大宛列传》，第 3160 页。

不败。俗嗜酒，马嗜苜蓿。汉使取其实来，于是天子始种苜蓿、蒲陶肥饶地。"① 根据《汉书·西域传》记载大宛："北与康居、南与大月氏接，土地风气物类民俗与大月氏、安息同。……大宛左右以蒲陶为酒，富人藏酒至万余石，久者至数十岁不败。俗嗜酒。"② 所谓宛左右即指"其北则康居，西则大月氏，西南则大夏，东北则乌孙，东则扜罙、于窴。"③ 根据《史记·大宛列传》记载乌孙与匈奴同俗，康居"与大月氏同俗"，奄蔡"与康居大同俗"，大月氏"其南则大夏，西则安息，北则康居……与匈奴同俗。"安息"其俗土著，耕田，田稻麦，蒲陶酒。"大夏"与大宛同俗"。④ "自大宛以西至安息，国虽颇异言，然大同俗，相知言。"⑤ 就是说大宛与安息、大月氏、康居、大夏等国都以出产葡萄酒著称⑥。酒的酿造关键技术是酒曲，他是保障酒的质量的关键，西域地区葡萄酒的酿造技术很可能随着蒲陶的传入而传入。其中制造蒲陶酒的核心技术酒曲，就不断地由西域客胡贩运到西汉。西汉在长安附近大量种植蒲陶的同时，很可能已经开始酿制葡萄酒，这些葡萄酒酿造的技术和酒曲就是通过敦煌进行贸易而传入的。我们在悬泉汉简记载中发现西域胡商携带酒曲经过敦煌，当地政府命令不让酒曲在民间贸易。91DXF13C①:9 记载："客胡人持曲来者，辄亭次传诣廷，勿令有遗脱到民间者。"所谓持曲，就是携带酒曲的西域胡商，应当是专门从事酒曲贩运的胡商。这个记载透露出来一个很大的信息，就是在西汉时期，中原地区与西域酒的贸易亦将开始。

我们通过敦煌悬泉汉简中关于西汉敦煌郡酒的酿造、销售和交流的探讨

---

① 《史记》卷 123《大宛列传》，第 3173—3174 页。
② 《汉书》卷 96 上《西域传上》，第 3894 页。
③ 《史记》卷 123《大宛列传》，第 3160 页。
④ 《史记》卷 123《大宛列传》，第 3161—3164 页。
⑤ 《史记》卷 123《大宛列传》，第 3894 页。
⑥ 《史记·大宛列传》记载张骞汉武帝时出使乌孙，"骞因分遣副使使大宛、康居、大月氏、大夏、安息、身毒、于窴、扜罙及诸旁国。"

得知，西汉敦煌郡的酒的酿造有来自中原地区的酿造方法，也有来自西域地区的酿造方法，酒曲有来自中原地区，由中原地区移民带入的，也有由西域胡商贩运而来的，这两种酿造方法在敦煌地区进行交流，虽然敦煌地方政府下令禁止酒曲流落民间，实际上是为了保证政府在酒的酿造和销售上保持主导地位，但是敦煌作为一个中西交流频繁的地方，政府要做到对酒的酿造绝对掌控是很难的，敦煌悬泉汉简中记载政府下令禁止西域酒曲流落民间的内容，就说明有这种情况发生，酒的酿造技术交流已经在民间进行。我们通过敦煌悬泉汉简记载来看，西汉敦煌地区酒的酿造和饮用非常普遍，受酒的饮用风气影响，酒的销售也非常普遍，悬泉置驿站为了招待过往使客、使者需要支出大量的酒，当悬泉置的酿造不能满足其需要时，就需要出资向民间酿造机构酒铺购买酒，因此酒在当时就成为敦煌市场上常见的商品。

回鹘医学与中医学的互动*

敦煌研究院人文研究部博士后　海　霞

摘要：随着丝绸之路上政治、经济、文化、宗教等活动的开展，医药文化交流也成为其中的必然。以丝绸之路上的回鹘文医学文书为对象，利用中国方剂数据库、出土文献、文物以及相关史料，探得回鹘医学与中医学之间在药物、方剂、医学理论等方面的交流从未停止。回鹘医学得以发展，并且具有了鲜明的民族特色以及独立完整的医学理论体系。同时，回鹘医学内容进入中医学，丰富了中医学的内容与发展。其中，回鹘僧人是医药文化互动中重要的传播媒介之一。随着丝路贸易的发展，回鹘商人又是连接回鹘医学与中医学的重要纽带。在具体史料基础上探讨医药文化交流过程中双向或多向流动的复杂情况，进一步证实文化需求决定文化交流。

关键词：回鹘；中医；方剂；媒介；互动

"陆上丝绸之路自西汉张骞出使西域开通，海上丝绸之路在宋元时期形

＊基金项目:2022年国家社科基金青年项目"宋元时期敦煌多元文化及其交融研究"（22CMZ025）。

作者简介:海霞（1991—　），女，回族，新疆乌鲁木齐人，现为兰州大学敦煌学研究所和敦煌研究院人文研究部联合培养博士后。研究方向：医药典籍与文化研究，民族古文字与西北民族史研究。

成，均是中外交通贸易、文化交流之要道。"① 丝路之上，经济往来频繁、贸易发达，人员的不断迁徙和流动，刺激了丝路之上人们对医药的需求。回鹘医学受到中医医药文化、印度医药文化以及西域其他民族医药文化的影响。其中，尤以回鹘医学与中医学的互动为代表。

一、外来药物

（一）回鹘医学吸收中医方剂药物

目前 96 件回鹘文医学文书按照其内容，厘分为与佛教相关的回鹘文医学文书、未归类回鹘文医学文书、回鹘文本《医理精华》残片以及回鹘医学文书残片《杂病医疗百方》四大类。据统计，96 件文书中共载有药物 147 种，即植物药、动物药、矿物质药、加工类药物四类。具体如下：

1. 植物类药物

表 1　植物类药物

yončya	q（a）mïrs	［ākhu］karnī	qarya tarmaqï	vrankalkah［　］
苜蓿	芦苇	光慈姑	老鸦瓣	白花酸藤子
sukš（u）mïr	toγraq toγraγysïn	［vr］sabho	i（s）siz ïγač	［pāsāna］bhedaka
小豆蔻	胡杨泪	止泻木	香锦葵	卷柏
pašanabe［dak］	ath dām［i］m［am］	na［ra　］	［ha］rītakī	bïšïγ siŋir3
卷柏皮	植物名	石榴	诃黎勒	干生姜
m（u）rutnuŋ	［top］ulγaq	dāru［dar］	sigru yürüŋ bil kvātha（h）	sa［k］rsnā pitpidi
梨子	骆驼刺	雪松	印度白腰皮	长胡椒
vičari	a［mlak？］	tananï	kändir šiqnï	tambul
鞞醯勒	菴摩勒	香菜籽	大麻树枝	名叫 tambul 的草药
burčaqlar/burčaq［i］mde		patol	qïzïl čïntan	ušir

① 海霞，陈红梅：《"一带一路"视域下中医药典籍与中医药文化传播》，《国际中医中药杂志》2019 年第 7 期，第 675 页。

豆类 / 绿豆	俞甘子	野葫芦	红檀	茅根香
yürüŋ käsäk	buda	yigdä talqanï	qutuγ üzüm	äyik kändir quasï
白乌头	甘草	枣粉	干葡萄	野芝麻花
bat	otta	čïqu tašïn	talïz yiltïzï	sïnl［a］γï
绒毛叶	印度枳皮	石斛	talïz 根	sïnl［a］γï（一种草药）
tikän yiltïzï	äŋgü	sïsup yiltïzï	qašaq yiltïzï	［üz］üm yiltïzï
枸杞根	一种草药	sïsup 根	芦苇根	葡萄根
tübüt usbat	kürküm	qulanï yiltïzï	küčni	qarïnta tonguz öti
吐蕃糖胶树	藏红花	大麦根	相思子	野猪草
imiti	ärük quasï	sarïγ arïrï	toγraq toγraγysïn	satun
山楂	肉杏子花	黄河黎勒	胡桐泪	大蒜
artun	ävin	lotur mana	uruγï-südi	südi
马芹（芫荽）	果核	珠子树	印度芋籽	südi 花
kušti	ankabuš	käkrä	［kan］tikar	tüsi yapï
清香木	阿魏	苦蒿	野茄子	香叶
ït üzümi	qab［aq］	turmanï	čüžüm sögütning	qabaq quasï
龙葵	葫芦	萝卜	桑树白皮	葫芦花
buda	soγun	yürüŋ mïrč	qara mïrč	soq（a）r qamïš
甘草	大葱	白胡椒	黑胡椒	无毛芦苇
qadïz	l（i）vaŋ	yorunčγa	suγun	ägir
肉桂	丁香	苜蓿	大葱	菖蒲
sögüt qasï	yörgäy quasï	nagapušp	qaz	yäz ötï

柳树皮	田旋花	龙花	芥子	芨芨草
yürüŋ čïntan	qamsun	zaɣunč	hasnï	qadïz
白檀	甘松	罗勒	菊苣	肉桂
nagapušp	ïmta	kurum	yipgin qua tubi	sikliksi
龙花	山楂	藏红花	紫花地丁	印度枳皮
sarïɣ ärük	vada	yigdä	yürüŋ šäk［ä］r	topulɣaq
黄杏	榕树	红枣	白乌头	莎草
bat	vrnt š（a）bara	lotur	［tatika　］	amra
绒毛叶	木棉树叶	珠仔树	陀得鸡花	芒果
k（a）tp（a）l	mantal	yïv（ï）lɣu	issiz vada	p（a）yas
杨梅	莲藕	悬铃木	香锦葵	乳山药
šarip	p（i）yal	č（a）mul	arčun tvač	üyürkän
印度菝葜	豆腐果	瞻部树皮	阿周那榄仁树皮	茜草
yigdä	nilutpal	kuša	k（a）ntakari	vrzak kranč
茂遮果	青莲花	吉祥草	驳骨草	印度山毛榉
čira tiktuk	［to］pulɣaq	［tik］ta	triman	uruɣï
龙胆草	香附子	胡黄连	山榕	稠李
višal	［mur］ban	ärügüd	tastï	yïv（ï）lɣu
药西瓜	虎尾兰	蜡杨树	水线草	姜黄
s（a）dava	vsada	sïnčɣan	murutsuvïnta	qauqïn
芦笋	独活草	罗望子	梨汁	麦麸
qïsïrïn	uruɣïn	qaraqač	osɣunung	toɣraɣu
油菜	狼毒籽	榆树皮	洋葱	树脂

čüžüm quruγ	üzüm suvi	sarïγ küži	qaγuqï tutunsar tülüg	kušti
桑葚汁	葡萄水	黄香	毛杏子	青木
sarïγ ärük	künčit yaγï			
黄杏	芝麻油			

据统计，回鹘文医学文书中共载有植物药 147 种，其中回鹘医学文书残片《杂病医疗百方》中载有植物药有石榴籽、阿魏、小豆蔻、肉桂、长胡椒、胡椒、马芹、柏香、黑芹、狼毒籽、粗面、毛杏皮、大蒜皮、大蒜根、大茴香、胡麻油、藏红花、玉米面、榆树皮、大麦、胡桐泪、桑葚汁、黄芒果、红檀香、白檀香、橹木、芝麻油、黄杏仁、牵牛子、白香、黑香、菠萝、芝麻、葫芦花、面粉、大麻纤维、嫩芝麻粒、葱、葱须、蒜须、葡萄、青黛、铁树籽、金樱子、桑白皮、葡萄藤等，共计 46 种。

2. 动物类药物

表 2 动物类药物

pibej jale	ud sigi	käyi［klär］	kürüč	äšgäk süti
牛	牛尿	野山羊	心叶青牛胆	驴奶
toŋuz mayaqï	tarbi šank	balïq öti	qïzïl äčkü	äčkü süti
猪粪	tarbi 贝壳	鱼胆	红山羊	山羊奶
yinču	kirpi tärisin	taqïγu yumurtγa	mïr	äčkü sigi
珍珠	刺猬皮	鸡蛋	蜜	山羊尿
y（a）γï	qav k（ü）rüč	tavïšγan tüsi	böri mayaqï	qoyn ö［ti］
牛油	牛黄	兔毛	狼粪	绵羊胆
äš［gäk	böri mayaqï	tävä tabanï	y（ï）l（a）n qazïqïn/ätïn	sïγun yilimi
驴	狼粪	骆驼蹄	蛇皮／蛇肉	鹿角胶

süglün äti	quš	iŋäk süti	ït tisin	qusnuŋ süŋükin
野鸡肉	鸟	牛奶	狗牙	戴胜鸟骨头
süngük ärkäč ätin	ït süti	tavïšyan meyisin	tonguz öti	äčkü öti
公羊肉	狗奶	兔脑	猪胆	山羊胆
tavïšyan öti	äčkününg ögsüz	qarlïɣač ätin	kögürčkän mayaqïn	iŋäkning mingzin
兔子胆	山羊肝脏	燕子肉	鹤粪	牛角
qoyning mingizin	qara udnun mayaqïn	käkälik öti	tävä südükin	buɣ（u）müngüzin
绵羊角	黑牛粪	石鸡胆	骆驼尿	鹿角
miškičning ya-qrïnsïsïn	täväning övkäsin	kišikä ularnïng meyisin	balïq öti	ït tüsi
野猫脂肪	骆驼肺	雪鸡脑	鱼胆	狗毛
adɣïrnïng singirin	börä öti	börining süngükin	börining tilin	quruɣ baqanï
马筋	狼胆	狼骨头	狼舌头	干青蛙
qunduz qayïrï	yuɣrutqa	qurt		
海狸香	酸奶	奶酪		

据统计，回鹘文医学文书中共载有动物类药 58 种，其中回鹘医学文书残片《杂病医疗百方》中载有动物类药有熟筋、肉汤、公山羊肉、狗奶、猪胆、山羊胆、兔胆、肺、死黑山羊肝、鸽子粪便、奶牛角、绵羊角、酸奶、牛粪、石鸡胆、骆驼尿、鹿角、田鼠胆、猫脂、骆驼粪、雪鸡脑、麝香、鸡蛋、鸡胆、骆驼肉、公马筋、狼胆、狼骨、狼舌、奶酪、牛胆汁、牛油、燕子肉、牛粪、牛尿、狼粪、驴蹄、蛇皮、蜂蜜、狗毛、兔毛、海狸皮、刺猬皮、蛇头、羊奶、鲜肝、鱼胆、骆驼奶、牛奶、酸牛奶等 50 种。

3.矿物质类药物

表3 矿物质类药物

yar tuzï	taluy köpüki	opo	qïzïl tuz	qara tuz
岩盐	海泡石	白铅粉	红盐	黑盐
［y］idïγ tuz	k［i］sar	qïzïl tuz	könä	qïzïl yinču
香盐	大麦灰碱	红盐	水银	红珍珠
nušadïr	qarlïγač uya			
硇砂	燕子窝土			

据统计，回鹘文医学文书中共载有矿物质类药物 12 种，其中回鹘医学文书残片《杂病医疗百方》中载有矿物质类药物有岩盐、硇砂、粗盐、红盐、水银、泥土、燕窝土、珍珠、白铅粉。

4.加工类药物

表4 加工类药物

panit	sirkä	b（ä）gnisint	bordun turmïš	bordun sirkä
粗糖	醋	麦酒	葡萄酒	葡萄醋

据统计，回鹘文医学文书中共载有加工类药物 5 种，其中回鹘医学文书残片《杂病医疗百方》中载有矿物质类药物有粗糖、醋、麦酒、葡萄酒、葡萄醋。梳理回鹘文医学文献中所载药物，论证举隅，回鹘医学吸收中医方剂中的药物有一味"杏"。具体如下：

"据《汉书·西域传》记载，乌孙等部落'随畜逐水草'，而大部分地区则是'土著，有城郭田畜，与匈奴、乌孙异俗'，过着以农业为主的经济生活。"① 武帝以前，西域除了乌孙等部落仍是"逐水草居"外，其余大部分地

---

① 汪宁生：《汉晋西域与祖国文明》，《考古学报》1977 年第 1 期，第 24 页。

区的人民已经过着农耕生活，西域的农业发展已有前期基础。进入汉武帝时期，西域的农业发展得益于"中央封建王朝为了防御匈奴侵扰，保卫'丝绸之路'畅通无阻和加强对西域的统治，不断派遣士兵戍守西域并进行屯田。"[①]大批屯田的移民进入西域的同时，也将中原先进的生产技术、生产工具，以及适宜培植的物种引入西域。

据尼雅遗址的考古发掘可知，"当地居民们在住宅附近不仅栽着成排的葡萄，还有桃树和杏树，桃核和杏核在遗址中到处可见。桃和杏就是我国内地最早培育成功的水果，这是西方学者普遍承认的事实"[②]。"它们大约在公元前二世纪至前一世纪时传入波斯、印度等地"[③]。是知，杏树原本非西域产物，而是从中原传入。而杏子作为中药药材，所见最早的医药文献记载则是唐人孙思邈所著的《千金方·食治》，其中形容杏子味道极酸。

（二）中医方剂吸收回鹘医学药物

汉武帝时期，中央封建王朝不断加强对西域的统治。公元前60年，汉宣帝时期，为了统辖统一后的西域，便在乌垒城（今轮台县境内）建立了"西域都护府"。这一时期，西域人民的农业有了一定的发展，他们能够耕种粟、麦，"还培育或引种许多新的植物品种，其中有葡萄、石榴、胡桃、大蒜、豌豆、黄瓜和优良饲料苜蓿"[④]。在东汉时人所著《神农本草经》中可见葡萄、胡麻、戎盐；在《汉书·西域传》中可见"都善国，本名楼兰……地沙卤，少田，寄田仰谷旁国，国出玉，多葭苇、柽柳、胡桐、白草。"[⑤]据甘肃武威汉墓医药简册所载，则有"驼苏（酥油）、戎盐、白羊粪等维吾尔医常用

---

① 汪宁生：《汉晋西域与祖国文明》，《考古学报》1977年第1期，第25页。

② 汪宁生：《汉晋西域与祖国文明》，《考古学报》1997年第1期，第28页。

③ 季羡林：《吐火罗语的发现与考释及其在中印文化交流中的作用》，载《中印文化关系史论丛》，北京：三联书店，1982年。

④ 汪宁生：《汉晋西域与祖国文明》，《考古学报》1977年第1期，第24页。

⑤ 班固：《汉书·西域传》，北京：中华书局，1962年，第3876页。

药品"①。是知,在这一时期传入中原可入药的则有葡萄、石榴、大蒜、苜蓿、胡麻、戎盐、酥油、白羊粪等。

魏晋南北朝时期,西域医学在理论和方剂上有了一定的发展。丝路之路上随着商旅信徒的往来,西域的物产、方药也随之传入中原。如《北史·西域传》所载"沙、盐绿、雌黄、胡粉、安息香"②,其中,"沙"即北庭硇砂;《魏书·高昌传》所载"高昌者车师前王之故地……有草名羊刺,其上生蜜而味甚佳"③,其中,"羊刺"即骆驼刺。是知,在这一时期传入中原且可入药的则有硇砂、盐绿、胡粉、安息香等。

隋唐时期,我国的封建社会走向鼎盛。强大的王朝力量成为丝绸之路得以繁荣的保障。频繁的人员迁徙、流动,加速了西域与中原的经济文化交流进程,其中,就包括医药文化。尤以唐朝苏敬敕令所撰的《新修本草》为代表,书中收录新增药物114种,来自西域的药物则占多数,如"硇砂、戎盐、无食子、底野迦、诃黎勒、郁金香、豆蔻、龙脑、丁香、乳香、没药、血竭、木香、胡芦巴、番红花、番木鳖等"④。是知,这一时期传入中原可入药的药材数量增多,且出现了香药。

"唐、宋、元时期的回鹘医学,主要是通过东来行商、传教和参军的回鹘先民传入中原的。通过丝绸之路的互市将各种香料、药材和制药治病的技术也传入内地,甚至更远的东方"。⑤如现存日本龙谷大学的药价文书共有17件,其中,据《药价文书第一种》,可知"天门冬一小两上直钱五文、酸枣一小两上直钱八文次六文、犀角一小两上直钱九文次八文",又有新疆维

---

① 达丽娅,苏北海:《丝绸道上维吾尔族的医药学》,《喀什师范学院学报》1998年第2期,第33页。
② 李延寿:《北史·西域传》,北京:中华书局,1974年,第3217页。
③ 魏收:《魏书·西域传》,北京:中华书局,1974年,第2267页。
④ 王兴伊:《西域方药文献研究述要》,《中医文献杂志》2002年第2期,第48页。
⑤ 艾尔肯:《传入东方的回鹘医学》,《中国民族报》第16版,2014年5月27日。

吾尔自治区博物馆所藏《高昌内藏奏得称价钱帐》，可知"买香药五百七十二斤，瑜石叁拾□斤。买香（药）八百斤、石蜜一斤"。再次梳理《高昌内藏奏得称价钱帐》可知，香药、硇砂、玉石、郁金根、石蜜等药材一年的交易量为4190斤。上述两例为我们研究当时丝绸之路上西域同中原地区的药物交流等提供了真实的史料。这一时期除了早已传入中原地区的香药、郁金根外，又有玉石、石蜜等药材。

二、外来方剂

（一）回鹘医学中的中医方剂

我们对回鹘医学和中医学在方剂中的互相引介情况作以探究，需要利用由中国中医科学研究院开发的中国方剂数据库和新疆出土文献来进行索引。

1.中国方剂数据库。该数据库共收录了来自710余种古籍和现代文献中的古今中药方剂84464首。每首方剂之下，则记有方剂名、来源、组成、功效、主治、禁忌、药理等信息。通过将回鹘医学文书残片《杂病医疗百方》中的84首方剂与中国方剂数据库中的中医方剂一一比对，则知二者没有方剂组成完全相同的方剂，但两种医学中都有各自治疗相应疾病的方剂。

2.出土文献。从新疆出土的文献中，探寻中医方剂传入回鹘医学，如下：

（1）据楼兰L.A遗址出土的"蛇床子散"纸文书残片[1]：

1蛇牀子二匹买□

2若有不得者，□□□

3次以买绫，若有不得者，

---

[1] 侯灿，杨欣：《楼兰汉文简纸文书集成》，成都：天地出版社，1999年，第7页。

4 绫以买絮，若绫絮，

5 □买之。

6 并蛇床子

7 马主簿念事

文书中所载药材蛇床子和绫絮，是主簿马念购买的。"楼兰，魏晋时期设有西域长史，职同郡府行政机构，故有从事、主簿之职"[1]。笔者再次利用中国方剂数据库检索得"蛇床子散方"，最早见载于《金匮要略》，即"温阴中坐药"，治疗妇人之疾。此方虽为残片，仅记主簿采买之事，但能反映出魏晋之时中医方剂传入楼兰地区；

据吐鲁番阿斯塔那 204 号古墓出土的唐初写本医方[2]：

（前缺）

1 则气逆

2 上下不和方黄耆

3 泽泻桂心四两干地黄

4 五味子四两伏神四

据阿斯塔那 338 号墓出土唐人写疗咳嗽等病药方[3]：

---

① 侯灿，杨欣：《楼兰汉文简纸文书集成》，成都：天地出版社，1999 年，第 7 页。

② 武汉大学历史系，新疆维吾尔自治区博物馆，国家文物局古文献研究室：《吐鲁番文书》第四册，北京：北京文物出版社，1983 年，第 273 页。

③ 武汉大学历史系，新疆维吾尔自治区博物馆，国家文物局古文献研究室：《吐鲁番文书》第四册，北京：北京文物出版社，1983 年，第 148 页。

1 □□汤疗咳嗽短乏不得气

2 热胸中回满方

3 五味子二两甘草二两

4 麻黄二两（去节）干三两

5 以水九升煮取三升分四服

　　阿斯塔那古墓中出土中医方剂两个，即主治胸闷气逆和咳嗽的方剂。另"回鹘文残页还有一些内容直接与神农相联系，回鹘文译本译之曰'神圣的农夫'和'神圣的农民'。将其描绘成富有药草、药品和药物知识的智者"①。在回鹘文本中将神农写为"Š［in］duŋ han"，而这无疑又为中医学传入回鹘医学提供例证。

　　（二）中医学中的回鹘医方

　　汉代以来，西域与中原之间的医药交流从未间断。除了前文所述的回鹘医学与中医学间的药材引介、回鹘医学吸收的中医方剂外，中医学在发展过程中也吸收了来自西域的方剂。

　　如东汉著名医家张仲景在其所著《金匮要略》中载有"诃黎勒丸"，"诃黎勒是西域常用药物，诃黎勒丸又是西域常用方"②。《隋书·经籍志》中载有"《西域诸仙所说药方》二十三卷、《西域婆罗仙人方》三卷、《西域名医所集要方》四卷、《婆罗门诸仙药方》二十卷、《乾陀利治鬼方》十卷以及收有西域药方的《四海类聚方》二千六百卷。"③ 由于医书亡佚，我们已无法探得其中所

---

　　① 茨默著，杨富学、侯明明译：《回鹘医学与回鹘文本〈医理精华〉考释》，《吐鲁番学研究》2014 年第 2 期，第 126 页。

　　② 刘庆宇，王兴伊：《西域方药民族瑰宝》，《上海中医药大学学报》2004 年第 2 期，第 10 页。

　　③ 刘庆宇，王兴伊：《西域方药民族瑰宝》，《上海中医药大学学报》2004 年第 2 期，第 10 页。

载医学西域医学方剂的原貌，但在医学交流史上真实存在。

唐天宝十一年（752年）王焘辑录而成医书《外台秘要》，书中载有诸多西域传入的药物和方剂。中如有"崔氏疗三五十年眼赤并胎赤方，其小字注云：西域法。太常丞昌才道效"[①]。是知，崔氏治疗常年眼红之疾，则采用了西域治疗眼病的方法。如该书辑录第十四卷引《肘后方》中的"西州续命汤"，主治中风咳喘。"西州"乃高昌，此地盛产麻黄。此方源于西域，被东晋时人葛洪于《肘后方》中辑录，后又被唐时人孙思邈于《千金翼方》、王焘于《外台秘要》中辑录，足以说明"西州续命汤"经过不同时代医家的验证，在治风省风方面的确颇有疗效。

再次考察回鹘医学，其继承了西域其他民族和本民族经过长期的社会医疗实践活动所累积的医学知识和经验，还广泛地吸收融合了周边地区、国家的医学理论，从而发展成为具有民族、地域特色且独立完整的医学理论体系。在回鹘医学发展的过程中，则是保留了诸多的西域方药。又如南宋回鹘人李珣编撰《海药本草》，书中将新疆渐入中原的百种香药药材予以补足。元代著名的营养学家胡思慧于1330年编写完成我国第一部营养学专著《饮正药膳》，书中诸多饮食调理则是回鹘医学营养学的内容，这就使得回鹘医学与中医学更好地结合互补。

三、医方流变举隅

自汉代以来，回鹘医学与中医学在药物、方剂等方面的互动交流从未停止。现以"诃黎勒丸"为例，对其方剂流变作以探究，具体如下：

---

① 刘庆宇，王兴伊：《西域方药民族瑰宝》，《上海中医药大学学报》2004年第2期，第10页。

表5 "诃黎勒丸"方剂源流演变

序号	出处	方剂名	功效	方剂基础组成	加	减
1	《金匮要略》	诃黎勒丸	"涩肠止泻；治虚寒性肠滑气利；泄泻滑脱不禁，大便随气而出。"	"诃黎勒10枚（煨）。"		
2	《外台》卷七引《广济方》	诃黎勒散	"气结筑心，胸胁闷痛，不能吃食。"	"诃黎勒4颗（炮，去核），人参2分。"	加人参	减6颗
3	《外台》卷六引《近效方》	诃黎勒丸	"一切风气痰冷；霍乱；食不消；大便泻。"	"诃黎勒3颗（捣，取皮）。"		减7颗
4	方出《圣惠》卷五十，名见《普济方》卷二〇四引《经验济世方》	诃黎勒散	"五膈气。"	"诃黎勒10枚（煨5枚用皮，5枚生用），大腹子10枚（5枚煨用，5枚生用）。"	加大腹子10颗	
5	《太平圣惠方》卷二十八	诃黎勒散	"虚劳，肠胃久冷，泄痢不止。"	"诃黎勒半两（煨，用皮），乳香1两，干姜半两（炮裂，锉），缩砂半两（去壳），肉豆蔻半两（去壳），赤石脂半两（烧），甘草1分（炙微赤，锉）。"	方剂重组	
6	方出《圣惠》卷九十三，名见《普济方》卷三九六	诃黎勒散	"小儿冷热痢。"	"诃黎勒2两（煨，用皮），地榆1两（炙微黄，锉）。"	加地榆1两	
7	《圣济总录》卷六十五	诃黎勒丸	"咳嗽。"	"诃黎勒不拘多少（紧实者，炮熟，去核）。"		

序号	出处	方剂名	功效	方剂基础组成	加	减
8	《普济方》卷二一三	诃黎勒散	"休息痢，肠滑。"	"诃黎勒皮 3 两，粟 3 合。"	加粟 3 合	
9	《诚书》	诃黎勒散	"小儿宿食胀满。"	"诃黎勒皮 3 分，人参 2 钱，白术 5 钱，麦蘖（炒）5 钱，陈皮 5 钱，槟榔 5 钱，甘草（炙）1 分。"	方剂重组	

再次考察此表，"诃黎勒丸"于东汉时由张仲景收录，著于其所作医书《金匮要略》之中。该药主治寒邪入侵引起的寒性肠滑泄泻，初为单方药，即诃黎勒药丸 10 颗。在其之后诸多医书收录此方剂，都是在此方剂的基础上演变而来。

公元 713—714 年，唐代医药著作《广济方》撰成。该书中收录"诃黎勒散"，主治气闷不食，诃黎勒药丸数量减少，又增加人参。

公元 724—733 年，唐代医药著作《近效方》撰成。该书中收录"诃黎勒丸"，该书亡佚，其佚文见于公元 752 年成书的《外台秘要》之中。《外台秘要》卷六中引《近效方》中的"诃黎勒丸"，主治寒邪入肠胃、霍乱泄泻、不消食，诃黎勒药丸数量减少。

公元 992 年，宋代医药著作《太平圣惠方》撰成。该书中收录"诃黎勒散"，主治膈气，新增大腹子 10 颗。该方由明人陈世贤收录于其所撰写的《经验济世方》中。公元 1390 年，明代撰成的大型方书《普济方》中又引《经验济世方》中的"诃黎勒散"。

又《太平圣惠方》中收录"诃黎勒散"，主治肠胃风寒、泄泻不止。该方剂以诃黎勒为基础方，进行重组。

又《太平圣惠方》中收录"诃黎勒散"，主治小儿泻痢，新增地榆。该方后被《普济方》所收录。

公元 1118 年，宋代医学著作《圣济总录》撰成。该书中收录"诃黎勒丸"，主治咳嗽。

公元 1390 年，明代大型方书《普济方》中收录此方，主治泻痢肠滑，该方中新增粟入药。

公元 1661 年，清代医药著作《诚书》中收录此书，主治小儿积食、消化不良。该方剂以诃黎勒为基础方，进行重组。

下文将对该方剂的演变作如下分析：

第一，方剂名。该方自汉代至清代的流变中，方剂名称则有"诃黎勒丸""诃黎勒散"。当以单方药出现时，则称"药丸"；以复方药出现时，则称"药散"；

第二，方剂主治及组成。该方自汉代至清代的流变中，主治多样化。除了治疗寒邪入侵引起的寒性肠滑泄泻外，在方剂药物进行加减后，还能治疗气闷、食积不消、霍乱膈气等。整体来看，方剂药物组成之中"诃黎勒"这味药物相对稳定，在治疗下气消食、止泻方面发挥独有的作用。此外，历代医家根据实际临床需要，在张仲景所收录的回鹘医学方剂的基础方上进行药物的加减甚至重组，充分体现出了中医的辨证论治的思想。

四、传播媒介

西域独特的地理位置，决定了它在丝绸之路的特定意义——中西文明的交汇场。经商、传教、屯垦、戍边以及人员迁徙等社会活动都使得丝路之上的医药交流成为必须。其中，"人员"是两种传统医学跨文化传播的重要媒介，下文将从三方面予以探究，具体如下：

（一）宗教活动

前秦建元十八年（382 年）正月，"鸠摩罗跋提即鸠摩罗佛提"来到长安并敬献胡本《摩诃钵罗若波罗蜜经》一部。同年，他又携《阿毗昙抄》《四阿含暮抄》至长安，并在道安的授意下协助完成四卷本《四阿含暮抄》的翻译。公元 9 世纪中叶，回鹘西迁后大兴佛教，佛寺林立。寺中又有唐朝所赐佛教经典。

公元 9—15 世纪，回鹘佛教的佛经译著丰富，"就现已刊布的有关写本及少量印本看，回鹘文佛经大都译自汉文，以大乘系统为主。"[1] 其中，载有古代印度医学即"生命吠陀"理论的《金光明最胜王经》，该佛经由著名翻译家、学者别失八里人胜光法师约于公元 10—11 世纪根据唐义净的汉文本《金光明最胜王经》翻译而得"生命吠陀"理论流入回鹘。佛教经典传播的同时，其中所记载的医学理论也随之流传，而促成不同文化之间交流的媒介则是僧人。

（二）商贸活动

高昌位于中西交通要道，即丝绸之路的咽喉之地。这里本就是经济繁荣、贸易发达之地，并已经形成了一套较为完整的产、供、销体系。回鹘人西迁进入此地后更是如此。他们曾一度控制西域与河西走廊的丝路贸易。

据《松漠纪闻》载，"回鹘自唐末浸微……甘、凉、瓜、沙旧皆有族帐，后悉羁縻于西夏……多为商贾于燕，载以橐它……［其人］尤能别珍宝，番汉为市者，非其人为侩，则不能售价"[2]。又"［回鹘］药有腽肭脐、硇砂，香有乳香、安息香、笃耨。"[3]

回鹘人自唐末逐渐衰微，在甘州、凉州、瓜州和沙洲都有回鹘人分布。他们多为商人，在丝绸之路上从事贸易活动。回鹘商人眼力极佳，能够识别宝物，并能在西域人和中原人之间通贸易。回鹘人所经手的药物则有腽肭脐、硇砂，香药则有乳香、安息香、笃耨香。

又据《天盛改旧新律令》载："臣僚、下臣、及授、艺人儿童、前内侍、阁门、帐下内侍、医人、真独诱、向导、译回鹘语、卖者、卜算、官巫、案

---

① 杨富学：《回鹘佛教与周边民族关系论考》，北京：商务印书馆，2002 年，第 420 页。
② 洪皓：《松漠纪闻》卷上，《辽海丛书》第 1 册，沈阳：辽沈书社，1985 年，第 204 页。
③ 洪皓：《松漠纪闻》卷上，《辽海丛书》第 1 册，沈阳：辽沈书社，1985 年，第 204 页。

头、司吏、帐门末宿、御使、内宿、官防守、外内侍。"①

回鹘人在西夏与周边贸易中同样扮演重要角色。通晓回鹘语，在商业买卖中则成了必须。回鹘商人也成为经济贸易中的重要一环。

另据敦煌文献 S.1366《归义军宴设司面、油破历》记载："窟上迎甘州使细供十五分，又迎狄寅及使命细供十分……甘州来波斯僧月面七斗、油一升。牒塞（密）骨示月面七斗。廿六日支纳药波斯僧面一石、油三升。"②

是知，文书中出甘州回鹘国的使者巡礼莫高窟，同时还有来自甘州的波斯僧人，并向当时敦煌的归义军政府纳药。

综上，回鹘僧人在传播佛教，敬献、翻译佛典时，除了自身的信徒角色，也是不同地域、不同宗教、不同文化之间交流的传播媒介。与此同时，随着丝绸之路的开通，互市繁盛，大量回鹘商人从事贸易活动，他们又起着连接双方或多方的桥梁作用。此外，互市物品内容较为丰富，其中包括道地药材、异域香药等。

五、回鹘医学与中医学文化交流脉络

（一）医药文化交流脉络梳理

西汉统一西域，西域与中原的联系更为密切，同时也为丝绸之路的畅通提供了强有力的政治保证。此时，西域的诸多瓜、果、蔬菜、药等陆续引入中原。

汉宣帝时期，西域地区的人民已经能够成功培植葡萄、石榴、胡桃、大蒜、豌豆、黄瓜、苜蓿等。两汉时期，从西域东传到中原地区能够入药则有葡萄、胡麻、戎盐、蒝荽、柽柳、胡桐、白草、驼苏（酥油）、白羊粪等。这些从西域传入中原的药物则陆续被中医医家所收录，如《神农本草经》《金

---

① 史金波，聂鸿音，白滨译注：《天盛改旧新定律令》卷11《矫误门》，北京：法律出版社，2000年，第385页。

② 唐耕耦，陆宏基编：《敦煌社会经济文献真迹释录》（三），北京：全国图书馆文献缩微复制中心，1990年，第283页。

匮要略》等。

魏晋南北朝时期，回鹘医学除了自身累积的医疗实践经验外，还吸收了印度古代医学即"阿育吠陀"的理论。随着丝路贸易的推进，西域的物产、方药继续向东传入。方药则有硇砂、雌黄、胡粉、安息香、骆驼刺。方剂则有从中原地区传入西域的"蛇床子散""疗咳嗽等病药方"。

隋唐时期，西域与中原的医药文化交流进程加快。唐人所撰的《新修本草》中收录新增药物114种，来自西域的药物则占多数，在传入中原的药材中出现了香药，同时，高昌成为药材年交易量达到4190斤的地方。方剂则有西域诸方收录于《隋书·经籍志》（该书已亡佚），或有个别方剂收录于《外台秘要》《千金翼方》。

宋元时期，回鹘著名医家学者进入敕令编撰医方药典的行列。如有回鹘人李珣编撰《海药本草》，元代著名的营养学家忽思慧编撰《饮正药膳》。他们将回鹘医学的内容传入中原地区。同时，中医著作《神农本草经》传入回鹘医学。

（二）医药文化交流的方式

回鹘医学与中医学在医药文化领域的交流则以商业贸易、医务活动、宗教往来以及朝贡等方式开展。具体探究如下：

第一，商业活动，尤以回鹘商人为代表。（1）占据地缘优势。回鹘人西迁之前，就已在甘州、凉州、瓜州、沙洲等地居住，且这些地方在丝路沿线节点位置。回鹘西迁进入高昌地区，且此地位于丝绸之路的咽喉之地。他们对交通路线等较为熟悉。再者，回鹘人在贸易往来的重要区域生活，占据重要的市场，具备较为完整的产、供、销体系；（2）善于经商。从回鹘与西夏的实际贸易中，我们可知回鹘人具备良好的语言天赋、过硬的商业素质。经手的货物，他们能够较为准确地鉴别。在不同民族之间的交易中，能够灵活应对，且具有一定的主动权；（3）具有商业眼光。回鹘人从事毛皮、药材、香料、漆器、金器、丝绸等交易，他们根据市场需求和民众的实际消费来贩售货物。如在贸易中，发现中原地区人们对香药的需求以及中原市场潜力增大时，他们则和波斯人一起从事香药生意。

第二，医务活动，尤以戍边移民为代表。屯垦戍边之人将军医携入西域地区，这就使得中医学传播的"活体"介入回鹘医学生存的空间之中。再者，随商人、将士来到西域地区的家属们，或因气候、或因地理、或因饮食等因素而获病，就需要医治。加之西域地域广阔，自然条件恶劣，生活物资有限，就要求人们自发掌握一定的医学知识，如知晓验方、识得常见药物，甚至随身或随家携带医书。而这就在一定程度上推动了回鹘医学与中医学的交流。

第三，宗教活动，尤以回鹘僧人为代表。自佛教由印度传入西域，进而又继续东传。史载回鹘僧人抄录胡语本佛经敬呈唐王，并又在长安敕令翻译经书。此外，大量汉传佛教的经书由唐朝赐赠或由胡僧译著，其中，载有"生命吠陀"医学理论的佛典或医籍流入回鹘。

第四，朝贡，尤以西域使者为代表。晚唐至五代时期，回鹘医学同中医学交流频繁。由于之前百年来回鹘从事医药贸易的良好信誉和口碑，中原地区对其求药的需求也更为迫切。西域使者向宋王朝进贡香药，如有腽肭脐、乳香、安息香、香药等。回鹘与辽朝保持着朝贡关系，常进贡硇砂、乳香、琥珀等。沙洲回鹘与各政府保持着朝贡关系，其进贡时也会送上道地药材、香药等。

结　语

利用中国方剂数据库、出土文献以及相关史料，探究回鹘医学和中医学之间互相引介的药物和方剂。梳理回鹘文医学文献中所载药物，论证举隅回鹘医学吸收中医方剂中的药物有一味"杏"。而中医方剂在不同历史时期吸收诸多味回鹘医学药物，如葡萄、石榴、胡桃、大蒜、葡萄、胡麻、戎盐、蔗苇、柽柳、胡桐、白草、驼苏（酥油）、戎盐、白羊粪、骆驼刺、阿魏、硇砂、戎盐、无食子、底野迹、诃黎勒、郁金香、豆蔻、龙脑、丁香、乳香、没药、血竭、木香、胡芦巴、番红花、番木鳖玉石、石蜜等。

利用中国方剂数据库和出土文献，对二者所有的方剂进行索引比对，则知蛇床子散、咳嗽方、神农等中医方剂传入回鹘医学之中。诃黎勒丸、西域诸方、崔氏疗眼法、西州续命汤等医方从西域传入中医学之中。以"诃黎勒丸"为例，探究其从西域传入中原后的医方流变。该方自汉代至清代的流变中，方剂名称则有"诃黎勒丸""诃黎勒散"。当以单方药出现时，则称"药丸"；以复方药出现时，则称"药散"；主治多样化。除了治疗寒邪入侵引起的寒性肠滑泄泻外，在方剂药物进行加减后，还能治疗气闷、食积不消、霍乱膈气等。整体来看，方剂药物组成之中"诃黎勒"这味药物相对稳定，在治疗下气消食、止泻方面发挥独有的作用。此外，历代医家根据实际临床需要，在张仲景所收录的回鹘医学方剂的基础方上进行药物的加减甚至重组，充分体现出了中医的辨证论治的思想。

对回鹘医学和中医学医药文化互动的传播媒介予以描述。回鹘僧人在传播佛教，敬献、翻译佛典时，除了自身的信徒角色，也是不同地域、不同宗教、不同文化之间交流的传播媒介。与此同时，随着丝绸之路的开通，互市繁盛，大量回鹘商人从事贸易活动，他们又起着连接双方或多方的桥梁作用。再次梳理回鹘医学与中医学的医药文化交流脉络，可知二者在药物、方剂、医学理论等方面的交流从未停止。而医药文化领域的交流则以商业贸易、医务活动、宗教往来以及朝贡等方式开展。

敦煌历史文化与中华民族精神

敦煌研究院　纪应昕　马　德

摘要： 敦煌历史文化是历史上以汉民族为主体的敦煌各族人民共同创造的，她给子孙后代留下了无穷无尽的宝藏，是知识，是技艺，更是一种体现中华民族包容、奉献和创造的民族精神；这种精神具有世界意义，永远是人类社会进步发展的强大动力。

关键词： 敦煌遗产；精神财富；民族精神；世界意义

一、世界需要民族精神

马克思有句名言（马克思墓碑上的话）："哲学家们只是用不同的方式解释世界，而问题在于改变世界。"① 哲学家们如此，历史学家们也是如此——不只是要用不同的方式认识历史解释历史，更重要的是要改造社会，发展历史，或曰促进历史发展。如果说哲学家们需要有一种社会责任心的话，那么史学家们需要的是历史使命感，即在认识人类历史的基础上为社会的进步发展做出应有的贡献。

对于历史文化遗产的社会意义和作用，历来都停留在通过知识、技艺、教育来提高个人修养，和古人早就明确了的"以史为鉴"。但随着社会的进步发展，这样的解释远远满足不了众人的认知需求。所以需要从历史文化遗

---

① 马克思：《关于费尔巴哈的提纲》，《马克思恩格斯文集》第 1 卷，北京：人民出版社，2009 年，第 500—502 页。

产与社会发展关系方面作出解释，这就是：历史文化遗产首先是一种精神！对于历史文化遗产工作者以及广大观众来讲，这是最基本的认知，也是最深层次的理解。要通过对历史文化遗产深入研究，总结人类社会进步发展的规律，深刻认识历史文化遗产在人类社会的进步与发展的历史长河中作为精神财富的价值意义。

了解敦煌的历史文化，不仅仅是要了解历史知识和历史过程，最重要的就是要了解创造了这些历史文化的历代列祖列宗，和他们留给我们的由敦煌历史文化遗产所体现的中华民族精神这一永久性的财富，能够从民族精神财富的层面上更准确地认识和把握历史文化遗产的价值意义，期冀在人类社会进步与发展的历史长河中不断发挥更大的作用。即是说，历史学家们应该以高度的历史使命感来认识敦煌，并在此基础上为改造世界、促进人类社会的进步和发展作出贡献。

2018年3月20日，习近平主席在第十三届全国人民代表大会第一次会议闭幕时发表重要讲话，就中华民族的民族精神作过阐释，概括为"四种伟大精神"，即伟大创造精神、伟大奋斗精神、伟大团结精神与伟大梦想精神。习近平同志说："波澜壮阔的中华民族发展史是中国人民书写的！博大精深的中华文明是中国人民创造的！历久弥新的中华民族精神是中国人民培育的。……中国人民的特质、禀赋不仅铸就了绵延几千年发展至今的中华文明，而且深刻影响着当代中国发展进步，深刻影响着当代中国人的精神世界。中国人民在长期奋斗中培育、继承、发展起来的伟大民族精神，为中国发展和人类文明进步提供了强大精神动力。"[1]

2019年8月，习近平总书记在敦煌研究院视察时指出："研究和弘扬敦煌文化，既要深入挖掘敦煌文化和历史遗存背后蕴含的哲学思想、人文精

---

[1] 习近平：《在第十三届全国人民代表大会第一次会议上的讲话（2018年3月20日）》，《人民日报》，2018年3月21日。

神、价值理念、道德规范等，推动中华优秀传统文化创造性转化、创新性发展，更要揭示蕴含其中的中华民族的文化精神、文化胸怀和文化自信，为新时代坚持和发展中国特色社会主义提供精神支撑。"[1] 这里把历史文化遗产与民族精神联系在一起，作为敦煌研究的目的和意义。

二、敦煌历史文化遗产作为精神财富的世界意义

敦煌文化视中国古代文明为基础，吸收和浓缩了中华文明、印度文明和波斯文明，成为世界人类古代文明进步的标志和象征。敦煌所处的独特的地理位置，决定了它在中外经济文化交流史上的重要地位，使它在中国历史舞台上扮演了重要角色，也给我们留下了丰富的文化遗产。因此敦煌历史文化是具有世界性的文化，被誉为是人类古代文明的中心。而在敦煌大地上保存下来作为敦煌文化的主要载体的敦煌石窟，就是这个中心的标志和见证：敦煌石窟首先是一种建筑，特别是后来作为开凿于悬崖峭壁上的建筑，在中国应该是借鉴了汉代崖墓的形制与风格。而中国汉代崖墓这类建筑，早在埃及就已经出现了，这就是公元前2000多年前后出现在古埃及中王国时代的石窟神庙。再后来，到公元前5世纪的波斯，帝王们的陵墓也是悬空开凿于石崖上的。这些最早的石窟类建筑，理所当然地为后来的佛教石窟提供了先例。[2] 既然这类建筑起源于古埃及，通过波斯传到中亚并为佛教建筑所利用，让古代埃及文明作为敦煌文明的源头之一。但汉代的崖墓和山岗墓葬，也开创了中国佛教石窟的先河。

敦煌历史文化遗产是永久性的精神财富。两千多年来，敦煌的几十代的劳动人民，特别是从事各种手工业劳动的工匠们，用他们的聪明和智慧，用他们的生命和鲜血铸造了敦煌石窟这座历史的丰碑。在创造光辉灿烂的敦煌历史文化的同时，把他们的精神一道留给了我们。中华民族历史的发展，培

---

① 习近平：《在敦煌研究院座谈时的讲话》，《求是》2020年第3期，第4—7页。
② 马德：《敦煌莫高窟史研究》，兰州：甘肃教育出版社，1996年，第28—30页。

养和造就了敦煌精神和民族精神，同文化宝库一样属于中华民族的宝贵财富。同时，作为精神财富，敦煌历史文化的地位和内容都远远超出了单一民族的范围，一开始就具备了认识世界和改造世界的世界意义！

敦煌历史文化遗产所体现的中华民族的民族精神，可以从如下三个方面去认识：①

（一）海纳百川的包容精神

敦煌石窟体现出来的中华民族精神，首先就是包容精神。佛教是外来文化。以汉文化为根基的敦煌，首先用自己博大宽广的胸怀，容纳、吸收了来自西方的佛教文化，让佛教深深地植根于敦煌的大地上，开出绚丽的花朵，结下丰硕的果实。因为敦煌地处亚洲腹地，历史上就是中国与西方各国进行经济、文化交流的历史重镇，是中外历史文化交流的中心地带。人类古代的埃及文明、印度文明、中华文明、波斯文明等在这块土地上神奇地进行了交汇和融合，形成了集东西方世界古代文明为一体的作为人类古代文明的象征。而这一切均有赖于敦煌和中华先民们的包容精神！

这里举一个很值得关注的现象，敦煌石窟壁画上表现的中国人特别喜欢的观世音菩萨救难的情景之一，商人遇盗：壁画上的外国商人与中国"强盗"。北周时代就有大量胡人形象出现在壁画上。隋代亦然，从第 302、303 窟开始，到第 420 窟的观音普门品，再到盛唐时期第 217、45、444 窟等，商人是胡人，"强盗"是汉人，特别是全副武装的汉人。这不仅展示了封建史学家们津津乐道的隋唐盛世的另一面，更主要的是体现了画家作为中国人的宽广胸襟，敢于直面盛世的阴暗。这也是一种包容，一种敢于向世人暴露自己的阴暗面的自我批评精神。具备这种包容胸怀的基础和背景，就是中华民族巍然屹立于世界民族之林的强盛和繁荣（即我们这些年常说的"中华民族的伟大复兴"）！换句话说：正是因为有了这种包容，中华民族才得以强盛

---

① 参见马德：《敦煌古代工匠研究》，北京：文物出版社，2018 年，第 292—311 页。

繁荣并巍然屹立于世界民族之林！

（二）吃苦耐劳的奉献精神

敦煌古代历史文化的创造者们，特别是从事手工业劳动的各类工匠们，在生活极端贫困、社会地位极端低下的处境下，为我们创造出这样伟大卓绝的敦煌石窟艺术。当然，在中国封建社会里，工匠作为手工业劳动者，普遍的地位低下、生活贫困。唐代的官员们就曾注意到这一现象。但敦煌的记载更具体，更让人触目惊心。工匠们一般隶属于官府、寺院或者大户人家，没有任何人身自由，没有属于自己的一寸土地和任何财产，而且他们的身份还是世袭的，不仅随意为人役使，还常常成为主人之间的交易。敦煌石窟的营造就是工匠们为窟主、施主们所役使而为。工匠们有行业类别和技术等级的区别，但他们社会地位低下，生活贫困，也没有艺术家与匠人之间的区别，有的只是默默无闻地奉献。

工匠们要依赖自己微薄的收入糊口养家，不得不拼命地去劳作；工匠们也可能有一部分信仰佛教，全身心地投入到佛窟营造之中；但作为艺术工匠，他们也有自己的信念与追求；他们痴心于艺术创作，陶醉于艺术想象，才让他们把自己的一切都奉献给了敦煌石窟艺术事业。普通工匠们在严酷的封建法规制度下不得有半点疏忽，在艺术品作为手工业产品的制作方面更是一丝不苟；与同时代的大师们相比，虽然他们的身份、地位和待遇等有着天壤之别，但他们的作品所显示的艺术水平却毫不逊色，以至于我们今天好多人都认为敦煌石窟艺术的创造者们都是艺术大师而不是普通工匠。

（三）聪明智慧的创造精神

敦煌自汉代开发以来，就是中国封建经济文化较为发达的地区之一。汉晋时期，敦煌不仅有先进的农业和手工业，而且也有灿烂的文化，包括书法艺术、音乐舞蹈、医药卫生、科学技术、教育、学术等都十分发达。这一切，都源于敦煌人民富于创造精神；佛教传入更是给这种创造精神注入了极大的活力。从敦煌石窟营造历史和艺术活动看，敦煌石窟建筑一开始就是创造性的改造，是中国传统建筑形式的创造性运用。大乘佛典给工匠们提供了充分发挥聪明才智的平台，工匠们利用自己所熟悉的社会生活，描绘出天国的理想境界。在建筑、壁画和塑像方面不断适应中国人的胃口和需要，一开始就需要进行再创造。

以敦煌石窟各时代壁画中最富魅力的飞天为例：现在的西方净土世界，未来的弥勒净土世界，飞天带起的驰骋的思绪，乐舞颂扬的太平盛世，对未来的幻想，对美好生活的向往……敦煌壁画所展示的天上也好，人间也好，各个时期都有所不同，它表达着不同时期人们对自然和社会的认识，以及对未来的需求和向往。幻想可以变为理想，理想可以变为现实，人类社会就是在不断地寻求和探索中进步和发展，需要的就是人们勇于探索的精神，以及在探索中毫无保留地发挥自己所有的聪明和智能。古代敦煌的艺术工匠们就是按中国人自己的观念来理解佛教教义，创作佛教的神；以中国人喜闻乐见的形式宣传佛教思想，表现佛教内容；在创造和表现中极大地发挥工匠们的聪明和智能，在千年石窟中所展示出聪明智慧、伟大卓越的创造精神。

1964 年 12 月 13 日，毛泽东主席在修改周恩来总理准备向全国人大三届一次会议的政府工作报告时，写下了这样一段话："人类的历史，就是一个不断地从必然王国向自由王国发展的历史。这个历史永远不会完结。在有阶级存在的社会内，阶级斗争不会完结。在无阶级存在的社会内，新与旧、正确与错误之间的斗争永远不会完结。在生产斗争和科学实验范围内，人类总是不断发展的，自然界也总是不断发展的，永远不会停止在一个水平上。因此，人类总得不断地总结经验，有所发现，有所发明，有所创造，有所前进。"[①]人类的这些总结、发现、发明、创造等，是每一个民族与生俱来的奋斗精神。人类在与自然界相处的过程中，为了生存，为了生活，为了娱乐，为了

---

① 毛泽东：《学习马克思主义的知识和辩证法》，《毛泽东文集》（第八卷），北京：人民出版社，1996 年，第 325 页。

越来越好，无论是物质生活方面还是精神生活方面这些孜孜不倦、一如既往的追求，所体现的创造精神、梦想精神和进取精神，是民族文化的精华，是一个国家的国粹。

三、中华民族的各民族共同的精神财富

敦煌历史文化遗产是中华各民族共同创造的财富。历史上中华民族的各族人民都有着共同的信仰，共同的价值取向，共同的发展和进步。敦煌历史的发展和敦煌文化的创造就是明显的历史见证。敦煌数千年的历史是多民族活动的大舞台，灿烂辉煌的敦煌历史文化是中国与西方各国交流的成果，也是中华民族的各族人民共同创造的。

远在汉代开发之前，就先后有乌孙、月氏和匈奴等民族在这块土地上繁衍生息，他们当中不仅有游牧民族，也有农业民族。汉代开发以来，敦煌地区不仅有西域及本土的经济文化交流使者来往，而且在敦煌地区也生活着不少各民族同胞，组成了在敦煌的以汉族为主体的中华民族大家庭，有些还曾几度作为敦煌和河西历史上的统治者；虽然建立了以汉族文化为基础的文化氛围，但由于地处门户要塞，面对着西域各国和西方各国的文化传播，在敦煌形成了多元文化，外来的佛教文化也正是利用了这块肥沃的土壤生根开花。有"敦煌菩萨"之称的高僧竺法护，作为中国大乘佛教的奠基人，自己就是月氏王子。而敦煌和河西诸石窟大规模营造的倡导者北凉王沮渠蒙逊，即是匈奴族的后裔卢水胡人。是敦煌和河西地区最古老的两个民族的后人在这里弘扬佛教文化，成就了人类文明的中心。如北魏时期的拓跋政权以及派到河西和敦煌的地方官员就是鲜卑族的后裔。

隋唐时期，有十六国时期的北方各民族的后人们不断被安置在敦煌和河西，使这里成为名副其实的多民族杂居地和共同发展的平台。当然，这里最典型的要数敦煌历史上的吐蕃治理时期，就是历史上汉藏和睦相处的共赢共荣时期。大量的吐蕃历史文化遗迹，保存得最丰富、最集中，在吐蕃本土都极少发现的文化遗产就留在敦煌，展示着吐蕃历史上最发达、最先进的封建经济和文化，敦煌曾经一度成为吐蕃的文化中心和经济特区，是古代藏族历史上最辉煌的时期。① 所以，敦煌在吐蕃历史文化的发展史上有着重要的地位，起到过重要的作用，有十分重大的历史意义，具体又生动地体现着唐代中华民族的共同体意识。

唐代以后，先后有回鹘、党项（西夏）和蒙古族等入主敦煌及河西，共同为敦煌和河西历史文化的发展做了出贡献。在敦煌保存下来的吐蕃后弘期佛教艺术在西夏、元时期的传播和渗透，给濒临垂危的敦煌佛教艺术带来新的活力，出现了中国画史上登峰造极的线描壁画，称得上是敦煌石窟艺术的复兴期。所以，敦煌的历史文化，就是两千年间各族人民共同创造的中华民族的文化瑰宝——体现着中华民族的各族儿女世世代代的奉献和创造精神。

四、敦煌历史文化对人类社会的永久价值及其运用

研究敦煌不能光在画壁上或故纸堆里寻找自己需要的东西，而是要看人类社会需要什么，历史发展需要什么。不能把自己置身事外。不仅要研究敦煌是什么，还要研究为什么，还要研究有什么用，还要研究如何用。实际上，敦煌历史文化遗产已经在各个领域都得到不同程度的传承和应用，如建筑、雕塑、绘画等艺术和技艺，如服饰，如医疗保健等等，都在继续造福于社会。但总的来说，感觉对敦煌文化的价值并没有全面认识。即使是技艺、知识这些方面，都是远远不够的。而且，认识不到作为精神财富的意义，仅仅这些表面现象，还不能说明我们几代人从事了一百多年的工作到底是为了什么？自古就有"百无一用是书生"的成语，看来还真有一些道理和事实。要改变这种情况，不然好多人都说，当年秦始皇焚书坑儒是正确的。因为现在的专家好多都没起到什么好作用。

历史文化遗产是人类社会发展过程中的积累，技艺和知识随着社会发

---

① 马德：《论敦煌在吐蕃历史发展中的地位》，载《敦煌吐蕃文化学术研讨会文集》，兰州：甘肃民族出版社，2009年，第52—60页。

展会不断更新，有一些也可能会被淘汰；但作为一种精神是与天地日月共存的。人类社会的进步发展永远需要包容、奉献和创造精神；无论社会发展到什么程度，包容、奉献和创造精神永远不会过时。同时，在知识和技艺的传承运用与更新过程中，民族精神随着社会的进步发展也可以得到不断的升华；民族精神反过来又成为人类社会的进步的动力。这种精神和精神财富永远是促进人类社会进步发展的动力，而且在人类社会的进步与发展中不断得到升华。

人类历史发展需要奉献和创造精神，更需要包容精神：包容不是纵容，是要敢于暴露反面，特别是自身的阴暗面，直面自己的错误，接受世人的批评。包容精神在我们这个时代，应该是最需要的和最有用的了，这方面还必须向创造了敦煌历史文化的老祖宗们好好学习。

敦煌学的世界意义

浙江大学教授　刘进宝

从 1981 年日本学者藤枝晃教授在天津南开大学和兰州西北师范学院（今西北师范大学）演讲后，出现了"敦煌在中国，敦煌学在日本"的传言，并影响到中日之间敦煌学的正常交流。

1988 年 8 月，中国敦煌吐鲁番学会在北京召开了"1988 年中国敦煌吐鲁番学术讨论会"，这是 1983 年学会成立后规模最大的一次学术研讨会。藤枝晃教授也应邀来北京参加会议。为了扭转所谓藤枝晃"敦煌在中国，敦煌学在日本"的传言，季羡林会长在 8 月 20 日上午的大会开幕式上专门说：中国敦煌吐鲁番学会成立五年来，世界各国敦煌吐鲁番学同行之间的友谊增强了。时至今日，越来越明显了，任何学问都是国际性的，敦煌学也不能例外。敦煌在中国，但是敦煌学却在全世界。

不论是"敦煌在中国，敦煌学在日本"，还是"敦煌在中国，敦煌学在世界"，都是指敦煌学的研究状态。实际上，从敦煌的地位、敦煌文献的价值、敦煌壁画所反映的内容和敦煌文献的收藏等方面，都说明敦煌是世界的，敦煌学属于全人类。

一、敦煌是中西交通的"咽喉"之地

敦煌一名，最早见于《史记》《汉书》的记载，如《史记·大宛列传》说"始月氏居敦煌、祁连间"，《汉书·西域传》说"乌孙本与大月氏共在敦煌间""大月氏……本居敦煌、祁连间"。

《史记·大宛列传》基本上是根据张骞的报告写成的，而张骞出使西域是汉武帝派遣的。就在张骞出使西域的前后，汉武帝还派卫青、霍去病等攻打匈奴，尤其是公元前121年的河西之战，给河西的匈奴以沉重的打击，使河西地区正式归入了汉的版图。

为了有效地管理河西，汉王朝便"列四郡、据两关"，设置了武威、张掖、酒泉、敦煌四郡，并在敦煌的西面修建了玉门关和阳关。关于"敦煌"的含义，东汉的应劭解释说："敦，大也；煌，盛也。"将"敦煌"取义为大盛，这并非实指，而主要是说汉代敦煌的兴盛及其在中西交通中的重要地位。唐代的李吉甫解释说："敦，大也，以其广开西域，故以盛名。"认为这个地方对于开发广大的西域地区有重要作用。

汉唐时期，我国的政治重心在北方，尤其是西北的关中，都城主要在长安（今西安），经济重心也在黄河流域。北边是蒙古高原和沙漠，穿行非常困难，对外交往的路线很远，成本很大。东边和南边的海洋，则由于造船术、指南针、航海技术的限制，再加上远离西北的政治中心，交往也非常不便。正因为如此，交往最便利和最经济的通道只有西北一个方向，这样就明白了汉武帝派张骞出使西域的原因了。

张骞出使西域，开通了中西交往的通道——丝绸之路。虽然在张骞之前，中西之间早就有了经济、文化方面的交流。但张骞出使西域显然是一个标志性的事件，因此，学界一般将其作为丝绸之路开通的标志。因为张骞是官方正式派遣的官员，也是在史书中第一次明确记载了出使原因、过程和得失的使团，也正是从这个意义上，司马迁在《史记》中将张骞通西域称为"张骞凿空"。南朝刘宋的裴骃，在《史记集解》中提出这就是张骞"开通西域道"；而唐代的司马贞在《史记索隐》中"谓西域险阸，本无道路，今凿空而通之也"，就是说张骞开通了丝绸之路。而当时西汉王朝的首都是长安，张骞也是从长安出发的，所以说丝绸之路的起点就是长安（西安）。

丝绸之路从长安出发，到敦煌可以有好几条道路，就是在兰州西边渡黄河，也有几处选择。从敦煌出玉门关、阳关西行，在西域地区也有好几条路线，在汉代就已经有了南北二道，魏晋时期又发展为北、中、南三道。穿越葱岭（帕米尔高原）继续西行，可以到达欧洲、非洲等。

由此可知，丝绸之路从长安到敦煌，可以有多条路线，从敦煌到帕米尔也会有几条道路，只有敦煌是无法绕开的。而丝绸之路从敦煌西出后的北、中、南三条道路都"发自敦煌"，然后经"西域门户"的伊吾、高昌、鄯善而达中亚、欧洲。在这条丝路古道上，只有敦煌是必经之地，相当于人的"咽喉"，这就清楚地说明了敦煌在中西交通中的重要地位和枢纽作用。

作为丝绸之路"咽喉"的敦煌，是东西方贸易的中心和中转站，如从斯坦因 1907 年在敦煌发现的"粟特文古信札"可知，当时有一个以姑臧（武威）为大本营的粟特商团，他们的活动范围很广，东到中原的洛阳，西到中亚的撒马尔罕，经营的商品有黄金、麝香、胡椒、樟脑、麻织物、小麦等。通过丝绸之路上的敦煌，西方的许多物种和文化艺术传到了中国，如葡萄、苜蓿、胡桃（核桃）、胡麻、胡豆（蚕豆）、胡瓜（黄瓜）、石榴等物产，佛教、祆教、景教、摩尼教等宗教，以及音乐、绘画、雕塑等艺术。由此可知，敦煌的民众，是这些西方文化的最早接受者。中国的丝和丝织品、钢铁及其冶炼技术，以及精美的手工艺品如漆器、铜镜、陶器等，也经敦煌传入天山南北和中亚，并经中亚远播欧洲。

敦煌还是"华戎所交一都会"，即各民族活动的舞台，战国秦汉时期，月氏、乌孙和匈奴，都曾在敦煌扮演了重要角色。汉以后的敦煌，更成为各民族交往的窗口，不论是鲜卑、吐谷浑、吐蕃、回鹘，还是以后的西夏、党项、契丹、蒙古等，还有一些部族，如嗢末、苏毗、龙家、南山、仲云等，都曾活跃在敦煌的舞台上，进而为建立中华民族大家庭贡献了各自的力量。

敦煌更是汉唐中国与世界交往的孔道，从敦煌汉代悬泉置遗址中出土的简牍就可知道，两汉时期，敦煌就曾接待过安息、大月氏、康居、大宛等许多亚洲国家的使节。以后的粟特，更是以敦煌为根据地之一，活跃在丝绸之路上。当八世纪中叶粟特本部沦陷后，生活在敦煌的粟特民众还著籍当地，成为乡管百姓，政府为此专门设置了从化乡予以管理。

古代丝绸之路的兴盛和繁荣，促进了东西方文明的交流融汇。作为古代中外文化交流结晶的敦煌，也是文化交流、融合、汇聚的窗口。敦煌在中外文化交流方面的特殊地位，赋予了敦煌以地名学的条件。

二、敦煌文献所反映的世界学术

敦煌在丝绸之路上的"咽喉"地位决定了其在中外交流方面无法取代的价值，而能产生一门在国际上有广泛影响的敦煌学，则主要是缘于敦煌文献的发现。1900 年，莫高窟的守护者——道士王圆禄偶然发现了藏经洞，即莫高窟第 17 号窟，里面有中国中古时期的各类文献 6 万余卷。

由于莫高窟是佛教东传的产物，敦煌文献自然也以佛教典籍为主，此外还有道教、景教（基督教）和摩尼教典籍。除了宗教文献，还有历史、文学、语言、民族、军事、地理、科技等诸多方面的资料，可以说应有尽有。敦煌文献几乎包含了中国古代所有的学问，或者说，中国古代的学术，都能在敦煌文献中找到相关的材料。正因为敦煌文献包含的范围实在太广了，无法按现代学术来分类，所以被称为"学术的海洋"、中国"中古时期的百科全书"。

敦煌文献虽然发现于敦煌莫高窟，似乎是敦煌本地的地域文献，但绝不能将其完全看作是敦煌的地方文献，如敦煌文献既有在敦煌抄写的，也有在敦煌以外的地方抄写的。就是在敦煌当地抄写的文献，也不完全是反映敦煌的历史和文化，而是具有全国的意义。

敦煌文献虽然以汉文为主，但也有一些民族文字，如藏文、回鹘文、于阗文、龟兹文、突厥文、西夏文、八思巴文等文字书写的资料，其中许多还是死文字（即现在已经消失、不再使用的文字）。

敦煌文献中还有中国以外的材料，如梵文、粟特文、叙利亚文、希伯来文等，反映了中国以外的历史文化，是了解、研究世界历史文化的绝好材料。如早期的佛经都是用梵文、巴利文书写的，传到中亚时，大都翻译为中亚各民族的语言，即"胡语"。佛教从中亚传入中国后，佛典也基本上是从中亚"胡语"译为汉文的。敦煌文献中的梵文写本虽然很少，但有很高的学术价值，梵文本《心经》在印度久佚，它可以填补印度梵文文学史上的空白；敦煌文献中的梵汉对照佛经，是了解早期印度佛经的标本。另如源于西亚的琐罗亚斯德教（中国称祆教）、叙利亚东方教派（中国称景教）和波斯的摩尼教，是三种外来的"夷教"。在传世文献中，虽然对"三夷教"有一些非常简略的记载，但对"三夷教"的认识和了解，还是由于敦煌文献提供了比较丰富的资料，使国际学术界对它们的认识更加清晰。在莫高窟北区的考古中，发现了叙利亚文的材料。叙利亚语曾是东方波斯基督教的教会用语，如同拉丁文用于西方的罗马教会，在基督教的历史上，布道最成功的就是景教。敦煌发现的叙利亚文文献，提供了进一步研究景教的宝贵材料。

近年来在国际学术界热门的粟特研究，也可以在敦煌文献中得到相关的资料。粟特人，在中国史籍中被称为昭武九姓、九姓胡、杂种胡等等。粟特人的本土位于中亚阿姆河和锡尔河之间的泽拉夫善河（唐代文献作"那密水"）流域，其主要范围在今乌兹别克斯坦，还有部分在塔吉克斯坦和吉尔吉斯斯坦。在粟特地区分布着大小不等的城邦国家，其中以乌兹别克斯坦的萨马尔罕（康国）最大，它常常是粟特各城邦国家的代表。位于塔吉克斯坦的片治肯特（米国，在撒马尔罕以东约60公里）遗址是著名的古代粟特城址。另外还有安国、曹国、史国、何国、石国等，《新唐书》在以上七国之外又加了火寻（今阿姆河下游一带）、戊地（伐地，又名西安国，在今萨马尔罕西北）而统称为昭武九姓国。

撒马尔罕和片治肯特，都是粟特人的故乡。粟特人是一个商业民族，在公元3至8世纪之间，也就是大体上相当于中国的汉唐时期，由于商业利益的驱使，再加上粟特本部地区动乱和战争的影响，他们大批东来，从事贸易活动，在丝绸之路沿线建立了一些聚落，许多人就此移居中国。据学术界研究，八世纪初（704—707年）在敦煌就已经出现了专门安置粟特人的从化乡。

敦煌文献中的汉文资料，也从一个侧面反映了粟特的兴衰历史，如由 P.3559 背 + P.2657 + P.3018 背 + P.2803 等缀合之《唐天宝十载（751 年）敦煌郡敦煌县差科簿》，就有关于从化乡的记载：

> 贰伯伍拾柒从化乡。
>
> 壹伯壹拾柒人破除：贰拾叁人，身死（名单略）；叁拾伍人，逃走（名单略）；贰拾柒人，没落（名单略）；叁人，虚挂（名单略）；叁人，废疾（名单略）；贰拾叁人，单身，土镇兵（名单略）；叁人，单身，卫士（名单略）。
>
> 壹伯肆拾人见在：壹拾人，中下户（名单略）；壹拾人，下上户（名单略）；贰拾人，下中户（名单略）；壹伯人，下下户（名单略，后缺）。

池田温先生对敦煌的粟特人聚落进行了专题探讨，指出在天宝十载的差科簿中，粟特人的胡名和汉名都有，而且在胡式人名中，可以散见一些使用突厥语汇的情况。这应该是自 6 世纪后半期以来，"粟特地区处于突厥势力的直接支配之下，因而受到了突厥文化的强烈影响，甚至连移居到中国的粟特地区后裔也还带有这种印迹。"[①]

从敦煌设乡安置粟特人可知，一方面粟特人因为经商等原因，到敦煌后经过较长的时间，甚至是几代人，已经逐渐融入了当地的居民生活，成为著籍百姓。另一方面，从八世纪初开始，穆斯林就逐渐征服撒马尔罕，722 年，片治肯特落入阿拉伯军队之手，波斯语逐渐替代了粟特语，伊斯兰教逐渐替代了祆教。公元 751 年的怛罗斯之战，阿拉伯的军队击败了唐朝的军队，紧接着又发生了安禄山、史思明的叛乱。770 到 780 年之间片治肯特被彻底遗弃。从八世纪中叶以后，粟特地区的伊斯兰化使很多生活在中国的粟特人无

---

① 池田温：《唐研究论文选集》，北京：中国社会科学出版社，1999 年，第 44 页。

法回去，就在中国定居下来了。

三、兼收并蓄的敦煌石窟艺术

敦煌学之所以能形成一门以地名学的国际显学，除了特殊的地理位置和"百科全书"式的文献外，还有一个重要的内容，即敦煌的石窟。

佛教从印度发祥后，通过中亚、西域不断东传，进入玉门关、阳关后，创建了敦煌莫高窟、榆林窟、东千佛洞、西千佛洞、五个庙石窟，另外在河西走廊的张掖还有马蹄寺、武威还有天梯山等佛教石窟。据多年来敦煌学、西北史地与丝绸之路的研究成果证明，敦煌文化虽然是佛教文化，但它非常具有包容性，其特征是兼收并蓄、融合交流。

敦煌石窟是佛教艺术的结晶，它的存在本身就是中外文化交流的结果，因为佛教从印度发祥后不断东传，在传播的过程中开凿了许许多多的石窟寺，莫高窟就是其中之一。佛教是一个世界性的宗教，作为佛教石窟之一的莫高窟，内容既丰富而又被完整地保存下来，它自然也就成了世界关注的中心之一。

作为佛教艺术圣地的敦煌，其创建者并不是从西边来的。从武周圣历元年（698年）五月十四日立《大周李君莫高窟佛龛碑》和唐咸通六年（865年）的敦煌文献 P.3720《莫高窟记》的记载可知，莫高窟者，乃前秦建元二年（366年），"有沙门乐僔，杖锡西游至此，遥礼其山，见金光如千佛之状，遂架空镌岩，大造龛像"。次有法良禅师"从东届此"，"复于僔师龛侧又造一龛。伽蓝之建，肇于二僧……"从乐僔的"西游至此（敦煌）"，到法良的"从东届此"，说明莫高窟最早的创建者都是从敦煌的东面来的，即中国传统文化是敦煌文化的根和魂。

作为中国西部的边郡敦煌，能够产生如此宏伟的石窟艺术，绝不是偶然的，而是各种因素综合的结果。从汉代开始，尤其是魏晋时期中原文化在敦煌的积淀，中西文化交流趋于繁荣，作为丝路"咽喉"的敦煌，最先接触到中亚、南亚、西亚及欧洲的文化艺术，使佛教艺术与文化在敦煌落地生根。

敦煌石窟是佛教东传的产物，敦煌文献的最大宗是佛教典籍，敦煌艺术也主要是宣扬、传播佛教的阵地，所以敦煌石窟艺术的主旨是佛教艺术，而佛教艺术源于印度，并经中亚传入中国。所以，在敦煌石窟中必然会有许多印度、中亚艺术的痕迹。如第249和第285窟是莫高窟早期的典型洞窟，根据莫高窟的形制、壁画内容和艺术风格，第249窟属于北魏和西魏交替时期的洞窟，第285窟建成于西魏大统四年、五年（538年、539年）。

据段文杰先生考释，在第249窟的画面上，既有佛教的阿修罗和摩尼珠，又有传统的神话题材东王公、西王母和四神等，是道教思想和外来佛教思想互相融合的反映。张元林先生对第285窟进行了系列考察，认为第285窟以表现佛教的形象为主，同时又有中国传统神话中的神形象，还有带有浓厚中亚、印度、波斯甚至希腊艺术印记等形象，可谓多元文明交汇。在绘画技法和人物造型上，也是汇集了中原—南朝艺术风格与西域风格。如壁画上绘有中国传统的日、月神即伏羲、女娲的形象，"这种日神图像在亚历山大东征之后的'希腊化'进程中传播至西亚波斯和中亚地区，并成为祆教的密特拉神图像的构成部分。其后又在犍陀罗地区成为佛教的日神图像之一，并经中国的新疆地区传入敦煌。"285窟壁画的内容反映出，"公元前4世纪的亚历山大东征及其后亚洲腹地的长期'希腊化'对中亚、西亚地区的影响十分持久，而东西方文明的交融也得到了充分的印证。"[1]"莫高窟第249窟、第285窟东披'天人守护摩尼宝珠'图像的源头可上溯至古埃及、西亚乃至中亚地区'天神守护莲花或圣树上的太阳'的图像模式。"这些图像"很可能就是深受西亚—波斯文化影响的中亚粟特人带来。"[2]

另如敦煌壁画中有许多的狩猎图，这也是从西方传入的。据赵声良先

---

① 张元林：《"文明间的对话"——神奇的莫高窟第285窟》，载《中国国家历史》贰拾柒，北京：东方出版社，2022年。

② 张元林：《"太阳崇拜"图像传统的延续》，载《敦煌研究》2022年第5期。

生研究，西亚的亚述王国在公元前 8 世纪的尼姆鲁德宫殿雕刻中，就有了表现狩猎的内容。萨珊波斯时代，在不少金属器皿的雕刻中，仍可看到狩猎形象。"在狩猎图中，骑马者回身射箭的形式成为一种经典样式，经常出现于雕刻、绘画或装饰物中，研究者把这样的射猎形式称为'帕提亚式射箭'，或称'波斯式射箭'。"[①]

另外，敦煌壁画上发现的玻璃器皿，表现了萨珊波斯的艺术风格，通过对其研究，可以探讨西亚地区玻璃器皿的制造工艺。这些都是西亚国家所关注的。

从敦煌壁画所反映的文明融合可知，敦煌艺术所反映的并不仅仅是中国的文化，其内容还有中亚、西亚，乃至古埃及和希腊文化的元素，自然也是这些国家所关注的，从而具有了世界性。

四、敦煌文献收藏和研究的国际性

敦煌文献从发现之始，就遭到了各国探险家的欺骗掠夺，绝大部分被劫往世界各地，目前被收藏在中国、英国、法国、俄罗斯、日本、德国、美国、韩国、印度、瑞典、澳大利亚、丹麦等十几个国家的几十个博物馆、图书馆中。其中以位于北京的中国国家图书馆（约 16000 号）、伦敦的英国国家图书馆（约 13300 号）、巴黎的法国国家图书馆（约 6000 号）和圣彼得堡的俄罗斯科学院东方文献研究所（约 18000 号）收藏最多，因此，北京、巴黎、伦敦和圣彼得堡，就被称为敦煌文献的四大收藏中心。

正是由于敦煌文献分散收藏在世界各地，各国博物馆、图书馆的工作人员需要对其进行登记、整理、研究，从而在世界许多国家，就都有了敦煌学的研究。

由于敦煌本身的国际性，各国的学者都要从主观上关注它、研究它，而文献收藏的国际性，又在客观上促使了对其整理、研究和国际交流。因此，

---

① 赵声良：《敦煌山水画史》，北京：中华书局，2022 年，第 25 页。

世界上许多国家，尤其是收藏敦煌文献的国家，都有专门的研究机构和研究人员，都曾举办过敦煌学方面的国际会议，都有许多敦煌学方面的论著。

由于敦煌文献所涉及的范围广泛，同时包含了多种语言文字，而且许多还是死文字，因此，许多方面都需要各国学者通力协作、联合攻关，如已经出版的《英藏敦煌文献》《俄藏敦煌文献》《法藏敦煌西域文献》等，就是国际合作的典范。可以说，还没有哪一门学科，像敦煌学一样迫切需要国际合作，也没有哪一门学科像敦煌学一样有着如此广泛、密切的国际合作。如国际敦煌项目（IDP）和"敦煌学国际联络委员会"就是国际敦煌学界合作的结晶和典范。

以上我们从敦煌的国际地位、敦煌文献所反映的世界学术、敦煌石窟艺术包含的世界元素、敦煌文献收藏和研究的国际性几个方面，阐述了世界的敦煌学，也说明了敦煌学何以成为国际显学的原因。

不论是 1981 年"敦煌在中国，敦煌学在日本"的传言，还是 1988 年季羡林先生针对此提出的"敦煌在中国，敦煌学在世界"，都仅仅是指敦煌学的研究状况。而从 1981 年敦煌学研究的实际情况来说，确实日本学者走在了前列。

虽然由于藤枝晃在南开大学和西北师范学院的演讲，出现了"敦煌在中国，敦煌学在日本"的传言，并激励着国人加倍努力，"奋起夺回敦煌学中心"。但"敦煌在中国，敦煌学在日本"并非空穴来风，它反映了我国当时敦煌学研究的实际情况，这一说法也是我国学者首先提出来的。此后，从官方到学界，都更加重视敦煌学的研究及有关研究组织的建设。1983 年 8 月，中国敦煌吐鲁番学会的成立，虽然是国内外形势发展的需要，但确实与"敦煌在中国，敦煌学在日本"之说有着千丝万缕的联系。可以说，此说促使了我们更快地加强学科建设和学术研究。

经过几十年的努力，中国学者在敦煌学研究的许多重要领域，如敦煌历史、文学、石窟艺术各方面都做出了重要的成绩，出版了总结性或开创性的论著。现在，中国学者已经占据了敦煌学的多数前沿制高点，掌握了国际敦煌学的主导权和话语权。与 20 世纪 90 年代以前相比，现在国际敦煌学的重要会议，如果没有中国学者参与，肯定是要打折扣的。但我们绝对不能自满，需要加强或努力的方面还很多，如在民族文字，尤其是死文字方面，我们还缺少发言权，甚至很少有人能识读。另外，在研究范式、重点、内容等方面都遇到了困境，这就需要敦煌学的转型。但如何转型？则是我们不得不认真思考和对待的问题。

近百年敦煌本《吐蕃大事纪年》研究现状刍议 *

敦煌研究院文献研究所　刘拉毛卓玛　万玛项杰

摘要： 近百年来，国内外学界有关《吐蕃大事纪年》的研究成果层出不穷，成绩斐然。文章从文书的整理与译注、历史地名、文字词汇、历史人物、社会制度、民族关系等五个方面对现有相关研究成果作了评析。整体而言，近一个多世纪，学界对《吐蕃大事纪年》的研究经历了一个从无到有、不断深化的过程，揭开了诸多关于吐蕃历史文化的神秘面纱。而今，随着其他考古的发掘和资料的发现，它不再被视为"新材料"，对于它的研究好像也处于一种饱和的状态，故而，在研究过程中我们必须重新审视《吐蕃大事纪年》与吐蕃历史文化研究之间的关系，或许研究中产生的新问题会带动对《吐蕃大事纪年》的再发掘、再补充，或者是在对材料的再解读中对历史进行再认知。

关键词： 敦煌本；《吐蕃大事纪年》；研究成果；评析

1900 年敦煌藏经洞被开启，洞内重重叠叠的"敦煌遗书"得以问世。这

---

* 基金项目：2022 年甘肃省文物保护科学和技术研究课题经费资助项目（编号：GSWW202207）阶段性成果；国家社会科学基金重大招标项目"《敦煌本吐蕃历史文书》相关民族人物事件研究及分年分类辑注"（批准号：17ZDA212）子课题成果。

作者简介：刘拉毛卓玛（1991— ）女，甘肃天祝人，西北民族大学博士研究生，敦煌研究院敦煌文献研究所馆员，主要从事敦煌民族关系史研究；万玛项杰（1989— ）男，青海同德人，敦煌研究院敦煌文献研究所馆员，主要从事敦煌藏文文献整理与研究。

批遗书除大量汉文文献之外，以古藏文文献占比最大，材料最多，内容甚为丰富。其中，"敦煌本吐蕃历史文书"对研究吐蕃历史文化弥足珍贵，其原为一个完整的卷子，后被人为地分为两件，藏于法国巴黎图书馆的，原登录号为252，现编为三个号，分别为 P.t.1286《小邦邦伯家臣及赞普世系》、P.t.1287《吐蕃赞普传记》、P.t.1288《吐蕃大事纪年》；藏于伦敦印度事务部图书馆的，原登录号为 S.103（19Ⅷ. 1），现编号 IOL Tib J 750。法藏 P.t.1288 与英藏 IOL Tib J 750 号写本可以缀合，以十二生肖纪年法记载吐蕃历史事件，起自狗年，即唐高宗永徽元年（650年），终于猪年，即玄宗天宝六年（747年），合计98年。又可与英藏 Or.8212.187 号写本接续，补充出21年，起自猴年，即玄宗天宝二年（743年）之上一年（因年代残缺，应是羊年，即天宝元年，742年），终于兔年（代宗广德元年，763年）之下一年（因年代处残破，应为代宗广德二年，764年）。其中有4年重复，实际总数为115年，这100多年中吐蕃王朝的重大事件悉备于中。[①] 故而，学界常合这三件写本为《吐蕃大事纪年》（以下简称为"大事记"）。其作为"敦煌吐蕃历史文书"的重要组成部分，是古代藏族史家之记录，可与吐蕃其他古藏文文献和唐代史料相印证，廓清吐蕃历史的真面目，为研究吐蕃史的权威性资料。诚如王尧先生所言："唐人记载吐蕃史事很勤，但由于语言文字的隔阂，政治、军事因素的影响，所记史实中也有很多舛误、遗漏和欠准确的地方。另外，两唐书、《册府元龟》《资治通鉴》《唐会要》之间，也经常有抵牾矛盾之处，《吐蕃历史文书》在这些方面可以起澄清纠谬作用。"[②] 显而易见，《吐蕃大事纪年》在研究吐蕃史方面的重要性。

迄今为止，敦煌遗书问世已逾一个世纪，国内外学者围绕《吐蕃大事纪年》的研究成果层出不穷，成绩斐然，取得若干重要进展，今围绕文书的译

---

① 王尧、陈践：《敦煌本吐蕃历史文书》，北京：民族出版社，1992年，第8页。

② 王尧、陈践：《敦煌本吐蕃历史文书》，北京：民族出版社，1992年，第9页。

注、所涉地名、文字词汇、人物、历史事件、社会制度、民族关系等具体问题述评如下。

一、文书的整理与译注

《吐蕃大事纪年》一经面世便流落海外，久被西方学界居为奇货，因此该文书的刊布和译注首先归功于国外学者。法国藏学家巴考（J. Bacot）、杜散（Ch. Toussaint）和英国藏学家托玛斯（F. W. Thomas）三人通力合作，历经 15 年之久，分别用法文和英文（Or.8212.187）分段译注，于 1946 年在巴黎率先出版了《敦煌吐蕃历史文书》^①一书，长期以来成为各国藏学家用来研究唐代吐蕃历史、文化、文学、语言的基础文献，这种学术习惯一直沿用到现在，尤其是西方学术界更是如此Ⅷ。在国内，王静如和马长寿二位先生对此书进行了翻译和注释，由中国科学院民族研究所油印成本，但仅供教学、研究人员参考至今没有正式出版。加之，囿于语言的限制，以及 20 世纪 80 年代王尧、黄布凡等人的汉译本相继出版，该书很多词汇的释读被后来者推翻，在国内学术界的影响有限。然而，迄今为止西方学界对《敦煌吐蕃历史文书》仍无全面新译，国外学者在利用这几种文书时，必列此著，因而我们仍需给予重视。

1948 年，我国著名的藏学家于道泉先生将此件带回国内，由王尧、陈践二位先生翻译、注释，于 1980 年和 1992 年合作推出《敦煌本吐蕃历史文书》的初版和增订版。^②该书第一次以中文为语种，全面引用、转写、翻译了包括 P.t.1286、p.t.1287、P.t.1288、IOL Tib J 750 等写卷在内的敦煌古藏文写本，并加以注释，为国内学术界提供了一个集翻译与注释为一体的文本，掀起了敦煌吐蕃藏文文献研究的热潮，对进一步深化中国藏学研究注入了巨大的能

---

① J.Bacot, F.W.Thoms, Ch. Toussaint, Documents de Touen-Houangrelatifs à l' histoire du Tibet, Paris:Librairie Oriebtaliste Paul Geuthner12, Rue Vavin, 1940—1946.

② 王尧、陈践：《敦煌本吐蕃历史文书》，北京：民族出版社，1992 年。

量。任小波先生对此书给予高度评价，"此书重视安多方言，汉文文献在语文释读中的比较作用，对《吐蕃纪年》的译注代表了中国学者的主流水准。"①此后国内涌现的相关论著，多以此书作为研究的基础。

2000 年，黄布凡与马德两位先生推出《敦煌藏文吐蕃史文献译注》② 一书，成为藏学界引用多、反响好的引用资料。此书相较于王尧、陈践版有诸多进步之处和新的尝试。首先，译者对照巴黎 1979 年出版的影印本对写本原卷重新做了转录，纠正了巴考等人在识读和转写上的失误，增强了文本的准确性。其次，在编辑体例上按人物集中重新排序，即先按史传体例，依次编排《编年史》《小邦邦伯家臣序列》《吐蕃赞普世系》及《大论世系》，然后按照时代先后列出《赞普、尚论传记》下各个赞普执政时期的事件。这种排序法尽管打乱了写本的原始顺序，但仍可视为还原《敦煌吐蕃历史文书》书写体例原貌的一种有益尝试。最后，在文本注释方面，译者尽量多地参照国内外各种文字的译注本和新近研究成果，对比文书所涉相关民族或国家的有关史料，对《敦煌吐蕃历史文书》作了进一步的考证和译释，力图互相印证，补缺史实。

2009 年，英国藏学家多特森（B.Dotson）与奥地利藏学家哈佐德（G.Hazod）联合出版《吐蕃纪年译注并附图说》③，这是一项继踵前贤的"吸纳性研究"成果，其最大的特色，庶几在于语文释读与地理表达的有机结合。④此书前两部分，对《吐蕃大事纪年》作了详尽的综说，讨论范围几乎触及吐

---

① 任小波：《评多特生、哈佐德〈吐蕃纪年译注并附图说〉》，姚大力、刘迎胜主编《清华元史》第 3 辑，北京：商务印书馆，2015 年，第 467 页。

② 黄布凡、马德：《敦煌藏文吐蕃史文献译注》，兰州：甘肃教育出版社，2000 年。

③ Brandon Dotson, GuntramHazod.*The Old Tibetan Annals：An Annotated Translation of Tibet's First History*.With an Annotated Cartogarphical Documentation by GuntramHazod, Vienna：Verlag der ÖsterreichischenAkademie der Wissenschaften, 2009.

④ 任小波：《评多特生、哈佐德〈吐蕃纪年译注并附图说〉》，姚大力、刘迎胜主编《清华元史》第 3 辑，北京：商务印书馆，2015 年，第 468 页。

蕃王朝政治文化的所有主要方面，同时，对三种不同编号的《吐蕃大事纪年》作了英译和转写。最后一部分也是该书最值得称赞的部分，是哈佐德为此书精心编绘的图说（cartographical survey），篇幅几乎占全书的四分之一，着重呈现吐蕃核心地带的区域划分乃至政治布局的全貌，对吐蕃地名学、地理学研究的贡献殊为可贵，堪称西藏历史地理研究方法与成就的一个标杆。[①]当然，这个译本的局限性也是显而易见的。其所提出的最新译文，缺乏对《敦煌本吐蕃历史文书》所载其他重要内容，如民族、人物、事件、职官制度等的研究。同时，翻看该书的参考文献，其著作缺少对汉文、日文等东方语种研究文字的引述，有可能他不能熟练地应用或引用汉文、日文等论著和资料，不能不说这是该书研究范围和学术视野的一大缺憾。于此而言，本书仍不免是汇总之力大于推进之功。

除上述几本专门对《敦煌吐蕃历史文书》或《吐蕃大事纪年》进行全面整理、译注和讨论的综合性著作外，尚有其他部分著作就《吐蕃大事纪年》作了转录或译释。如藏学家高瑞于 1995 年和 2001 年先后出版的《吐蕃文献选读》[②]和《吐蕃古藏文文献诠释》[③]两书，收录了包括《吐蕃大事纪年》在内的多件敦煌古藏文文书，对一些词汇发表了独到见解。2007 年，由日本学者今枝由郎和武内绍人等合编的《法英两国国家图书馆所藏敦煌藏文文献》[④]作为"古藏文文献在线丛刊"（Old Tibetan Documents Online Monograph Series）卷 I 出版，转录了 70 个卷号写本，包括 P.t.1286、p.t.1287、P.t.1288+IOL

---

① 任小波：《评多特生、哈佐德〈吐蕃纪年译注并附图说〉》，姚大力、刘迎胜主编《清华元史》第 3 辑，北京：商务印书馆，2015 年，第 472 页。

② 高瑞：《吐蕃文献选读》（藏文），北京：中央民族大学出版社，1995 年。

③ 高瑞：《吐蕃古藏文文献诠释》（藏文），兰州：甘肃民族出版社，2001 年。

④ Yoshiro Imaeda and Tsuguhito Takeuchi et al eds. *Tibetan Documents from Dunhuang Kept at the Bibliothèque Nationale de France and the British Library*：65 texts in trransliteration, Old Tibetan Documents Online Monograph Series, vol.1, Tokyo：ILCAA, Tokyo University of Foreign Studies, 2007.

Tib J 750&Or.8212.187 在内的全部《敦煌本吐蕃历史文书》的拉丁转写，在每件转写之前都注明了写本概况和参考文献。2010 年，止贡·嘉根才仓著《敦煌藏文历史文书所见吐蕃史》，[①] 翻译了包括《吐蕃大事纪年》在内的多种敦煌藏文文书，每部分包括历史背景介绍、相关文献录文、重要词汇解释（藏文）、文献的英文翻译及讨论。词汇解释部分水准较高，有新意，然而对同一个词语的解释与英文翻译有时会出现不对等的情况。2013 年和 2017 年，张旭[②] 分别就《吐蕃大事纪年》中的 P.t.1288 号 IOL Tib J 750 号写本重新作了译注，对吐蕃的行政制度、政权的内部关系及对外关系做了探讨，同时，对部分人名地名也作了全面的解释。

二、历史地名研究

地名是"一定的社会群体为特定的地域所约定的专有名称"[③]，往往被称为是反映一个民族历史与文化的"活化石"，英国语言学家帕尔默曾说："地名本身就是词汇的组成部分，并且地名往往能提供重要的证据来补充并证实历史学家和考古学家的论点。"[④]《吐蕃大事纪年》中保存的历史地名是一种极其珍贵的"历史文化残余"[⑤]，折射出许多重要的历史信息，对追溯和复原吐蕃历史文化具有重要的价值，因而，学界长期以来对《吐蕃大事纪年》中的地名极其关注，出现了较高水准的研究成果。上揭诸译本在地名的笺证方面，依据汉藏史料逐一作了初步研究。近年来，米玛次仁所著《〈敦煌本吐蕃历

---

① 止贡·嘉根才仓著：《敦煌藏文历史文书所见吐蕃史》（藏文），印度：松赞图书馆，2010 年。

② 张旭：《PT1288 藏文写卷译释研究》，兰州大学硕士学位论文，2013 年；《IOL Tib J 750 藏文写卷研究》，兰州大学博士学位论文，2017 年。

③ 谭汝为：《天津地名的语言学解读》，《平顶山学院学报》2005 年第 2 期。

④ ［英］帕尔默：《语言学概论》，北京：商务印书馆，1983 年，第 134 页。

⑤ 叶拉太：《吐蕃地名研究》，北京：人民出版社，2012 年，第 2 页。

史文书〉西藏地名考释》^①一书是迄今为止第一本研究古藏文地名的专题性著作，作者因具备扎实的古藏文基础和实地踏查经验，对出自大事记中的年噶尔（nyenkar）、象雄（zhngzhung）、美尔盖（mar ke）、青瓦（phyingba）、仓邦那（tshngbngsna）、札之拉隆（sgregsgyilha lung）等36处地名作了细致的考辨，提出了独到见解，对吐蕃历史地名的研究价值颇高。然而，美中不足的是此书所涉地名仅限于吐蕃的政治核心地带，即今西藏自治区境内。叶拉太所著《吐蕃地名研究》^②一书也对大事记中的部分地名作了笺证，亦大有裨益。除了这两部专著之外，学界多以论文形式探讨大事记的地名问题。

1988年，匈牙利藏学家乌瑞著《吐蕃历史地名聂尼塔波考释》对大事记中"聂尼"和"塔波"的地理范围及其之间的关系进行了考证，推翻了以往学界认为敦煌藏文文书中"聂尼"和"塔波"为同一地区的观点，指出"聂尼"和"塔波"是并列平行的两个小邦国的名称，"至少从14世纪始，"塔波"之境已包括藏河两岸地区，而"聂尼"作为地名，"至少可以追溯至15世纪中叶，仍作为塔拉岗波寺院附近的一个乡村地名使用。"^③

1921年，伯希和对大事记中"苏毗"的所指提出了自己的观点，认为"苏毗"即"孙波"，是位于西藏北部的一个女国。^④此说一出，即成定论，被

---

① 米玛次仁：《〈敦煌本吐蕃历史文书〉西藏地名考释》（藏文），拉萨：西藏藏文古籍出版社，2005年。

② 叶拉太：《吐蕃地名研究》，北京：人民出版社，2012年。

③ Uray, Géza（1988）. "Ñag.ñi.dags.po: A Note on Historical Geography of Ancient Tibet." Orientalia Iosephi Tucci Memoriae Dicata. Eds. G. Gnoli and L. Lanciotti.（Serie Orientale Roma 61.3）Rome: Instituto Italiano per il medio ed estremo oriente. 1503—1510, 乌瑞著，熊文彬译《吐蕃历史地名聂尼塔波考释》，王尧主编《国外藏学研究译文集》第7辑，拉萨：西藏人民出版社，1990年，第68—80页。

④ ［法］伯希和：《关于吐谷浑与苏毗的称号》，《通报》1921年，后收入冯承钧译《西域南海史地考证译丛》（第一卷），北京：商务印书馆，1995年，第20—21页。

学界普遍引用，尤其国内学者王忠①、杨正刚②作了进一步引申，使此理论更具体且更具说服力，历今不衰。但仍有少数学者未持如是见解。首先，石泰安认为"吐蕃的苏毗人肯定属于汉文史料中的羌人"，且苏毗人与女国并非完全相同，而是他们之间有联姻关系。③国内学者周伟洲亦遵循此说。之后，国内学者巴桑旺堆④、林冠群⑤也先后提出质疑，力主苏毗与孙波为两个不相统属的小邦国。此外，藏族学者周华⑥、噶玛贡加⑦、力新加⑧等对苏毗的族源、地理位置、苏毗千户及苏毗的若干地名等问题作了探讨，论点较有见底。

作为吐蕃早期政治经济文化中心之一的"年噶尔"（nyenkar），学界对其地望多有争论，各执己端，目前存有五种说法。第一，王尧、陈践认为"年噶尔"位于今堆龙德庆区境内，"年噶尔江布"位于今堆龙德庆区楚浦寺所在地。⑨黄布凡、马德进一步指出"年噶尔"位于德庆县德庆区楚浦寺，并指出"年噶尔江布"为"年噶尔"之原名。⑩持相同观点者还有法国藏学家麦克唐纳。⑪第二，卡岗·扎西才让认为"年噶尔"位于堆龙和彭域交界处，而

---

① 王忠：《松赞干布传》，上海：上海人民出版社，1964 年，第 8—12 页。

② 杨正刚：《吐蕃史稿》，北京：人民出版社，2010 年，第 27—30 页。

③ ［法］石泰安著，耿昇译：《川甘青走廊古部族》，成都：四川民族出版社，1992 年，第 71—77 页。

④ 巴桑旺堆：《关于吐蕃史研究中几个"定论"的质疑》，《西藏研究》1983 年第 4 期。

⑤ 林冠群：《唐代吐蕃历史与文化论集》，北京：中国藏学出版社，2007 年，第 291—317 页。

⑥ 周华：《历史上"苏毗"之区域及相关历史考证》，《西藏研究》（藏文版）2012 年第 3 期。

⑦ 噶玛贡加：《古代苏毗部落刍议》《中国藏学》（藏文版）2015 年第 4 期。

⑧ 力新加：《古代"苏毗"研究》，中央民族大学，2013 届硕士学位论文。

⑨ 王尧、陈践：《敦煌本吐蕃历史文书》（增订本），北京：民族出版社，1992 年，第 73 页。

⑩ 黄布凡、马德：《敦煌藏文吐蕃史文献译注》，兰州：甘肃教育出版社，2000 年，第 82 页。

⑪ ［法］A·麦克唐纳著，耿昇译，王尧校：《敦煌吐蕃历史文书考释》，青海：青海民族出版社，2010 年，第 72 页。

"年噶尔江布"位处堆龙德庆楚普寺附近，'ཉེན་ཀར་རྫོང་རི་བ'位于堆龙德庆和拉萨河流域彼岸。"[1]第三，米玛次仁认为"年噶尔"是吐蕃第三十王达布碾祖执政时期卫藏三大小邦国之一的桑布杰达甲吾的政权中心，位于林周县彭域境内。[2]第四，郭须·扎巴军乃指出"ཉེན་ཀར་རྫོང་རི་བ"旧城是个古地名，位于拉萨河岸边，今堆龙德庆区境内，而"年噶尔"位于墨竹工卡县境内。[3]第五，卓玛加指出"年噶尔"作为赞普赤都松的行宫，具体位置在今拉萨市达孜区德庆乡"念喀村"附近的德庆宗日遗址。[4]这五种论说中，前四种仅对"年噶尔"的大致方位作了推测，未能具体指出"年噶尔"的地望所在，第五种说法尽管将"年噶尔"具体定位于德庆宗日遗址，但此说并未得到学界的回应，或许有待史料和考古资料的进一步佐证。此外，墀巴桑白次仁[5]将敦煌古藏文文献与新疆米兰出土文书所载"年噶尔"作了比对研究，但没有考证"年噶尔"的具体位置，且其提出的论点与敦煌道歌文献中出现的与"年噶尔"相关的地名无法合理地连贯起来。

对于"郭域（kogyul）"的地望所指，国内外学者多有考辨，但未达成一致见解。最早刊布大事记的托马斯（F·W·Thomas）将"gog"与"kog"等同，推测其位处堆巧（stodphyogs，意为"上部地区"或"西部地区"）。[6]日本学者山口瑞凤认为"kogyul"为汉文史料中的黑党项，其地距青海石堡城不

---

① 扎西才让主编：《吐蕃时期古文献词典》，北京：民族出版社，2019 年，第 141 页。

② 米玛次仁著：《〈敦煌本吐蕃历史文书〉西藏地名考释》，拉萨：西藏藏文古籍出版社，2005 年，第 28—29 页。

③ 郭须·扎巴军乃编著：《新编古代藏语教程》（藏文），北京：民族出版社，2012 年，第 206 页。

④ 卓玛加：《敦煌古藏文文献 I.O.750 等所见吐蕃赞普行宫 "Nyen Kar" 与其相关的若干地名考析》，《青海民族大学学报》（藏文版）2021 年第 3 期。

⑤ 墀巴桑白次仁：《敦煌古藏文中所在的小邦达甲吾考》《攀登》，2011 年第 4 期。

⑥ J. Bacot，F.W.Thomas and Ch. Toussaint.Documents de Touen-Houang relatifs à l'histoire du Tibet，Paris，Librairie Orientaliste Paul Geuthner12，Rue Vavin，VIe-1940—1946：55、62.

远。① 森安孝夫将"kogyul"直接译为"gog"国，称其位于婆勒川（今瓦罕河）流域的连云堡一带。② 美国学者白桂思将"kogyul"订正为"gogyul"，即为汉文史料中的护密（今阿富汗瓦罕地区），而"kogyul"则为汉文史料中的廓州。③ 国内学者王小甫从语音、地理和史实三方面考证，认为"kogyul"等于"gog"，为汉文史料中的俱位，位于今巴基斯坦北部马斯土奇与奇特拉尔之间。④ 此观点得到了黄布凡和马德的赞同。⑤

除上述国内外学者集中讨论的历史地名之外，国内学者还对其他一些地名作了细致的考证。巴尔卡·阿贵对大事记相关地名的研究发力甚勤，相继撰文对"畿南木"（skyirnam）、"裕"（g·yug）、"准"（dron）、"札吉夏热（sprgskyishara）"等地名作了详尽的稽考，指出"畿南木"（skyirnam）与吐蕃小邦时期的"几若"（skyiro）地名有关，应为今拉萨曲水县南木乡所在地；⑥"裕"（g·yug）位于今那曲南部香茂（shomong）一带；⑦"准"位于雅龙地区；⑧ 对于"札吉夏热（sprgskyishara）"的地望研究，止贡·杰贡切仓、米玛次仁、叶拉太都曾指出大致的区域范围，但都举证不足，阿贵根据《世界境域志》及藏文史籍的记载，将"札"之地望确切定位于今西藏林周县城北部

---

① ［日］山口瑞风：《吐蕃王国成立史研究》，东京：岩波书店，1983 年，第 346 页。

② ［日］森安孝夫：《吐蕃の中央アジア進出》，金沢大学文学部论集·史学科篇第 4 号，1984 年版，第 42 页。

③ ［美］白桂思：《中亚的吐蕃帝国》（The Tibetan Empire in Central Asia），普林斯顿大学出版社，1987 年，第 133 页。

④ 王小甫：《古藏文 kog（gog）yul 为俱位考》，《民族语文》1992 年第 6 期。

⑤ 黄布凡、马德：《敦煌藏文吐蕃史文献译注》，兰州：甘肃教育出版社，2000 年，第 115—116 页。

⑥ 阿贵、桑吉卓么：《敦煌吐蕃历史文书 P.T.1288"畿南木"（skyirnam）地名考辨》，《青藏高原论坛》2022 年第 4 期。

⑦ 阿贵、格桑多杰：《敦煌本吐蕃历史文书 P.T.1288"裕（g·yug）地名考"》，《四川民族学院学报》2022 年 12 月。

⑧ 阿贵：《敦煌本吐蕃历史文书 P.T.1288 所载吐蕃历史地名"准"考》（《西藏大学学报》（藏文版）2018 年第 1 期。

达龙乡恰拉（chag la）山麓达隆寺所在地。至于"札"之下的"夏热"，阿贵认为位于恰拉山南麓，即格西·夏热瓦（dgebshessharaba）的出生地。[1]之后，经索南加实地调查指出格西·夏热瓦的出生地为林周县唐古乡藏雄村，[2]亦即"夏热"的具体地望所在。

赵心愚《敦煌古藏文写卷中的"vjang"》一文结合《南诏德化碑》《云南志》、两唐书，对大事记和《吐蕃赞普传记》中出现的地名"vjang"作了分析，推翻了部分学者所持的"vjang"为丽江一带麽西部落的观点，认为"vjang"只能是南诏，位于丽江以南的洱海地带。[3]该论断具有较强的说服力，得到很多学者的认可。如阿错在《古代藏文文献中的姜（vjang）及姜域（vjangyul）解读》中便承袭此观点，并进一步梳理了"vjang"和"vjangyul"的历史沿革，提出"15世纪开始，'vjang'指麽西民族，而由'vjang'产生的'vjangyul'这一地理名称则有广义和狭义之分，广义是指历史上的南诏国、大理国、云南王等我国西南古代地方政权及其所辖地区。狭义上指清末西北噶玛噶举派姜域十三寺格局形成后，这些寺院的分布区域，即今丽江及香格里拉和维西一带纳西族聚居区。"[4]

郭珈宁《〈吐蕃大事纪年〉所见之"园（tshal）"》通过分析"园"所反映的地形特点和吐蕃社会形态，指出"园"作为吐蕃地名的自然地理通名，意为"有树林的平原地区"，基本分布在拉萨河流域，极少数在其余支流；其多作为赞普牙帐及议会召开地，因而地点的选往往择视政事情况而定，依据"就近原则"，同时，体现出明显的季节特征，多于冬季前往园林驻扎避寒，

---

[1] 阿贵：《敦煌吐蕃历史文书 P.T.1288"札吉夏热"地名考》《青海社会科学》（藏文）2018年第3期。

[2] 索南加：《敦煌本〈吐蕃大事纪年〉部分地名及疑难词句研究》，《西藏大学学报》（社会科学版）2021年第1期。

[3] 赵心愚：《敦煌古藏文写卷中的"vjang"》，《中国藏学》2006年第3期。

[4] 阿错：《古代藏文文献中的姜（vjang）及姜域（vjangyul）解读》，《西藏民族大学学报（哲学社会科学版）》2019年第5期。

而夏季较少，充当着吐蕃内政外交的场所。

除此之外，达瓦次仁、叶旦才让、次旦扎西、索南才旦等学者对"悉立""斯日""洛沃"等其他历史地名的考证亦提出了新解，极富启发意义。[①]限于篇幅，此处不再做一一介绍。

三、文字词汇研究

对《吐蕃大事纪年》文字词汇的研究既是释读该文书的基础，亦是研究吐蕃历史事件的关键。该文书不同译本对其中的文字词汇均作过细致的译释，但对其中部分文字词汇的解读学界往往有不同见解。如"balbo"一词，意大利学者毕达克曾指出其所指非泥婆罗，而是位于雅鲁藏布江以南吐蕃赞普的一处驻地。[②]英国学者黎吉生认为除了特定场合"balbo"指吐蕃南边的泥婆罗以外，又兼指被吐蕃征服的周边民族的含义，其用法相当于汉文文献中的"蛮邦"一词。[③]杨铭《藏文 བལ་པོ 一词的演变》提出在大事记中"balbo"除一次指"泥婆罗"外，其余时候均指雅鲁藏布江以南，位于雅隆河谷的吐蕃赞普行宫或避暑胜地"跋布川"。同时，又提出该词在吐蕃王朝统治结束以后，用来指位于塔里木盆地南缘的和田。[④]陈践作为国内最早译注《吐蕃大事纪年》的学者，在其系列论文《若干典型古藏文语词疏译》之一《重读〈敦煌本吐蕃历史文书〉之体会》中指出"balbo"出现在不同年代、地点，意义迥异，分别

---

① 达瓦次仁：《悉立考》，《西藏研究》2017 年第 4 期；达瓦次仁：《古代悉立国方位考辨》，《西藏大学学报》(社会科学版) 2019 年第 1 期；叶旦才让：《敦煌藏文写卷 P.T.1288 中的"斯日"地名训诂》，《青海民族大学学报(藏文)》2019 年第 1 期；次旦扎西、索南才旦：《ཟ：吐蕃早期西部西藏部落首领的一种名号》，《中国藏学》2022 年第 4 期。

② [意]毕达克著，杜永彬译：《704—705 年的吐蕃赞普王位继承》，王尧主编《国外藏学研究译文集》第 7 辑，拉萨：西藏人民出版社，1990 年，第 54—67 页。

③ H.Richardson, Notes and Communications Bal-po and Lho-bal, Bulletin of the School of Oriental and African Studies, VOL. ⅩⅩⅩⅩⅥ, part Ⅰ, 1983:136-138.

④ 杨铭：《藏文 བལ་པོ 一词的演变》，《中国藏学》2014 年第 1 期。

指国名"泥婆罗"、赞普乞黎拔布、赞普之避暑地或议会地"跋布川"。①

又如"shotshigs"一词，巴考将其视作地名，为孙波境内的一个地方；②白桂思认为是指孙波的一个属部；③多特森将其译为"骰卜发令"；④王尧、陈践释为"关卡税"；⑤黄布凡、马德译为人名，指孙波的曷苏；⑥高瑞释作"征税之站"。⑦总之，学界对该词的解读各执己见，莫衷一是。鉴于此，宗喀·漾正冈布、周毛先《吐蕃〈大事纪年〉中的 shotshigs——敦煌古藏文写卷 P.T.1288 中骰卜名号探析》联系敦煌藏文文献的历史语境，对该词作了进一步的考释，并提出了新解，认为 shotshigs 尽管有税务、税站等意，但在敦煌藏文文献中与骰卜法规相关。两唐书与大事记同年提及人名"曷苏"，是故，大事记中的 shotshigs 具体应指称司此事务的特定之人，似为官职名。⑧

旦知吉《从〈吐蕃大事纪年〉中的动词"འདུས""བསྡུས""བཤགས"看吐蕃会盟的召集者》一文从藏语语法的角度，对吐蕃召集会盟时所用的三个动词"འདུས""བསྡུས""བཤགས"之间的区别作了分析，指出该三类动词反映出吐蕃

① 陈践：《若干典型古藏文语词疏译之一——重读〈敦煌本吐蕃历史文书〉之体会》，《中国藏学》2015 年第 S1 期。

② J. Bacot, F.W.Thomas and Ch. Toussaint.Documents de Touen-Houang relatifs à l′histoire du Tibet, Paris, Librairie Orientaliste Paul, Geuthner12, Rue Vavin, VIe-1940—1946:37.

③ Beckwith, ChristopherI.The Tibetan Empire in Central Asia:AHistoryof the struggle for Great Power among Tibetans, Turks, Arabs, and Chinese duringthe Early Middle Ages.Princeton University Press, 1987:53-54.

④ Brandon Dotson, GuntramHazod, The Old Tibetan Annals:An Annotated Translation of Tibet′s First History.With an Annotated Cartogarphical Documentation by GuntramHazod, Vienna: Verlag der ÖsterreichischenAkademie der Wissenschaften, 2009:97.

⑤ 王尧、陈践：《敦煌本吐蕃历史文书》，北京：民族出版社，1992 年，第 148 页；《敦煌古藏文文献探索集》，上海：上海古籍出版社，2008 年，第 91 页。

⑥ 黄布凡、马德：《敦煌藏文吐蕃史文献译注》，兰州：甘肃教育出版社，2000 年，第 44 页。

⑦ 高瑞：《吐蕃古藏文文献诠释》，兰州：甘肃民族出版社，2001 年，第 73 页。

⑧ 宗喀·漾正冈布、周毛先《吐蕃〈大事纪年〉中的 shotshigs——敦煌古藏文写卷 P.T.1288 中骰卜名号探析》，《青海民族研究》2015 年第 1 期。

会盟召集者的不同，召集动词为自动词"འདུས"时，表明赞普主盟，自行召开会盟；为使动词"བསྡུས"时，表明赞普指派臣属去主持会盟；当动词为谦敬词"བཞུགས"时，为特殊现象，仅出现过一次，表明赞普亲自召集并主持集会议盟。据此又提出吐蕃时期的会盟是由赞普所开创的观点。① 此观点不同于学界以往所持的"吐蕃会盟的开创者为噶尔·东赞"观点。② 索南加在《敦煌本〈吐蕃大事纪年〉部分地名及疑难词句研究》中也对大事记所载吐蕃会盟时使用的动词作过探讨，但其观点不同于旦知吉所论之结果，认为凡是有明确召集人时使用"བསྡུས"，应译作"召集"；没有明确召集人或是未交代召集人时用"འདུས"，当译为"会和"或"聚于某地"。③

多杰东智《谈敦煌文献 P.t.1288 中的"gnag-ling"一词的实际含义及其相关问题》一文针对学界早期对"གནག་ལིངས་བཏབ"和"ག་ལིངས་བཏབ"的释义进行了反驳，指出"བཞི་ལིང"的"ལིང"与"གནག་ལིངས་བཏབ"和"ག་ལིངས་བཏབ"中"ལིངས"的读音虽相近，但二者在词形上以有无后加字"ས"相区别，因而词义完全不同。"བཞི་ལིང"的"ལིང"由古藏文"སྟེང"演变而来的，词义为"ཟུར་རམ་ལོགས"（角或边），而"གནག་ལིངས་བཏབ"和"ག་ལིངས་བཏབ"中"ལིངས"的词义为"网罟"。另外，"ག་ལིངས་བཏབ"中"ག"也并非肉之意，而指鹿。因此，"གནག་ལིངས་བཏབ"意指捕猎，"ག་ལིངས་བཏབ"为捕鹿之意。④

在吐蕃军事体系中有一种特殊兵种——"mun mag"（མུན་མག），王尧将

---

① 旦知吉：《从〈吐蕃大事纪年〉中的动词"འདུས""བསྡུས""བཞུགས"看吐蕃会盟的召集者》，《中国藏学》2022 年第 5 期。
② 洲塔、玖玛草：《吐蕃噶氏家族发展考述》，《西藏大学学报》（社会科学版）2020 年第 2 期；索南加：《敦煌本〈吐蕃大事纪年〉部分地名及疑难词句研究》，《西藏大学学报》（社会科学版）2021 年第 1 期。
③ 索南加：《敦煌本〈吐蕃大事纪年〉部分地名及疑难词句研究》，《西藏大学学报》（社会科学版）2021 年第 1 期。
④ 多杰东智：《谈敦煌文献 P.t.1288 中的"gnag-ling"一词的实际含义及其相关问题》，《中国藏学》（藏文），2015 年第 1 期。

其译为"暗军"。① 起先，托玛斯（F.W.Thomas）将与其《新吐蕃传》中的吐蕃随军奴部"喔末"勘同。② 但此说长期未受到学界的关注和回应。之后，王尧、陈践又将其译作"后备军""预备军"。③ 多特森（B.Dotson）时而将其释作"士兵"，时而又译作"募兵"，④ 未能辨晓其要。止贡·嘉根才仓则认为"mun mag"同"yul dmak（ཡུལ་དམག）"，即"地方军"之意 ⑤。土登曲达尔所著《白史与白史曾补》中又注为"夜间作战的部队"。⑥ 基于上述论点，近年，任小波《暗军考——吐蕃王朝军政体制探例》一文通检敦煌、新疆出土藏文写本和简牍，指出"mun mag"应系吐蕃军旅中的先锋军或奇袭军。⑦

此外，完德加、仁青卓玛、才项南杰、拉毛太、索南加等学者对大事记相关文字词汇的释义和考证亦皆有新意。⑧

四、历史人物研究

《吐蕃大事纪年》中所有事件的发生、发展必定依附于特定的人物或人群

---

① 王尧：《吐蕃文化》，长春：吉林教育出版社，1989 年，第 36—37 页。

② F.W.Thomas, Tibetan Literary Texts and Documents Concerning Chinese Turkestan, Vol Ⅲ, London, 1951：74, 165.

③ 王尧、陈践：《敦煌本吐蕃历史文书》，北京：民族出版社，1992 年，第 146、148、152 页。

④ Brandon Dotson, GuntramHazod. The Old Tibetan Annals：An Annotated Translation of Tibet′s First History.With an Annotated Cartogarphical Documentation by GuntramHazod, Vienna：Verlag der ÖsterreichischenAkademie der Wissenschaften, 2009：90、97、117.

⑤ 止贡·嘉根才仓：《敦煌藏文历史文书所见吐蕃史》（藏文），印度：松赞图书馆，2010 年，第 347 页。

⑥ 土登曲达尔：《白史与白史曾补》，北京：中国博学出版社，2020 年，第 193 页。

⑦ 任小波《暗军考——吐蕃王朝军政体制探例》，《中国藏学》2017 年第 2 期。

⑧ 完德先：《再论〈吐蕃大事纪年〉中的"kramdmarpo"》，《青海民族大学学报》（藏文版）2021 年第 1 期；仁青卓玛：《浅谈"mdadbtang"含义》，《中国藏学》（藏文版）2009 年第 3 期；才项南杰：《敦煌藏文文献断代研究——从古藏文"ནེ"和"ནེ"等俗字体的演变分析》，《中国藏学》（藏文版）2021 年第 03 期；拉毛太：《敦煌藏文文献中"བྱག་འཆལ"一词解读》，《中国藏学》（藏文版）2015 年第 01 期；索南加：《敦煌文献 P.T.1288 号 659 年纪事内容考释》《中国藏学》（藏文版）2020 年第 4 期。

而展开，因此吐蕃史的研究也往往围绕具体历史人物作史实阐述，故而，人物研究对吐蕃史研究是至关重要的。学界对大事记中人物的研究主要倾向于少数特定的重要人物，如历代赞普、王妃、重臣等。

松赞干布作为吐蕃王朝的开创者，藏文史料对其卓越的业绩不惜笔墨，推崇备至，记载甚详。但关于其生卒年的记载却不相一致，《红史》《吐蕃王统记》《贤者喜宴》《松巴佛教史》等史书载其生于公元 617 年，卒于公元 698 年。《青史》《西藏王臣记》等记载其生于公元 629 年，卒于公元 710 年。尽管藏文史料所载具体生卒年不同，但均主张松赞干布享年 82 岁。学界从此说者不在少数，如任乃强、夏珠嘉措等。[①]1946 年，近代著名藏学家根敦群培在所著《白史》中提出了松赞干布生于公元 617 年，卒于公元 650 年，享年 34 岁之说。当今藏学界大都采纳此说，如巴桑旺堆、蒲文成、张云等均撰文对该论点作了进一步的引申和论证。[②]除此以外，部分学者还持有其他观点，如王沂暖认为松赞干布生于公元 593 年，卒于公元 650 年，享年 58 岁。[③]万玛航青和张旭均认为应将松赞干的卒年定为公元 649 年更为准确。[④]松赞干布生卒之年，学界议论纷纷，尤其是赞普降生之年，学者们各执一词，无法达成共识。据吐蕃王室丧葬仪式，及大事记记载的赤芒伦、赤都松等其他赞普逝世时间的记载进行对比，能够显示松赞干布卒于公元 649 年之

① 任乃强：《松赞干布年谱》，《西藏研究》1981 年 00 期，第 8—20 页；夏珠嘉措：《夏珠嘉措文集》第 2 卷，北京：中国藏学出版社，2016 年，第 320 页。

② 巴桑旺堆：《我对〈松赞干布年谱〉的质疑》，《西藏研究》1985 年第 1 期；蒲文成：《吐蕃王朝历代赞普生卒年代》，《西藏研究》1983 年第 4 期；张云：《〈敦煌本吐蕃历史文书〉与松赞干布生平事迹》，敦煌研究院编《敦煌吐蕃文化学术研讨会论文集》，兰州：甘肃民族出版社，2009 年版，第 70—75 页。

③ 王沂暖：《松赞干布的生卒与享年》，《西北民族大学学报》(哲学社会科学版) 1980年第 1 期。

④ 万玛航青：《敦煌古藏文 p.t.1288 文献研究》，西北民族大学 2012 届博士学位论文；张旭：《吐蕃的王族葬礼——兼论松赞干布卒年》，《敦煌学辑刊》2016 年第 4 期。

说法更令人信服。而其生年时间，《红史》《贤者喜宴》等史籍的记载较为可信。

墀松德赞和墀祖德赞亦是吐蕃历史上颇有政治建树的两位赞普，对于他们的研究集大成者为台湾学者林冠群，其在一系列著述中皆引用大事记的相关段落资料，于历史脉络中对这些段落的内涵及赞普的生平等做了深入的理解和分析。[①] 此外，林冠群还对吐蕃"女主"墀玛蕾的政治作为和历史地位作过论述。[②] 墀玛蕾为赞普芒松芒赞之王后、都松芒波杰之母后、赤德祖赞之祖母，于公元675—712年辅政或主政吐蕃政权达数十年，是吐蕃历史上唯一一位掌握全藏政治实权的女性，是与同时期的武则天（624—705年）东西互映的两位杰出的女性政治家，学界对其政治才能多有分析和研究，可见陈践践、陈崇凯、刘淼、胡晓丹、华毛、拉曲加、洛桑尼玛、盖桑多杰等的相关论著。[③]

松赞干布建立的吐蕃王朝离不开一代代旷世雄主的苦心经营，同时又与一辈辈能臣勇将的潜心辅佐密不可分。噶尔·东赞宇松、论钦陵、恩兰达扎路恭等都是为吐蕃王朝迭立不世之功的重臣，在唐代吐蕃历史的发展与唐蕃

---

① 林冠群：《吐蕃赞普墀松德赞研究》台北：台湾商务印书馆，1989年；《唐代吐蕃史论集》，北京：中国藏学出版社，2006年；《唐代吐蕃历史与文化论集》，北京：中国藏学出版社，2007年版；《唐代吐蕃史研究》，台北：联经出版事业公司，2011年；《玉帛干戈：唐蕃关系史研究》，台北：联经出版事业公司，2011年。

② 林冠群：《唐代吐蕃的"女主"——墀玛蕾（khir ma lod）》，载《唐代吐蕃历史与文化论集》，北京：中国藏学出版社，2007年版，第246—279页。

③ 陈践践：《吐蕃时代的杰出女王墀玛类》，《中国藏学》1994年第03期；陈崇凯：《吐蕃女政治家赤玛伦考略》，《青海民族大学学部》1999年第01期；陈崇凯、刘淼：《一代女皇和一代女王——武则天与赤玛伦生平及藏汉关系评议》，《西藏大学》2008年第2期；胡晓丹：《吐蕃女政治家·没庐氏赤玛勒》，青海民族大学2017年届硕士学位论文；洛桑尼玛、盖桑多杰：《论赞普芒松芒赞执政时期的墀玛类》，《中国藏学》（藏文版）2011年第2期；拉曲加：《试论藏族历史上的一位杰出女王墀玛类》，《中国藏学》（藏文版）2013年第3期；华毛：《武则天与墀玛类的政治功绩对比研究》，《中国藏学》（藏文版）2015年第4期。

关系的演进过程中扮演着重要角色。学界根据大事记的记载，结合其他汉、藏文史料对这些重要人物的功绩都作过系统的梳理和论述，如李方桂、苏晋仁、陈国灿、谭立人、陈楠等学者就唐蕃关系中噶尔·东赞宇松的社会地位及噶尔后裔投奔唐朝的历史等相关问题发表了重要的论述。[①] 恰噶·旦正、伦珠·南拉杰、洲塔和玖玛草、扎西当知等分别撰文对噶尔·东赞宇松及其子孙政治功绩的考述，特别是扎西当知的博士学位论文《吐蕃噶氏家族研究》，充分利用汉藏文史料，全面系统地爬梳了吐蕃噶氏家族的兴衰历程，对噶尔·东赞宇松等人的历史地位、功过及当时的唐蕃关系作了系统研究。[②] 论钦陵为噶尔·东赞宇松之次子，是继噶尔·东赞宇松之后噶氏家族第二位为吐蕃的兴旺发达立有不朽功绩的政治家、军事家，关于他的政绩在上述诸文中都有论及，此外，索朗平措、李豪、刘艳芳等学者也曾撰文探讨了与论钦陵相关的历史问题。[③]

恩兰达扎路恭同样为吐蕃历史上一位战功赫赫的名臣，学界对于他的功绩多有肯定，但对于他的族属、宗教信仰以及与 rmakhrom（马重英）之间的关系，学界多有争论，众说纷纭。首先，对于他的族属，学界有两种观点：其一，认为恩兰达扎路恭系吐蕃史上比较古老的家族——恩兰家族，采

---

① 李方桂：《吐蕃大相禄东赞考》，《西藏研究》1985 年第 2 期；苏晋仁：《蕃唐噶尔（论氏）世家》（上、下），《中国藏学》1991 年第 1 期—第 4 期；陈国灿：《唐代的论氏家族及其源流》，《中国史研究》1987 年第 2 期；谭立人：《禄东赞后裔仕唐事迹拾补》，《西藏研究》1988 年第 1 期；陈楠：《论噶氏家族专权时期吐蕃的内政建设及唐蕃关系》，《民族史研究》1999 年第 00 期。

② 恰噶·旦正：《试论嘎尔东赞的历史功绩》，《西藏研究》（藏文版）1981 年第 1 期；伦珠·南拉杰：《嘎尔东赞及其子孙的历史功绩》，《西藏研究》（藏文版）1994 年第 1 期—第 3 期；洲塔、玖玛草：《吐蕃噶氏家族发展考述》，《西藏大学学报》（社会科学版）2020 年第 2 期；扎西当知：《吐蕃噶氏家族研究》（藏文），北京：中国藏学出版社，2009 年版。

③ 索朗平措：《吐蕃大相论钦陵考述——兼论噶尔氏家族的衰亡》，《西藏研究》2019 年第 5 期；李豪：《吐蕃论钦陵子禄赞入唐考》，《中国典籍与文化》2019 年第 4 期；刘艳芳：《试论吐蕃大相论钦陵自杀、赞婆降唐事件》，《华夏文化》2016 年第 2 期。

邑范围在拉萨以北的彭域地区，持此种观点的学者代表为王尧、熊文彬等。[①]
其二，理查逊与林冠群则认为恩兰氏可能是来自中亚地区的氏族，尤其林冠群从吐蕃政教冲突、唐蕃关系等历史大背景中探讨恩兰达扎路恭所扮演的角色，指出恩兰达扎路恭非吐蕃本土氏族，而是来自中亚的异教徒，甚至进一步推测可能为效忠于蕃廷的粟特胡人。其姓氏恩兰（ngan lam）义为恶趣、恶道，相对于佛教正法为"外道"异教之意，致为后世藏史撰述者将其形塑为反佛的狠角色。此外，由于他深谙李唐之道，才倡议直取长安，并在极短的时间内为唐朝建立了傀儡朝廷，正因为此，汉文史料将其具汉式姓名"马重英"。[②]

关于汉史所载"马重英"，李方桂认为是恩兰达扎路恭的别名，似与夫蒙灵察一般，属羌部落人，而取姓马。帕毛多日杰遵此说。[③]朱悦梅则另持一说，谓"马重英"非恩兰达扎路恭的汉名，而是 rmakhrom（玛曲节度）的汉语音译，并认为恩兰达扎路恭于公元 704 年左右驻玛曲节度统领吐蕃东道之军。[④]另有任小波提出"马重英"为藏文 rmagrom 的汉文音译，rmagrom 一为吐蕃位于青海地区接界李唐的边防机构；二为恩兰氏族领地——恩兰及彭域二地所设之 rmagrom（马氏军镇）。恩兰达扎路恭在汉文史籍中被称为"马

① 王尧：《恩兰·达扎路恭纪功碑》，《社会科学战线》1981 年第 4 期；熊文彬：《吐蕃著名宰相恩兰·达扎路恭生平考》，《西藏民族学院学报》（社会科学版）1988 年第 4 期。

② H.E.Richardson, Mininsters of the Tibetan Kingdon, Tibet Journal, No.1.1977:20；林冠群：《吐蕃大论恩兰达扎路恭（Ngan lam stag sgraklukhong）研究》，《敦煌学辑刊》2019 年第 4 期。

③ Fang KueiLi, Notes on Stag SgraKluKhong, in Steinkellner, Ernst.eds.Contributions on Tibetan Language, History and Culture, Wien: ArbeitskreisfürTibetische und BuddhistischeStudien, Universitaät Wien, 1983:175-177；李方桂著，龙达瑞译：《马重英考》，《西藏研究》1987 年第 3 期；帕毛多日杰：《关于恩兰·达扎路恭身份的藏汉史料解析》，《青藏高原论坛》2017 年第 2 期。

④ 朱悦梅：《吐蕃东境（鄯）五道节度使研究》，《中国边疆史地研究》2014 年第 1 期。

重英"，盖因其担任马氏军镇统帅之职。①对于汉文史籍为何称"马重英"为恩兰达扎路恭，学界至今没有统一认知，有待进一步探讨。

五、社会政治制度研究

社会政治制度是反映一个政权社会形态的各种制度的总和。吐蕃王朝作为青藏高原上第一个统一的政权，其社会制度是颇具特色的。《吐蕃大事纪年》"包举大端"，提纲挈领记述百余年间吐蕃王朝的政治、经济、军事、民族、文化各项大事，其中不可避免地涉及吐蕃王朝的各种社会制度，较早引起了学者们的关注，取得了许多重要的学术成果。以下从议事、赋税、职官、军事、户籍、礼仪等方面一一进行评述。

（一）职官制度

吐蕃王朝完成统一大业之后，设官建制，形成了中央与地方两级职官系统。在中央，宰相制度对吐蕃政权影响极巨且深，向来为学界所关注，成果颇丰。林冠群为此研究领域的翘楚，他高屋建瓴，在宏观层面上对吐蕃宰相制度进行了全面而系统的论述，从吐蕃宰相的官称、源起、任命、职权、宰相制度的演变及其与吐蕃政教的关系等多个层面对吐蕃宰相制度的外在轮廓和内部结构进行了深入剖析，认为吐蕃宰相制度历经独相制、众相制、僧相制和恢复众相制四个阶段，其中众相制是吐蕃对唐朝众相体制的成功效法，对吐蕃王朝的影响极其深远，成为吐蕃王室操控吐蕃政治与平衡吐蕃氏族生态的利器，代表论著有《唐代吐蕃史论集》和《唐代吐蕃众相制度研究》。②此外，陈楠《吐蕃职官制度考论》就吐蕃中央职官系统也做了初步而有系统的论述，使我们对中央职官系统的构成、职能和特点有了较为全面的了解。

在微观层面，国内外学者对"尚""论""尚论"以及"尚论掣通突瞿"

---

① 任小波：《公元763年吐蕃陷长安之役——吐蕃王朝军政体制探例》，《历史地理》第三十三辑。

② 林冠群：《唐代吐蕃史论集》，北京：中国藏学出版社，2006年，第165—219页；林冠群：《唐代吐蕃众相制度研究》，《中国藏学》2012年第1期。

等的具体所指多有争论。首先，对"尚"的释义，学界的观点几趋一致，即其义为"舅父"，指与吐蕃王室有姻亲关系的外戚家族成员，代表学者有意大利学者杜奇（G.Tucci），日本学者佐藤长，国内学者王尧、才让等。[①] 国内学者陈楠、旺多、林冠群等进一步指出"尚"仅指与吐蕃王室通婚的固定的四大外戚家族。[②] 此外，对于"尚"的含义还有不同解释，美国学者劳费（B.Laufer）认为"尚"为唐朝官职，是"尚书"之"尚"的音译，[③] 英国学者理查德逊（H.E.Richardson）亦持相同观点；[④] 法国学者戴密微（P.Demieville）笼统地指出"尚"为吐蕃上层贵族；[⑤] 国内学者韩儒林以为"尚"为吐蕃官族之统称。[⑥]

其次，对于"论"的解释，学界分歧较小，法国学者戴密微（P.Demieville）和国内学者韩儒林均认为"论"是对吐蕃王族的统称。[⑦] 对于"论"的来源，日本学者佐藤长指出"论"是原有赞普王室系统内的部族或有关联的部族，因与王室属同一部族，故不能与王室通婚。[⑧] 言外之意是，"论"是指与

---

① G.Tucci. The Secret Characters of the Kings of A ncient Tibet . East and West，6. 1955：57；[日]佐藤长：《チベット历史地理研究》，东京：岩波书店，1978 年；王尧：《吐蕃文化》，长春：吉林教育出版社，1989 年版，第 33 页；才让：《吐蕃史稿》，兰州：甘肃人民出版社，2007 年，第 70 页。

② 陈楠：《吐蕃的"尚"与"论"》，和龚、张山主编《中国民族历史与文化》，北京：中央民族学院出版社，1988 年，第 172—177 页；旺多：《古代汉文史籍中的吐蕃大臣名号考》，《西藏大学学报》（社科版）2010 年第 1 期；林冠群：《吐蕃"尚"、"论"与"尚论"考释——吐蕃的社会身份与官僚集团的衔称》，《中央民族大学学报（哲学社会科学版）》2012 年第 6 期。

③ B.Laufer.Bird Divination among the Tibetans.T'oung Poa，1914：104-105.

④ H.E.Richardson.Names and Titles in Early Tibetan Records，Bulletin of Tibetology. Ⅳ，1，1967：9-10.

⑤ [法]戴密微著，耿升译《吐蕃僧诤记》，兰州：甘肃人民出版社，1984 年，第 328 页。

⑥ 韩儒林：《吐蕃之王族与官族》，《中国文化研究所集刊》1940 年第 1 卷第 1 期。

⑦ [法]戴密微著，耿升译《吐蕃僧诤记》，兰州：甘肃人民出版社，1984 年，第 328 页；韩儒林：《吐蕃之王族与官族》，《中国文化研究所集刊》1940 年第 1 卷第 1 期。

⑧ [日]佐藤长：《チベット历史地理研究》，东京：岩波书店，1978 年，第 724—731 页。

吐蕃王室无婚姻关系的王族或其他贵族。国内学者陈楠、王尧、才让等持如是观点。① 对于此观点，日本学者山口瑞凤提出了批判，指出"论"并非是不能与吐蕃王室通婚的同族或纯种吐蕃，而是因仍未通过婚姻生出王子，没能成为外戚。他们对吐蕃王室争相表功以保身，在吐蕃王朝体制完备以后，被赐予"论"的头衔。② 另外。国内学者林冠群也提出不同见解，认为"论"是除四个王室外戚氏族以外的氏族，接受王室征召入朝为官者的衔称。③

最后，"尚论"意为何指，学界亦众说纷纭。德国学者华尔德（L.A.Waddell）指出"尚论"意为"舅臣"，仅有名卿大吏才能拥有此衔。④ 英国学者托马斯（F.W.Thomas）、国内学者恰白次旦平措持相同观点。⑤ 国内学者陈楠指出"尚论"含义有二，其一，凡出身"尚"族的官员可称为"尚论"；其二，为"尚""论"的统称。⑥ 这第二种含义与匈牙利学者罗那塔斯提出的"'尚论'为吐蕃官僚的衔称"⑦ 实为异曲同工，日本学者佐藤长、英国学者理查德

---

① 陈楠：《吐蕃的"尚"与"论"》，和龚、张山主编《中国民族历史与文化》，北京：中央民族学院出版社，1988 年，第 172—177 页；王尧：《吐蕃文化》，长春：吉林教育出版社，1989 年版，第 33 页；才让：《吐蕃史稿》，兰州：甘肃人民出版社，2007 年，第 70 页。

② ［日］山口瑞凤：《吐蕃王国成立史研究》，东京：岩波书局，1983 年，第 538 页。

③ 林冠群：《吐蕃"尚""论"与"尚论"考释——吐蕃的社会身份与官僚集团的衔称》，《中央民族大学学报（哲学社会科学版）》2012 年第 6 期。

④ L.A.Weddell.Ancient Historical Edicts at Lhasa, JRAS, 1910:1274.

⑤ F.W.Thomas.Tibetan Literary Texts and Documents concerning chineseTurkestan. part.Ⅱ.London, 1951:321；恰白次旦平措等著，陈庆英等译《西藏通史——松石宝串》，拉萨：西藏古籍出版社，1996 年，第 58—59 页。

⑥ 陈楠：《吐蕃的"尚"与"论"》，和龚、张山主编《中国民族历史与文化》，北京：中央民族学院出版社，1988 年，第 172—177 页。

⑦ A.RonaTas.Social Terms in the List of Grants of the Tibetan Tun-Huang Chronicle. AOH.Ⅴ.1955:265-266 页。

逊（H.E.Richardson）、国内学者林冠群均持此类观点，[①]同时，林冠群进一步对"尚论"的范围作了限定，即"此官僚集团并不涵括非吐蕃本土的氏族以及出家为僧又出仕者。"[②]日本学者山口瑞凤认为"尚论"是一具有"尚"和"论"资格的一个概括性用语，表示具有"高级官僚"的身份，但并不是称号。[③]对此，国内学者王尧同样认为"尚论"仅表明其贵族身份，而非实职。他指出所谓的"尚论"是指那些获有"尚"头衔之后又取得"论"称号的氏族成员。[④]除此之外，国内学者韩儒林指出"尚论"当王族与官族而言，或政府之别名，故而，"尚论掣逋突瞿"者为王宦两族或政府之九长官。[⑤]

韩儒林提到的"尚论掣逋突瞿"属吐蕃中央职官系统，按林冠群的分析，其涵括议政、行政、司法监察3个系统，每个系统设3个高级官员，共9人，总号为"尚论掣逋突瞿"，实为吐蕃的众相。[⑥]对于此制度出现的时间，日本学者佐藤长、山口瑞凤和国内学者常凤玄等都曾有简略的论及，[⑦]但未加深入分析。鉴于此，林冠群正本溯源，撰文对与"尚论掣逋突瞿"的相关问题做了细致的论述，厘清了"尚论掣逋突瞿"产生的时间，指出其"可能源自701—702年吐蕃由墀玛蕾执政及墀德祖赞在位早期，或始自779年左右墀

①［日］佐藤长：《チベット历史地理研究》，东京：岩波书店，1978年，第724—731页；H.E.Richardson.Names and Titles in Early Tibetan Records，Bulletin of Tibetology. Ⅳ，1，1967：9-10；林冠群：《吐蕃"尚""论"与"尚论"考释——吐蕃的社会身份与官僚集团的衔称》，《中央民族大学学报（哲学社会科学版）》2012年第6期。

②林冠群：《吐蕃"尚""论"与"尚论"考释——吐蕃的社会身份与官僚集团的衔称》，《中央民族大学学报（哲学社会科学版）》2012年第6期。

③［日］山口瑞凤：《吐蕃王国成立史研究》，东京：岩波书局，1983年，第539页。

④王尧：《吐蕃文化》，长春：吉林教育出版社，1989年，第33页

⑤韩儒林：《吐蕃之王族与宦族》，《中国文化研究所集刊》1940年第1卷第1期。

⑥林冠群：《唐代吐蕃政治制度之研究》，《"政治大学"学报》1989年第60期，第65页。

⑦［日］佐藤长：《チベット史研究》，京都：同朋舍，昭和52年，第732—733页；［日］山口瑞凤著，许明银译《西藏》（下册），台北：全佛文化事业有限公司，2003年，第438页；《藏族简史》编写组：《藏族简史》，拉萨：西藏人民出版社，1985年，第48页。

松德赞主政时期", 是为防大论独揽政权而将相权进行了分割, 同时否定了《新唐书·吐蕃传》中的相关记载。[①]

吐蕃政权在军事占领区建立了较高级别的军政机构——ཁྲོམ(khrom), 成为吐蕃与唐王朝、回鹘等势力分庭抗礼的重要手段, 该词在《吐蕃大事纪年》中至少出现了 4 次, ཁྲོམ(khrom)按现代藏文理解, 其词意大致有"市场""集市""一群人""众人"等, 但此种解释在许多古藏文文书中难以贯通, 因此学界就该词的实际含义展开了研究。1979 年, 匈牙利藏学家乌瑞所撰《释ཁྲོམ七—九世纪吐蕃帝国的行政单位》一文认为ཁྲོམ是公元 7—9 世纪吐蕃建于本土之外边境地区的军事行政区, 译为"节度使"。[②] 这一论点鞭辟入里, 得到了学界的高度认同, 如杨铭、卓玛才让、黎桐柏等。[③]1986 年, 王尧、陈践《吐蕃兵制考》一文, 释 khrom 意为吐蕃军队用来协调氏族、部落间同一行动的一种联盟形式。[④] 之后, 在《吐蕃简牍综录》中作了更细致的研究, 指出ཁྲོམ包括以下四个内涵: ①市场、市镇、集镇; ②地名, 高昌的藏文形式; ③吐蕃时期的军政机构之一; ④将军或大将军。[⑤] 马德《khrom 词义考》一文引用敦煌藏文文书中除编年史之外的写卷以及敦煌汉文文书中关于 khrom 的记载, 对王尧、陈践关于 khrom 的解释进行了批驳, 指出 khrom 在吐蕃本土机构中没有出现过, 是吐蕃在新占领区(边境地区)仿照唐制而设置的军政合一的统治机构及委派的统治者, 即"节度衙 / 节度使(都督府 /

---

① 林冠群:《吐蕃"尚论掣逋突瞿"考释——〈新唐书·吐蕃传〉误载举隅》,《中国藏学》2008 年第 3 期。

② 乌瑞:《释ཁྲོམ七—九世纪吐蕃帝国的行政单位》,《国外藏学研究译文集》第一辑, 拉萨: 西藏人民出版社, 1986 年版, 第 131—138 页。

③ 杨铭:《唐代吐蕃统治鄯善的若干问题》,《新疆历史研究》1986 年第 2 期, 第 13—27 页; 卓玛才让:《敦煌吐蕃社会经济文书研究》(藏文), 北京: 民族出版社, 2016 年, 351—375 页; 黎桐柏:《简析吐蕃王朝边境后拓辖区的军政区划》,《西藏民族学院学报》2014 年第 4 期。

④ 王尧、陈践:《吐蕃兵制考略——军事部落联盟剖析》,《中国史研究》1986 年第 1 期。

⑤ 王尧:《吐蕃简牍综录》, 北京: 民族出版社, 1986 年, 第 31 页。

都督）。^①目前这种观点已为学界认同。另外，根敦群培、金滢坤、朱悦梅、日本学者山口瑞凤等^②学者在论述相关问题时曾涉及过对该词的讨论。新近，华锐吉、张吉会《古藏文文献中的 khrom（ཁྲོམ）字新解》利用古藏文《吐蕃兵律》，对ཁྲོམ这一军事组织机构的演变过程作了梳理，进而对ཁྲོམ的性质作了进一步探讨，^③但此文并未跳脱出前贤的观点。

对吐蕃占领区节度使的设置时间、具体建制及辖区以及节度使的任命等问题历来颇受学界重视。早年间，杨铭指出吐蕃在占领河陇地区的过程中，设置了包括青海、鄯州、河州、凉州和瓜州在内的河陇五节度使，之上又设东境五节度使，驻跸河州，统领河陇五节度使，设置时间在大历十一年（776年）以前，^④也就是说东境五道节度使仅辖河陇及瓜沙地区。这种论断的产生可能是囿于当时资料的匮乏，而未能观得吐蕃军事占领区军事建置的全貌。之后，金滢坤《吐蕃节度使考述》较早考察了吐蕃东境五道节度使的设置与辖区，指出吐蕃早在万岁登封元年（696年）始依唐制在唐蕃冲突地区设置了东境五道节度使，以松州为中心，下辖东、南、河西等道及另两道不明的节度使，诸道节度使又分领若干小节度使^⑤，将吐蕃占领区军事建置的范围进行了扩大，然而，金文多有疏漏之处，之后为学者一一指出。2007年，林冠群

---

① 马德：《khrom 词义考》，《中国藏学》，1992 年第 3 期。
② 根敦群培：《白史》（藏文），北京：民族出版社，2002 年，第 24 页；［日］山口瑞凤：《以沙洲汉文构成的吐蕃二军团的成立与 mkhartsan 军团的位置》，《东京大学文学部文化交流研究纪要》1981 年第 4 期，汉译文见易明译：《沙洲汉人二军事部落的成立》，《国外藏学动态》1987 年第 2 期；金滢坤：《吐蕃节度使考述》，《厦门大学学报》2001 年第 1 期；朱悦梅：《吐蕃中节度考》，《民族研究》2010 年第 3 期。
③ 华锐吉、张吉会：《古藏文文献中的 khrom（ཁྲོམ）字新解》，《西藏大学学报》（社会科学版）2023 年第 2 期。
④ 杨铭：《吐蕃时期河陇军政机构的设置》，收入氏著《吐蕃统治敦煌与吐蕃文书研究》，北京：中国藏学出版社，2008 年，第 15—34 页，后又收入氏著《吐蕃统治敦煌西域研究》，北京：商务印书馆，2014 年，第 3—18 页。
⑤ 金滢坤：《吐蕃节度使考述》，《厦门大学学报》（哲学社会科学版）2001 年第 1 期。

撰《唐代吐蕃军事占领区建制之研究》一文通过对吐蕃占领区设置军事建置的综合性研究，指出吐蕃在占领区设置了由 5 个单位组成的"bdeblonkham-schen po"，分别为东、西、南、北四道及原有的青海地区，各道设 1 德伦负责召集德伦会议，与都护等 3~4 人不等，共同商议处理该道军政事务。同时，举证说明吐蕃占领区军政机构的设置并非仿自唐制，而是吐蕃本土制度的延伸和创新，且"吐蕃从未以宰相兼职边区节度使之情事"[①]，否定了金滢坤、王继光和郑炳林[②]等的部分观点。朱悦梅曾撰系列论文对吐蕃占领区军事建置做过全面系统的论述，指出吐蕃节度使之制是在唐蕃战争发展过程中逐步健全的一种军事体制，吐蕃在对外扩张过程中，由最初设置的东境五道节度使，又开辟出管理西域的西道节度使、洱海地区的吐蕃中道节度使、河西地区的河西北道节度使、剑南西川地区的松州五道节度使（吐蕃南道节度使），并就诸道辖域、建制、职官、特征等进行了详细的考证[③]，对吐蕃节度使之研究颇有贡献。朱悦梅在《吐蕃中节度考》中将吐蕃中节度使的辖域定为西洱海地区，对此黄维忠在《关于唐代吐蕃军事占领区建制的几个问题》中提出了不同的见解，他认为林冠群所论五道中的青海地区对应吐蕃中道节度，即"朵思甘道"，其地理范围北至青海巴颜喀拉山，西至格拉丹冬雪山。同时，依据金滢坤和林冠群的研究成果，对"bdeblonkhamschen po"的辖区作了重新划分。[④]陆离也对吐蕃节度使发表过论述，在《吐蕃河西北道节

---

① 林冠群：《唐代吐蕃军事占领区建制之研究》，《中国藏学》2007 年第 4 期；

② 王继光、郑炳林二位先生认为"由于河州节度使地位重要，故一般河州节度使皆兼任宰相"。引自王继光、郑炳林：《敦煌汉文吐蕃史料综述——兼论吐蕃控制河西时期的职官与统治政策》，《中国藏学》1994 年第 31 期。

③ 朱悦梅：《吐蕃中节度考》，《民族研究》2010 年第 3 期；《吐蕃占领西域期间的军事建制及其特征》，《西域研究》2011 年第 4 期；《吐蕃东境（鄙）五道节度使研究》，《中国边疆史地研究》2014 年第 3 期；以上诸文均收入氏著《吐蕃王朝历史军事地理研究》，北京：中国社会科学出版社，2017 年。

④ 黄维忠：《关于唐代吐蕃军事占领区建制的几个问题》，《西北民族大学学报》（哲学社会科学版）2010 年第 4 期。

度使考——兼论吐蕃王国对河西北部地区的经略》中对杨铭、林冠群、金滢坤三人对河西北道的辖域提出了质疑，认为吐蕃在河西走廊以北设立的河西北道节度使，又称东北道元帅，负责进攻唐朝灵朔地区以及回鹘，下设北同城（今内蒙古额济纳旗）使等职官。① 近年，撰《吐蕃统治河陇西域时期节度使相关问题考论》对林之部分论断进行了反驳，重申了吐蕃东道节度由宰相担任的观点，并指出吐蕃东道节度使并非德伦，德伦盟会实为东道节度使下辖机构；吐蕃河西道管辖范围不仅仅只有瓜州、凉州二节度，而是包括河西走廊及其北部以及陇右地区；东境五道节度使实为贞元十八年（802 年）临时设置的行政机构，指挥东道五节度使。② 除上述学者之外，黎桐柏、肖超宇也对吐蕃占领区的军事建置作过谈论，黎桐柏认为吐蕃在其军事占领区采取了两种不同的管理模式，在吐谷浑和南诏地区建立"羁縻藩国"，在其他地区仿唐制设置节度使，如在河陇地区设置东道节度使，下辖青海、鄯州、河州、凉州、瓜州五道；在剑南西川地区设置吐蕃南道节度使，下辖故洪、曩贡、腊城、青城等地；在西域设置吐蕃北道节度使，下辖勃律、萨毗、于阗三道节度使。③ 肖超宇提出金文东道节度使下辖的故洪节度使应归为吐蕃南道节度使，且认为杨铭、陆离、黎桐柏所论东道节度使的辖域超出了实际范围，但文章并未作重新划定。④

（二）赋税制度

赋税制度方面的研究是学术界研究中的薄弱环节，相关成果寥寥无几。丁叶飞的《吐蕃王朝赋税制度浅析——以〈敦煌本吐蕃历史文书〉为参考》对

---

① 陆离：《吐蕃统治河陇西域时期节度使相关问题考论》，《中国藏学》2013 年第 S2 期。

② 陆离：《吐蕃统治河陇西域时期节度使相关问题考论》，《中国边疆史地研究》2022 年第 4 期。

③ 黎桐柏：《简析吐蕃王朝边境后拓辖区的军政区划》，《西藏民族学院学报》（哲学社会科学版）2012 年第 4 期。

④ 肖超宇：《唐代吐蕃东道节度使研究四题——读金滢坤、林冠群等先生文后》，《中央民族大学学报》（学社会科学版）2015 年增刊。

《敦煌本吐蕃历史文书》，尤其是《吐蕃大事纪年》所记录的相关史料进行分析，指出在吐蕃王朝名目繁多的赋税中，最重要最普遍者是"大料集"，其次是"地亩赋税"，同时亦有不少临时性或一次性的赋税名目。赋税的征收对象主要为平民、牧户，而贵族不用承担赋税。赋税的征集范围非常广泛，遍及吐蕃境内各地，其中，最重要的有作为吐蕃王朝政治中心的大藏、吐蕃境内的富庶之地腰茹，以及被吐蕃征服的吐谷浑之地。赋税的征集在召开集会议盟之时，对某地定下税额，由政府最高官员——大论负责征税，这是一种既灵活又有着严密规定的程序。[①] 这是目前唯一一篇仅围绕《吐蕃大事纪年》研究吐蕃赋税制度的文章，颇有新意。此外，关于《吐蕃大事纪年》中反映出的吐蕃赋税问题散见于学者的相关研究论文之中，但关于吐蕃赋税制度研究的深度和广度有待专家学者日后进一步地研究。

（三）户籍制度

户籍是政府向民众征发劳役、摊派赋税的重要依据，为吐蕃统治者所重视。松赞干布去世后不久，吐蕃的户籍制度便被确立，清查人口，登记造册，将部落属民区分为"桂（rgod）"和"庸（g·yung）"，《吐蕃大事纪年》对此有明确记载，学者也对此展开过讨论。如金滢坤《吐蕃统治敦煌的户籍制度初探》一文指出，"吐蕃的户口清查往往与征集赋税、兵丁相联系，户口清查结果登记在木牍上，造"红册""白册"等户籍。至天宝年间，吐蕃户籍出现了黄纸册……户口清查事务一般由岸本负责。"[②] 对于负责吐蕃户口清查官员的问题，陆离在《关于吐蕃统治敦煌时期户籍制度的几个问题——兼谈吐蕃统治敦煌的部落设置》一文中提出了不同见解，认为"至少在蕃占初期，来自瓜州节度使衙署的金牟使负责对敦煌地区的民户进行清查造籍，其

---

① 丁叶飞：《吐蕃王朝赋税制度浅析——以〈敦煌本吐蕃历史文书〉为参考》，《内蒙古农业大学学报》（社会科学版）2012 年第 4 期。

② 金滢坤：《吐蕃统治敦煌的户籍制度初探》，《中国经济史研究》2003 年第 1 期。

至对当地羊群进行清点。金牟使当原系吐蕃本部职官，负责户籍清查和牲畜清点。"因为其官阶较低，而未被《吐蕃大事纪年》记载。① 陈继宏在其博士学位论文《吐蕃统治敦煌时期历史问题研究二题》中亦追随此观点。② 此外，陆离还在其系列论文中指出吐蕃的人口核查与告身制度有关，"吐蕃对于一般属民授予灰白色硬木并画以水纹的文字告身，用以表明身份。"具体而言，"给禁卫军士兵颁发'红证（khramdmarpo）'，给一般士兵颁发'白证（kh-ramskya）'。这些'红证''白证'实际上是吐蕃授予平民的木质告身。"③

（四）礼仪制度

黄维忠《从〈吐蕃大事纪年〉看吐蕃巡守制度》④一文对目前学界几未着墨的吐蕃巡守制度作了探讨。巡守制度是一个包含中国五礼（吉礼、嘉礼、宾礼、军礼、凶礼）的综合礼仪活动，在敦煌藏文文献中，有关赞普巡礼的专用词汇为 གཤེགས（gshegs），该词在《吐蕃大事纪年》中共出现 36 次，除个别几例意为"行走、来、去"或"宾天"之外，均为"巡守"之意。赞普巡守的内容包含狩猎、政事巡守、避寒等，意在展示赞普的统治能力，力图强化统治、稳定秩序。因此，文章认为巡守制度是"一种承载文化思想和维护统治秩序的礼仪制度"，⑤是探究吐蕃礼仪制度的重要门径之一，值得学界持续关注。

（五）议事制度

议事制度是吐蕃时期一项重要的议事制度，达琼的系列论文，如《浅谈

① 陆离：《关于吐蕃统治敦煌时期户籍制度的几个问题——兼谈吐蕃统治敦煌的部落设置》，《中国经济史研究》2013 年第 2 期。
② 陈继宏：《吐蕃统治敦煌时期历史问题研究二题》，兰州大学博士学位论文，2016 年，第 120 页。
③ 陆离、陆庆夫：《关于吐蕃告身制度的几个问题》，《民族研究》2006 年第 3 期；陆离《关于吐蕃统治敦煌时期户籍制度的几个问题——兼谈吐蕃统治敦煌的部落设置》，《中国经济史研究》2013 年第 2 期；陆离：《吐蕃统治河陇西域时期制度研究》，北京：中华书局，2011 年。
④ 黄维忠：《从〈吐蕃大事纪年〉看吐蕃巡守制度》，《中国藏学》2021 年第 4 期。
⑤ 郭旭东：《卜辞与殷礼研究》，陕西师范大学博士学位论文，2010 年，第 79 页。

敦煌吐蕃藏文文献大事纪年中的议事之内容》认为集会议盟是一种吐蕃时期重要的议事制度，其内容可分为课税、军事和职官等九大类，并根据文献史料对议事制度的演变进行了分析。① 拉巴潘多的硕士论文《论吐蕃王朝时期的议事会盟制度》对吐蕃议事制度产生的社会背景、发展演变、内容、特征、意义等作了详尽的论述。② 张慧霞《略论吐蕃时期的议事制度》一文根据《吐蕃大事纪年》的记载，认为议事制度是起源于聂赤赞普时期的一种原始部落联盟会议，起初形成于公元 654 年，至公元 673 年时作为一种政治制度被正式确立。其内容主要包括立法定制、任免官员、征集军需、维系吐蕃内部政治关系。这种制度的功能因吐蕃社会形态的转变而随之发生变化，从最初用以维持赞普与臣下的结盟关系，逐步过渡到由君臣议事会议转向实质上的"御前会议"。③

六、民族关系研究

公元 7 世纪初，吐蕃王朝崛起于青藏高原，之后以势如破竹之势向外扩张，至公元 8 世纪末，整个西北地区大致以甘肃河西走廊到新疆天山一线为界，以南的地区和民族均归吐蕃所统治，一直延续至 9 世纪中叶，致使"吐蕃化"成为这一时期河西民族关系的一个显著特征。此外，从唐朝初年起，吐蕃也向西经略，与中亚和南亚诸国接触，进行直接或间接的政治、经济和文化交流，因此，学者早前就对吐蕃与西域各民族、中亚、南亚各国关系多有关注，研究成果较多。杨铭长期深耕于此领域，运用大事记对吐蕃与河西、西域、南诏地区各民族之间的关系作过系统探讨，著述较丰，如《吐蕃统治鄯善再探》《唐代吐蕃与突回纥关系述略》《唐代吐蕃与粟特关系考述》

---

① 达琼：《浅谈敦煌吐蕃藏文文献大事纪年中的议事之内容》，《西藏研究》藏文版 2010 年第 2 期。

② 拉巴潘多：《论吐蕃王朝时期的议事会盟制度》，西藏大学 2010 年硕士毕业论文。

③ 张慧霞：《略论吐蕃时期的议事制度》，《西藏民族大学学报》（哲学社会科学版）2019 年第 5 期。

《敦煌藏文文献所见的南诏及其与吐蕃的关系》《吐蕃治下的吐谷浑》《敦煌、西域古藏文文献所见苏毗与吐蕃关系史事》《吐蕃与西域诸族关系研究》《吐蕃统治敦煌与吐蕃文书研究》《唐代吐蕃与西域诸族关系研究》^①。以上论著在深入挖掘大事记内容和其他史料的基础上，综合论述了吐蕃与其他诸民族间的关系，在吐蕃与各民族文化交融等诸方面均有突破。此外，马德《敦煌文书所及南诏与吐蕃关系》通过大事记的相关记载与汉文史料相印证，对吐蕃与南诏的关系作了初步探讨。^②张云《吐蕃与西域诸族的关系》利用大事记对吐蕃占领西域后，对治下诸族的统治和关系作了有益的探讨，^③为日后进一步研究吐蕃与其他诸族的关系奠定了基础。目前学界对吐蕃与诸民族关系的研究尚留有诸多空白区，有待后继学者作深入研究，如吐蕃与诸民族交融的内在机制及其与中华民族共同体形成间的关系。

结　论

《吐蕃大事纪年》问世已逾一个世纪，国内外学者围绕其内容对吐蕃历史、政治、文化等多方面进行了详尽而细致的研究，相关成果层出不穷，成绩斐然。陈寅恪先生曾言："一时代之学术，必有其新材料与新问题。取用此材料，以研究问题，则为此时代学术之新潮流。治学之士，得预于此潮流者，谓之预流。其未得预者，谓之未入流。此古今学术史之通义，非彼闭门

---

① 杨铭：《吐蕃统治鄯善再探》，《西域研究》2005 年第 2 期；《唐代吐蕃与突回纥关系述略》，《西南民族大学学报》（人文社科版）2005 年第 6 期；《唐代吐蕃与粟特关系考述》，《西藏研究》2008 年第 2 期；《敦煌藏文文献所见的南诏及其与吐蕃的关系》，《敦煌研究》2008 年第 2 期；《吐蕃治下的吐谷浑》，《青海民族研究》2010 年第 2 期；《敦煌、西域古藏文文献所见苏毗与吐蕃关系史事》，《西域研究》2011 年第 3 期；《吐蕃与西域诸族关系研究》，哈尔滨：黑龙江教育出版社，2005 年版；《吐蕃统治敦煌与吐蕃文书研究》，北京：中国藏学出版社，2008 年；《唐代吐蕃与西域诸族关系研究》，哈尔滨：黑龙江教育出版社，2014 年。

② 马德：《敦煌文书所及南诏与吐蕃关系》，《西藏民族学院学报》（哲学社会科学版）2004 年第 6 期。

③ 张云：《吐蕃与西域诸族的关系》，《新疆社会科学》1990 年第 5 期，后收入氏著《唐代吐蕃史与西北民族史研究》，北京：中国藏学出版社，2004 年。

造车之徒,所能同喻者也。"① 这段话写自一个世纪之前,那时正值敦煌文献刚问世不久的 1930 年,《吐蕃大事纪年》的历史价值刚被国内外学者所认知,因此代表了学术界面对的一批全新材料,其冰山一角下的浩瀚尚有待于发掘和研究。如今,已经过去了一个多世纪,学界对《吐蕃大事纪年》的研究经历了一个从无到有、不断深化的过程。例如,对《吐蕃大事纪年》的整理和释读,从 20 世纪前半叶开始,国内外反反复复有好几个版本,这看似是一个重复性的工作,但实际上每一个新版本的刊布,又将吐蕃历史的研究推向了新的高度。质言之,文本的整理和释读是一门学科的研究基础,更完整、更准确的文本释读对于历史的正确解读意义非凡。西南民族大学杨铭主持的国家社会科学基金重大项目"《敦煌本吐蕃历史文书》相关民族、人物、事件研究及分年辑注",拟根据近百年来《吐蕃大事纪年》相关研究论著对《吐蕃大事纪年》进行重新释读,这对于当前吐蕃历史文化的研究而言至关重要。除外,通过上文的分类述评,亦足见学界关于《吐蕃大事纪年》研究的细度和深度,推动了吐蕃历史、社会、政治、文化等各方面的研究,意义重大。

目前而言,学界对于《吐蕃大事纪年》的研究似乎处于一种饱和状态,而且,随着一批批新的考古的发掘和资料的发现,它不再被称为"新材料",当下我们必须重新思考学术研究中《吐蕃大事纪年》作为"材料"与吐蕃历史文化相关"问题"之间的关系。一个世纪以前,是用新材料《吐蕃大事纪年》引出吐蕃历史文化研究中的新问题,而今,面对浩繁的研究硕果以及新发现的资料,情况或许是相反的。

第一,在研究中产生的新问题会带动对材料的再发掘、再补充。以杨铭《㕹达延非吐谷浑王子辨——以敦煌本〈吐蕃大事纪年〉为中心》为例,《吐蕃大事纪年》中记载有多位名为"达延"或"㕹达延"的吐蕃官吏,学界对其

---

① 陈寅恪:《陈垣敦煌劫余录序》,《中国文化》2001 年 Z1,第 45 页。

身份和族属多有争论，大致有"吐谷浑王族说"①和"达布王族说"②两种。杨铭将《吐蕃大事纪年》中的相关资料与汉藏文资料相结合重新作了梳理，提出了另一种观点：垄达延系出自吐蕃本土的达布王族，与附蕃吐谷浑王两者并非同一王系和族系。③尽管对于垄达延族属和身份的探讨是一个历史问题，但学界一直未有同一的论断，因此，此类有争议的问题应该是一种常说常新的问题，对于它们的探讨即是对材料的再发掘。

第二，在对材料的再解读中对历史进行再认知。如对于松赞干布继承王位的过程，目前学界并未有过太多质疑之声，近年来万玛项杰通过对《吐蕃大事纪年》第7~8行内容的重新释读，纠正了以往学界对部分文字释读的错误，进而重新建构了松赞干布执政前的真实历史，即松赞干布执政前与其弟赞松争夺王位，松赞干布在赞松被贬为"塘参"后，将其烧死在"涅"地，最终取得了王位继承权。④对于这段松赞干布兄弟二人失睦之历史，在藏文史料中均未明确记载，通过对《吐蕃大事纪年》的重新释读重构了吐蕃历史中那些因政治因素而被人为删除的遗忘的记忆。

总之，没有研究就不会有问题，但如果问题不存，即使是最新的材料也只能附着于往旧的视野。

① UEBACH，Helga.Eminent ladies of the Tibetan Empire according to old Tibetan text. Karmay，S.G.AndP.Sagant（ed.），Les habitants du toit du Monde.Nanterre：Société d' Ethnologie，1997，p.61，n.17.

② URAY，Géza.DieLehnfürstentümer des TibetischenReiches in Ⅶ－Ⅸ.Gafurov,B.G. 主编，Trudy DvadcatMezDunarodnogoKongressaVostokovedov.Moksva：Izdatel' stvovostocnoi litertury，1963，p.206.

③ 杨铭：《垄达延非吐谷浑王子辨——以敦煌本〈吐蕃大事纪年〉为中心》，《中国藏学》2023 年第 4 期。

④ 万玛项杰：《文本与史实：p.t.1288〈吐蕃大事纪年〉第7—8 行与赞普松赞执政史事钩沉》，宣读于"第六届丝绸之路（敦煌）国际文化博览会"暨"敦煌学研究弘扬的世界意义学术研讨会"上，待发。

论古代敦煌人的幸福观

——以敦煌文献为中心

甘肃省社会科学院社会学所研究员　买小英

摘要：幸福是一种自足的状态，是在人的需要和欲望得到满足，人的生存和发展达到某种和谐与完满后的美好心理体验。古代敦煌人追求身体康健、福寿绵长的个人幸福，追求家庭和睦、万事顺遂的家族幸福，追求团结互助、国泰民安的社会幸福，他们既注重"生"，更注重"死"。他们所崇尚的幸福不仅仅是个人的，更是集体的，是更广泛群体的追求与向往，是注重生命活动、崇尚生命价值的幸福。

关键词：敦煌社会；幸福观；生死互参；生命价值

在古代敦煌文献中，"伏愿威光盛运，福力弥增；国主千秋，万年丰岁。""家家快乐，室室欢娱；斋主助筵，咸蒙吉庆。""惟愿三宝覆护，众善庄严；灾障不侵，功德圆满。"……这些词句是敦煌愿文中最为常见的语句，反映出古代敦煌人对国家、对社会、对家人的期许：国泰民安、家和事兴、灾祸不侵……如是，将是人生最大的幸福。

一、幸福之基——身康体健、家和事兴

幸福是一种自足的状态，是在人的需要和欲望得到满足，人的生存和发展达到某种和谐与完满后的美好心理体验。现存敦煌文献中的愿文、斋文以及碑铭赞、邈真赞等文献显示出，古代敦煌人对幸福的追求是多方位、多层次的。其幸福的基础就是对自身和家人身体康健的需要，对家庭或家族和睦

事兴的期盼。

（一）健康福禄寿

身康体健是人类生命存在的基本状态，身体康健、灾病不侵成为古代敦煌人最朴素、最直接的对幸福的基本追求。现存敦煌文献中的愿文充分体现出古代敦煌人对身体康健、疾病不侵的期盼。如敦煌文献 S.6417V《患文》和 P.2237《患文》[1]是为父、为母病患期间所做的祈福；S.5561《丈夫患文》[2]是妻子和家中亲属通过斋会的形式为病患中的丈夫祈福发愿，以求得庇护；再如 S.1441《难月文》、S.5561《难月文》[3]中是对即将临盆的产妇的祈福祝愿，担心产妇有"伤毁之唆""妖灾之苦"，所以"虔心恳切""割舍珍财"，目的是"母子平安，早得欢尔"。由此可见，倘若达到身体康健这种生命存在基本状态完满的体验，那就意味着生命存在者和生命活动将更加完满，意味着拥有更加美好的生命存在方式和生命存在状态。

在中国民间传统的幸福观中，长寿之福是最受重视和推崇的。对于古代敦煌人而言，民俗和宗教活动中的祈寿体现了他们对长寿幸福的向往和追求。如 P.2726《比丘法坚发愿文》中记载有："伏愿南山比寿，北极齐尊；长欢得事（士）之朝，永葆在天之寿。［为皇帝］。伏愿灵椿比寿，仙桂齐坚；常为日月之明，永照昏迷之暗。［为大王］。……伏愿麻仙比寿，王母齐坚；万善来集，千殃弥远。为诸娘子。"[4]P.3770《悟真文集》中有"伏愿才智日

---

① 黄征、吴伟：《敦煌愿文集》，长沙：岳麓书社，1995 年，第 396—398 页。

② 中国社会科学院历史研究所、中国敦煌吐鲁番学会敦煌古文献编辑委员会、英国国家图书馆、伦敦大学亚非学院：《英藏敦煌文献》（8 册），成都：四川人民出版社，1994 年，第 22 页。

③ 中国社会科学院历史研究所、中国敦煌吐鲁番学会敦煌古文献编辑委员会、英国国家图书馆、伦敦大学亚非学院：《英藏敦煌文献》（3 册），成都：四川人民出版社，1990 年，第 54、27 页。

④ 黄征、吴伟：《敦煌愿文集》，长沙：岳麓书社，1995 年，第 302—304 页。

新，福同山积，寿命遐远，镇压台阶。"①S.2832 中有"福寿比于山河，淑容芳于□□。"②P.2640《常何墓碑》中记载有"所冀福寿无寨，享年斯永。"③甲卷 S.6884 + 乙卷天津博物馆 178 号 + 丙卷北京图书馆丽字 72 号《金光明经题记愿文》中有"纳受功德，乞延年益寿。"④等等。

（二）家和万事兴

"家"是中华民族建构的轴心，是一切行为的出发点和归宿点。《汉书·元帝记》："安土重迁，黎民之性；骨肉相附，人情所愿也。"安居常态、叶落归根，是中国人传统的价值观念和思维模式。追求幸福不仅是满足人的外在需求，更重要的是构建内在的生命关系。这种关系不是个体之间的功能联系，而是个体与整体之间感通的永恒。

现存敦煌文献中有许多反映古代敦煌民众家庭伦理关系的文书，体现了他们在处理父子、夫妻、兄弟姐妹等关系时所遵循的伦理准则和道德规范；在维护着家庭稳定、促进家庭团结的过程中，不断践行着对传统家庭关系的伦理愿景。如敦煌文献 S.5546《咒愿壹本》和 P.2976《咒愿新女婿》中要求新婚夫妇"孝养父母，宜姑宜嫜""忠孝两全，文武双美"⑤；S.6417V《患文》和 P.2237《患文》是为父、为母病患期间所做的祈福；⑥P.2341《亡考》《亡妣文》⑦，S.6417《亡考文》⑧、P.2622《新集吉凶书仪》⑨等是对父母亡故后的祈福追荐

---

① 郑炳林：《敦煌碑铭赞辑释》，兰州：甘肃教育出版社，1992 年，第 120 页。

② 黄征、吴伟：《敦煌愿文集》，长沙：岳麓书社，1995 年，第 73 页。

③ 郑炳林：《敦煌碑铭赞辑释》，兰州：甘肃教育出版社，1992 年，第 6 页。

④ 黄征、吴伟：《敦煌愿文集》，长沙：岳麓书社，1995 年，第 739 页。

⑤ 黄征、吴伟：《敦煌愿文集》，长沙：岳麓书社，1995 年，第 396、398 页。

⑥ 黄征、吴伟：《敦煌愿文集》，长沙：岳麓书社，1995 年，第 758，738 页。

⑦ 黄征、吴伟：《敦煌愿文集》，长沙：岳麓书社，1995 年，第 727—729 页。

⑧ 黄征、吴伟：《敦煌愿文集》，长沙：岳麓书社，1995 年，第 734 页。

⑨ 周一良：《敦煌写本书仪中所见的唐代婚丧礼俗》，《敦煌民俗研究》，兰州：甘肃人民出版社，1995 年，第 3—19 页。

与吊孝祭祀等，涵盖孝行的全过程。再如，P.3781《河西节度使尚书建窟功德文》中提到"夫人闺颜，永贵琴瑟之美"①，S.2832《亡夫》文中提到"琴瑟之吉"，P.2526、P.2543《亡夫》文中"相扶琴瑟之欢，共饰缣湘之庆"，P.2058《燃灯文》、S.5957《结坛发愿文》中"琴瑟之善"等②。兄弟之间则是秉持着同居共财、团结御侮、慈爱悲悯的手足情义，既满足他们对物质生活的向往和需要，又达到了安身立命、追求完满正道的心灵慰藉等。

古代敦煌人将追求个人幸福与家族发达密切联系在一起。其中追求人丁兴旺体现了古代民间对幸福的一种理解，与此同时，这样的幸福还需要在"高官厚禄"中得到充盈。如 P.4660《敦煌阴处士邈真赞并序》中提到"既安终于毕世，亦子孙之昌宁。"③P.2976《咒愿新女婿》中提到"承家继嗣，守节怀贞"，要求"夫妻和睦"，方能"子孙昌盛"，要求新郎"保宜上下，敬重亲情"，希望他能够"忠孝两全，文武双美""琴瑟（和）谐，子孙盛矣"，终会"福禄穰穰，功名不坠。"④《张兴信邈真赞》中提到"行存輗軏，孝存终始。处职辕门，功名莫比。"⑤P.3350《咒愿新郎文》中祈愿施愿者家中"金银年年满库，麦粟岁岁盈仓"，"合家大富吉昌"，众人"同修十善"⑥。

在敦煌文献中我们看到，恪守伦理纲常成为实现幸福的基本途径。家庭关系本身就是一种归属，人只有归属于家庭或特定的人群之中，并感知生命历史的存在和过程，才能获得幸福的生活。

---

① 郑炳林：《敦煌碑铭赞辑释》，兰州：甘肃教育出版社，1992年，第226页。

② 买小英：《生死相依患难与共——敦煌文书所见中古夫妻伦理关系》，《石河子大学学报（哲学社会科学版）》，2015年第4期。

③ 郑炳林：《敦煌碑铭赞辑释》，兰州：甘肃教育出版社，1992年，第154页。

④ 买小英：《生死相依患难与共——敦煌文书所见中古夫妻伦理关系》，《石河子大学学报（哲学社会科学版）》，2015年第4期。

⑤ 郑炳林：《敦煌碑铭赞辑释》，兰州：甘肃教育出版社，1992年，第146页。

⑥ 买小英：《生死相依患难与共——敦煌文书所见中古夫妻伦理关系》，《石河子大学学报（哲学社会科学版）》，2015年第4期。

二、幸福之源——团结互助、国泰民安

中国传统幸福观在诠释幸福的内涵上不仅重视人的主观内在感受，更重视个人幸福同自然、他人与社会的相互关联，这与现代和谐社会思想的道路基本一致。①古代敦煌人对幸福的追求除关乎个体外，更体现在对他人、对社会、对国家的关爱、关心与关联上，虽地处西北，饱受战乱与纷争，但始终保持着中原文化的精神主旨，归根结底，皆因社会与国家是其幸福的来源。

（一）团结互助合作

古代敦煌人长期秉持着团结互助、互利合作的处事态度和生活状态。这里的民间组织机构——即民间结社正是扮演着这样的角色、发挥着这样的作用。现存敦煌文献中的结社资料清楚地表明，敦煌民间结社的组织机构十分完备：社人大会在所有结社中地位最高，具有制定社条，修改和补充社条，选举和改选三官，批准新人入社或开除社人等其他重要事情等职能；社条是社内人员行为的最高准则。社人之间相互平等，患难与共、互帮互助；社务公开透明。民间结社的功能也很全面：一是生产互助（如渠人社等行业结社），二是生活互助，三是精神互助（如燃灯社、修窟社等），当然这些结社的功能并非单一，大多属于复合型功能的结社。

在敦煌文献中我们看到，大多数敦煌地区的结社都是因为地缘接近，在资源共享与彼此允诺的情况下组建起来的团体。如敦煌文献 S.2041《大中年间儒风坊西巷社社条》中记载的就是临近村之间的相互结社；S.3540《戊辰年（968？）正月廿四日裉坊巷女人社社条》也是利用地缘的便利而建立起来的。还有因生产关系而结社的，如 S.4525 记载的是寺院财务支出的情况，按文书内容所载应该属于同业结社（也就是行会结社）。此外，还有家族内部采取

---

① 王刚：《中国传统幸福观的历史嬗变及其现代价值》，黑龙江大学，2008 年。

民间结社互助的，如 S.8160 就是一件亲情社的社条，这说明亲戚之间也愿意采纳社邑的组织方式作为家族的外显形式。①

上述资料进一步表明，人不是单一生存的，而是环境的产物，在外在环境的影响下，即使是未曾相识的人与人之间也可以通过某种物质的或精神的需要建立彼此之间的联系。敦煌民间结社的成员之间或是亲属，或是村邻，抑或是因生产活动或宗教活动集合在一起的陌生群体，他们之间为了生产、生活或是精神等方面的需要而结成社团，彼此施以援手，满足各自所需。这既是对内源性发展需要的满足，又是对外在性发展需要的满足。同时也让我们看到，适应环境、又得到人们认可的个体，他们拥有积极的生命存在状态，同时也拥有他与自身、社会的和谐状态。

（二）家国情怀、民族自觉

人在特定人群中才会有不断的具体行为。群体是个人行为相互作用的结果，确切地讲，群体是个体追求行为最大化的结果，是个体与个体之间彼此的相互认同与归属，这是个人生命中最强烈的追求。

古代敦煌人的归属感来源于他们浓烈的家国情怀。由于种种原因，他们远离中原地区的文化本土而世代留居敦煌，但是他们依然能在敦煌保持中原的本土文化，并且在这里形成了边民文化圈，而且这种文化圈在观念上依然是以中原本土文化为中心的。在敦煌文献中有许多反映家国情怀，祈愿国泰民安的愿文与诗词。如敦煌文献 S.4860《创建伽蓝功德记并序》中写道："福资家国，愿保尧年。"②P.2555、ДХ.3871《晚秋羁情》是敦煌金山国官员在出使吐蕃地区被羁时所作的一首诗，诗中表达诗人虽然被羁绊在漂泊遥远的蕃乡，内心却依然忠诚于家国，只是愤恨被吐蕃羁禁太久，心中难免产生愁苦、孤单的情怀。此外，敦煌文献中有 P.2553《王昭君变文》，P.2555、

---

① 孟宪实：《敦煌民间结社研究》，北京：北京大学出版社，2009 年。
② 郑炳林：《敦煌碑铭赞辑释》，兰州：甘肃教育出版社，1992 年，第 544 页。

P.2673、P.4944《王昭君安雅词》，P.2748《王昭君怨诸词人联句》和 S.0555
《昭君怨》等。安史之乱前后，昭君故事在蜀地已广泛流行讲唱，后传至河西
地区。在吐蕃攻占河西以后，河西的民间讲唱艺人在原有变文的基础上加入
了许多现实因素，形成了民间讲唱故事底本的敦煌本《王昭君变文》，创作
者借昭君的故事及其艺术形象表达共同的境遇，吐露内心的故国之思，表达
对蕃人的反抗，体现唐人的不可征服，以唤起民族自觉与民族意识。[①]

　　人对幸福的追求就是对归属的追求。当人意识到自己的独特性，人就萌
生了幸福的种子。当人充分关爱一切时人就实现了归属，拥有了幸福。在古
代，敦煌人文化身份的选择与认同凸显出其难能可贵的内在性与本源性。就
人格而言，由于敦煌边民部分地被割断了同中华民族社会大家庭所应给予的
关爱，与此同时，他们的生命意义即生存价值也部分地遭到这个大家庭的否
定，无法以正常的社会背景来确定其生命意义的归宿，而且他们离开故土，
进入了一个主要由少数民族集聚的生活圈，甚至被视为是非人类，这无疑是
对他们人格尊严的最大威胁。就生存根基而言，敦煌边民远离故乡故土，要
维护和恪守传统文化的难度很大。但是，传统文化根植在他们的深层意识
中，是代表种族标志的文化本能，这既是他们的生存方式，也是他们的本质
需要。倘若丢失这个传统，就意味着丢失自我，丢失固有的生活方式，甚至
还有可能丧失种族记忆。因此，这些边民坚持不懈地在敦煌营造起一个可以
重新找回人格和生存根基的氛围和环境，格外强调爱国主义，以推动与本土
文化的联系并借此强化他们的种族记忆。[②]

　　由此可见，人只有超越自己，与更大的整体相融汇、相认同，才能得到
美好、神圣、完善、极乐等独特的体验。现存敦煌文献表明，古代敦煌人所

---

① 买小英：《代敦煌诗词中的"乡愁"》，《丝绸之路人文与艺术》，兰州：兰州大学出版
社，2019年。

② 买小英：《儒释伦理共同作用背景下的敦煌家庭关系研究》，兰州大学，2017年。

崇尚的幸福不仅仅是个人的，更是集体的，是更广泛群体的追求与向往，是自古以来中华民众植根于内心深处的浓厚家国情怀的集中体现。他们对于幸福本质的理解没有脱离人与人、人与群体之间的实践活动，也并没有仅仅将幸福视为人的个人主观感受和体验，在实践中，他们将幸福的产生同样归结在人与人、人与群体的社会生活实践中。

三、幸福之境——生死互参、体悟价值

众所周知，幸福是个体在社会生活中为了实现目标和理想，是自己的物质生活和精神生活得到某种满足的心理体验，是人们对生活的肯定评价，追求幸福是人类生活的永恒主题和社会发展的强大动力。幸福观是人生观系统中对人生幸福的认识，是人们对什么是幸福，以及如何追求幸福等问题所持态度的系统观念。它直接关系到人如何生活才有意义、价值的问题，决定着人生的理想和追求目标，它是人生观的重要内容。

如敦煌文献 P.2551《李君莫高窟佛龛碑并序》中写道"是身无常，生死不息，既如幻如化，亦随起随灭。"[1] P.4660《沙州释门都教授炫阇梨赞并序》中写道"菩萨了达，生死如之。灵神证果，留像威仪。"[2] 日本龙谷大学图书馆《无量寿观音经缵述孔含光题记愿文》中写道"如来证涅槃，永断无生死"[3] 等等。同样，在敦煌的石窟壁画中，工（画）匠们也从不同角度为世人呈现出佛教关于生、死的奥义，关于人自身存在的终极追问。这些文献资料和石窟壁画都反映出敦煌文化中的人生哲学不仅关照人的"生"，而且重视人的"死"。既防止只重视人的生命存在而可能走向的人生空虚性，又避免只重视人的生活而导致的人生狭隘性，使敦煌民众在信仰与现实中获得精神上的满足。换而言之，在生活与生命问题的解决上，敦煌民众对"死"的

---

① 郑炳林：《敦煌碑铭赞辑释》，兰州：甘肃教育出版社，1992 年，第 11 页。
② 郑炳林：《敦煌碑铭赞辑释》，兰州：甘肃教育出版社，1992 年，第 206 页。
③ 黄征、吴伟：《敦煌愿文集》，长沙：岳麓书社，1995 年，第 903 页。

观照，在人之"死"的问题的解决上，也求之于对"生"的认识，注重"生死互参"。这在一定程度上将人生的意义与价值从生活的层面跃升至生命的层次，把个性化的人生观置换成类的人生观，从而立于生命的基点上来看待"生""死"，最终超越死亡，获得"生"的幸福，也得到"死"的超然。

敦煌社会是一个崇尚信仰的社会，在这里几乎集合了中国传统宗教信仰的所有因子：在儒家文化的基础上，融合了道教、佛教以及民间信仰等多重因素。表面上看，古代敦煌人在石窟修建、壁画绘制、诵经礼佛中寻求超越自我、涅槃寂静的理想境界。但是实质上，他们并不单单满足于佛教所倡导的，即从痛苦与死亡中寻求生的意义和出路，把幸福指向彼岸的生命轮回，并形成涅槃为乐的最高境界的幸福观；而是又在现实生活中寻找现世的人间天堂，借助个体行为、群体组织，实现对个人、对家庭、对社会、对国家的美好祈愿与祝福，成就古代敦煌人相对充实的精神世界和敦煌社会总体的安定祥和。

以古鉴今，当下的我们若想获得人生的佳境，其途径同样不能仅局限于个体的内部，而是要从历史和实践的角度去认识幸福、体悟幸福，将幸福放在一定时期的历史时代和文化背景下去理解、去感悟，才能更好地把握幸福。人的生命存在是通过生命活动来体现，生命存在者的状态取决于生命活动的方式，因此，生命活动是幸福的来源，也只有正确的生命存在活动才能通向幸福。对于当代人而言，若能从个性的生活走向普遍性的生命存在，在改变现实世界、创造历史的生命活动中才能实现自身的人生价值，从当下的生活迈进永恒无限的生命洪流，便可真正体会到生活的意义与生命的价值所在，获取真正意义上的人生幸福。

敦煌文化对铸牢中华民族共同体意识的历史贡献与价值意蕴*

敦煌研究院敦煌文献研究所副研究员　彭晓静

摘要： 敦煌，古代丝绸之路的咽喉要地，也是沟通东西方经济、文化交流的桥梁和纽带。敦煌灿烂的文化，是丝绸之路交融的结果，也是华夏文明最厚重的历史呈现。作为"华戎交汇一都会"的敦煌，自古就是东西方诸民族频繁迁徙和往来之地，在促进中西经济贸易交往的同时，也带来了多元民族、宗教文化、语言艺术的互动，呈现出敦煌文化的开放性、多元性和包容性。敦煌文化所蕴含的崇德唯美、向善守正、多元一体、兼容并蓄、大盛融通、互利共赢等精神内涵，已经凝练成为中华民族文化共同体意识的核心理念。

关键词： 敦煌；敦煌文化；丝绸之路；中华民族共同体意识

一、敦煌文化的发展历程与中华民族共同体的初步形成

敦煌位处河西走廊最西端，甘、青、新三省区的交界地带，敦煌自古以来就在西域、青藏高原和河西走廊三个相对独立的地理区域之间，是丝绸之路河西道、羌中道和西域南、北道交汇处的一大边关要塞。从敦煌东北行过安西，为通向中原的河西大道；西出阳关，沿丝路南道与新疆的若羌县相

---

* 基金项目：甘肃省文物保护科学和技术研究重点课题《敦煌藏经洞文物与中华民族共同体意识构建研究》（GSWW202208）。

连；西北行出玉门关，沿丝路北道可通往哈密和罗布泊；敦煌南行经阿克塞哈萨克族自治县，逾阿尔金山，则直达青海省的格尔木。

从考古发现来看，早在夏朝时，敦煌地区就已有人类的活动。据文献记载，约在商周时代，这里居住着羌人、乌孙人和月氏人。至战国时，月氏逐渐强大起来，吞并了羌人。到了秦末，月氏赶走乌孙，占据了敦煌与整个河西走廊。汉初，匈奴打败月氏，并将其残部逐出河西，从此，匈奴单于驻守在敦煌一带。

由于独特的地理位置关系，敦煌一直是中原王朝经营西域的重镇。公元前 138 年和公元前 119 年，汉武帝派张骞两次出使西域，汉朝与西域和中亚、西亚和南亚等主要国家开始建立起频繁的政治和经济交往。在敦煌莫高窟初唐时期的第 323 窟北壁就绘制有"张骞出使西域图"。也就是说，随着西汉时期丝绸之路的开通，敦煌遂成为丝绸之路上的重要枢纽。元狩二年（前 121 年），汉武帝派霍去病率大军击败西匈奴，河西走廊归入中原王朝的版图。汉朝在河西始置武威、酒泉二郡。敦煌地区隶属酒泉郡。元鼎六年（前 111 年），汉朝又析酒泉郡地置敦煌郡，领敦煌、冥安等六县。并在敦煌郡以西修建了玉门关和阳关，作为扼守西域进入河西、中原的门户。为充实敦煌郡，汉武帝几次从内地移民于此。《汉书·西域传》云："汉兴至于孝武，事征四夷……其后骠骑将军击破匈奴右地，降浑邪、休屠王，遂空其地，始筑令居（甘肃永登）以西，初置酒泉郡。后稍发徙民充实之，分置武威、张掖、敦煌，列四郡，据两关焉。"[1] 随着丝绸之路的畅通，敦煌郡的设立，使得敦煌进入历史上的第一个繁荣期。

随着敦煌郡的建立及防务的强化，古丝路三道总凑敦煌，遂成咽喉之地。从此确立了其在中西交通史上的地位，成为汉魏、南北朝时期中原王朝

---

① ［汉］班固撰，［唐］颜师古注：《汉书·西域传》，北京：中华书局，1962 年，第 3872—3873 页。

管辖西域地区的政治、经济、军事中心之一。中原王朝向西进发，西部少数民族东进关陇，华夏文化由此地转向西方，西方文明也通过这里转入内地。

东汉时期，敦煌置西域副校尉，成为经营西域的中心。《后汉书·郡国志》敦煌郡下刘昭注引《耆旧记》中这样描述敦煌："国当乾位，地列艮墟；水有县（悬）泉之神，山有鸣沙之异；川无蛇虺，泽无兕虎；华戎所交，一都会也。[①]"20 世纪 90 年代，对敦煌悬泉遗址进行考古工作，出土的 2 万余枚汉简记载了汉晋时期东西往来的使节、使团等途经敦煌时的情况，真实地反映了这一时期丝路交通的面貌，以悬泉驿为代表的敦煌，无疑是丝绸之路上重要的一站。

三国魏晋时期，已有不少的西域商人汇聚在敦煌地区，几代敦煌太守对此进行了有效的管理，其中最为著名的是三国时期的敦煌太守仓慈，其公布了一系列如抑制豪强勒索外国商人、防止土地兼并、鼓励胡汉通婚、一视同仁对待少数民族的法度，使得敦煌的商业贸易持续繁荣。根据历史文献和斯坦因 1907 年在敦煌西北的汉长城烽火台遗址中发掘的粟特文古信札记载，可知当时在敦煌活跃的有大秦、安息、粟特等西域商人，敦煌俨然已成为丝绸之路上的一个重要的货物转运站，丝绸之路上的国际商贸中心。

十六国时期，敦煌经历了前凉张氏、前秦符氏、后凉吕氏、西凉李氏、北凉沮渠氏五个少数民族政权的统治。直到公元 442 年北魏灭北凉，敦煌才又重归北方统一政权之下。十六国时期敦煌和河西地区，中原动荡，但河西相对稳定，成为敦煌世家大族保存汉文化的重要区域，同时这些小政权为了从西域获得政治、经济上的支持，尤重对西域的经营，商业贸易也未中断。这也成为敦煌文化发展史上的黄金期。前凉张骏于公元 345 年在敦煌设沙州，领敦煌、晋昌、高昌三郡，以及西域都护、戊己校尉、玉门大护军等三

---

① [宋]范晔撰，[唐]李贤等注：《后汉书》，志第二十三，北京：中华书局，1965 年，第 3521 页。

营。说明当时的敦煌还承担着控御西域和中西交通道路的责任。为了充实敦煌，前秦建元末年，苻坚"徙江汉之人万余户于敦煌，中州之人有田畴不辟者，亦徙七千余户"[①]。这些移民不仅为敦煌补充了数量相当可观的人口，也促进了敦煌经济的持续发展。

在这一时期的敦煌，东晋建元二年（344年），僧人乐僔在宕泉河边鸣沙山东麓的断崖上开凿了第一个洞窟，开启了莫高窟千年营造的历史。敦煌文献 P.3720 和莫高窟第 156 窟前室墙壁上的《莫高窟记》均记其事。莫高窟最早的洞窟就是在北凉时期凿建的，著名的"北凉三窟"——第 268、275、272 窟中浓厚的犍陀罗风格的造像，正是这一时期敦煌与丝路文化交流的结果。

北朝时期，敦煌仍作为经营西域的基地，北魏设镇敦煌。波斯、嚈哒的商人、使者不断来往北魏、西魏和北周，敦煌继续扮演着作为国际贸易中转站的重要角色。敦煌莫高窟西魏第 285 窟保存下来的中亚滑国人供养像及题记，史书中记载曾在敦煌主持地方政务的"波斯使主"张道义等[②]，即是有力证明。

隋唐时期，敦煌作为国际商贸都会，出现了空前的繁荣和兴盛。隋炀帝时期命裴矩前往河西一带，主持同西域胡人的贸易。裴矩不负重托，努力经营，对进入敦煌前往中原经商的胡人胡商，给予优待，提供各种方便，裴矩在《西域图记》中肯定了敦煌在丝路交通中的重要地位，记述了当时丝绸之路出了敦煌之后的三条道路："发自敦煌，至于西海，凡三道，各为襟带。北道从伊吾，经蒲类海铁勒部，突厥可汗庭，度北流河水，至拂菻国，达于西海。其中道从高昌，焉耆，龟兹，疏勒，度葱岭，又经钹汗，苏对沙那国，康国，曹国，何国，大、小安国，穆国，至波斯，达于西海。其南道从鄯

---

① ［唐］房玄龄等撰：《晋书》卷 87《凉武昭王李玄盛传》，北京：中华书局，1974 年，第 2263 页。

② 参见姜伯勤：《敦煌与波斯》，《敦煌研究》1990 年第 3 期，第 2 页。

善，经于阗，朱俱波、喝槃陀，度葱岭，又经护密，吐火罗，挹怛，帆延，漕国，至北波罗门，达于西海。其三道诸国，亦各自有路，南北交通。其东女国、南婆罗门国等，并随其所往，诸处得达。故知伊吾、高昌、鄯善，并西域之门户也。总凑敦煌，是其咽喉之地。"①非常形象地指出了敦煌在丝路交通中不可替代的重要地位。汉唐以来，丝绸之路无论分为南北二道，还是南中北三道，均是从敦煌的玉门关、阳关出西域，或由敦煌进入汉地。同时，隋炀帝西巡河西，在张掖接见中亚西域 27 国的使节商队，推动丝路交通的发展。在隋朝政府的大力推动下，丝绸之路再次繁荣。敦煌莫高窟隋代洞窟中一时间集中出现大量的具有波斯萨珊风格的联珠纹、三兔藻井等纹样，正是在这样的背景下被绘制于洞窟中。同时，莫高窟隋代洞窟的营建，表现出全新的时代面貌，规模较大的洞窟和大型佛像的出现，极富装饰的窟内效果，彩塑菩萨弟子的人格化描写，壁画中胡商图，也可以认为是丝路交通繁盛的必然结果。

及至唐代，敦煌是名副其实的国际商贸中心。在敦煌市场上，既有内地客商，也有来自东罗马帝国、阿拉伯、波斯、中亚及印度半岛诸国的商人，还有不少外国商人在市场上开设店铺。安史之乱之后，敦煌进入吐蕃统治时期，吐蕃在河西陇右设置了东道节度使来管理这一区域，通过驿传使者向驻地的军政机构下达来自青藏高原本土宫廷的政令。为了镇守、巩固新的占领区，吐蕃王朝在其从东北到西北的边境上设立了一系列军镇。在吐蕃王国都城逻些及赞普行宫与这些边疆军镇之间，在军镇和军镇之间，吐蕃还建立了一套完备的、有效的驿传系统，以便中央政府的政令畅达无阻，并能够牢牢地控制它势力所及的各个地区。吐蕃借鉴唐代的"飞驿"制度，在各个城镇之间设置驿站，由驿户加以维护，平日的交通是由驿骑往来。

---

① ［唐］魏徵、令狐德棻：《隋书》卷六十七，北京：中华书局，1973 年，第 1579—1580 页。

晚唐五代宋初，敦煌属沙州归义军政权管辖，与西域及周边其他民族的商业贸易仍在继续。848年，敦煌张议潮集结豪族起义，赶走吐蕃人，打通河西，归服唐王朝，丝路再次畅通。出于政治安全的考虑，归义军经常派使团出使甘州回鹘、西州回鹘、伊州回鹘以及于阗、石城（南山）等地，继续推进丝路的交通贸易。归义军政权机构里还专门设立宴设司，负责招待来自回鹘、于阗、南山、鞑靼、波斯和印度等地的使者和商人。从这些活动中，可以看到丝路在一定范围内以敦煌为中心地继续存在。敦煌莫高窟第98窟、第61窟中分别绘有于阗国王李圣天和公主们的画像，说明这一时期敦煌对西域人的吸引力。归义军经历张氏、索氏、曹氏等时期，前后延续一百五十余年，一直奉中原王朝之正朔，依照中原王朝，在"四面六蕃围"①的艰难境况中顽强生存延续下来。归义军政权不断遣使至唐及以后中原王朝朝贡，使得远在西北边陲的敦煌归义军政权与中原王朝展开了多方面的深入交流，加强了敦煌以及河西地区和中原王朝的联系与互动。

及至元时期的大一统和草原丝绸之路的兴盛，中西交通路线的多元化以及政治中心的东移北上，敦煌地理上的重要性相较汉唐时期有所下降。诚如日本学者大岛立子所指出的，蒙古帝国时期东西方连接陆路交通的主要线路是天山南路或北路，沿此路线东行可直达和林，而没有必要经由敦煌。中西路线的多元化，使得在选择路线时除了经由敦煌外，还可走其他通道，但并非是完全不经敦煌。②但是由内地前往西域或者由西域进入内地，穿越河西、经由敦煌仍然是较为便捷的通道。特别是在元朝建立后，统治中心已由和林南移至大都，敦煌仍然是旅行者和其他人员在东西往来时常选择的经由之地。小规模或零星的交通贸易仍在继续，昔日曾经扮演了丝路都会的敦煌，也不时有来自内地和异域的僧侣、商人经过。元代意大利人马可·波罗的笔

---

① 出自敦煌文献 P.3128 号《敦煌曲子词·望江南》："敦煌郡，四面六蕃围"。

② 大岛立子、高然:《元代的敦煌（上）》,《民族译丛》1984 年，第 40 页。

下就有敦煌的记载，明代罗马教廷派来中国考察的传教士鄂本笃也曾随商队路过敦煌。

明代划嘉峪关而治，对嘉峪关以西实行统而不治的羁縻政策。明朝在敦煌先后设立沙州卫和罕东左卫，任命少数民族头领担任官职。嘉靖七年（1528 年），罕东左卫帖木哥、土巴率众全部内徙，自此敦煌被完全弃置。自明嘉靖七年迁民弃土至清雍正三年（1725 年）设立沙州所，敦煌郡无建制将近两百年，敦煌也跌入其历史发展的谷底。在罕东左卫部众全部内徙后，敦煌已无人口居住，只有吐鲁番部众时来耕牧。明代置敦煌于嘉峪关外，虽然蒙古、藏族等部众中仍信仰佛教，但这一时期莫高窟已无艺术创作。在闭关之后，莫高窟香火冷清，人迹罕至，也是其艺术发展史上最为灰暗的时期。清朝康熙后期，开始逐步经理关西地区。雍正三年（1725 年）正式设立沙州所，次年升沙州卫。乾隆二十五年（1760 年），正式设立敦煌县。由此，清代敦煌军政建置设立完毕、清代雍正五年至七年间进行了大规模移民。同治兵燹之后，敦煌人口明显减少，沙州卫城内新修了佛教的大佛寺，地藏寺及道教的西云观，同时修建了大量属民间信仰的庙宇。清代敦煌民众信仰呈现出了佛教、道教、民间信仰杂糅的面貌，这一时期，莫高窟也基本没有艺术创作，只进行了大量的重修、装饰活动。

综上可见，中国古代敦煌发展历程与中华民族的历史演变发展相一致，有普遍性又有其独特性。在中原王朝统治巩固、稳定发展的同时，敦煌地区的政治、经济、文化与艺术也蓬勃向上，成为中西交通交流融会贯通的桥梁和纽带，从而使各民族间团结融合，共同发展进步。在中原王朝衰落、崩坏、战乱、分裂时，敦煌地区也一度为少数民族所占领统治。也正是因为如此，偏安一隅的敦煌成为中原各地民众逃避战祸、保存和发展民族文化较稳定的地区。我们并非地理环境决定论者，但此种时期敦煌地区较为松散的政治统治、特殊的地理位置和自然生态环境，为中华民族的进一步发展曾作出了特别的历史贡献。①

二、敦煌文化的精神内涵是构建中华民族共同体的思想宝库

文化是一个国家、一个民族的灵魂，铸牢中华民族共同体意识，就要不断增强各族群众"对伟大祖国的认同、对中华民族的认同、对中华文化的认同、对中国共产党的认同、对中国特色社会主义的认同"②。其中，对中华文化的认同是"最深层次的认同，是民族团结之根、民族和睦之魂"③，是国家认同、民族认同、政治认同、制度认同的根基和动力，是铸牢中华民族共同体意识的关键之所在。习近平总书记指出，"敦煌作为中国通向西域的重要门户，古代中国文明同来自古印度、古希腊、古波斯等不同国家和地区的思想、宗教、艺术、文化在这里汇聚交融。中华文明以海纳百川、开放包容的广阔胸襟，不断吸收借鉴域外优秀文明成果，造就了独具特色的敦煌文化和丝路精神。"④敦煌文化所蕴含的崇德唯美、向善守正、多元一体、兼容并蓄、大盛融通、互利共赢等精神内涵和价值理念，已经凝练成为中华民族文化价值观的重要内容，成为构建中华民族文化共同体的思想宝库。

（一）多元一体、兼容并蓄

敦煌本土文化，中原传统儒家、道家文化，西域文化以及丝绸之路上的宗教文化与世俗文化等，共同促成了多元融合的敦煌文化。但是，敦煌文化并非对各种文化的简单叠加，而是将这些文化有机结合，形成相互依存、多元统一的文化整体。这种综合性和整体性正是敦煌文化的独特之处，所以我们应从整体视角上去看敦煌以及敦煌文化。

---

① 聂峰、祁淑红：《敦煌历史文化艺术》，兰州：甘肃人民出版社，1996年，"前言"第1—2页。

②《中共中央办公厅、国务院办公厅印发〈关于全面深入持久开展民族团结进步创建工作，铸牢中华民族共同体意识的意见〉》，《人民日报》2019年10月24日，第1版。

③ 国家民族事务委员会编：《中央民族工作会议精神学习辅导读本》（增订版），北京：民族出版社，2019年，第196页。

④ 习近平：《在敦煌研究院座谈时的讲话》，《求是》2020年第3期。

从莫高窟千年的营造史来看，自前秦至元这一历史时期，在中央和地方政权的积极主导和推动下，各朝代的工匠们都在此留下了他们对佛理、生活的深刻感悟。虽然不同政权间会存在或多或少的抗争性和侵略性，但在莫高窟的艺术作品中，却呈现出一种中华文化特有的宽容与大度。前朝的石窟并没有因为政权的消亡而受到后代的破坏与摧残，只是偶尔会有对之前洞窟的重修和重绘。总体看来，同一时期的文化基本上都可以和谐共存地保留下来。这其中的原因是多方面的。比如，对于新晋的君主们来说，权利的统一需要佛教在思想上的调和，故而统治者们并没有舍弃佛教艺术，依然保留着前朝的作品，并延续着开窟造像的传统。最重要的是，就敦煌艺术中所体现的主流形态而言，中原文化始终占据着绝对的主要地位，北方游牧民族武力上的征服与统治，无法掩盖其文化上的缺陷与不足，即使敦煌处于它们统治之下，但莫高窟中的文化艺术作品仍然是以中土文化为主体，这也恰恰证明了中华传统文化的强大。

自张骞开通西域至隋唐，东西方往来日益频繁。敦煌文化在此期间渐趋空前地繁盛。不同民族、不同地域、不同国家的人们在此驻留，带来了不同的文化和思想，这些思想和文化以艺术的形式在莫高窟中被一一呈现。比如，在北魏晚期到西魏的敦煌石窟壁画中就有道教的内容。著名的有西魏时期开凿的第 249 窟除了绘有东王公、西王母形象之外，还有"双臂生翼"的道教羽人、风神雷神等形象。而在记载了西魏大统四、五年（538 年、539 年）铭文的第 285 窟，内容则更为丰富，既有佛教内容，又有道教的神灵和天宇，还有印度婆罗门教诸神。在同一个洞窟中，既有西方的日月神阿波罗和狄安娜，也有中国的日月神伏羲女娲；既有西方的大力士药叉，又有中国的大力士乌获；既有印度佛教的飞天，又有道家的羽人，还有中西方不同风格的风神。西方的神灵，以佛教为媒介，经过中亚、西域传到敦煌，中国的神灵通过河西走廊传入敦煌，中西方不同风格的艺术，在这里交汇。从洞窟形制、壁画内容、信仰思想、意境审美、艺术风格，无不是在中国文化与西方文化交流中,从并存到逐步融合的高潮中继承民族传统,是新的中国式佛教艺术的一个转折点。此外,壁画上的菩萨和飞天的形象与南朝墓砖壁画中的道教人物和飞仙也十分相近。实际上,在盛唐敦煌壁画的飞天形象,就是古印度、西域佛教中的乐神形象与道教飞仙形象的结合。敦煌壁画融入了中国传统的道教思想和表现技法,就此形成了一种新的绘画风格。

敦煌壁画中还大量使用西域的"凹凸法",重视光影与透视,沿衣纹、肌肤轮廓线条的边缘,逐渐加以晕染,以此增加画面的质感,形成一种视觉上的立体效果。这种画法在古代的中原地区是没有的,因此也被称为"天竺遗法"。比如,北齐画家曹仲达的"曹衣出水"以及南朝张僧繇的"凹凸法"均是传自印度和西域。这些画法在早期的莫高窟十分流行,如北凉第275窟、北魏第254窟等壁画中,描绘人物就是沿人体轮廓线采用重色晕染,中央部位较淡,体现出较强的立体感。除此之外,还有犍陀罗式的造型、秣菟罗的装饰风格与中原的"秀骨清像"一起在气韵生动地存于洞窟之中。

敦煌艺术所展现的多元性和开放包容的姿态,则是来源于中华优秀传统文化的开放与包容。在这里,中原文化与来自异域的文化因素平等自由地融汇,共同建构了一个理想的佛国圣境。

(二)崇德唯美、向善守正

崇德向善是中国传统文化的重要内容,也是敦煌艺术作品中最重要的内容之一。浸润于中华文化之中,又吸收了儒释道思想的敦煌艺术,在展现外在形式美的同时,也表现出了对道德品质的追求。

莫高窟壁画中的因缘故事画,是在佛教因果论的主题下,既有对舍身救人、忠义仁爱、坚韧不屈等优秀品行的颂扬,也有对贪婪自私、背信弃义等罪恶行径的惩戒,这种守正向善的文化信念旨在教导人们恪守正道,力图修正人们的罪恶行为,感染、激励了一代又一代的华夏儿女。因缘故事画,泛指描绘佛陀度化众生的题材,涵盖了释迦牟尼成佛后说法教化的种种事迹。在这些题材中,有接近戒律主题的"沙弥守戒自杀故事",有侧重表现弟子的故事"微妙比丘尼""得眼林故事"等。莫高窟第 257 窟中的"沙弥守戒自杀故事"讲述的是印度安陀国有一沙弥，严守佛教戒律，在入居士家乞食时拒绝一少女求爱，自刎而死、以明心志的故事。这个故事在大藏经中似仅见于《贤愚经》卷五《沙弥守戒自杀品》，相关图像也仅出现于敦煌和龟兹石窟，敦煌以东未见。据贺世哲先生研究认为，"沙弥守戒自杀故事画"出现的背景与佛教为整顿戒律所宣传的"不净观"有关[①]。"不净观"是佛教禅法的一种，目的是为对治贪欲，强调"归诚一乘"的虔诚修行态度。在敦煌莫高窟第 257 窟西壁北侧与北壁西侧还保存有敦煌石窟中唯一的"须摩提女因缘故事画"。故事讲述了阿那邠邸之女须摩提本为佛弟子，在嫁给信奉外道的满富城长者满财之子后，须摩提拒绝礼敬外道。在她虔诚的祈愿和邀请下，释迦佛及诸弟子做种种神通变化至满富城接受供养，度化了满财一家与其他城民，着重表现了佛弟子大显神通的场景。以上这些因缘故事画最主要的目的是把前生、今世所发生的善恶因缘业果作对比的联结，以达到教育、警诫之效[②]，以期引导信众向善守正。

与因缘故事表达方式略有不同的是本生故事画，此种壁画的题材表现的是释迦牟尼佛在过去世中为菩萨时教化众生、普行六度的种种事迹。莫高窟本生故事画的题材有："九色鹿舍己救人""尸毗王割肉贸鸽""子行孝（睒子本生）""善事太子入海求珠"等。第 257 窟的"鹿王本生故事画"告诫人们不要贪图富贵，忘恩负义。壁画中九色鹿坦然高大形象的塑造，是画匠对九色鹿王舍己救人、正义善良精神的赞扬，也是对背信弃义鞭笞。与告诫人们要消除贪念的故事不同，敦煌壁画中也有一些鼓励人们要胸怀宽广和普救众生的故事。第 275 窟的"尸毗王割肉贸鸽本生"故事就是其中的代表。故事

---

① 贺世哲：《敦煌莫高窟北朝石窟与禅观》，《敦煌研究文集》，兰州：甘肃人民出版社，1982 年，第 135—136 页。

② 依淳：《本生经的起源及其开展》，高雄：佛光文化事业有限公司，1997 年，第 21 页。

表面上体现了佛陀对弱小生命的爱护，实际上是在更深层次上宣扬众生平等的思想。

佛教还鼓励赡养老人，孝敬双亲。这些与中国儒家思想中的"孝道"思想如出一辙。敦煌壁画中的"报恩经变画"和"睒子本生故事"，呈现的就是一幅幅感恩的生动画面。敦煌石窟存有大量依据《报恩经》绘制的经变画，约39幅，虽然在构图方式和内容选取上各不相同，但都是佛教与世俗报恩思想共同体现的结果。如第138窟"报恩经变"中就绘出了序品、孝养品、论议品、亲近品、恶友品的内容。这些内容体现了"常念佛（三宝）、君王、父母恩当报佛、君王、父母恩"的主题，而且展示了知恩和报恩的八法。①"睒子本生故事画"在敦煌莫高窟及西千佛洞共有8幅，主要讲述了睒子与盲父母在山中悠闲生活，后来睒子出门游玩偶遇国王狩猎，国王狩猎途中误射在溪边玩耍的睒子，睒子被误射身亡，因睒子孝心感动天神，天神下凡复活睒子，盲父母重见光明的故事。"睒子故事"表现了骨肉相连、血浓于水的亲情，仁义忠诚的大爱，这是世人共同的情感基础与追求。此类故事画的出现与北朝时期盛行的禅观与法华思想有密切的关系，亦是北周至隋时期佛教与儒家思想的碰撞与融合的反映。

由上，敦煌壁画中的不管是本生故事还是因缘故事，其绘制都有一定的依据和社会背景。将民间的传说佛化，演绎成为具有佛教义理的故事，以此来达到宣扬佛法的目的。但这一演变的过程，其内在的含义却反映出中华民族德行中的一些精华内容。正如印顺法师所说：这些传说为释尊过去生中的大行，等于综集了印度民族德行，民族精神的心髓，通过佛法的理念，而表现为崇高完美的德行。唯有这样的完人，才能成为超越世间一切众生的佛，成为圆满究竟的佛。所以这些传说，是佛教界共同意识的表现，表达出成佛

---

① 张景峰：《敦煌莫高窟第138窟两铺报恩经变及其成因试析》，《敦煌学辑刊》2018年第4期，第52页。

应有的伟大因行。这样的伟大因行，不只是个人的解脱，是遍及世间，世间的一切善行，都是佛法。①

（三）大盛融通、互利共赢

东汉应邵注《汉书》时将"敦煌"释义为："敦者，大也；煌者，盛也。"取盛大辉煌之意，寓繁荣昌盛之愿。事实上，敦煌虽偏居一隅，仍气度恢宏。敦煌文化在吸收、融合了中西多种文化营养下，而形成"美美与共""和谐共在"的独特气质，其因融而通，因通而盛，因盛而大，成为中华民族历史文化中的优秀代表，又是人类文明交流互鉴和多元融合的东方典范。

两汉以降的敦煌，除本土固有的方术、神仙道家信仰外，随着中西交通和商旅的往来，外来的佛教、景教、摩尼教、祆教等先后涌入敦煌。这其中，佛教以其完备的宗教理论和经典，迅速得到传播发展。其他的外来宗教传入时间较晚，虽不及佛教势力强大，但是它们或依附儒、道、佛以存，或逐步在儒、道、佛合流中求得一定的发展。比如在唐代传自西方的祆教、景教和摩尼教（合称为"三夷教"），随着丝绸之路的商贸往来在敦煌地区传播，敦煌遗书中也保存了不少这三种宗教的文献。景教文献有《三威蒙度赞》（P. 3847、散 1770）、《志玄安乐经》（散 202）、《大秦景教大圣通真归赞法》等经典多种。当时景教为适应中国国情，还在自己的经典《志玄安乐经》中融入了佛道的思想。摩尼教经典残卷有《摩尼光佛教法仪略》（S. 3969、P. 3884）、《下部赞》（S. 2659）和北京国家图书馆藏《摩尼教残经》（北宇 56、新 8470）三部。当时敦煌地区回鹘文化发达，留下了许多回鹘文文献，且有二十多个回鹘佛窟，这正是敦煌摩尼教晚期完全"入释"的反映。②

祆教在敦煌的传播及其与敦煌本土文化的合流，是一个特别文化现象。

---

① 释印顺：《印顺法师佛学著作全集》（第十六卷）:《初期大乘佛教之起源与开展》（上），北京：中华书局，2009 年，第 108—109 页。

② 杨富学：《少数民族对古代敦煌文化的贡献》，《敦煌学辑刊》2005 年第 2 期，第 85—99 页。

赛祆，即从萨珊波斯传入的祈赛祆神民俗，约在魏晋时传入我国。据池田温先生的研究，粟特人在唐代前期的敦煌已形成聚落，即以安城祆祠为中心的从化乡。敦煌文书 P.3559 背 +P.2657+P.3018 背 +P.2803 等缀合之《唐天宝十载（751 年）敦煌郡敦煌县差科簿》就记载了从化乡居民的姓氏多为粟特式胡名，从化乡也应该是在粟特聚落的基础上建立起来的，该地又被称为"安城"，其中大部分居民来自中亚昭武九姓王国。安城中建有祆庙，规模颇大，专门用来供奉祆神。[①] 祆祠赛神被纳入敦煌当地的传统祭祀习俗中，从官府到普通百姓，无论粟特人还是汉人和其他少数民族，无不祀赛祆神。与此同时，祆教的因素在敦煌壁画中也有一定的表现。在魏晋至初唐，画匠们在敦煌创作了大量的佛教题材作品中，包含了众多粟特以及祆教的元素。比如第285 窟中西壁诸天的绘画采用的"红色地仗"（保护、装饰建筑的木构件的一种工艺）的装饰模式，就是典型的粟特艺术，与祆教崇拜火与光明的信仰有关，甚至其中的"日天"形象也是来自祆教。

除此之外，不同的民族在敦煌留下了大量不同风格的文化遗迹。敦煌藏经洞出土的各种少数民族语言文字的文献异常丰富，包括回鹘文、粟特文、梵文、波斯文、突厥卢尼文、佉卢文、叙利亚文、藏文、希腊文等二十多种。随着诸多用不同文字书写的宗教文献在各民族中的传播，各民族也逐渐开始学习和使用这些文字，例如回鹘人就掌握了佛教的梵文和藏文、摩尼教的摩尼文、景教的叙利亚文、福音体文等，宗教的传播带来的文化融合，显而易见。这些文献与汉文文献以及多元宗教的共处、交流本身，充分展示了敦煌文化的自信、自由、开放和包容并蓄。比如莫高窟的"六字真言碑"，就是元代甘肃地区多民族聚集，多民族文化和合共生的典型例证。碑

---

① ［日］池田温：《八世纪中叶敦煌的粟特人聚落》，《欧亚文化研究》I，1965 年；汉译文载刘俊文主编：《日本学者研究中国史论著选译》9 卷《民族交通》，北京：中华书局，1993 年，第 140—220 页。

上镌汉、梵、蒙古、藏、西夏、八思巴文六体六字真言，通过这种方式表达对不同民族文化的尊重，以团结当地诸族；以藏传佛教所尊崇的六字真言为纽带，凝聚起了不同民族对元中央王朝的向心力。

作为国际性的都市，敦煌的饮食习俗具有浓郁的汉食胡风特色，来自中亚、西亚、中国西域的饮食习惯融入传统的敦煌当地饮食风俗中，成为敦煌饮食文化的有机组成部分。仅敦煌遗书中出现的食物品种名称就达 60 多种，其中来源于"胡食"的就有很多，如各类胡饼、胡桃、胡酒等，不一而足。至于饮食炊具、餐具，亦有不少是从"胡地"传入。饮食礼仪中的胡跪、垂腿坐、列坐而食等亦深受胡风影响。

唐代来自西域、中亚的胡旋舞、胡腾舞，在敦煌也曾风靡一时。这些舞蹈具有浓厚的西域、中亚风情，矫健、明快、活泼、飞旋的舞姿与当时开放、向上的时代精神相吻合。乐舞表演离不开乐器伴奏，于敦煌壁画中所见主要乐器有琵琶、五弦、胡琴、箜篌、排箫等，大多出自西域。如莫高窟第 220 窟"乐舞图"呈现的就是唐朝时期盛大的乐舞场面，乐队共有 26 人、演奏的乐器 14 种，还有 2 名跳胡旋舞的舞者，外来文化最终与中原传统的礼乐文化融为一体。

由上述可见，敦煌壁画所呈现的就是一个鲜活的古代社会，不管是政治经济、文化艺术还是民俗民风，都是古代各民族群众社会历史生活的真实记录。主张和而不同、百花齐放，正是这种推己及人、兼收并蓄的优秀民族品格，中华文明才能源远流长、生生不息。敦煌文化对人类文明进步的影响亦经久不衰、历久弥新，其中所蕴含的交流、理解、包容、共赢等价值共识，于今构建人类命运共同体仍具有重要意义。

三、敦煌的历史遗存是铸牢中华民族共同体意识的精神家园

精神家园，饱含着历史记忆、情感归属和道德关怀，是经过漫长历史积淀的文化依托与归宿。中华民族共有精神家园，在民族话语体系中最重要的作用是凸显出民族与国家的重要内涵。季羡林先生曾说，敦煌文化的灿烂，正是世界各族文化精粹的融合，也是中华文明几千年源远流长不断融会贯通的典范。在多民族统一的中国，多元一体的中华民族共同体成员就是家人，中国辽阔的疆域就是家园；而联结家人与家园的介质则是"共有"，强调"共同"的历史进程、"共同"的思想理念和"共同"的成果分享，也就是进一步明确"共建、共融、共识、共享"。由此可以理解为，中华民族共有精神家园是"各民族在'多元一体'基础上复合生成的，具有鲜明的中国特色同时又具有高度共同性的精神情感体系"①，反映的是各族人民在长期的交往交流交融中形成的共同认知体验、共同情感归属、共同价值共识和共同理想信念等在内的复杂精神总和。②

（一）敦煌莫高窟是中华民族共有的文化遗产，承载了中华民族的集体记忆

敦煌莫高窟承载着中华民族一千六百多年的集体记忆，因而通过弘扬和传承敦煌文化实现中华儿女对中华文化的高度认同，就能够在凝聚中华儿女智慧和力量的同时铸牢中华民族共同体意识，从而实现中华民族的大团结，最终为构建人类命运共同体凝聚起强大的智慧和力量。因此，构建以"敦煌"为中华文化认同的符号共同体，是铸牢中华民族共同体意识的重要组成部分。

敦煌的历史遗存就是一种在心灵交流中形成、在思想交汇中升华、在文明交融中创新而来的存在，有着完整生命、独立价值、主体性存在的文化类型和文明样式。一处处遗迹、一件件古籍以及千百年来形成的独特艺术形式，使其深深植根于历史上敦煌各族民众的物质、精神活动中，生生不息。这不仅仅是一种客观的物质存在，更是一种在长期实践中培育和塑造出的精神标识。

---

① 青觉：《从政治凝聚到心灵认同：新时代各民族共有精神家园建设：基于国家的分析视角》，《西北师范大学学报》2021年第1期，第31—38页。

② 青觉、曹高丁：《中华民族共有精神家园：概念、内涵、核心要素与实践指向》，《渤海大学学报》2023年第1期，第4页。

中华民族共同体意识熔铸在各民族的共同生活之中，在新时代的伟大实践中全面转化和创新发展了中华传统文化之中的"天下意识"。[①] 丝绸之路上的各个民族一直从事着频繁的物质交往，在交往交流交融中出现了文化上的兼容、生活上的移风易俗，使"天下意识"具有了深厚的人文涵义和多样性的社会形式。在敦煌，"天下意识"在儒家思想中表现的内涵，或可以理解为佛教化的文明道德。这不仅体现了家国统一的个人价值观，也彰显了"各美其美，美人之美，美美与共，天下大同"[②]的和谐社群观。

（二）敦煌文化符号是中华民族共享的精神财富，凝聚了中华民族的情感认同

民族认同、民族共同体意识的形成、民族共同体的认同等等都可以视为是以"文化符号"为中介的情感认同，民族群体共享的"文化符号"就是连接群体成员的情感认同纽带。敦煌文化作为中华民族的文化符号，又承载了一千多年的悠久中国历史和灿烂中华文化，堪称是中华民族共同体意识建构的最重要的根脉之一。敦煌文化培育和塑造了勤劳勇敢、自强不息、拼搏进取的中华民族精神，敦煌文化也奠定了中华民族对中华文化的认同根基，使得丝绸之路往来的各个民族的人们紧密相连。由此或可认为，敦煌就是各族民众的文化符号象征和情感认同纽带，易言之，铸牢中华民族共同体意识就是构建以敦煌文化为中华文化认同的情感共同体。

中华民族共同体意识实现了对民族异质性与民族共同性的统一，消除了多元文化主义对民族异质性的固化，增强和凸显了民族共同性。多元文化主义既肯定了多民族国家的积极作用和合法性，又消除了民族异质性对多民族国家认同所产生的不良影响。在敦煌，各民族文化和中西方文化在这里共生

---

① 孙倩颖、黄维：《中华民族共同体意识的三重意蕴》，《学术探索》2022 年 12 月，第 42 页。

② 费孝通、方李莉：《全球化与文化自觉：费孝通晚年文选》，北京：外语教学与研究出版社，2013 年，第 20 页。

共荣，敦煌文化就这样以中原文化为主导，融入了西域地区以及中亚、西亚各国的文化，呈现出博大的开放性和包容性。

敦煌自古就是多民族聚居的家园，各民族在此长期和睦相处、和衷共济、和谐发展，共同塑造了丰富多彩、绚烂多姿的文化。这也正是如今以敦煌为代表的丝绸之路沿线广泛分布各民族历史文化遗存的原因。莫高窟给后世留下了图像和物象证据，犹如一个多民族大家庭的侧影，也是人类命运共同体的大合影：中原人、吐蕃人、于阗人、回鹘人、西夏人以及西亚人、中亚人……各种各样人物的形象，至今仍和谐安静地伫立于壁画、塑像之中。岁月变迁，时光流转，虔诚的吐蕃王子、奔走的粟特商人、美艳的回鹘公主以及忙碌的侍女、耕作的农夫、嬉闹的儿童，转瞬千年，风采依旧。

（三）敦煌是构建人类命运共同体的重要文化资源，增强了中华民族的文化自信

大量史料证明，黄河流域是中华民族文明的发源地，中国黄河流域的西北地区，是中国最早对外开放的地区之一。位于河西走廊的重镇敦煌在古代也被称为"多样民族文化的十字路口"。自汉代设敦煌郡以来，敦煌处于欧亚文明交流互动的咽喉之地。不仅成为西域通向长安、洛阳的重镇，而且也是中国通向中亚、西亚、南亚、欧洲的重要门户。闻名世界的敦煌莫高窟正是在这种文明的交流和互鉴中，吸收、融合不同宗教、文化和艺术，成就了瑰丽无比的敦煌石窟艺术。敦煌石窟艺术所蕴藏的宗教、历史、文学、民俗、音乐等无比丰厚的文化遗产，正是古丝绸之路上文明相互碰撞交融的结晶。

敦煌文化是中国传统文化不可分割的组成部分和特殊表达形态，"通而不统"的敦煌精神是"和而不同"的中华文化精神的特殊表达。[1]敦煌文化既

---

[1] 范鹏：《"通而不统"的敦煌精神是构建人类命运共同体重要的思想文化资源》，《甘肃理论学刊》2018年第2期，第53页。

有古今中外思想精华的汇通融合，又有多样文化形态的并盛，既保持了各个文化类型自身的独立性，又兼容了不同文化类型各自的合理性，这便是敦煌文化"通而不统"的精神内涵。

从石窟来说，鸣沙山东麓1600余米的断崖上密密麻麻地排列着735个洞窟，现存有壁画、雕塑共492窟，是中西雕塑艺术相互交流、融合汇通的缩影；敦煌壁画总计4.5万多平方米，涉及六朝至清代1500多年的生活面貌、宗教故事和历史风云；从遗书来说，敦煌藏经洞出土的包括公元5到11世纪之间的古代文献，涉及佛教、政治、经济、军事、文化等各个方面，达五万余件，其中大量的非汉语文献，许多是已经消失的"死语言"，如回鹘文、于阗文和粟特文等。这些文献对于相关民族的历史文化研究的价值和意义自不待言。

以上所举隅敦煌文化中遗存中的语言文字、礼法规约、道德规范、政治体制、科学技术等已经成为中华文化的符号标识和中华文化的认同基础，这些文化标识是各民族交往交流交融的历史见证和中华民族"多元一体"格局形成的坚实根基。敦煌文化更是中华优秀传统文化充分自信和兼收并蓄，与多民族文化不断融会贯通的典范。敦煌莫高窟保留有千年艺术的灿烂遗影，而以常书鸿、段文杰、樊锦诗为代表的一代代"莫高窟人"薪火相传，坚守奉献。敦煌文化是厚植文化自觉和文化自信的重要内容，是体现中华文明以海纳百川、开放包容的广阔胸襟，不断吸收借鉴域外优秀文明成果的典型代表。

四、结语

敦煌文化作为中华文明最具代表性的地域性文化形态之一，从夏商周至秦汉时期的游牧文化，到魏晋南北朝时期的文化初兴，至隋唐五代的文化大繁荣，绵延千年而不绝，可以说其悠久的发展历程就是中华文化发展历史的缩影。敦煌文化所蕴含的海纳百川的包容精神、坚忍不屈的奉献精神和追求卓越的精神等，已经深深融入中华民族共同体意识之中，成为民族凝聚力和文化向心力的有力组成部分。

敦煌文化作为中华民族的文化符号之一，它在传承中华民族精神方面，成为构筑中华民族共有精神家园的最深厚的文化底色。文化符号可以塑造一个民族的精神气质，指引民族群体清楚地认识到中华民族优秀的文化来源在哪里，敦煌文化也承载了这样的历史使命。因为敦煌文化悠久的历史是各民族共同书写的，敦煌灿烂的文化是各民族共同创造的。在这一千多年的历史进程中，敦煌也逐渐成为中华民族共同的记忆符号和身份认同符号。因此，弘扬和传承敦煌文化，就是塑造中华民族共同体意识的过程，就是构建以中华文化认同的符号共同体、情感共同体和精神共同体。

化梵为夏　胡汉交融

——麦积山石窟北朝造像艺术

敦煌研究院麦积山石窟艺术研究所研究员　孙晓峰

摘要： 麦积山石窟所在的秦州是中国历史上连接丝绸之路的交通重镇，也是南北朝时期中原与北方游牧民族交会之地。麦积山石窟的北朝造像生动再现了外来佛教造像艺术的发展和变化，以及与中国儒家文化思想观念，以及审美意识的融合交流，并最终完全中国化、民族化、世俗化的历史进程；麦积山造像和壁画中保留的北朝不同阶段胡汉装束的人物形象对于探讨和分析当时民族迁徙、交会和融合，以及六世纪以来中原内地与西域、中亚地区的商贸、文化、宗教等方面的往来提供了珍贵图像资料和例证。

主题词： 麦积山；北朝；佛教造像；中西融合

公元4—7世纪，是印度佛教艺术在中国境内传播、发展、交融、创新的关键时期，汉代张骞开通的丝绸之路发挥了重要的作用，从印度到中亚、从西域到中原，一座座古代政治、经济、交通、商贸和军事重镇不仅成为连接这张庞大路网的节点所在，更是各种文化和宗教彼此交会、碰撞和繁荣的中心舞台，其中以包容并蓄见长的佛教更是获得了前所未有的发展机遇。

天水，古称秦州，是从长安到敦煌的丝绸之路南线交通重镇，也是当时连接长安、巴蜀、陇右的咽喉要道。同时，这一带也是佛教较早传入的地区之一，以麦积山石窟为代表的佛教造像恰恰完美地展现了这段改梵为夏、中西交融的佛教艺术发展史和传播史，对于认识和理解外来佛教艺术的中国化、民族化、世俗化进程具有重要意义和参考价值。

一、麦积山北魏早期造像的外来因素

关于麦积山石窟的始凿年代，目前学术界仍有较大分歧，主要有后秦说①和北魏说②两种观点，这不是本文讨论的重点。但双方在具体哪些为麦积山最早开凿的窟龛这一问题上仍有共识，均认为分布于西崖中下方的第74、78、165、90等窟开凿较早，其中尤以保存较好的第74、78窟最具代表性。此外，分布于这组窟龛周边的68、69、70、71、75、169等窟在造像风格、题材组合等方面也表现出类似特征。作为麦积山较早开凿的这批窟龛，其窟内造像及壁画融合了较多中西文化交融因素，主要体现在以下几点：

（一）题材组合

麦积山北魏早期窟龛中，造像题材以三佛组合和一辅三身的一佛二菩萨式组合为主，前者如第74、78等窟，后者如第69、70、71、75等窟。

---

① 张学荣：《麦积山石窟的新通洞窟》，《文物》1972年第12期；董玉祥：《麦积山石窟的分期》，《文物》1983年第6期；阎文儒：《麦积山石窟的历史、分期及其题材》，《麦积山石窟》，兰州：甘肃人民出版社，1984年，第36—39页；李西民：《试论麦积山石窟艺术史上的六个高潮》，《石窟艺术》，西安：陕西人民出版社，1990年，第72—82；张学荣、何静珍：《再论麦积山石窟的创建时代及最初开凿的洞窟——兼与张宝玺先生商榷》，《敦煌研究》1997年第4期；金维诺：《麦积山石窟的兴建及其艺术成就》，《中国石窟·天水麦积山》，北京：文物出版社，1998年，第165—180页；夏朗云：《麦积山早期大龛下层焚烧痕迹的考察》，《敦煌研究》2004年第6期；《麦积"姚秦五龛"对云冈"昙耀五窟"的启示》，《2005年云冈国际学术研讨会论文集·研究卷》，北京：文物出版社，2006年，第421—431；杜斗城：《麦积山早期三佛窟与姚兴的〈通三世论〉》，《敦煌学辑刊》2007年第1期等。

② 张宝玺：《麦积山石窟开凿年代及现存最早洞窟造像壁画》，《中国考古学会第一次年会论文集（1979）》，北京：文物出版社，1980年，第338—346页；马世长：《佛教石窟考古概要》，北京：文物出版社，1993年，第79—89页；邓健吾：《麦积山石窟的研究及早期石窟的两三个问题》，《中国石窟·天水麦积山》，北京：文物出版社，1998年，第219—229页；魏文斌：《麦积山石窟几个问题的思考和认识》，《敦煌研究》2003年第6期；八木春生：《关于麦积山石窟第74及78窟的建造年代》，《敦煌研究》2003年第6期；陈悦新：《甘宁地区北朝石窟寺研究》（内部资料），北京大学博士学位论文（2004年）等。

三佛是佛教造像艺术中的重要题材，从印度、中亚、西域到中原内地的佛教遗存中多有发现，其表现和组合形式多种多样。麦积山第74、78窟中的三佛形象雷同、体量基本等高，且以三壁三佛形式出现，并不见于同时期其他地区。即使与时代相近、毗邻不远的永靖炳灵寺西秦169窟中三佛相比，也存在一定差异性：炳灵寺西秦三佛多为立佛，且中间立佛形象略为高大。在169窟第1、14、21龛中残存的结跏趺坐姿三佛中，其佛像也高低不一致，且以并列形式存在。[①] 云冈昙曜五窟的三佛，也多以坐、立结合的样式出现，如云冈第20窟正壁主尊坐佛，左、右侧各一身立佛。[②]

上述现象表明，麦积山石窟北魏早期三佛样式是当时秦州地区自身佛教造像思想的具体反映，这与十六国后秦以来姚兴大肆倡导的以"因果报应、三世轮回"为理论基础的三世佛观有很大关系。姚兴本人不仅著《通三世论》《通三世》，还专门送给其弟、秦州刺史姚嵩研读，两人往来书信中多有相关佛教义理的讨论之语（［唐］道宣《广弘明集》，卷18《法义篇·义通三世等论条》）。当时秦州作为氐羌聚居区，亦是羌酋姚苌、姚兴家族的发源地，可以推测出三世佛观思想对本地佛教造像的潜在影响，这应该是麦积山早期窟龛中三佛雷同的主要原因。

同时，除体量、规模较大的第74、78窟为三佛组合外，数量较多、形制较小的同期窟龛中，一佛二菩萨的佛三尊样式组合居多，其在形式上更多地反映出犍陀罗造像样式特点，如今天巴基斯坦和阿富汗境内出土有许多此类造像。

（二）造像风格

麦积山北魏早期造像的外来因素更为复杂，这与当地历史和地域文化背

---

① 王亨通、杜斗城：《炳灵寺石窟内容总录》，兰州：兰州大学出版社，2006年，第179—205页。

② 云冈石窟文物保管所：《中国石窟·云冈石窟》（二），北京：文物出版社，1994年，图版184、185。

景有密切关系：两晋十六国时期，秦州先后成为前凉、前赵、后赵、前秦、后秦、西秦、仇池、大夏等政权的争夺之地，其中仅前、后秦统治时期政局略为稳定。[①]长期的动荡使当地佛教传播活动也十分活跃，主要有常年活跃于秦凉、岷蜀、长安之间的高僧竺法护（［隋］费长房：《历代三宝纪》），帛远（［梁］释慧皎《高僧传》卷 1《竺法护传》《帛远传》），玄高、昙弘、昙绍（［梁］释慧皎 汤用彤 校注：《高僧传》卷 11《玄高传》）等，其中又以禅僧居多，禅修过程中观像是很重要的一环，他们先后活动或生活过的长安、凉州、益州等均是重要的佛教文化中心，可知麦积山石窟造像粉本极有可能来自上述地区，其中长安的影响最为明显，体现出较多中西融合特征。

佛体态高大魁梧、身姿挺拔。面形方颐，突眉杏眼，鼻梁高直，鼻翼鼓起，双唇较厚，嘴角上翘。短颈端肩，挺胸敛腹，具有典型西域和北方游牧民族人种特征。但同时在人物面部处理过程中，又较多地融入了中原民族较为清秀这一特点，尤其在胁侍菩萨造像方面表现更为突出：下颌圆润、发辫披肩，体姿婀娜，已呈现出女性化倾向。某种意义上讲，也是两种不同审美理念融合的结果。另外，从造像形体方面也可以看出，这一时期佛与菩萨更多表现出人物形体特征，如肩、胸、腹、膝等部位，虽然有服饰掩蔽，但主要以展现形体美为主，这种方式与印度秣陀罗或萨尔那特造像艺术有一定相似性。

更最引人注目的是佛发髻表面阴刻流畅的波折状水波纹。根据笔者研究，这种发髻样式系来源于犍陀罗造像艺术，在当时北方地区十分流行，且演变类型丰富，而麦积山第 74、78 窟所见的这种水波纹样式则是毗邻长安地区直接影响的结果。[②]有趣的是，麦积山北魏中后期造像中这种发髻样式

---

① 宋进喜：《天水通史·秦汉至宋元卷》，北京：中华书局，2014 年，第 199—221 页。

② 孙晓峰：《北朝时期水波纹发髻佛像及相关问题研究》，《石窟寺研究》（第五辑），北京：文物出版社，2014 年，第 255—275 页。

几乎消失，代之以磨光高肉髻。即使大致同时期窟龛造像中，除第74、78窟外，其余各窟龛中的佛亦多为磨光高发髻，说明这种发髻是一种新的外来样式。

佛装方面，麦积山北魏早期佛像均为袒右偏肩袈裟，与云冈昙曜五窟表现出较多时代共性，而与炳灵寺西秦造像普遍采用的圆领通肩式袈裟有明显差异，表明同时期麦积山造像受中原地区影响要大一些。而这几处石窟寺造像佛装衣纹处理上则表现出某种共性，即均采用细密流畅的等距衣纹线，呈现出较多犍陀罗造像艺术特点。

此外，在背项光装饰技法方面，从残存的第74、78、165等窟内佛及菩萨背项光痕迹分析，主要由繁缛复杂的莲花、忍冬、伎乐飞天、流云等图案组成。这种背项光装饰技法与印度秣陀罗或萨尔那特艺术有很多相似性，而与犍陀罗造像艺术中常见的素面头光明显不同。

麦积山北魏早期菩萨像也很有特点，体姿婀娜，上身袒露，斜披络腋，下着羊肠大裙，双腿略分开而立。从体姿上分析，与中印度地区盛行的圣树下药叉女有明显相似性，具有秣陀罗造像艺术因素；这一时期菩萨多戴三珠宝冠，既在菩萨发髻正、左、右三面各装饰一个圆轮形宝珠，中间穿孔，类似玉璧。宝珠表面多阴刻波折纹，有的正面宝珠装饰成兽首形。菩萨扎束发带，发髻被固定在宝冠中，两侧装饰宝缯，发辫分数缕垂至双肩。[1] 此外，部分菩萨的三珠宝冠前端装饰有半圆状仰月，如第70、74等窟内胁侍菩萨或交脚、半跏思惟菩萨像。据研究，这种装饰体现了西域外来风格向中国汉式风格演变的过程，其最初可能源于波斯萨珊王朝流行的日月形冠饰，随后被佛教吸纳，在中印度及犍陀罗菩萨像中均有不同类型仰月冠饰出现。传入中国后，首先盛行于克孜尔等龟兹石窟壁画中，而麦积山此类冠饰主要是受

---

[1] 麦积山石窟艺术研究所：《中国石窟·天水麦积山》，北京：文物出版社，1998年，图版17—20。

到云冈石窟影响的结果。[1]

（三）窟龛样式

与炳灵寺西秦时期利用天然崖穴开窟造像不同，麦积山北魏早期窟龛普遍采用平面略呈方形的穹隆顶窟，四壁转角略呈弧形，整体上类似当时游牧民族日常所居的穹庐，带有浓郁的草原文化风貌。这种特点在山西大同昙曜五窟中表现非常明显："各窟大体上都模拟椭圆形平面、弯隆顶的草庐形式，造像主要是三世佛（过去佛、当今佛和未来佛）和千佛，主尊形体高大，占据了窟内面积的大部分。"[2]可见麦积山北魏早期大型窟龛在形制方面与云冈一期窟龛有较多一致性，表明当时秦州已完全在北魏政权掌控之下。也是外来佛教中国化的具体表现之一。

（四）开窟者

由于地处阴湿多雨的高寒山区，导致以泥塑和壁画为主的麦积山石窟存留文字材料很少。在北魏早期开窟的窟龛中这种现象尤为突出，仅第78窟右壁坛台上保存有少量彩绘男供养人像及零星供养题记，分为上下两排，共计14身，现多已风化剥落严重，模糊不清，依稀可辨均头戴鲜卑帽，上穿左衽窄袖束腰齐膝袍，下穿缚口裤，脚蹬尖头靴，双手置于胸前，或持莲花，或捧香炉，面向佛虔恭而立。供养题记主要有"仇池镇……经生王口口……供养佛时""清信士……杨……诸……"等。根据笔者研究，这些供养人属世居秦州一带的氏族，穿着也属于鲜卑胡服。由于秦州半耕半牧的社会经济形态，使胡服材质由毛、皮转为棉、麻、丝绸等。虽然没有发现女性供养人形象，但通过大致同时期山西大同智家堡北魏墓女供养人、甘肃合水张家沟门6号龛内女性供养人、敦煌268窟女供养人、陕西皇兴五年（471年）

---

① 魏文斌：《也谈仰月、日月菩萨冠饰——以麦积山石窟为例展开》，《敦煌学辑刊》2007年第4期。

② 宿白：《云冈石窟分期试论》，《考古学报》1978年第1期。

弥勒造像碑女供养人等可知这一阶段女性装束为束发髻、上穿交领或右衽中袖齐膝衫，下着裙，其中已包含诸多汉族服饰因素。①但总的看来，这种装束与中原服饰体系明显不同，也是当时胡汉服饰融合的一种表现。

二、麦积山北魏中期造像的变革特征

秦州是北魏较晚控制的地区之一，当地氐、羌等豪猷始终拥有很大势力，各种反叛事件屡见于史料，爆发于北魏末年的秦陇起义则从根本上动摇了北魏政权，这种特殊历史背景使北魏孝文帝汉化政策在当地推行过程中表现出一定滞后性，同样在麦积山同时期窟龛造像中有所表现：

（一）题材组合

造像整体上延续麦积山原有的三佛题材和一辅三身式组合，但内容更为丰富，最主要的变化是出现弟子，如155窟的阿难与迦叶，使主尊释迦佛身份特征更加明确。与早期三佛布局相比，这一时期窟内三佛正壁主尊突出，左、右壁开龛，主尊变小，各类辅助造像明显增多，如释迦多宝、十方佛、菩萨、影塑供养人等，反映出以法华思想为核心的造像体系在麦积山石窟形成，表明外来佛教题材的中国化进程在加快。

（二）造像风格

由最初的雄健挺拔趋于清秀，特别是在佛头像方面表现得尤其突出：水波纹发髻改为磨光高髻，面部由方形趋于圆润，突出的杏眼变得细长微眯，鼻、口等部位亦变得更加清秀小巧，部分佛像额际出现白毫相，表明雕塑家对佛三十二相特征有了更深认识和理解；菩萨造像虽然装束上变化不大，但身材略呈"S"形，更显婀娜秀丽，从审美角度上更符合中原文化的意趣和内涵；新出现的弟子不仅体态清瘦，而且人物特征明显，如第155窟迦叶面相苍老，凝眉蹙目，骨瘦嶙峋，一副饱经风霜的苦修者形象跃然而出。这种人

---

① 孙晓峰：《麦积山石窟北朝供养人调查》，《麦积山石窟研究》，北京：文物出版社，2010年，第185—186页。

物形象的艺术化处理表明雕塑家对相关佛教经典内容的理解十分纯熟，因此在塑作过程中才能了然于胸；更有代表性的是影塑飞天，上身袒露，下裹贴体长裙，体姿呈"V"形，双手合十于胸前，飘带搭肩绕臂飞扬，身材飘逸灵动，颇有破壁欲出之感。

上述这些现象表明外来佛教艺术经过最初传播后，已开始逐步发生变化，并已融入诸多中原文化因素，以更好地被当地信众所认同和接受。

此外，造像服饰方面的变革也十分突出，除袒右披肩式袈裟依然流行外，圆领通肩袈裟明显增多，部分佛装开始转为垂领。这与北魏孝文帝全力推行汉化政策关系密切，也和秦州胡汉杂居的历史传统有关。当地与以氐、羌为主的关中长安地区情况类似，主要为胡族。因此，反映在佛装服饰变化方面则较为传统和保守，具有一定滞后性。

（三）窟龛样式

这一时期窟龛样式也有明显变化：正壁开低坛基，上筑长方形佛座，两侧各竖向开三个小耳龛。窟内左右壁上方各开一排小耳龛，下方外侧各开一方拱形大龛，龛内筑长方形佛座，前壁甬门上方横向开两排小耳龛。这种布置不仅使窟内礼拜空间显著增加，而且造像题材也更丰富。稍后开凿的窟龛进一步变为平面方形平顶窟，数量众多，几乎所有三佛窟均采用这种样式，非常具有秦地特色，据《汉书·地理志》载："天水、陇西，山多林木，民为板为室屋。……故《秦诗》曰'在其板屋'……"（［汉］班固：《汉书》卷二十八《地理志下》）因此，这种四方四正窟形很大程度上可能是受到当地板屋样式影响的结果，也从另一个角度体现出外来佛教窟龛建筑与本地传统民居建筑的融合。

（四）开窟者

同早期窟龛一样，北魏中期存留的供养人信息也较少，在数量上较此前有明显增加，其中最具代表性的有第76、80、86、93、100、115、156等窟。其中115窟内有麦积山现存最早的开窟题记，该窟正壁佛座有墨书北魏景明三年（502）秦州上邽镇司马张元伯为其家人、众生及国家祈福祛灾，往生佛国净土的发愿文。虽然窟内没有留存供养人形象，但发愿文祈愿对象遍及僧侣、诸师、父母、夫妻、子女等，[①] 透出浓厚的以血缘和家族为核心的供养群体特征，也从一个侧面反映出开窟造像者多为秦州社会普通民众这一事实。其他几个窟内或多或少保存有影塑或彩绘供养人形象，从着装分析，其变化要明显快于佛装。如 80 窟正壁左侧影塑供养人头戴合欢帽，身穿右衽中袖齐膝袍，下着裙，类似装束也见于大致同时期的 93 窟男性供养人。而开凿略晚的 76 窟男性供养人装束变化更明显：头戴小冠或巾帻，内穿圆领衫，外穿交领宽袖长袍。第 76、93、156 等窟内女性供养人装束呈现出较多共性，面容秀丽，恬静含笑，头绾高髻，呈三瓣状，稍偏左，饰耳垂。内穿三角形折领内衣，外穿交领大袖齐膝衫，下着长裙，裙带打结后呈双缕下垂，有的戴帔帛，于胸前打结。

综上所述，麦积山北魏中期供养人装束变化反映出随着北魏孝文帝汉化政策不断深入，以窄袖紧身为主的胡服已开始转变为以宽袍大袖为主的汉式服装，其更深层次的意义则在于充分体现出当时社会经济结构的变化和民族认同，以及胡汉文化融合的进一步加强。

三、麦积山北魏晚期造像的中原风貌

北魏晚期，由于统治者推崇，佛教传播达到前所未有的滥觞程度，秦州境内亦是如此。以麦积山第 121、122、133、139、142、154 等窟为代表，呈现世人面前的是以"褒衣博带"和"秀骨清像"为主要特征的泥塑作品，主要受到了以洛阳为中心的龙门石窟造像艺术影响，同时也带有部分南朝及关中地区佛教造像艺术特点，充分展现出佛教造像艺术中国化后逆向传播的能量。

---

① 张锦秀：《麦积山石窟第 115 窟简介》，《丝绸之路》1997 年第 5 期。

（一）题材组合

三佛依然是造像主流题材，但图像特征进一步清晰化，如第142窟右壁、163窟左壁分别出现了交脚弥勒菩萨像，对于判定以释迦、多宝和弥勒组成的现在、过去和未来的法华三世造像体系具有重要价值，与此前三佛窟内主尊雷同的做法已有很大改变，其意义不仅在于礼拜者可以更好地明白窟内造像含义，而且反映出造像者对外来佛教思想和图像内涵有了更深的认识和理解。

除主尊造像外，这一时期其他造像题材也更加丰富，菩萨、弟子、力士、飞天、供养人、夜叉等显著增多，表现方式和技法也更加多样化，除传统彩绘外，更多地使用了影塑、贴塑等极具立体感和视觉冲击力的表现手法。这些技法的使用，表明外来佛教造像艺术在造型技法和题材内容方面已经完全中国化，彻底摆脱了早期佛教造像的异域化因素影响。

（二）造像风格

在孝文帝汉化政策持续影响下，北魏晚期佛教造像艺术已经中国化，主要标志就是"褒衣博带"和"秀骨清像"，期间也融合了诸多以萧梁为代表的南朝造像艺术特点。麦积山所属的秦州作为交通和军事重镇，也是各种外来造像艺术的交会之地。因此，造像中也较好地体现出这种特殊地域背景。

从造像特点分析，佛像整体上以清秀端庄为主，细部则融合了许多外来因素。如佛发髻均为磨光高肉髻，并未采用龙门石窟造像中常见的水波纹发髻样式。前者在麦积山北魏中期以来佛像中十分流行，后者则堪称北魏皇室的标准样式。显然，雕塑家这种做法更多的是继承了本地传统；佛像形体塑作上亦是如此，如142、16窟内坐佛面相方正、身躯挺直，犹如刀削斧砍，系刻意模仿石雕佛像效果。但大部分佛像依然采用当地传统的近圆雕塑作技法，视觉上非常亲切自然，毫无僵硬之感。组合方式上仍延续三壁三佛传统，并未采用龙门石窟常见的正壁一坐佛，左、右壁为立佛或左壁坐佛，右壁立佛的组合样式。

这些外来因素在佛装方面表现得也很突出。据笔者考察，麦积山北魏晚期佛装呈现出三种样式，其上衣①上半部分装束基本相同，均为垂领式，衣角自膝前搭左小肘覆掩至左膝。内着中衣，衣带胸前打结下垂。下衣虽然被掩盖在上衣和中衣里面，但裙缘外露，呈现出不同风格：一种佛装下摆呈三片式垂覆于佛座前，这种样式与南齐永明年间的褒衣博带式佛装存在明显继承性，而非来自洛阳地区。另一种佛装下摆呈八字形分开，垂覆于佛座前，这种样式则是直接吸纳了龙门石窟北魏佛装下摆的处理手法。第三种佛装下摆在佛座前等距呈四片式覆于佛座上，这种做法与关中地区北魏晚期造像碑佛像衣裾处理技法十分接近，显然是受到长安地区影响的结果。更有趣的是，常常是多种外来因素集中在一身造像上，如142窟正壁坐佛，上半部分体现出龙门造像风格，而衣裾部分则呈现出长安造像特点，生动地反映出麦积山北魏晚期造像的多元化特征。

菩萨像在整体展现时代风貌的同时，也呈现出自身特点。如发髻多采用束双丫髻、前翻髻，或戴小冠，与龙门石窟同期菩萨普遍采用高花冠样式明显不同，透出一种清新、质朴之风。帔帛、璎珞等佩饰也表现为两种风格：一种繁缛华丽，帔帛胸腹之际交叉或十字穿环，表面缀饰各种璎珞，搭双肘后贴膝下垂，向后飞扬，动感十足。其形式上继承了龙门石窟北魏晚期菩萨造型特点，但体态更加婀娜多姿，与前者稳重端庄神态有明显不同；另一种则装束简单，没有复杂的璎珞等饰物，应是长安地区同期菩萨造像影响的结果。

这一时期麦积山石窟的飞天、力士等护法形象也很有特点。前者主要有两种表现形式，一种以彩绘方式出现在窟顶，穿插绘于数朵彩绘圆莲之间。另一种为影塑飞天，造型各异，多出现在窟内龛楣两侧。这种样式与龙门石窟宾阳中洞、莲花洞、普泰洞、皇甫公窟等窟龛同类题材布局非常接近，彼

---

① 文中"上衣、中衣、下衣"表述之法采用了陈悦新博士关于佛装的研究成果，详见陈悦新：《5—8世纪汉地佛像着衣法式》，北京：社会科学文献出版社，2014年，第15—17页。

此间存在着一定关联性；后者则多出现在窟内左、右壁外侧或门壁两侧，与菩萨、弟子等共同构成主尊佛像的胁侍组合，如第 121、126、139、142、154 等窟内力士像均是如此。而龙门石窟力士则多以浮雕或高浮雕出现在窟龛外两侧，[①]关中造像碑上的力士像也大抵如此，常与狮子等出现在一起。表明麦积山北魏晚期力士组合并非来自中原或长安地区，通过观察，我们可以发现其与成都地区出土的南朝萧梁造像碑胁侍组合方式有一定相似性，应是受到了这一地区影响。

除上述不同地区造像因素影响之外，麦积山北魏晚期造像还有一个鲜明的地域化艺术特色。既造像艺术的世俗化、人间化特征。无论是佛、菩萨、弟子，还是飞天、力士等，均展现出一种宗教与人性光辉高度融合的艺术境界，这在同时期其他地区佛教造像中很难看见到。

如 121 窟正壁龛外两侧的菩萨与弟子，相互依偎，低头聆听，露出恬静会心的微笑，仿佛已悟出佛法真谛。133 窟 9 号龛小沙弥眉清目秀，稚气未脱，嘴角微微上翘，透出一股发自内心的笑意，似乎想起了一件非常甜蜜的事。85 窟左壁外侧胁侍菩萨装束质朴，束发高髻，头略上仰，双眼圆睁，目视前方，颈部筋骨突出，双手合十于胸前，似正在与人辩法，神态惟妙惟肖，动感十足。类似泥塑作品还有许多，不再赘述。这种将普通民众情感和形象充分融合入宗教作品的做法也是麦积山北魏晚期造像的重要特点之一，既反映出艺术家在把握人物造型、神态等方面源于生活的创作态度，也体现出其丰富多变的塑作技巧，更是佛教造像艺术世俗化、人间化的具体表现。

（三）窟龛样式

这一时期窟龛在北魏中期平面方形基础上变得更加规整。同时，由于造像题材和塑作技法日益丰富，使窟内布局更显繁缛华丽。如平面方形窟内

---

① 龙门文物保管所、北京大学考古系编：《中国石窟·龙门石窟》（一），北京：文物出版社，1991 年，图版 6、52、56、91 等。

正、左、右三壁开龛或各塑一方形佛座，龛楣装饰各式纹样。壁面横向堆砌4~5层坛台，其上贴塑佛、菩萨、弟子、供养人等，壁面空隙间彩绘莲花、忍冬、流云等图案，顶部正中及四角彩绘圆莲，其间彩绘飞天、流云等，整个窟内各种造像内容绘塑结合，华美异常，给人极强的视觉冲击力，宛如美妙无比的佛国世界。这些处理技法和装饰手段已完全摆脱了外来佛教造型艺术束缚，表明本土艺术家和佛教信徒已经开始按照自己对佛法的理解和认知进行创作。

（四）开窟者

麦积山北魏晚期供养人数量仍然保留不多，主要有影塑和彩绘两种样式，形象已完全变为褒衣博带装束，男性头戴小冠或方冠，内穿短衫，外穿交领宽袖袍，下着长裙，腰部系带。女性束发高髻或头戴笼冠，身穿交领长袖衫，下着长裙，脚蹬高头履。特别是第133、142窟内女性供养人形象、装束与洛阳、长安等地同时期墓葬、石窟寺，或佛寺遗址保存的女性完全一样，体现出时代共性。

通过现存供养人信息可以发现以下几个特点：一是家族化供养窟开始出现，如第159窟既为李氏家族供养窟。[①]第142窟形制较大、内容丰富，虽然没有留下供养题记，但窟内正壁及左壁数身头戴笼冠、身穿宽袖长裙的影塑女性供养人像表明该窟具有家族性质。二是在保存供养人的窟龛中，每列第一人均为僧侣，如第159、163窟均是如此。表明僧人在世俗信众开窟造像活动中发挥着重要作用。三是信徒集体开窟造像行为依然盛行，如110窟内有"郑、仵、陈、贾、乔、王、夏侯"等姓氏信徒留下的墨书供养题记，祈愿共同往生西方极乐世界。

这些史实表明，北魏晚期秦州社会经济达到了一定水平，原来固有的游

---

① 天水麦积山石窟艺术研究所：《中国石窟·天水麦积山》，北京：文物出版社，1998年，第290页。

牧经济形态也逐步与中原农耕文明融为一体，其社会风尚、生活习俗等与长安、洛阳地区等已无差别。

四、麦积山西魏、北周造像"胡风汉韵"现象的思考

北魏分裂后，由鲜卑旧镇军人和世家大族共同构成的关陇军集团成为西魏、北周政权主体，其在政治、经济、军事、文化等方面推行以"恢复周礼"为核心的一系列改革措施，实质则在于宣扬自身政权的合法性，修复因北魏末年战乱而凋敝的社会经济，以及缓和阶级、民族矛盾等。随着西魏、北周政权由弱转强，荆楚、巴蜀、河西等地先后被纳入统治范围，客观上使不同地域之间文化交流频繁起来，这些在麦积山石窟西魏、北周造像艺术中均有所反映和体现，为进一步认识和了解北朝晚期以来的中西文化交流提供了实物例证。

（一）西魏阶段

1.造像风格与题材

麦积山西魏造像在北魏"秀骨清像"基础上趋于圆润饱满，服饰繁缛华丽的风格没有变化，但形体明显趋于厚重，质感更强。佛像主要汲取了洛阳等中原地区因素，初期多采用水波纹发髻，后逐步演化成涡旋纹发髻，形成自身特色。个别佛像采用螺髻，反映出当时南朝盛行的笈多造像艺术影响。佛装样式与北魏晚期相比，已发生显著变化，除127、135窟石雕佛像仍保留三片式下摆外，其余已全部改为质感厚重、层次分明、线条简洁流畅的八字形下摆衣裾，几乎成为麦积山西魏佛像标准样式。

菩萨像亦是如此，虽然装束方面变化不大，但人物形象趋于厚重饱满，显得十分稳重挺拔。其最大的变化则在于发髻，由北魏的束发高髻改为头戴方冠，或正、左、右三面饰莲瓣的发冠，雅致而高贵。

造像题材除三佛组合外，七佛图像明显增多，如127窟前壁上方绘七佛图，第133窟11、16号西魏造像碑浮雕多组七佛造像，该题材在麦积山北周窟龛中更为流行。这种现象不仅在于表现佛法的真实久远，更深层次上可能还有迎合统治者追溯和纪念祖先的含义。

另一个值得注意的就是维摩诘图像的出现。与北魏时期不同，麦积山西魏维摩诘像与窟内释迦、文殊共同构成三尊式组合，以第102、123窟最具代表性，开窟者表达佛说维摩诘经意图非常明显。类似图像及题材在龙门石窟非常盛行，据统计多达129幅，[1]充分反映了当时中原地区士族阶级的精神生活和追求。而麦积山此类造像的出现正是洛阳地区这种风尚直接影响的结果，至于123窟内文殊与维摩诘像旁胁侍的胡服童男、童女，表明该窟功德主可能是汉化程度很高的秦州胡族。

2.壁画中展现的"中西融合"

麦积山西魏壁画中这类胡汉并存、中西融合的现象更加突出。如127窟《涅槃变》八王分舍利场景中出现有多组胡人、胡装形象，身穿圆领窄袖服，下着裤褶，手持兵器或盾牌，甚至还有骑骆驼的胡装国王形象。临终遗教画面中的国王头戴莲瓣形高冠，身穿垂领宽袖袍，下着敞口大裙，前饰蔽膝，方头高履。四周簇拥的侍者均束发小冠，穿圆领窄袖齐膝袍，下着裤褶，脚穿尖头靴，或持华盖，或持羽幡。[2]有意思的是，这类场景也只见于该窟《涅槃变》中，同窟的《维摩诘经变》《西方净土变》《地狱变》《睒子本生》《萨埵那太子本生》等经变或本生故事画中并未出现类似胡人形象，仍以褒衣博带的汉装人物居多。同属西魏的第120、160窟内彩绘供养人也均为褒衣博带装束。即使在秦州地区发现的秦安西魏权旱郎造像碑，以及毗邻的平凉禅佛寺西魏造像碑和灵台西魏新开造像碑中保存的供养人形象也多为头戴笼冠，宽袍长袖，胡化现象并不突出。[3]这些现象表明，西魏时期秦州与地理

---

① 张乃翥：《龙门石窟维摩变造像及其意义》，《中原文物》1982年第3期。
② 孙晓峰：《麦积山石窟第127窟涅槃图像研究》，《石窟艺术研究》，北京：文物出版社，2016年，第11—35页。
③ 张宝玺：《甘肃佛教石刻造像》，兰州：甘肃人民美术出版社，2001年，图版173、182、186。

位置相对偏远的敦煌不同，受到以长安为代表的中原文化影响更大一些。至于第127窟《涅槃变》中诸多胡装人物的出现应是画师考虑该经故事情节需要而特意为之，但胡装人物形象应是画家取材于现实生活，表明当时已有西域胡人在长安或秦州地区活动。

除胡人图像外，壁画中还有许多内容展示了儒、释文化交融的场景，如第127窟《西方净土变》中出现的建鼓和乐舞伎图像。建鼓在中国历史悠久，起源时间目前已无从可考，但根据文献记载，至少在公元前12世纪殷商时期已经出现。西周时期已发现有实物图像，如河南淇县山彪镇出土的水陆攻占纹铜鉴表面就刻画有一架建鼓，[①]春秋战国以来，各种传世实物以及反映建鼓的图像资料大量出现，这一时期的青铜器、漆器、帛画等文物上都发现有不少建鼓图像，如陕西韩城梁带村两周墓葬群 M27 中的漆木建鼓、[②]曾侯乙墓出土的枫杨木质建鼓[③] 等。两汉时期，建鼓广泛见于当时社会的雅、俗音乐之中，在祭祀丧葬、典礼册封、出行卤簿、宴饮娱乐、歌舞百戏等各种社会活动中都能看到建鼓，而且形成了舞姿优美、内容丰富，颇具"形、神、劲、律"的建鼓舞，并形成了各具地域特色的建鼓样式和风格，其图像资料主要见于画像石，相关记述也十分丰富，如《左传》《周礼》《国语》等文献中均有记载。魏晋南北朝时期社会动荡，礼崩乐坏，建鼓图像急剧减少。但从文献记载看，当时建鼓与编钟、编磬、镈钟等仍是各种祭祀活动中的主要乐器，被安置于殿堂内四角："设建鼓于四隅，悬内四面，各有柷敔。……每一镈钟，则设编钟磬一虡，合三十六架。植建鼓于四隅，元正大地备用之。"（［唐］魏徵:《隋书》卷13《音乐志上》）北方胡族政权也大致如此:"齐神武霸迹肇创，迁都于邺，犹曰人臣，故咸遵魏典。及文宣初禅，尚未改旧

---

① 郭宝钧:《山彪镇与琉璃阁》，北京：科学出版社，1959 年，第 21 页，图 11。
② 陕西省考古研究院、渭南市文物保护考古研究所等:《陕西韩城梁带村遗址 M27 发掘简报》，《考古与文物》2007 年第 6 期。
③ 谭维四:《曾侯乙墓》，北京：文物出版社，2001 年，第 97—98 页。

章。宫悬各设十二镈钟，于其辰位，四面并设编钟磬各一簴虡，合二十架，设建鼓于四隅，郊庙朝会同用之。……"（［唐］魏徵：《隋书》卷13《音乐志中》）可知建鼓依然是北朝宫廷祭祀雅乐的重要乐器之一。而第127窟这幅图像中，建鼓却成为整个乐队的中心，也可以看作是一种外来佛教音乐与中国传统礼乐文化融合的具体表现。

第127窟前壁《地狱变》中许多场景也很耐人寻味，如十善十恶图中反映飞天罗汉接引亡魂过程中，下方屋宇之上绘逝者亲人持衣招魂情节，带有浓郁的中国传统丧葬文化色彩，它表现的是中国古代丧礼中"复"这一观念：《礼记·檀弓下》载"复，尽爱之道也，望返诸幽，求诸鬼神之道也。"就是生者希望死去的亲人能够在鬼神帮助下，死而复生。[1]具体仪式则表现为复者——通常是死者的一位家属，带上死者的一套衣服，从东面屋檐爬上屋顶，面朝北方，一面挥舞死者衣服，一面呼唤死者名字，重复三声后，复者抛下衣服，地面有人接住，并将衣服覆盖到死者身上，随后，复者从西边屋檐下来，复礼就此结束，被称为"复"。[2]其右侧绘四周带围墙、正殿位于高台之上的一组建筑，所反映内容与中国固有的阴曹地府观念以及佛教阎罗王思想都有着一定关系。

地狱则是佛教传入中国后新出现的概念，梵文为Niraya（泥梨）或Naraka（那洛迦），魏晋时期相关地狱经典翻译中多将其译成"泥梨""地狱""太山""太山狱"等，这几种译名意思基本相同，专指人由于生前作恶，在死后遭受种种苦楚的另外一个世界，意在劝诫佛教信徒生前谨遵戒律，多行善事，以免死后堕入令人毛骨悚然的地狱世界。而这幅《地狱变》中，却把中外两种丧葬思想融为一体，既是此后唐宋时期盛行的《地狱变》图像初创过程中的必由之路，也是中西文化交流、碰撞、融合的一种具体表现。

---

① 徐吉军：《中国丧葬史》，南昌：江西高校出版社，1998年，第118页。

② 余英时著、侯旭东等译：《东汉生死观》，上海：上海古籍出版社，2005年，第131页。

（二）北周阶段

北周是麦积山石窟造像的又一个高峰阶段，开窟数量约占麦积山现存窟龛总数的四分之一，窟龛规模、体量、类型等也达到了前所未有的程度，同时也融入了诸多中亚、西域造像艺术因素，开启了隋唐时期"胡风汉韵"的先河。

1.造像题材与艺术风格

麦积山北魏三佛造像体系到这一时期已呈现出多元化特征，除第45、62等少量窟龛外，七佛已成为麦积山北周造像主要题材，可以说，这一变化发端于西魏，成熟于北周。七佛作为佛教最古老的造像题材，从印度到犍陀罗，从新疆到河西走廊，从云冈到龙门，绵延不绝，长盛不衰。因此，麦积山北周时期七佛思想流行也有其深厚的理论依据和现实要求。

北周造像在统治者"恢复周礼"的历史背景下，呈现出"敦厚圆润、质朴清新"的艺术特征。佛低平肉髻，面形圆润，五官精巧紧凑。身材敦厚、圆润而挺拔，身穿圆领通肩、垂领，或袒右披肩袈裟，服饰轻柔贴体，衣纹线稀疏而刚劲流畅，一股清新之风扑面而来。这种造像风格与北周统治者锐意进取，全面摹拟以萧梁为代表的南朝文化有很大关系。当时随着海上丝绸之路开通，印度笈多艺术对萧梁境内包括佛教造像在内的雕塑和绘画均产生了重要影响，并逆长江而上，传播到益州地区。20世纪50年代以来，成都万佛寺出土的南朝佛教造像就是这种新样式的集中体现，随着北周控制荆楚和巴蜀，这种风格的佛像也对长安地区产生了影响，如西安市2004年以来陆续发现并出土了数十件北周石雕佛像，[①]其中多数带有鲜明的笈多造像特点。毗邻的麦积山石窟也受到直接影响，如62窟内的三佛面容颇具萧梁画家张僧繇一派"面短而艳"的艺术特色。但这种外来艺术风格的接受也带有一定

---

① 赵力光，裴建平：《西安市东郊出土北周佛立像》，《文物》2005年第9期；西安市文物保护考古所：《西安窦寨村北周佛教石刻造像》，《文物》2009年第5期；中国社会科学院考古研究所：《古都遗珍——长安城出土的北周佛教艺术》，北京：文物出版社，2010年。

选择性，如南朝笈多式佛像中最常见的螺纹发髻在麦积山并未出现，仍坚持采用本地传统的低平磨光肉髻。

2. 窟龛形制与样式

麦积山北周窟龛形制最大的变化在于崖阁建筑大量出现，其肇端于西魏文帝皇后乙弗氏寝陵（第 43 窟）前廊后室、三间四柱仿殿堂式崖阁。北周时这种仿木构式建筑迅速增多，不但出现了单间（49 窟）、双间（48 窟）、七间（4、9 窟）式仿殿堂崖阁，还出现有仿木构式长廊（3 窟）及屋宇（15 窟）。其中尤以第 4 窟（散花楼）最为雄伟壮观，该窟系大型仿七间八柱庑殿式崖阁，通高 16、面阔 30.48、进深 8 米，前廊后室结构，前廊历史上因地震已大部塌毁，但两侧石角柱保存尚好，净高 7.25 米，断面呈八角形，圆形覆莲柱础，柱头上置栌口斗、额枋、齐心斗、散斗、替木、橑檐枋等构件。屋顶雕筒瓦瓦垄、鸱吻，素面无线脚。后室并列开七个仿帐式大龛，形制基本一致，龛高 5、面阔 4、进深 3.9 米，龛外部浮塑莲花宝珠及装饰精美的帐幔，帐楣两端饰龙、凤、象等瑞兽首，口衔流苏，各帐之间浮雕护法神像。龛内顶部及四角各雕石胎泥塑八角帐杆、帐楣、帐柱，半隐入龛壁，顶部正中雕莲花宝顶，四角出莲花柱头，彩绘精致，装饰华丽。此窟竣工后，著名文学家庾信为之做《秦州天水郡麦积崖佛龛铭并序》，既著名的《散花楼赋》。这座崖阁外观上仿中国传统式殿堂，后室却采用了仿帷帐式结构，这也是麦积山北周窟龛的主流样式。

帷帐在中国古代悠久历史，根据文献记载可以追溯到东周时期，《周礼·天官》载："幕人掌帷、幕、幄、帟、绶之事。"郑玄注"在旁曰帷，在上曰幕。"《说文·巾部》也称"在旁曰帷"。 刘熙在《释名》中称"幄，屋也，以帛衣板施之，形如屋也。"（［汉］刘熙：《释名》卷 6《释床帐》）秦汉时帷帐几乎成为殿堂建筑中必不可少的陈设，许多描写宫殿、府第豪华奢侈的汉代文献中，多有关于"帷帐"的描述，如汉武帝"赐列侯甲第，僮千人。乘舆斥车马帷帐器物以充其家。"（［汉］司马迁：《史记》卷 12《孝武帝本纪》)魏晋南北朝时，在厅堂或床上安置斗帐仍很流行，史载"石虎御床，辟方三丈，冬月施熟锦，流苏斗帐，四角安纯金龙头，衔五色流苏，或用青绨光锦，或用绯绨登高文锦，或紫绨大小锦，丝以房子绵名曰百二十斤，白缣里，名曰复帐。"（［晋］陆翙：《邺中记》）北魏皇宫正殿也有类似陈设："正殿施流苏帐，金博山，龙凤朱漆画屏风，织成幌。"（［梁］萧子显：《南齐书》卷57《魏房传》）河北磁县北齐高润墓壁画上也绘有方形平顶帐，墓主人端坐其中，帐外两侧有手持扇、盖的侍从。[①]这一时期由于佛教传入，帷帐表面开始出现带有佛教图像符号的装饰物，并很快风靡南北各地。如朝鲜黄海北道安岳东晋冬寿墓壁画中斗帐顶部及四缘就装饰有盛开的莲花及莲蕾，帐楣两端饰佩玉、流苏。[②]在以平城、洛阳为中心北魏境内，这种带佛教图像符号装饰的帷帐或殿宇数量更多，如洛阳北魏画像石线刻图中刻绘一方形平顶帐，帐顶四周饰莲花、蕉叶，周缘有垂饰，帐内二人对饮，帐前置一矮几。[③]西安北草滩出土的白石龛像，大部分龛均为仿帷帐样式，龛楣上方饰山花蕉叶及莲花宝珠，其下垂饰多重帐幔。[④]美国波士顿美术馆藏西魏恭帝元年（554）薛氏一族造像碑正面小龛也使用的是这种帷帐装饰技法。[⑤]此外，在中原和北方地区许多造像碑、石窟寺浮雕的佛传或经变故事中都出现有类似帷帐，其表现形式主要为佛或菩萨的宝相庄严饰物，以示神圣和至高无上，恕不再举例。

由此可知，从秦汉到魏晋南北朝，由于人们日常起居方式原因，帷帐与殿堂既相辅相生。秦州地近长安，北周时又是戍卫长安的重镇，多由皇亲贵

---

① 汤池：《北齐高润墓壁画简介》，《考古》1979年第3期。

② 洪晴玉：《关于冬寿墓的发现和研究》，《考古》1959年第1期。

③ 王子云：《中国古代石刻画选集》，上海：中国古典艺术出版社，1957年，图版5。

④ 韩伟、陈悦新：《中国石窟雕塑全集》（第五卷），重庆：重庆出版社，2001版，图版132—134。

⑤ 金申：《海外及港台藏历代佛像珍品纪年图鉴》，太原：山西人民出版社，2007年，第95页。

戚或朝廷重臣驻守。因此，在窟龛样式上更多地汲取长安因素。

3. 粟特、波斯等中亚、西域因素

北魏分裂后，秦州地位变得更加重要，备受西魏、北周政权重视。因关陇起义而动荡的秦州社会经济也迅速恢复，境内流民得以安置，其成分也是胡汉交杂。如宇文导因病死于秦州任上时，"华戎会葬有万余人，奠祭于路，悲号满野，皆曰'我君舍我乎'。大小相率，负土成坟，高五十余尺，周回八十余步。为官司所止，然后泣辞而去。"（［唐］令狐德棻《周书》卷10《邵惠公颢条附子宇文导传》）这里的"华戎"应是指生活于秦州的胡、汉民众，其族属也非常复杂，既有当地汉化程度较高的氐、羌、鲜卑、休官、屠各等胡族。此外，可能还有来自中亚、西域一带的粟特、波斯等国胡商。

首先，从麦积山西魏、北周相关服饰图像分析，这一时期胡人装束主要有两种：一种上穿圆领对襟窄袖袍服，下着裤褶。另一种头裹风帽，上穿圆领小口对襟紧身短袍，下身近似赤裸或穿裤褶。北周时除圆领窄袖对襟齐膝袍装束的胡人形象外，又开始出现翻领或交领样式的胡服。首服更加丰富，有束发髻，戴莲花冠、圆顶帽、尖帷帽等多种样式。此外，还出现一种新胡服样式：上身袒露，肩部系帔帛，下穿齐膝裙，头戴圆锥帽。这与麦积山北魏时期胡人服饰有根本差别，式更受到西域和中亚民族服饰的影响。根据对相关图像和文献资料考察，圆领或翻领窄袖胡服是西域和中亚胡人最常见的服饰之一，他们多是以商贸为主的民族，常年奔波于连接欧亚的古丝绸之路上，沿途干燥、多风沙、昼夜温差剧烈的自然地理环境形成了其独特的服饰文化。钱伯泉先生通过对南京博物院藏萧梁《职贡图》中人物服饰、属国等信息综合研究后认为，图中所涉及的西域滑国、波斯国、龟兹国、呵跋檀国、白题国、胡密丹国使者均内穿贯头衫、外穿翻领齐膝袍，脚蹬靴。周古柯国使者则身穿圆领窄袖对襟袍，腰束带，脚蹬皮靴。末国使者则戴尖帽，穿圆领长袖衫，披巾长垂于后背。从人物面貌上看，大致可归纳为西域、印度和中亚三种类型。^① 这些当时活跃在丝绸之路上的西域、中亚各国使臣服饰应该最具有其本民族特色，笔者认为其中出现频率最高的贯头衫实际上就是圆领对襟紧袖袍服的某种演变形式。

其次，从胡人形象资料上看，第127窟《涅槃变》中的胡人隆眉、深目、阔嘴，颌下绘络腮胡须，与中土人物差异很大。而北周第26、27窟《涅槃变》和《法华变》中的胡人更是具有西域或中亚人种特征，头戴尖帽，深目高鼻，唇上有八字胡。此外，在天水石马坪发现的北朝至隋初的粟特墓葬中，不仅出土有石棺床，还出土有5身胡人伎乐俑，其形象也具有鲜明的中亚胡人特征。^② 实际上，魏晋南北朝时期，大量以中亚粟特人为代表的西域胡商纷纷沿丝绸之路进入中原内陆，许多甚至定居中国并担任中央或地方政府任命的职务，以参与相关商贸人员及事务的管理。20世纪90年代以来，考古工作者在陕西、山西境内发现的诸多北朝末年至隋唐时期的粟特人墓葬也证实了这点，^③ 上述墓葬中保存的诸多中亚胡人形象与麦积山石窟相关图像非常接近。

第三，根据史料记载，至少在北魏晚期，已有许多中亚或西域胡人在秦州一带从事商贸活动。如北魏末年，元琛出任秦州刺史，史称其"在州聚敛、求欲无厌。"（［唐］李延寿《北史》卷19《文成五王传》）并有搜罗西域诸国珍宝的喜好："琛在秦州，多无政绩，遣使向西域求名马，远至波斯国。……琛常会宗室，陈诸宝器。金瓶银瓮百余口，瓯檠盘盒称是。自余酒器，有水晶钵、玛瑙碗、赤玉卮数十枚。作工奇妙，中土所无，皆从西域而来。"（［北魏］杨衒之 周振甫 释译《洛阳伽蓝记》卷4《开善寺》）可知元琛在秦州

---

① 钱伯泉：《"职贡图"与南北朝时期的西域》，《新疆社会科学》1988年第3期。

② 天水市博物馆：《天水发现隋唐屏风石棺床墓》，《考古》1992年第1期。

③ 尹申平：《西安北郊北周安伽墓发掘简报》，《考古与文物》2000年第6期；张庆捷：《太原隋代虞弘墓清理简报》，《文物》2001年第1期；杨军凯：《西安北周凉州萨保史君墓发掘简报》，《文物》2005年第3期。

购置的这些珍宝多数应是途经秦州的西域胡商贩入。

西魏时控制青海一带的吐谷浑政权成为连接西域和萧梁、东西魏之间经济商贸、人员往来的关键节点，它们常常袭击或骚扰西魏西北边境地区，甚至盘踞凉州。到大统末年，西魏转弱为强，开始主动出击，如废帝二年（553），凉州刺史史宁率兵在州西赤泉附近袭击吐谷浑自东魏归来的商队，"获其仆射乞伏触扳、将军翟潘密，商胡二百四十人，驼骡六百头，杂彩丝绢以万计。"（[唐]令狐德棻：《周书》卷50《异域下》）这里的胡商就当指由吐谷浑当局组织与东魏展开商贸的中亚或西域胡人。北周时，西域诸国与关陇交流日渐密切，秦州境内各种带有鲜明中亚及西域文化特征的遗存也显著增多，天水石马坪粟特人聚落墓地的发现就是典型例证。

更重要的是麦积山北周窟龛开凿过程中融入了许多中亚造型艺术技法。如著名的第4窟后室上方"薄肉塑"伎乐飞天、后室诸龛之间浮雕护法神、诸龛内顶部浅浮塑经变与佛传故事画，[1] 以及第15窟佛座前部的浮塑伎乐天人等。这些绘塑结合的技法并非中国所固有，在形式上与汉代画像石或画像砖制作技法有明显差异，具有更好的视觉冲击力和立体效果，常见于当时中亚地区的建筑墙面或器物表面装饰上。而且，这也并非孤例，在距麦积山不远的武山拉梢寺，就有北周秦州大都督尉迟迥于明帝武成元年（559）主持开凿的摩崖浮雕一佛二胁侍菩萨，佛座上浮雕狮、鹿、象等，[2] 根据罗杰伟研究，这组造像受到了明显的中亚艺术影响。[3]

可见北朝末年以来，随着外部环境改变，一些定居中国的中亚胡人信仰

---

[1] 项一峰：《麦积山石窟第四窟七佛龛壁画初探》，《石窟寺研究》（第一辑），北京：文物出版社，2010年，第119—129页。

[2] 甘肃省文物考古研究所等：《水帘洞石窟群》，北京：科学出版社，2009年，第32—44页。

[3] 罗杰伟：《北周拉梢寺艺术中的中亚主题》，巫鸿：《汉唐之间的文化艺术互动与交流》，北京：文物出版社，2001年，第315—340页。

也悄然发生变化。如 2011 年在陕西靖边县红墩界镇白城则村八大梁墓地 M1 北壁发现有一幅彩绘跪姿胡人图像，头戴虚帽，身穿圆领窄袖对襟袍。发掘者综合分析后认为，其表现的是北朝晚期居住于统万城附近信奉佛教的粟特人形象。[①]另一例证见于西安博物院藏张石安造释迦牟尼像座，其正面阴刻线图中，共计有三大三小 6 身供养人像，除后排第 1 身为褒衣博带装束外，其余 5 身供养人均身穿圆领对襟窄袖齐膝袍，下着裤褶、尖头靴，双手合十，手持莲花侍立。佛座左面亦阴刻 7 身正在演奏鼓、笙箫、排箫、横笛等西域乐器的胡装男伎乐形象。[②]这些信奉佛教的供养人和歌舞伎与中亚和西域胡人形象十分接近。因此可以断定，麦积山北周第 27 窟《法华变》右下角出现的 3 身胡人应是在秦州经商或路过的秦州的中亚胡族。

五、结 语

综上所述，麦积山石窟北朝造像艺术充分体现出古代秦州地区自身的特点，由于特殊的地理交通位置，早中期造像中也不时地表现出印度秣陀罗，以及巴基斯坦犍陀罗地区造像的某些因素，但更多是受到了长安和洛阳地区影响，也夹杂有以成都为代表的南朝造像的某些特征。同时，通过对麦积山北朝不同时期供养人服饰及人种特点的综合分析，可以看出，在北魏早、中期，开窟者多为氐、羌等胡族，随着北魏汉化政策的不断深入，到北魏晚期时已基本完成汉化过程。西魏、北朝时期，随着中原与西域、中亚地区交流的不断增多和加强，以粟特为代表的中亚胡族开始在秦州聚居，并参与了麦积山石窟的开凿和营建，生动再现了当时中西文化艺术交流和融合的历史事实。

---

① 陕西省考古研究院：《陕西靖边县统万城周边北朝仿木结构壁画墓发掘简报》，《考古与文物》2013 年第 3 期。

② 张全民：《北周张石安造释迦牟尼像座考》，《西北出土文献与中古历史研读班》（第 27 期）内部资料，第 332—339 页。

莫高窟第 205 窟隐没题记初识 *

敦煌研究院考古研究所副研究员　赵　蓉

摘要： 开凿于初唐，续修于盛、中唐及五代的莫高窟第 205 窟，开凿后曾存在停工的情况，是窟内壁画内容及构图呈不规则分布的原因之一。该窟形制特殊，空间布局有其独特面貌。如：不同于以往石窟内以中轴线对称分布的施绘，205 窟的南、北壁面构图既不对称，时代和内容也相异。西壁初盛唐绘施甘露与施宝观音，与中唐绘弥勒经变同处一壁，壁面空白处留有不同时代几近泯灭的发愿和巡礼题记。其中"大庆庚申年"年号的题记，实则是一首七言诗的尾题；伯希和未能辨识出的三行古藏文，是康姓发愿者于 9 世纪上半叶题写的祈愿文。而北壁灵鹫山说法图下方重绘处，亦题有绘者姓名等。结合窟内塑绘内容，西壁的发愿和巡礼题记为中唐莫高窟 205 窟的续修及历史上同类型题识的存例提供了一定参考，也为该窟历史时期由不同民族共同续修的情况提供了佐证。

关键词： 莫高窟；205 窟；续修；题记

莫高窟第 205 窟开凿于初唐，在未完成壁绘的情况下停工，并于盛、中唐、五代进行了续修[①]。因此，主室西壁初、盛唐绘制的施宝及施甘露观

---

* 为行文所需，本文引文保留繁体字。

① 敦煌研究院：《敦煌石窟内容总录》，北京，文物出版社，1996 年，第 81—82 页。

音①与中唐绘制的弥勒变、骑狮文殊、骑象普贤同处一壁。该壁面空白处也因此存有几条趋于隐没的题记，其中位于西壁北侧的古藏文题记，是一条九世纪上半叶由康姓等两位发愿者题写的祈愿文，其对应的佛教功德活动即补塑该窟中心佛坛的二身天王像②，为205窟的续修提供了新的认识。而该窟西壁南侧同样存有几条隐没至难以识读的题记，其中个别可识读信息有可能与该窟续修亦存在内在关联。以下借助紫外荧光成像技术将该窟西壁南侧隐没题记做逐一介绍和分析。

一、西壁南侧菩萨周围隐没题记

西壁南侧菩萨通高182厘米，跣足立于覆瓣仰莲台。菩萨挽髻披发戴宝冠，低首目视其右下方供养人。左手轻捻杨柳枝于胸前，施予愿印；右手展臂下垂持净瓶，施予甘露。其身周围看似空白的壁面上经紫外荧光成像确认存有2条壁画榜题框、3条题记，分别以数字1—5标识。（图1）。

1. 榜题框1

长34厘米、宽4.5厘米，位于菩萨的左侧，北抵弥勒变南侧边饰，应为该身观音菩萨原有榜题。字迹不存。

2. 榜题框2

图1　莫高窟第205窟西壁南侧菩萨像与题记

① 王惠民对205窟西壁两身观音像进行了定名，并将其年代定为初唐；《敦煌石窟内容总录》将此两身观音定为盛唐所绘。见王惠民：《莫高窟第205窟施宝观音与施甘露观音图像考释》，《敦煌学辑刊》2010年第1期，第59—60页。

② 赵蓉、勘措吉、张先堂、柴勃隆：《莫高窟第205窟中唐补修新探——以莫高窟第205窟西壁新识读的古藏文祈愿文为中心》，《敦煌研究》2021年第1期，第36—45页。

长 35 厘米、宽 5 厘米，位于菩萨右侧，供养人头顶，应为供养人榜题，或反映该铺壁画情节的榜题。字迹不存。

3. 题记 3

观音像南侧，从南向北（从左至右）墨书竖题两行文字（图 2）。笔者识录为：

清信仏弟子就秀荣因（難）□□□□
□正月十日故记。

图 2　莫高窟第 205 窟西壁南侧题记
（柴勃隆提供）

由于文字保存不全，这则题记难以完整识读，无法得知其记录的全部内容。只能据此笼统地推断：佛弟子就秀荣某年正月十日因身遇险难来到莫高窟发愿，并在 205 窟西壁南侧观音菩萨像旁的空白壁面写下了题记。题记的时间应该是西壁观音菩萨像绘制完成的初盛唐之后。

就氏是敦煌一个历史悠久的家族，在敦煌石窟和藏经洞文献中保留不少有关就氏家族成员的资料。如莫高窟第 290 窟中心塔柱南向面龛沿中部保存有北周供养人题记："光严宝珠寺 / 弟子就恭子 / 一□供养。"①。莫高窟第 98 窟南壁下部东向第四十三身五代供养人题记："节度押衙银青光禄大夫检校国子祭酒 / 兼御史中丞上柱

① 敦煌文物研究所编：《敦煌莫高窟供养人题记》，北京：文物出版社，1986 年，第 121 页。

国就昌盈一心供养。"[①]。P.3388《开运四年（947年）三月九日曹元忠请金光明寺马僧政等为故兄太傅大祥追念设供疏》中记载有多位僧人参加曹氏主办的追念法会，其中有"就法律"，[②]是五代时就氏家族出家的僧人。S.4060《己酉年（949年）二月十四日就良晟等便麦豆历》是多人借贷麦豆的记录，其中包括就良晟、就保住、就盈君、就弘恩、就庆宗、就久子等多位就氏家族成员。[③]因此可以断定，就秀荣是敦煌当地就氏家族的一位成员。

值得注意的是，北大 D.162V 抄写有《辰年正月十五日道场施物疏》6篇，第6篇记载："就齐荣等兄弟六人施材樑打行廊一间及人功廿日"[④]（图3）反映了就齐荣兄弟6人向寺院施舍梁柱木材用于修建"行廊一间"，由于就齐荣兄弟6人人丁兴旺，所以还施人工二十日，可能是参加了修建行廊的劳务。由此可见就齐荣兄弟参加佛教施舍供养活动颇为积极。黄维忠将此"辰年"比定为吐蕃统治敦煌的836年。[⑤]笔者推断此卷中的就齐荣与在莫高窟205

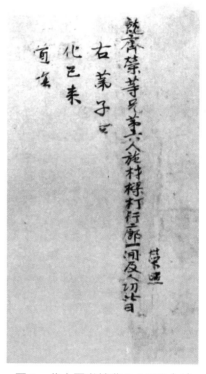

图3　北大图书馆藏 D.162V（6）就齐荣兄弟六人施物疏

① 敦煌文物研究所编：《敦煌莫高窟供养人题记》，北京：文物出版社，1986年，第121页。

② 唐耕耦、陆宏基编：《敦煌社会经济文献真迹释录》第四辑，全国图书馆缩微文献复制中心，1990年，第173页。

③ 唐耕耦、陆宏基编：《敦煌社会经济文献真迹释录》第二辑，全国图书馆缩微文献复制中心，1990年，第226页。

④ 北京大学图书馆、上海古籍出版社编：《北京大学图书馆藏敦煌文献》2，上海：上海古籍出版社，1995年，第159页。

⑤ 黄维忠著：《8—9世纪藏文发愿文研究》，北京：民族出版社，2007年，第131页。

窟题壁的就秀荣有可能是兄弟关系，或许就是此卷中记载的"就齐荣等兄弟六人"中的一位。理由有二：一是两人名字中间仅差一字，显示他们有可能是同辈的兄弟关系；二是二人的时代接近，就齐荣施物是中唐吐蕃统治敦煌的辰年（836年），就秀荣在205窟题壁当是在初盛唐绘制完成西壁南侧观音菩萨、中唐绘制完成弥勒经变之后。北大D.162V写卷中没有记录就齐荣兄弟"施材梁打行廊一间，及人功廿日"发生的地点，但是否有在莫高窟的可能性呢？第205窟在中唐时进行了大规模的补修，西壁由来自多个家族的社人联合补绘了弥勒经变一铺。中央佛坛上两身天王也由康姓等两位发愿人所出资补塑。若将莫高窟205窟西壁南侧就秀荣的题记，与北大D.162V写卷中就齐荣兄弟6人施物、施人工的疏文结合起来看，不排除就氏兄弟参与第205窟续修这样的可能性。

另外，就秀荣自称"清信佛弟子"，属于较为正式和严肃的一类身份认同。早期佛典中的"佛弟子"常常指称随侍释迦左右的弟子。而后其含义逐渐扩展为所有信奉佛教并出家皈依者。西晋的《佛般泥洹经》言佛般泥洹后"其有四辈弟子，持戒法者，皆佛弟子，其有学佛经道者，皆是佛弟子。"[1]早在北魏，造像记中"弟子""清信士"分别题名，在佛教系统里应具有不同的身份。如龙门石窟古阳洞南壁第三龛龛座正中央下方《比丘法生造像记》中的供养人题名有"弟子北海王元伏荣，清信士元宝意，清信士元善意"等。"佛弟子"和"清信"二词进行组合出现于北朝以后。《广弘明集》卷四"归正篇"，其中包含对"清信佛弟子"的解释："若事外道心重佛法心轻，即是邪见。若心一等，是无记性不当善恶。若事佛心强老子心弱者，乃是清信。言清信者，清是表里俱净。垢秽惑累皆尽。信是信正不信邪，故言清信佛弟子。其余诸信皆是邪见，不得称清信也，门下速施行。"[2]莫高窟盛唐第45

---

①《大正藏》1册，0005经，卷1，第164页。
②《大正藏》52册，2103经，卷4，第111页。

窟西壁龛南观音像北下方供养人题记"清信佛弟子索滔为……世音菩萨一躯一心供□"①、第180窟西壁龛外南侧菩萨像旁供养人题名有"清信佛弟子张承庆为身染患发心造二菩萨，天宝七载五月十三日毕功"②、晚唐第160窟南壁窟口前上方中央功德记供养人题名有"清信弟子前河西招抚监张进通敬造斯窟像一躯及二上足……"③。到五代，这一称谓仍有出现，如初唐第329窟北壁五代供养人像列西向第十四身题名"從孙……清信佛弟子□□一心供养"④，同时也有类似称谓，如莫高窟第265窟南壁中段剥出的五代供养人像列西起第1、2身题名"故清弟子节度押衙银青光禄大夫检校内宅官张诛全一心……""清弟子衙内官□张全见一心供养"⑤。查考莫高窟出现的供养人题名，不同时期、不同身份其称谓皆有不同，而"清信佛弟子"题名形式占比较小，相对出现在初、盛唐至五代期间，且上述盛唐出现的"清信佛弟子"供养人均存在造像功德，间接提供了第205窟就氏题记题写于中、晚唐，并有发愿造佛事功德的可能。

4. 题记4

位于西壁南侧观音身后与其腹部同高的位置。《伯希和敦煌石窟笔记》记录为"大庆庚（？）申元年"⑥。王惠民《莫高窟第205窟施宝观音与施甘露观音图像考释》一文记此观音"身后有三行文字痕迹，北起第一行隐约可见'圣

---

① 敦煌文物研究所编：《敦煌莫高窟供养人题记》，北京：文物出版社，1986年，第16页。

② 敦煌文物研究所编：《敦煌莫高窟供养人题记》，北京：文物出版社，1986年，第82页。

③ 敦煌文物研究所编：《敦煌莫高窟供养人题记》，北京：文物出版社，1986年，第75页。

④ 敦煌文物研究所编：《敦煌莫高窟供养人题记》，北京：文物出版社，1986年，第135页。

⑤ 敦煌文物研究所编：《敦煌莫高窟供养人题记》，北京：文物出版社，1986年，第112页。

⑥ 伯希和著，耿昇译：《伯希和敦煌石窟笔记》，兰州：甘肃人民出版社，2007年，第124页。法文原著记为"太慶庚？申？元年"，见法文六卷本《伯希和敦煌石窟笔记》（第二卷），第42页。（GROTTES DE TOUEN-HOUANG CARNET DE NOTES DE PAUL PEL-LIOT——Inscriptions et Peintures Murales II. Grottes 31 A 72, Paris : Collège de France, Instituts d'Asie, Centre de recherche sur l'Asie centrale et la Haute Asie，1983:pp.42.）

历'诸字"。^①沙武田、李国《敦煌石窟西夏时期汉文题记辑录》一文收入该题记一行，识读为"大庆庚申元年四月初四日甘州□□所记耳"。^②由此可见以往学者们对此处题记具有不同识录、解读，有必要予以深入考察、辨析。

根据紫外荧光成像技术获得的该处题记照片，结合伯希和记录的纪年信息，笔者判断此处存有由北向南（从右至左）竖书的三行文字，三行首字皆处于同一水平线，具有相同的行楷书法风格和相同的墨色，从形式上判断属于一首游人题诗。从右至左书写的第一、二行应是一首七言诗，第三行即伯希和所记带有"大庆庚申元年"的尾题（图4）。笔者识录如下：

图4　第205窟西壁南侧题诗
（柴勃隆提供）

　　山寺盡備拾百萬，樓崖（並）曆□（雲／靈）漢。

　　南　來　聖（燈）　□　□　□，（妙）（化）□□□□□。

　　大慶庚申元年四月□□□□□□一所記耳

据明确的纪年信息，这是一首写于西夏大庆庚申元年（1140年）的游人题诗。由于所存信息有限，该诗仅第一句较为完整，在不能得见此诗全貌的情况下，很难做全面分析。本文尝试根据

---

　　① 王惠民：《莫高窟第205窟施宝观音与施甘露观音图像考释》，《敦煌学辑刊》2010年第1期，第62页。

　　② 李国、沙武田：《敦煌石窟西夏时期汉文题记辑录——兼谈西夏占领瓜州的时间问题》《西夏研究》2021年第1期，第51页。

其出现的用词用语做一初步推测。诗作第一、二句描写了莫高窟山寺众多、佛殿高耸入云的景象,表达了作者对此景的感怀。

以"山寺"指称莫高窟,常出现在游人题记中。如北区第464窟主室北壁西侧刻写:"大宋阆州阆中县锦屏见在西凉府(贺)家寺住坐,游(礼)到沙州山(寺)梁师父杨师父等。"[1] 第285窟北壁禅窟内西夏文游人题记:"雍宁乙未二年(1115年)九月二十三日/八人共同发愿,来山寺中烧香,生生世世,当见佛面⋯⋯"[2] 第61窟东壁门南,北向第一身供养人像前"上座宁□□姚/巡礼山寺到/天慶五年(1115年)四月廿日"[3]。上引两条题记题写的时间段与1140年相距不远。更晚的还有第108窟主室东壁门南侧,北向第一身供养人像侧游人题记:"大德拾年(1306年)十月十三日赵德秀到山寺禮拜。"[4] 第45窟东壁门南侧游人题记:"太原奠宁路典□壽聖院/僧人劉祖□山寺焚香禮拜/至顺二年(1331年)四月初一日道了山寺记耳筆。"[5] 第98窟主室南壁供养人像列东向第十身前游人题记:"⋯⋯至正四年(1344年)四月十五日云游山寺圣□/焚香记耳。"[6]。由此可知,莫高窟游人题记中的"山寺"一词,很可能是从宋代、西夏到元代,外来巡礼人员对此地的惯常表述。第205窟游人题诗的作者也基本可以判断是外来巡礼之人。有统计显示,西夏时期外来巡礼信众,主要来自距离相对较近的肃州、凉州、甘州等河西地区。[7] 此诗作者惊叹于莫高窟石窟寺数量浩繁,故首句用"拾百萬"的数量词予以夸张的表述。

---

① 敦煌文物研究所编:《敦煌莫高窟供养人题记》,北京:文物出版社,1986年,第174页。

② 陈炳应:《西夏文物研究》,银川:宁夏人民出版社,1985年,第9页。

③ 敦煌文物研究所编:《敦煌莫高窟供养人题记》,北京:文物出版社,1986年,第25页。

④ 敦煌文物研究所编:《敦煌莫高窟供养人题记》,北京:文物出版社,1986年,第53页。

⑤ 敦煌文物研究所编:《敦煌莫高窟供养人题记》,北京:文物出版社,1986年,第16页。

⑥ 敦煌文物研究所编:《敦煌莫高窟供养人题记》,北京:文物出版社,1986年,第48页。

⑦ 陈光文:《西夏至清代敦煌史研究》,兰州大学博士论文,2016年,第78页。

该诗第二句中包含了"楼崖""（雲／靈）漢"二词，分别指称山寺所在的崖壁、其上的木质窟檐以及天河。"雲／靈漢"指银河、天河，是古代诗文中习用之语。唐代沈佺期《长安道》诗云："秦地平如掌，层城出云汉。"① "出云汉"即描绘长安层叠高耸的城楼超出了天河。P.3093《佛说观弥勒菩萨上生兜率天经讲经文》云："由此天人，寻即为起众宝妙塔……可谓巍巍屹屹侵云汉，尽眼方能见相轮。"② "侵云汉"是描绘佛塔巍峨侵入了天空。莫高窟第205窟西壁南侧游人题诗第二句中的"（雲／靈）漢"与上述诗文中的用法相同。应是描绘莫高窟崖面上层叠相峙的楼檐与高耸的崖壁，两者争相其高可比天上的银河。相似的描述也出现在藏经洞文献P.3302v《长兴元年河西都僧统依宕泉建龛一所上樑文》中："……施工才经半月，楼层上接天河。"③

虽然字迹模糊难辨，但此诗第一、二句末尾一字相对比较清晰，可以确定是"萬""漢"二字，也较为押韵。同样的诗作用例，如宋代柴望（1212—1280年）《塞下行赠韦士颖归鄂渚上江陵谒阃相》："……世上岂无虬髯汉，散财结客千千万……"④ 明代李东阳（1447—1516年）《赤壁图歌》："荆州水军八十万，鼓棹扬旗下江汉。"⑤ 相似用韵的例子还有很多，如元代方回（1227—1307年）《苦雨行》："委巷比门绝朝饭，酒垆日征七百万。"⑥ 从侧面说明第205窟诗作者具有一定文学修养。

此诗第三句和第四句，漫漶残损尤甚，只能识录出只字片语，但却反映

---

① 《全唐诗》（第一册）第十八卷，北京：中华书局，1960年，1979年第二次印刷，第197页。

② 《法藏敦煌西域文献》（21），上海：上海古籍出版社，2002年，第286页。

③ 马德：《敦煌工匠史料》，兰州：甘肃人民出版社，1997年，第19页。

④ ［宋］柴望：《秋堂集》《景印文渊阁四库全书别集类》第1187册，台北：台湾商务印书馆，1986年，第482页。

⑤ ［明］李东阳：《怀麓堂集》《景印文渊阁四库全书别集类》第1250册，台北：台湾商务印书馆，1986年，第60页。

⑥ ［清］顾嗣立编：《元诗选》（初集一），北京中华书局，1987年，第205页。

出作者的信仰倾向。第三句中"聖燈"一词尤值得寻味。佛教以"灯"喻"智慧","圣灯"可以理解为具有佛教核心教义的载体，可以是视觉形态的物质存在，更多指佛教义蕴藏的思想内涵。

北凉昙元谶所译《大方等大集经》最早出现"圣灯"一词："……说是语时，在会众生依烦恼身者心得敬信，尽虚空量诸众生等未发无上菩提心者皆悉发心，九十二那由他众生得柔顺忍，八那由他众生得首楞严三昧圣灯三昧，十万诸夜叉见四真谛，二千菩萨得共行测量毗尼三昧……"[1] 同样是昙无谶译《大方等大集经》的"无言菩萨品"，描述无言菩萨得"慧灯三昧"，并进一步进行解释："佛言：善男子！至心谛听，吾当为汝少分别说。言慧灯者即是智灯，智灯者即是破闇，无闇者即是破疑，破疑者即是慧灯，慧燈者即是諸法無二相也。"[2]

"圣灯"在唐慧苑述《续华严经略疏刊定记》卷 15 亦有所解释："……圣灯略有二义……一破闇，二照现云……"[3]

在佛教史籍中，"圣灯"常常被描述为佛教圣地出现的与文殊菩萨相关的神通灵异景象。圆仁《入唐求法巡礼行记》多涉"圣灯"一词，如云："……今在南台上，共头陀等数十人，同求大圣化现，及夜不见，遂归院宿，初夜，台东隔一谷。岭上空中。见有圣灯一盏……"[4] 藏经洞出土文书 P.3931《印度普化大师游五台山启文》，记印度僧人巡礼五台山，记述其年四月十九日到华严寺"……寻礼真容，果谐夙愿。瞻虔之夜，宿在殿中，持念更深，圣灯忽现，举众皆睹，无不怡然……"宋志磐《佛祖统纪》"……唐宣宗，会昌毁寺。二僧负东林文殊像藏锦绣谷峰顶寺。复访像不获，忽圆光涌于空

---

① 《大正藏》13 册，0397 经，卷 56，第 380 页。
② 《大正藏》13 册，0397 经，卷 12，第 80 页。
③ 《大正藏》03 册，0221 经，卷 15，第 868 页。
④ 《大正藏》95 册，0095 经，卷 3，第 75 页。

表，自是峰顶天池常见圣灯百千，文殊出没……"①

"圣灯"一词也出现在石窟壁画中，如第61窟五台山图中的"圣灯化现"榜题，题写在南台中部，而画面中也同时出现43只油灯造型的灯盏。从"圣灯"指智慧之明，到"圣灯"与文殊信仰的联系，以及文殊主智慧的通识，可以判断"圣灯"一词与文殊信仰关联密切。而第205窟题诗题写在西壁南侧中唐所绘文殊像之下、初唐所绘观音北侧，有可能存在这一层考虑。

在西夏据有河西之前的历史中，吐蕃的朗达玛灭佛，曾导致凉州成为青海以外又一个藏传佛教弘传中心。张议潮收复河陇后，保持了这一趋势，吐蕃佛教在凉州延续，成为后来西夏佛教发展的重要过渡和铺垫②。西夏之前对佛教较大规模的引进，或说弘法措施，与宋朝佛教发展不无关系。宋太宗时加强与西域和天竺联系，天息灾、施护和法天在专门译经院翻译梵文佛典，至宋真宗时佛典翻译更是发展至鼎盛。西夏从德明到秉常年间先后六次向宋朝请赐佛经，作为西夏译经的底本。仁孝时期开始的大规模校经，即参照宋的《开宝藏》和辽的《契丹藏》，因此其佛教经藏的来源应是受天竺影响的宋朝汉文《大藏经》③。此诗第三句中"南来圣灯"的表述，有可能暗示作者所处时代认识到的文殊信仰体系来源于南方吐蕃和宋朝的影响。

诗作尾题以"一所记耳"结束，"一所"既可指一处也可指整个窟室，暗示其在第205窟内可能存在某种佛事功德行为。榆林第12窟存有一条元代至正二十七年（1367年）的游人题记："临洮府后学待诏刘世福到此画佛殿一所记耳"④，但很难以此判断出刘世福在榆林12窟做了何种画窟功德。若非

---

① 《大正藏》49册，2035经，卷53，第461页。

② 梁继红：《西夏时期藏传佛教在凉州传播的原因及其影响》，《西北民族大学学报》2007年第5期，第24—25页。

③ 崔红芬：《浅析西夏河西佛教兴盛的原因》，《敦煌学辑刊》2005年第2期，第240—248页。

④ 张伯元：《安西榆林窟》，成都：四川教育出版社，1995年，第68页。

官方授权，题记中"画佛殿一所"很可能是一种夸张的说法，任何对窟内壁画的补绘、重妆、添笔等都可能被概括为"画佛殿一所"。因此莫高窟第205窟游人题记也可能存在同样的情况。

另外，此诗在用语、字体、题写位置和题写时间等方面，反映出作者所受的教育水平和所处知识阶层。西夏治河西时期，大力支持佛教及儒学发展，吸收河西知识分子参政。使用宋朝颁给历书，但时有断续，宋绍兴元年（1131年）至十四年（1144年）曾因宋夏失合有所中断，直到绍兴十四年，西夏仁宗派使入贺宋朝天中节，才恢复了宋夏往来[①]。此则题诗纪年表明，宋夏失合期间，西夏河西一带仍然沿用中原的干支纪年。诗作者无疑为受过较多儒家文化熏陶并谙熟佛教文化的知识分子，从尾题判断，作者很有可能是来自附近州县的西夏文职人员。

5. 题记 5

位于题记4三行题诗顶端，与七言绝句的第一行几乎连行，但与题记4之间有一条明显的分隔线，且其书法带有明显的隶书体势，可以判断该题记与七言绝句并非同时、同人题写。（图5）笔者识录为：

生员小名魏 / 奴。

这可能是一条游人题名杂写，题写者是一位生员，可能是敦煌县学的学生。因其过于简略，除了人名，未能提供更多的信息。

图5　莫高窟第205窟西壁南侧游人题名杂写（柴勃隆提供）

---

① 史金波：《西夏的历法和历书》，《民族语言》2006年第4期，第41页。

二、北壁东侧灵鹫山说法图处的隐没文字

第 205 窟北壁初唐绘有一铺阿弥陀经变、一铺灵鹫山说法图。灵鹫山说法图位于北壁东侧，其中原有一方长 55.5 厘米、高 33 厘米的发愿文。其下部有重绘现象，长 55.5 厘米，高 22.5 厘米，以白粉覆盖后绘两朵莲苞。紫

图 6　第 205 窟北壁灵鹫山说法图处重绘（柴勃隆提供）

外荧光成像显示，两朵莲苞之间墨书竖行题写有"魏全畫"三字，应为重绘者姓名。（图 6）魏全以白粉覆盖壁面后再施绘莲苞，有可能绘制前此处题记已经泯灭，或如该窟其他壁面一样存在变色的情况。虽然以如今的眼光看属于一种拙劣的"重妆"，但在施绘者心目中不失为一种功德。

值得探讨的是，北壁灵鹫山说法图处涂白的方式与同窟北壁经变及西壁南侧观音菩萨面部被重绘的情况，以及散见于其他初、盛唐窟，如初唐第 333 窟、338 窟、盛唐第 208 窟等以白色块涂绘变色人物面部的情况非常相似，但呈现出的色彩信息又不完全相同，是否同为某一时期突发的重妆手法？有待今后进一步的考察。

以上陈述了莫高窟第 205 窟西壁及北壁隐没题记的情况。除了文字信息外，仍存在值得重视的重要信息，如：第 205 窟西壁南北侧两组观音画面中的四身"世俗"人物形象可能并非没有题名[①]，其所在两组画面中各存有两个

[①] 除本文所示第 205 窟西壁南侧榜题框外，另见赵蓉、勘措吉、张先堂、柴勃隆《莫高窟第 205 窟中唐补修新探——以莫高窟第 205 窟西壁新识读的古藏文祈愿文为中心》一文中西壁北侧榜题框的标注。

榜题框，其中之一的内容应该对应该身菩萨
身份，另一个内容既有可能是世俗人物题
名，也有可能是对应该铺壁画的情节性经
文内容。王惠民在《莫高窟第205窟施宝观
音与施甘露观音图像考释》一文中探讨了观
音和世俗人之间的关系，认为不应简单认为
是普通供养人与观音的关系，而是受到当时
流行的十一面观音信仰的影响，所表现出的
十一面观音的变化身，是最早的观音与世俗
信仰者互动的图像①。与观音身形相比，位于
观音腿侧的两身世俗人物，均为一女一男，
女性身形较大，男性身形较小，而且榜题仅
出现在女性世俗人物一侧。段文杰曾描述

图7　太原南郊金胜村四号唐墓壁画
（西壁南），采自《太原南郊金胜村
唐墓》图版四

北侧这组画面为"女供养人身材修长……身后是一着男子装的侍者手捧香奁，
随主人供佛"②，指出两者为主人和侍从关系。紫外荧光成像技术加强了画面
中不可辨认信息，也包括世俗人物的发型和冠帽轮廓。第205窟西壁南侧观
音画面中位于最南端的男性侍从，可以辨认出戴软脚幞头，垂脚较短，其帽
顶高度介于《步辇图》中太宗冠帽和则天朝"武家诸王样"冠帽高度之间。女
性世俗人物梳高发髻饰有发钗，其轮廓、发式及戴钗方式与定为武周期唐
墓，太原焦化厂墓和太原金胜村墓③女性发型高度一致。（图7）而其戴钗方

---

① 王惠民：《莫高窟第205窟施宝观音与施甘露观音图像考释》，《敦煌研究》，第64—
65页。

②《中国壁画全集》第6册，天津：天津人民美术出版社，1989年，第16页。

③ 李星明：《唐代墓室壁画研究》西安：陕西人民美术出版社，2005年，第271页，图
7—85、图7—87；山西省文物管理委员会《太原南郊金胜村唐墓》，《考古》1959年第9期，
第473—476页。

式正是敦煌变文集《维摩诘经讲经文》中魔王描述天女的形象时所说的"……鬓钗斜坠，须凤髻而如花倚築栏……"[①] 总之，画画中榜题数量、人物装束、情节的解读等都能为该方壁画的性质提供参考信息。

三、结论

综上，虽然第 205 窟主室西壁南侧几条隐没题记即使借助技术手段也模糊难辨，但仅从识读出的部分信息，可以判断出他们的共同特点，即：都具备一定发愿性质，很有可能存在相应佛事功德。特别是前述西壁北侧已经识读出的古藏文祈愿文与补塑两身天王像存在的关联性，使笔者不得不再次思考莫高窟第 205 窟西壁空白处曾被启用过的功能。

首先，第 205 窟是一具有前室，覆斗顶较高的中型窟，入窟甬道并不宽敞，导致窟内光线较为暗淡，即使在早晨阳光西照之时也是如此。甬道两侧壁光线明亮之处留有元代及清代游人题记、题刻，但内容简单，形式随意，甚至有破坏之嫌。而处于窟内最深处的西壁除本文披露的隐没题记外，就仅有西壁北侧一则较为清晰的清代巡礼题记，内容为："乾隆十九年五月初十日肃州钟楼寺比丘普印偕徒通懿朝谒"[②]，虽然不属于发愿性质，但行文及内容较正式。因此，除内容较正式外，从行文形式和题写位置来说，205 窟西壁这几则隐没题记，非有灯盏等照明设施不能行事，一般游人难以配备，只有寺院管理者可以提供。说明题记发生时，第 205 窟可能正处于修缮期，或由管理者将此壁面提供给造功德之人。

其次，这几则隐没题记的题写位置，与画面中原有的榜题位置几乎处于同一高度，暗示题写者对这一空白位置的有意选择。特别是"就秀荣"题记，由于出现了"因（难）"二字，又出现在画面中受甘露俗人的榜题旁，很难不

---

① 王重民等编著：《敦煌变文集》卷五，"维摩诘经讲经文"，北京：人民文学出版社，1957 年，第 628 页。

② 李国、王海彬：《敦煌石窟研究的新视角——以莫高窟儒、释、道游人题记为中心的考察》《丝绸之路研究集刊》（第五辑），北京：商务印书馆，2020 年，第 180 页。

令人与画面中"甘露"所代表的含义以及观音施予甘露的内涵进行联想。无论是身陷险境还是罹患病痛，以"甘露"所象征的佛法和妙药，无疑是祈愿者得以寄托的现实精神利益。

而位于"就秀荣"题记纪年信息的位置，即"正月十日"上方存有一字，不但模糊难辨，而且字体架构异常、字形较大，似乎是由至少两个字组合成的异体字，其左半边笔画与"亥"及"女"字极为接近，右半边字形接近"孚"字，由于未见过此种纪年形式，难以判断，留待有识之士解惑。但文中结合藏经洞文献，推测"就秀荣"与"就齐荣"的身份有可能为兄弟关系，若推断合理，那么205窟西壁南侧的"就秀荣"题记与"辰年"（836年）《施物疏》（D.162V）年代不会相差太远，也与西壁北侧古藏文题记的年代相近。说明在中唐及吐蕃占领时期，第205窟有持续的修窟活动，不但出现了中唐结社的修缮行为，而且还有不同民族的参与者。这给莫高窟第205窟在历史时期的续修提供了新的参考资料。而西夏时期题诗的发现，也说明在西夏据有河西时期，莫高窟仍有管理者维护寺院日常，吸引了附近具有佛学和儒学修养的文人墨客的足迹。

另外，北壁"重绘"处的画者题名，用紫外荧光显像的墨色，与西壁1140年西夏题诗有较为相近之处。而用"涂白"这一方式进行的重绘，又刚好出现在西壁南侧菩萨面部，即西夏题诗之上。题诗处也格外巧合地出现"魏奴"之名，不能不令人思忖两者的内在关联，是否和题诗中的"一所"有相契合之处？无论如何，205窟出现的"涂白"这一事实，可以作为今后继续关注的课题。

最后，第205窟在设计之初就体现出它的独特性，由于位于北大像南侧不远的崖面，第205窟初开凿就停工的原因既有可能是战乱，也有可能是修北大像造成的停建①。本文提供的第205窟西壁隐没的"就秀荣"题记，其性

---

① 王惠民：《莫高窟第205窟施宝观音与施甘露观音图像考释》，《敦煌研究》，第60页。

质并非游人题记，而是敦煌当地就氏家族的佛教信仰者的发愿题记。而西夏游人题诗某种意义上也存在发愿的可能。结合西壁北侧古藏文祈愿文，可以了解第205窟西壁保留了9世纪当地不同民族续修洞窟、12世纪附近州县文人巡礼礼拜的证据，表明第205窟的特殊性。为第205窟未来的整体研究提供了一定参考信息。

敦煌类书研究的知识史方法与博物学进路

兰州大学敦煌学研究所　郑炳林　刘全波

摘要： 类书与知识史、博物学之间的关系皆十分紧密，类书的产生本身就是"知识主义"的结果，亦是博物观念发展到极致的产物，如欲加深对类书的研究，必须沿着知识史、博物学的来路回溯。敦煌类书是中古时期遗留下来的珍贵写本文献，其特点是原始性、真实性强，更能展现中古时期普遍意义上的一般知识与思想。从知识史出发探究敦煌类书，可以见到诸多生涩乃至艰涩的知识是如何被选择、被传播、被使用的痕迹，这比仅仅把类书作为思想史、文化史、文体学的材料更加微观，具体的、细节的普遍知识大量被使用才是类书的真实存在价值。敦煌类书研究的博物学进路主要是扩展了类书研究的视野，当然，这个博物学不是近代意义上的西方传来的博物学，而是中国传统的博物之学，是中国古代读书人、士大夫认知世界、塑造认同的普遍记忆与知识底色。知识史与博物学本质上都是知识扩张的结果，在魏晋南北朝时期尤其是南北朝时期快速地发展起来，并在历代读书人、士大夫的承接、传续中一直延续到今天，知识史更多是知识的纵向生长，博物学则是知识的横向扩张。

关键词： 敦煌；类书；知识史；博物学

类书是古籍中辑录各种门类或某一门类的资料，按照一定的方法加以编排，以便于寻检、征引的一种知识性的资料汇编。类书始于《皇览》，1800多年来，类书作为典籍之荟萃、知识之精华，对文献保存、知识传播和学术研究都产生了重要影响。敦煌类书是藏经洞出土的中古时期的写本文献，据笔者统计，至少有150余卷号，真实展现了中古时期读书人的知识、思想和信仰。自敦煌文献发现以来，敦煌类书就不断受到学术界的关注。前辈学者王国维、罗振玉、刘师培、曹元忠、洪业等人，民国初年即有研究，筚路蓝缕，道夫先路，功不可没。胡道静、王重民、潘重规、黄永武、周丕显、白化文诸位先生，后来亦在相关研究中涉及敦煌类书。日本学者如森鹿三、福田俊昭、伊藤美重子，对敦煌类书《修文殿御览》《类林》等亦有研究。王三庆、郑阿财、朱凤玉、刘安志、屈直敏、魏迎春诸位，在20世纪末21世纪初，针对敦煌类书《语对》《新集文词九经抄》《籯金》《励忠节钞》等展开了大规模的研究，成功丰硕，是类书发展的大进步阶段。随着敦煌类书研究的不断推进，学界已经不满足于单纯的文献整理与考证，需要从更多的角度推进敦煌类书乃至相关文献的整理研究，而知识史与博物学或许就是亟须拓展的两个视角。

一、敦煌类书研究的知识史方法

知识是人们在实践活动中所获得的认识和经验的总结，是人类智慧的结晶。胡泳《知识史需要全面更新》言："当知识这一概念最早在人类历史出现的时候，理解世界的能力，是我们和其他动物之间最根本的区别。"[1] 其实，人们认识到的每一个事物、每一项规律，人们发展的每一种技术、每一个技巧、每一个方法，完成特定工作的方案、策略、程序，以及建议、方案、观点、创意等，都是知识。[2] 英国学者迈克尔·马尔凯认为："只有那些普遍有效的和必需的知识形式，才可称得上是真正的知识。"[3] 英国学者彼得·伯克指出：" '信息' 一词来特指相对 '原始的'、特殊的和实际的，而以 '知识' 一

---

① 胡泳：《知识史需要全面更新》，《网络空间研究》2016年第4期，第56页。
② 参见李建华：《知识生产论》，北京：中国社会科学出版社，2008年，第71页。
③ [英]迈克尔·马尔凯著，林聚任等译：《科学与知识社会学》，北京：东方出版社，2001年，第18页。

词表示通过深思'熟虑的'、处理过的或系统化的。"① 可见，从单一"知识"到"一般知识"是有一个进程的，诸位学者所强调的最具有重要学术意义的知识，皆是所谓的"一般知识"。葛兆光言："我所说的'一般知识与思想'，是指的最普遍的，也能被有一定知识的人所接受、掌握和使用的对宇宙间现象与事物的解释……是一种'日用而不知'的普遍知识和思想。"② 当然，知识作为人类精神的消费对象和创造结果，同人们消费的物质生活资料是不一样的，物质生活资料是僵死的、静止的，一旦被创造出来就不再改变，直到被人类吸收、消费掉为止，知识却是人类的精神产物，是有生命力的，他是被创造和自我创造的统一，是不断地被修改、被扩充和被完善与自我修改、自我扩充和自我完善的统一。

"知识史"其实是从"知识"出发，去探索"知识"的发展史、变迁史、内在动力、内在逻辑。换一种说法，从"知识"到"知识史""知识论""知识史观"，其实是大家不满足于知识表层问题的一种表现，是探索知识内部结构、外在表现、深层逻辑的一个思路。葛兆光《知识史与思想史：思想史的写法之二》言："知识史，尤其是一般知识的历史比起不断出现天才的思想史来，那种突然超前和相对滞后的波动和异常要少得多，历史平缓而有序。"③ 葛兆光对待知识史的观点，其实是从一个长的角度、大的视野看待知识史，他关注的是用来提供基本知识的课本如《龙文鞭影》、解说字词意味的字典如《说文解字》，以及用来学习各类知识的类书如《艺文类聚》，这些知识性的书籍，是给人们，包括天才思想家们，提供基本知识的。其实，我们既要看到

① ［英］彼得·伯克著，陈志宏、王婉旎译：《知识社会史：从古登堡到狄德罗》，杭州：浙江大学出版社，2016年，第18页。
② 葛兆光：《一般知识、思想与信仰世界的历史》，《读书》1998年第1期，第102—113页。
③ 葛兆光：《知识史与思想史：思想史的写法之二》，《读书》1998年第2期，第132—140页。

知识在一个长时间段的传承性、稳定性，又要看到知识亦是不断地在发展、在变化。

彭继红《知识史观：一种新的社会历史方法论》言："一部人类社会发展史，也就是人类的知识发展史。""知识史观就是以含载知识的各种媒体中所蕴藏的信息作为观察分析的对象、以知识发展过程为研究线索和以知识生产方式为内在动力的历史观。"① 彭继红所强调的知识，其实就是一种发展变化中的知识观，即对知识的考察，不应该只包括认识论和知识本身的增长论，还应该包括知识的历史学和社会学方面的诸多意义。潘晟《知识史：一个简短的回顾与展望》言："讨论一个时代各层次知识的形式、内容、概念、累积、选择与被选择，描述与被描述，以及传播与传播方式的过程，可由此探索社会各具体组成部分的变迁过程，以及这种变迁与知识的关联程度，并由此而上，探索知识变迁在何种程度上影响社会形态变迁。"② 潘晟所言即是从知识史出发，重新审视社会变迁，要重点关注某个时代或地区有什么知识，并将知识作为与信仰、政治相互阐发的手段，关注知识的累积、演变、选择与被选择的历史过程，注重知识的历史性复原研究。

敦煌类书研究亟须上述知识史方法，或者说，我们原来对这种方法的使用是一种天然的、自觉的、无意识的使用，还没有将其发挥到极致。敦煌类书从体例上至少可分为类事、类文、类句、类语、赋体等类型，敦煌类书大量地被运用于敦煌本地的教育教学活动中，张球编纂、传授《略出籝金》就是最为真实的例子，而这些类书中的知识，如何内化为思想、信仰？如何外化为诗词歌赋、官样文章？就需要我们进一步考察。目前的敦煌类书及相关研究，还更多地停留在编纂者、编纂时间、编纂过程、篇章结构、引书来

---

① 彭继红：《知识史观：一种新的社会历史方法论》，《湖南师范大学社会科学学报》2000年第4期，第28—33页。

② 潘晟：《知识史：一个简短的回顾与展望》，《史志学刊》2015年第2期，第103页。

源、辑佚校勘等问题的考察上，但是，如果要加强对敦煌类书的纵深研究，必须摆脱原来的模式，或可从知识史的角度深入探索，不仅要讨论一个时代各层次知识的内容、累积、选择与被选择、描述与被描述，更要探索知识的纵向生长问题，即知识被生产、被改造、被传播、被运用过程。

杏雨书屋藏敦煌写本"羽050号"是一卷类句类书，自刊布以来，学界尚未有人对其进行过研究，笔者对此写本进行了全面的录文与校勘，试图分析其体例与性质，但是效果一般。此写卷无疑是唐代作品，反映的也是唐人的世界观、知识观，其编纂年代的上限是武则天时期，因为文中出现了武则天时代诗人乔知之的诗句，而抄写时间目前暂不可知。此写卷之内容涵盖"天""地""日""月""星""风""云""雨""雪""人""牛""马"等知识，是典型类书的编排模式，至于此写本的功用，我们认为其无疑具有教材性质，是教师或学郎的知识文本，但是这个内容丰富的知识文本究竟有什么用呢？

月。月以阴灵，异姓月也，一岁十二月，卿月，日月盈昃。
云。云从龙，大风起兮云飞扬，密云不雨自我西郊，卿云，云如匹布。[①]

我们以上述两条内容中的两个词语"卿月""卿云"为例，探讨敦煌类书在知识史方法下的新研究趋势，并由此讨论敦煌类书知识的被选择、被传播、被应用等情况。卿月是月亮的美称，亦借指百官。《尚书》卷12《洪范》载："王省惟岁，卿士惟月，师尹惟日。"孔传载："卿士各有所掌，如月之

---

① 武田科学振兴财团杏雨书屋编辑：《敦煌秘笈(影片册1)》，大阪：ほまや印刷株式会社，2009年，第340—342页。

有别。"①唐宋时代的诸多诗人，拥有着不同的知识背景和成长经历，但时代不同且天各一方的杜甫、岑参、皎然、刘长卿、柳宗元、李商隐等人，竟然在他们的诗歌中皆使用了"卿月"一词。

刘长卿《送许拾遗还京》载："文星出西掖，卿月在南徐。"②

岑参《东归留题太常徐卿草堂》载"卿月益清澄，将星转光芒。"③

岑参《送李卿赋得孤岛石》载："君心能不转，卿月岂相离。"④

岑参《送张郎中赴陇右觊省卿公》载："还家卿月迥，度陇将星高。"⑤

岑参《河西太守杜公挽歌四首》载："唯余卿月在，留向杜陵悬。"⑥

杜甫《暮春江陵送马大卿公恩命追赴阙下》载："卿月升金掌，王春度玉墀。"⑦

柳宗元《杨尚书寄郴笔知是小生本样令更商榷使尽其功辄献长句》载："桂阳卿月光辉遍，毫末应传顾兔灵。"⑧

李商隐《今月二日不自量度辄以诗一首四十韵干渎尊严伏蒙仁恩俯赐披览奖逾其实情溢于辞顾惟疏芜曷用酬戴辄复五言四十韵诗献上亦诗人咏叹不

---

① [唐]孔颖达等正义:《尚书正义》卷 12《洪范》，（清）阮元校刻:《十三经注疏》，北京：中华书局，1980 年，第 80 页。

② [清]彭定求等编:《全唐诗》卷 148 刘长卿《送许拾遗还京》，北京：中华书局，1960 年，第 1513 页。

③ [清]彭定求等编:《全唐诗》卷 198 岑参《东归留题太常徐卿草堂》，北京：中华书局，1960 年，第 2041 页。

④ [清]彭定求等编:《全唐诗》卷 200 岑参《送李卿赋得孤岛石》，北京：中华书局，1960 年，第 2069 页。

⑤ [清]彭定求等编:《全唐诗》卷 200 岑参《送张郎中赴陇右觊省卿公》，北京：中华书局，1960 年，第 2071 页。

⑥ [清]彭定求等编:《全唐诗》卷 200 岑参《河西太守杜公挽歌四首》，北京：中华书局，1960 年，第 2094 页。

⑦ [清]彭定求等编:《全唐诗》卷 232 杜甫《暮春江陵送马大卿公恩命追赴阙下》，北京：中华书局，1960 年，第 2558 页。

⑧ [清]彭定求等编:《全唐诗》卷 351 柳宗元《杨尚书寄郴笔知是小生本样令更商榷使尽其功辄献长句》，北京：中华书局，1960 年，第 3931 页。

足之义也》载："将星临迥夜，卿月丽层穹。"①

皎然《同诸公奉侍祭岳渎使大理卢幼平自会稽回经平望将赴于朝廷期过故林不至》载："攀桂留卿月，征文待使星。"②

范仲淹《寄秦州幕明化基寺丞》载："共居卿月下，独得将星邻。"③

宋祁《光禄叶大卿哀词》载："丛兰秋寂寞，卿月夜苍茫。"④

王拱辰《耆英会诗》载："衣冠占数盛文雅，台符卿月光离离。"⑤

秦观《次韵王仲至侍郎》载："天近省闱卿月丽，春偏戚里将星闲。"⑥

卿云，即庆云，一种彩云，古人视为祥瑞，又指歌曲名。《史记》卷27《天官书第五》载："若烟非烟，若云非云，郁郁纷纷，萧索轮囷，是谓卿云。卿云，喜气也。"⑦《后汉书》卷52《崔骃传》注引《尚书大传》曰："舜时百工相和为《卿云之歌》曰：'卿云烂兮，纠漫漫兮，日月光华，旦复旦兮。'"⑧唐宋时期的诸多诗人，如李峤、皎然、崔立之、刘禹锡、晏殊、宋庠等，在他们的作品中皆使用了"卿云"一词。

李峤《江》载："英灵已杰出，谁识卿云才。"⑨

① [清]彭定求等编：《全唐诗》卷541李商隐《今月二日不自量度辄以诗一首四十韵干渎尊严伏蒙仁恩俯赐披览奖逾其实情溢于辞顾惟疏芜曷用酬戴辄复五言四十韵诗献上亦诗人咏叹不足之义也》，北京：中华书局，1960年，第6244页。

② [清]彭定求等编：《全唐诗》卷816皎然《同诸公奉侍祭岳渎使大理卢幼平自会稽回经平望将赴于朝廷期过故林不至》，北京：中华书局，1960年，第9190页。

③ 北京大学古文献研究所编，傅璇琮等主编：《全宋诗》卷166范仲淹《寄秦州幕明化基寺丞》，北京：北京大学出版社，1995年，第1881页。

④ 北京大学古文献研究所编，傅璇琮等主编：《全宋诗》卷208宋祁《光禄叶大卿哀词》，北京：北京大学出版社，1995年，第2391页。

⑤ 北京大学古文献研究所编，傅璇琮等主编：《全宋诗》卷394王拱辰《耆英会诗》，北京：北京大学出版社，1995年，第4839页。

⑥ 北京大学古文献研究所编，傅璇琮等主编：《全宋诗》卷1060秦观《次韵王仲至侍郎》，北京：北京大学出版社，1995年，第12104页。

⑦ [汉]司马迁撰：《史记》卷27《天官书第五》，北京：中华书局，1959年，第1339页。

⑧ [宋]范晔撰：《后汉书》卷52《崔骃传》，北京：中华书局，1965年，第1720页。

⑨ [清]彭定求等编：《全唐诗》卷59李峤《江》，北京：中华书局，1960年，第703页。

崔立之《南至隔仗望含元殿香炉》载："圣日开如捧，卿云近欲浑。"①

柳宗元《省试观庆云图诗》载："设色既成象，卿云示国都。"②

刘禹锡《平齐行二首·其二》载："妖氛扫尽河水清，日观杲杲卿云见。"③

刘禹锡《送僧仲剸东游兼寄呈灵澈上人》载："晴空礼拜见真像，金毛五髻卿云间。"④

李绅《庆云见》载："礼成中岳陈金册，祥报卿云冠玉峰。"⑤

蒋防《望禁苑祥光》载："仙雾今同色，卿云未可章。"⑥

李商隐《寓怀》载："綵鸾餐颢气，威凤入卿云。"⑦

李群玉《将离澧浦置酒野屿奉怀沈正字昆弟三人联登高第》载："卿云被文彩，芳价摇词林。"⑧

和凝《宫词百首》载："五色卿云覆九重，香烟高舞御炉中。"⑨

① ［清］彭定求等编：《全唐诗》卷 347 崔立之《南至隔仗望含元殿香炉》，北京：中华书局，1960 年，第 3882 页。

② ［清］彭定求等编：《全唐诗》卷 353 柳宗元《省试观庆云图诗》，北京：中华书局，1960 年，第 3960 页。

③ ［清］彭定求等编：《全唐诗》卷 356 刘禹锡《平齐行二首·其二》，北京：中华书局，1960 年，第 3998 页。

④ ［清］彭定求等编：《全唐诗》卷 356 刘禹锡《送僧仲剸东游兼寄呈灵澈上人》，北京：中华书局，1960 年，第 4005 页。

⑤ ［清］彭定求等编：《全唐诗》卷 482 李绅《庆云见》，北京：中华书局，1960 年，第 5489 页。

⑥ ［清］彭定求等编：《全唐诗》卷 507 蒋防《望禁苑祥光》，北京：中华书局，1960 年，第 5761 页。

⑦ ［清］彭定求等编：《全唐诗》卷 541 李商隐《寓怀》，北京：中华书局，1960 年，第 6250 页。

⑧ ［清］彭定求等编：《全唐诗》卷 568 李群玉《将离澧浦置酒野屿奉怀沈正字昆弟三人联登高第》，北京：中华书局，1960 年，第 6580 页。

⑨ ［清］彭定求等编：《全唐诗》卷 735 和凝《宫词百首》，北京：中华书局，1960 年，第 8397 页。

张聿《望禁苑祥光》载："山雾宁同色，卿云未可彰。"①

皎然《送德清卫明府赴选》载："凤门多士会，拥佩入卿云。"②

宋白《牡丹诗十首·其三》载："深染鲛绡笼玉槛，莫教飞去作卿云。"③

宋太宗《逍遥咏》载："贤圣人天常法则，卿云岭上白皑皑。"④

晏殊《元日词》载："彤庭玉殿炉烟起，霭霭卿云瑞日高。"⑤

宋庠《从幸翠芳亭观橙》载："宫掌遥分露，卿云别护霜。"⑥

由此，在知识史的视野下，我们发现了敦煌类书中两个辞藻"卿月""卿云"的纵向生长过程，原来他们从来不是枯燥的、孤立的知识，他们是有生长空间的，他们竟然如此活灵活现地、意味悠远地出现在了诗人笔端，是什么让诗人长久地记住了他们，这个从知识到诗文的变化过程，多么值得我们深思。再进一步，不同时代、不同地方的诸多文人，共同使用着同样的辞藻，上文所举的例子，其实只是冰山一角，词语为何有如此的生命力，知识的被传播、被使用为何能够如此持久，文学、科举、教育又起了什么作用？这里面又有了思想乃至信仰意味，更是中国传统文化历久弥深、源远流长、传承有序、博大精深的真实写照。

通过诗文中的类书辞藻的累积，我们就可以更加清楚地认知古代读书

---

① ［清］彭定求等编：《全唐诗》卷787张聿《望禁苑祥光》，北京：中华书局，1960年，第8872页。

② ［清］彭定求等编：《全唐诗》卷818皎然《送德清卫明府赴选》，北京：中华书局，1960年，第9217页。

③ 北京大学古文献研究所编，傅璇琮等主编：《全宋诗》卷20宋白《牡丹诗十首·其三》，北京：北京大学出版社，1995年，第290页。

④ 北京大学古文献研究所编，傅璇琮等主编：《全宋诗》卷30宋太宗《逍遥咏》，北京：北京大学出版社，1995年，第384页。

⑤ 北京大学古文献研究所编，傅璇琮等主编：《全宋诗》卷172晏殊《元日词》，北京：北京大学出版社，1995年，第1949页。

⑥ 北京大学古文献研究所编，傅璇琮等主编：《全宋诗》卷194宋庠《从幸翠芳亭观橙》，北京：北京大学出版社，1995年，第2224页。

人、士大夫作诗作文的真实景象。《文镜秘府论》南卷《论文意》载："凡作诗之人，皆自抄古人诗语精妙之处，名为随身卷子，以防苦思。作文兴若不来，即须看随身卷子，以发兴也。"①《文镜秘府论》这一段经典的论述，经常被引用，因为这就是古人作诗作文的真实写照，我们很容易被李白斗酒诗百篇的豪气所误导，总认为古人作文、作诗就如同倾泻而出的长江、黄河水，其实，这种情况是少数，在更多的创作实践中，往往是"两句三年得，一吟双泪流"。而如此情况之下，类书其实是诗人最合用的"随身卷子""兔园策"，故类书在知识的流传中起了很重要的作用，是古代读书人、士大夫认知世界、塑造认同的普遍记忆与知识底色。

二、敦煌类书研究的博物学进路

古代中国有"博物"之说，但没有"博物学"概念。在中国传统文化中，"博物"是一个与"博学""博通"相近的词汇，《诗经》里面就记载了不少反映各地风俗、物产乃至鸟兽鱼虫的内容，《论语·阳货》中也载有孔子谈论《诗经》作用的句子，多识于鸟兽草木之名。但严格说来，古代中国不存在"博物学"这门学科，"博物学"是一个近代以来被广泛使用的来自西方的词汇。②中国古代的博物，按其字面意思，就是能"辨识许多事物"的学问，所谓"博物洽闻"指的即是这个意思，也就是见多识广，知识渊博，通晓万物。③刘宝楠《论语正义》载："鸟兽草木，所以贵多识者，人饮食之宜，医药之备，必当识别，匪可妄施，故知其名，然后能知其形，知其性……可知

---

① ［日］弘法大师原撰，王利器校注：《文镜秘府论校注》，北京：中国社会科学出版社，1983 年，第 290 页。

② 吴国盛：《自然史还是博物学》，《读书》2016 年第 1 期，第 89 页。

③ 周金泰：《孔子辨名怪兽——试筑一个儒家博物学传统》言："辨兽故事虽然为假，但其生成却尊重并反映了"孔子"和"儒家"的逻辑，其演变也是"孔子"及"儒家"被诠释的历史。""孔子本人的博物洽闻及其承载的"君子"意义、圣人通达天道继而为万物立法、孔子对巫传统的继承与改造等观念，是高度统一的。"《史林》2021 年第 1 期，第 70 页。

博物之学，儒者所甚重矣。"①西晋张华作《博物志》，《博物志》子目有地、山、水、人民、物产、外国、异人、异俗、异产、异兽、异鸟、异虫、异鱼、异草木、物性、物理、物类、药物、药论、食忌、艺术、戏术、方士、服食等。②博物之学，果然是广收博采，内容博瞻。

而西学中的博物学，更多的是自然史的内容。《知识帝国：清代在华的英国博物学家》言："博物学意欲研究自然界的万物。"③吴国盛《自然史还是博物学》言："典型的博物学包括关于自然界中各种事物特别是动物、植物、矿物的观察记录、考察报告、文献典籍汇编。"④当然，意欲研究自然界万物的博物学，与东亚类书的编纂理念是有可比性的，类书就是要完成对天地人事物的囊括，但是，二者之间的内在逻辑还是有很大区别的。王昕《论志怪与古代博物之学——以"土中之怪"为线索》言："中国古代博物之学和现代博物学是两种不同的知识传统与认知方式。古代博物之学并非科学的自然史知识，而是建立在方术基础上的，包含着人文性和实用性的一套价值系统和认识方式。"⑤所以，我们所说的博物学是中国古代的博物之学，不是近代学术意义上的博物学，中国古代的很多问题，其实不能和所谓的西方概念画等号，就如"类书"与"百科全书"，可以暂时地对比、比拟一下，但是绝不可直接画等号。

刘华杰《理解世界的博物学进路》言："博物学更有诗情画意，千百年来也一直实实在在地支撑着人们的生活。""中国古代主要是农耕社会，博物学

---

① ［清］刘宝楠：《论语正义》，北京：中华书局，1990年，第689—690页。

② ［晋］张华撰，范宁校正：《博物志校正》，北京：中华书局，1980年。

③ 范发迪著，袁剑译：《知识帝国：清代在华的英国博物学家》，北京：中国人民大学出版社，2018年，第215页。

④ 吴国盛：《自然史还是博物学》，《读书》2016年第1期，第95页。

⑤ 王昕：《论志怪与古代博物之学——以"土中之怪"为线索》，《文学遗产》2018年第2期，第129页。

比数理科学要发达得多，目前的科学通史并没有很好地反映这一特征。"①刘啸霆、史波《博物论——博物学纲领及其价值》："知识分类。这也是博物学最主要的工作，通过分类把握知识的脉络和谱系。较之数理知识，博物学知识经常显得散碎、不连贯、说不清，这实际是按照现代逻辑化眼光审查的效果。而实际上博物学有自己的处理方式，为了把握和辨识万事万物，博物学最主要的工作是分类，由此人们也增进了自己的知识。"②如此来看，博物之学是中国古人认知世界的一种中国特色的方式，这种方式的特点是注重知识分类，通过分类把握知识的脉络和谱系。

所谓知识分类，其实就是对知识进行自然的、合理的区分，分类意识其实是人的本能，是人类天生的把握世界的基本生存能力之一。③姚名达《中国目录学史》之《事物之分类》言："分类之应用，始于事物，中于学术，终于图书。"④如此来看，分类在图书知识上的应用，是分类的高级形态。类书最大的特点就是以类相从，博物之学的重分类，与类书的以类相从，有着天然的联系，且是博学之学在前，甚或是，早期的博物思想催化了类书的产生，张舜徽先生就有这样的观点。张舜徽《清人文集别录》卷十五《玉函山房文集、续集》载："类书之起，昉于明分部类，据物标目，盖必推《尔雅》为最先。"⑤张舜徽《四库提要叙讲疏》之《类书类叙》又载："类书之兴，当溯源于《尔雅》……分类登载，有条不紊，此非类书而何。"⑥至于《尔雅》与类书的

---

① 刘华杰：《理解世界的博物学进路》，《安徽大学学报（哲学社会科学版）》2010 年第 6 期，第 21 页。

② 刘啸霆、史波：《博物论——博物学纲领及其价值》，《江海学刊》2014 年第 5 期，第 6 页。

③ 刘全波：《类书研究通论》，兰州：甘肃文化出版社，2018 年，第 1 页。

④ 姚名达：《中国目录学史》，上海：上海古籍出版社，2002 年，第 49 页。

⑤ 张舜徽：《清人文集别录》卷十五《玉函山房文集、续集》，武汉：华中师范大学出版社，2004 年，第 392 页。

⑥ 张舜徽：《四库提要叙讲疏》之《类书类叙》，台北：学生书局，2002 年，第 169 页。

渊源，笔者已经做过考察。①我们这里要强调的是，《诗经》《论语》《尔雅》《博物志》等典籍所宣扬的博物观念与类书确有颇深的渊源。《皇览》之后，历代王朝多有类书编纂，直至《四库全书》编纂之时，类书竟然占到了《四库全书》的十分之一。大量类书的流传，深刻地影响了各个时代的读书人，读书人亦不断的新编、续编、节抄、删略类书，而今天我们如欲重新认识类书，必须用博物的视野回望类书，才能发现类书的本质。

星。文星，武星，使星，将星，狼星，周鼎星，酒星。

扇。夏不操扇，合欢扇，云茂扇，雉尾扇，王敦斩其扇者。

将军。二师将军，细柳将军，大树将军，□□将军，伏波将军。

酒名。日炙春，鹅儿黄，鸭头绿，素洛，竹叶青，松花酒，九醖酒。②

通过这几条文献，我们就可以知道敦煌类书的博物特点，即类书用以类相从的方式将相关内容汇聚在一起，展现"物"的汇聚，完成对一类类知识的极致追求。"酒名"一条，最为典型，日炙春，鹅儿黄，鸭头绿，素洛，竹叶青，松花酒，九醖酒，这些酒名首先反映的就是中古时期的酒知识，而此博物景观背后的文化，其实极其丰富多彩，意味悠长。无独有偶，敦煌写本《语对》中也有"酒"类，并记载了九醖、兰英、桂醑、蒲桃、石榴、竹叶、金罍、玉爵、中山、玉膏酒，以及著名文士马融、郑泉、敬仲饮酒的故事。③如此，酒知识的汇聚，本身就是一道引人入胜的博物景观。

敦煌写本 P.3661 写卷亦是一卷佚名类书，共有十卷，每卷十五门，共

① 刘全波：《论类书的渊源》，《图书情报知识》2013 年第 1 期，第 78—84、113 页。
② 武田科学振兴财团杏雨书屋编集：《敦煌秘笈（影片册 1）》，大阪：ほまや印刷株式会社，2009 年，第 340—342 页。
③ 王三庆：《敦煌本古类书语对研究》，台北：文史哲出版社，1985 年，第 205—208 页。

一百五十门，目前仅存目录和第一卷前半部分，但是此写卷之内容却是极其丰富的，不仅有"朝聘""爵位"等为政为官的知识，"诬诈""刚强"等或明或暗的品质，"器用""车服"等衣食住行的内容，还有"巫医""卜筮"等医学占卜知识。此写卷与诸敦煌类书多有不同，即此写卷的内容更加的博瞻与专业，博物理念被贯彻得更为彻底。敦煌写本《语对》共有三十九个门类，后王三庆根据事文内容，从"文笔"类中析出"谈讲"类，共计四十门类。①而此 P.3661 写卷有一百五十门类，对天地人事物的阐释，极其详尽。

一、帝王、政令、命、隐讳、忠臣、恶臣、朝聘、爵位、职官、谏诤、俊选、福禄、盟会、征伐、射御。

二、畋猎、囚俘、服、整理、狱讼、赏罚、恩泽、流放、过恶、有罪、悔过、私、贪欲、怠惰、盗窃。

三、背叛、乱败、灭忘（亡）、杀戮、道德、仁义、礼、智勇、诚信、敬让、节操、贞洁、威仪、美貌、性情。

四、刚强、正直、宽猛、慈惠、抚恤、荣贵宠、安逸、奢侈、矜夸、专擅、贫俭、劳苦、忧患、恐惧、怨思。

五、耻辱、逃穷、嗟叹、谏佞谤、疑贰、诬诈、妖淫、报恩、忘旧、仇雠、善、谋略、桓权、艺业、工商。

六、等差、法度、器用、车服、货赂、宝利、丝麻、契约、修营、成功、学校、教戒、史籍、古典。

七、名氏、冠婚、夫妇、亲族、父母、兄弟、朋友、子孙、和好、赠遗、酒食、饥、享晏（宴）、音乐、衣服

八、游戏、言笑、老寿、孤寡、幼贱、疾、巫医、卜筮、社稷、丧祸、死伤、祭祀、祈祷、灾祥、阴阳。

---

① 王三庆：《敦煌本古类书语对研究》，台北：文史哲出版社，1985 年，第 14 页。

九、征税、田农、贡赋、旅客、山川、使行、戎狄、风俗、宫室、居处、都鄙、封疆、不仕、不得志、废弃。

十、数助、草木、天地、兽畜、形体、叠句、诸我、诸子、吾余、尔汝谁、人臣士、国号、之夫兮、焉然乎、者也耳、已矣止。①

《颜氏家训》卷三《勉学第八》载："故士大夫子弟皆以博涉为贵,不肯专儒。"②"夫学者贵能博闻也。郡国山川,官位姓族,衣服饮食,器皿制度,皆欲根寻,得其原本。"③类书的发展、兴盛乃至出现高潮,就是在这种博学风气的带动下出现的。张涤华《类书流别》言："类书所以滥觞于魏世者,亦自有故。原夫由汉至魏,文体丕变,单行浸废,排偶大兴,文胜而质渐以漓。其时操觚之士,驰骋华辞,而用事采言,益趋精密。于是记问之学,缘以见重。其或强记不足,诵览未周者,则乞灵抄撮,效用谀闻,期以平时搜辑之勤,借祛临文翻检之剧;故网罗欲富,组织欲工,类书之体,循流遂作。是知一物之微,亦时代之所孳育,其来有自,非偶然也。"④于是,一个崇尚博学多闻的知识主义时代悄然来临了,类书的编纂就此肇兴,在此后的历朝历代愈加繁荣,文人墨客在帝王将相的招揽之下自愿埋身于其中而不能自拔。

温志拔《宋代类书中的博物学世界》言："博物学是古代中国人精神信仰与文化学术的知识基础,宋代类书博物部类所呈现的知识演进,是宋代博物

---

① 图版见上海古籍出版社、法国国家图书馆编:《法国国家图书馆藏敦煌西域文献》第26册,上海:上海古籍出版社,2002年,第256页;录文参王三庆:《敦煌类书》,台北:丽文文化事业股份有限公司,1993年,第445页。《敦煌类书》之"录文篇"将P.3661误做P.3361。

② [北齐]颜之推撰,王利器集解:《颜氏家训集解》,上海:上海古籍出版社,1980年,第169页。

③ [北齐]颜之推撰,王利器集解:《颜氏家训集解》,上海:上海古籍出版社,1980年,第209页。

④ 张涤华:《类书流别(修订本)》,北京:商务印书馆,1985年,第14—15页。

学转变的一个侧面，也是精神文化史变迁的一个侧面。"①宋代类书的博物学世界，在其他时代也是相通的，作为传统社会中"观察世界的方式"的博物学，在现代科学建立以后，往往被看作只是前科学时代的粗糙的知识和技能的"杂烩"，或者被偏狭地认为仅仅是关于花草树木、鸟兽虫鱼的趣味"杂学"，其实不然。余欣《敦煌的博物学世界》言："中国博物学不仅是一个知识体系，而且是理解世界的基本方式。""中国博物学的本质，不是'物学'，而是'人学'，是人们关于'人与物'关系的整理理解。"②诚然，博物学研究的意义，或许就在于传统的政治、经济、社会史研究范式之外，更为活性化地探求中国历史深层波澜之源和天数世道潜运默移之故。

三、开启敦煌类书研究的新境界

《古今图书集成·凡例》载："法象莫大乎天地，故汇编首历象而继方舆，乾坤定而成其位，其间者人也，故明伦次之，三才既立，庶类繁生，故次博物，裁成参赞，则圣功王道以出，次理学经济，而是书备言。"③葛兆光又言："以各种庞大的图书汇集、类书编撰等形式，对知识、思想和信仰作了归纳。"④诚然，从魏晋至明清，类书在知识的排列组合方面，在知识的生产与再生产方面，都达到了极致，某种意义上说，类书就是"知识"的代名词，再也没有哪种典籍如类书般"博学"。彼得·伯克从中西比较的角度得出如下判断："这两种知识体系也许可以被称为中国的'官僚式知识组织模式'和欧洲的'企业式知识组织模式'。"⑤"在近代早期的中国，知识总是与强权联系

---

① 温志拔：《宋代类书中的博物学世界》，《社会科学研究》2017 年第 1 期，第 186 页。

② 余欣：《敦煌的博物学世界》，兰州：甘肃教育出版社，2013 年，第 4—5 页。

③ [清]陈梦雷编纂，（清）蒋廷锡校订：《古今图书集成·凡例》，北京、成都：中华书局、巴蜀书社，1985 年，第 13 页。

④ 葛兆光：《中国思想史——七世纪至十九世纪中国的知识、思想与信仰世界》，上海：复旦大学出版社，2000 年，第 77 页。

⑤ [英]彼得·伯克著，陈志宏、王婉旎译：《知识社会史：从古登堡到狄德罗》，杭州：浙江大学出版社，2016 年，第 196—197 页。

在一起的,(也就是说)在这种情况下,知识(的生产、保存和传播)依靠的是官吏和毛笔而非武士与刀剑。"①官僚式知识组织模式是古代中国的特色,也是类书的特色,但这更展现了传统中国知识传播的官方性、稳定性、一贯性。孔颖达《礼记正义序》载:"博物通人,知今温古,考前代之宪章,参当时之得失,俱以所见,各记旧闻。错总鸠聚,以类相附。"②可见,读书人对于博学的追求是无止境的,以博学为核心的知识主义的扩张也是无终止的,这无形中又刺激并塑造了类书的编纂模式、体例,类书从最初的辑录事类,发展到辑录故事、典故、诗文、词语,从单纯的事类类书发展到事文并举,类书的取材范围也越来越广阔,山包海汇,以至六合之内,靡所不载,所以,知识在类书中集聚是一个不断加速的过程,而随着文学、科举、教育的发展,愈加地不可遏制,于是《永乐大典》《古今图书集成》就不可避免地出现了。

余欣《博物学与写本文化:敦煌学的新境域》又言:"中国博物学最重要的贡献在于他提供了一种科学时代之前的理解世界的方式,即不同于"科学宗教"的世界观和思维方式。"③诚然,中国古代的博物之学是自成体系的认知方式与思维方式,是古人体察万物、摹想世界的知识汇集。王昕《论志怪与古代博物之学——以"土中之怪"为线索》言:"丛集知识的类书编纂方式。无论《山海经》还是《博物志》,都是把各类知识与传闻按照各自的分类标准汇辑起来。"④"博物之书就是类似百科全书式的类书,不但包括自然知识也包

---

① [英]彼得·伯克著,陈志宏、王婉旎译:《知识社会史:从古登堡到狄德罗》,杭州:浙江大学出版社,2016年,第196—197页。

② [汉]郑玄注,[唐]孔颖达疏:《礼记正义》,北京:北京大学出版社,1999年,第3页。

③ 余欣:《博物学与写本文化:敦煌学的新境域》,《中国高校社会科学》2015年第2期,第80页。

④ 王昕:《论志怪与古代博物之学——以"土中之怪"为线索》,《文学遗产》2018年第2期,第129页。

括社会人文知识，以及"传说闻见"一类，如《山海经》《博物志》等等。"①可见，无论《山海经》，还是《博物志》，博物观念落到实处，还是知识，都是把各类知识按照各自的分类标准汇辑起来。朱渊清《魏晋博物学》言："魏晋博物学的兴起是中国传统知识积累的结果，传统各种学术中对博物学形成影响最大的是名物学、地志学、农学、本草学、图学等。魏晋博物学具实用、志异和知识累积的特征。""魏晋博物学是中国知识进化史上重要的一页。"②如此，知识史与博物学之间的交叉是天然的，二者本身都是知识扩张的结果，知识史更多的是知识的纵向生长，博物学则是知识的横向扩张。

敦煌类书是敦煌文献中的一小分支，敦煌类书多是残缺不全的，但是敦煌类书的知识内容却是极其珍贵的，因为传世大类书皆是大而全，皆是被后人不断地修订补充过，导致我们反而看不清很多问题，敦煌类书的原始性、真实性非常强，不时出现的学郎题记、学郎杂写，更是给我们带来惊喜，所以敦煌类书的价值与意义是不容小觑的。敦煌类书与教育的研究起步最早，成果丰硕，但是我们不满足于此，我们更希望通过这批写本文献看到更多的历史真实。"卿月""卿云"的知识史，可以给我们更多的认知，其实，当我们认真去考察敦煌类书与文学的关系时，这样的发现比比皆是，于是我们对唐代文学的认知会发生变化，对类书尤其是敦煌类书的认知更会发生变化，吃到了鸡蛋，还需要认识一下母鸡，甚或是母鸡的饲料。如此，回望知识集聚的进程，研究博物观念的兴衰，就有了多重意义。再者，关注敦煌类书与教育、文学的密切关系之外，更需要关注敦煌类书与科举之关系，多年的知识积累，难道仅仅是机械的知识的集聚，"用"还是最重要的，而科举就是最重要的指挥棒。

---

① 王昕：《论志怪与古代博物之学——以"土中之怪"为线索》，《文学遗产》2018年第2期，第130页。

② 朱渊清：《魏晋博物学》，《华东师范大学学报（哲学社会科学版）》2000年第5期，第43—51页。

敦煌类书研究的博物学进路看起来比较简单，即追索同类知识的无限扩张及其回溯，甚至于此种博物学方法，经常是"日用而不知"，可是，就算是在最为基础的儿童启蒙教育中，都会时时出现此类现象，知识的累积、集聚，都有典型的博物学理念在里面。"孝"的故事，必须要连缀成"二十四孝"，"美人"的故事，必须要累积成"四大美人"，圣君、贤王、名士的故事亦是如此，"三皇""五帝""四公子""竹林七贤"等等，就是果实。再进一步，博物知识的累积，亦是复杂万分，甚至是变化多端。例如梁元帝《纂要》中关于"春"的知识："春曰青阳，亦曰发生、芳春、青春、阳春、三春、九春，天曰苍天，风曰阳风、春风、暄风、柔风、惠风，景曰媚景、和景、韶景，时曰良时、嘉时、芳时，辰曰良辰、嘉辰、芳辰，节曰华节、芳节、良节、嘉节、韶节、淑节，草曰弱草、芳草、芳卉，木曰华木、华树、芳林、芳树，林曰茂林，鸟曰阳鸟、时鸟、阳禽、候鸟、时禽、好鸟、好禽。"① 此等关于"春"的知识，丰富异常，今人看来多有不解之处，但是在中古时期的读书人心中，都是必备的知识，甚至是常识，几多传世名句，不就是从中而来的吗？当然，博物知识的累积，为读书人提供了方便之门，但进门之后，就变成了故事中人，无形中，又成为博物知识的传承者、弘扬者、守护者；当然，食古不化者，更或有之，成为被人不屑的"獭祭""饾饤""渔猎""剿袭"。

总之，如欲加深对敦煌类书及相关文献的整理研究，需要沿着知识史、博物学的来路回溯。从知识史出发探究敦煌类书，可以见到诸多生涩乃至艰涩的知识如何被选择、被传播、被使用的痕迹，这比仅仅把类书作为一个整体，进行思想史、文化史、文体学的考察要更加微观、更加具体。敦煌类书研究的博物学进路扩展了我们的视野，古人对博物知识的分类之细致、严

---

① ［清］马国翰辑：《玉函山房辑佚书·经编小学类》，扬州：广陵书社，2004年，第2423页。

谨、不厌其烦，更是超出我们的想象，而利用此等博物观念、博物知识，回望其产品、成果，也就是诗词歌赋、墓志碑铭、书仪愿文、官样文章，便有豁然开朗之感。多年来，敦煌文献的整理研究取得了诸多成绩，但是也不能就此说，敦煌文献的整理研究已经大功告成，其实敦煌文献的整理研究，还有很多的事情没有做好，单单是敦煌类书一类，仍然需要年轻学者投身跟进，其他文献，亦是如此，好在今天的科研条件有了大幅的改善，再加上国家的大力支持，不断开拓敦煌文献整理研究的新境界，就是我们必须要努力的方向。

从敦煌壁画所绘玻璃器看公元5至10世纪东西方文化交流*

敦煌研究院敦煌文献研究所研究员　王　东

西北民族大学历史文化学院硕士研究生　曹　琴

摘要： 随着丝绸之路和佛教的兴起，玻璃器从中亚、西亚、南亚等地传入中国，并以其珍稀性受到上层人士的重视，成为财富和身份的象征；玻璃器与佛教文化相结合，被赋予了独特的意涵，是佛教物质思想的外化表现。敦煌壁画中绘有大量玻璃器，其形态和功能各异，既是佛教文化的一种体现，也是公元5至10世纪间东西方文化交流的真实写照。

关键词： 玻璃器；敦煌壁画；文化交流；丝绸之路

晋人潘尼曾在《琉璃碗赋》描述了古代玻璃器的来之不易，又描绘了其晶莹剔透的特点，还道出了玻璃之珍贵。学界关于古代玻璃的研究中，安家瑶先生着力颇巨。敦煌壁画中绘制了大量玻璃器，学界主要集中于莫高窟壁画中玻璃器的研究，而忽略了榆林窟、东西千佛洞等石窟的壁画内容。本文基于前人研究，利用敦煌壁画和文献资料，对敦煌壁画中玻璃器所反映的东西

* 基金项目:2022年度教育部人文社科重点研究基地重大项目《敦煌文献唐蕃文化交流史料整理与研究》。

作者简介：王东(1980—　)，男，河南漯河人，历史学博士，研究馆员，研究方向是敦煌学与西北民族史；曹琴(1994—　)，女，甘肃白银人，硕士研究生，研究方向为西北民族史。

方文化交流问题进行梳理与探讨，不当之处，敬请方家指正。

一、古代玻璃器独特表现

（一）玻璃珍稀性

古代玻璃的称谓较多，包括"缪琳""琉璃""药玉""颇黎""水玉""水精"等，其中"琉璃"最为常见。以上诸名称与"玻璃"的关系，大致和古人对玻璃特性认识模糊有关，至今未有统一标准。本文认为上述物品皆为玻璃材料的不同类型，与"玻璃"一词属于异名同物，因所处时代、所用工艺及所呈现状态的不同而有不同称谓，我们采用安家瑶先生的界定方式，将符合玻璃定义的材料，不论原报告使用何名称，统称为玻璃。

汉唐时期，敦煌处于东西方文化交流的枢纽地带，随着东西方经济文化交流以及佛教兴盛，玻璃制品源源不断地传入中国。玻璃以其自身独特的魅力，得到贵族阶层的青睐，在佛家七宝中排在金、银之后，位居第三，足以证实古代玻璃的珍贵。中唐时期，路嗣恭平定岭南，向代宗献九寸琉璃盘，可权臣元载被抄家时却发现了路嗣恭收藏的径尺琉璃盘，这让皇帝十分恼火。这一记载，显示出琉璃（玻璃）器远比金银更为珍稀。

汉唐时期玻璃器之所以如此的珍贵，最重要的原因在于其稀缺性。玻璃器主要是通过北方（草原）丝绸之路、西北（沙漠）丝绸之路、西南（佛教）丝绸之路和南方（海上）丝绸之路等路线以朝贡贸易的方式到达中国。西汉桓宽在《盐铁论》中言："夫中国一端之缦，得匈奴累金之物，而损敌国之用。是以骡驴馲驼，衔尾入塞，驒騱騵马，尽为我畜，鼲貂狐貉，采旃文罽，充于内府，而璧玉珊瑚琉璃，咸为国之宝。是则外国之物内流而利不外泄也。异物内流则国用饶，利不外泄则民用给矣。"[①] 这里的"琉璃"显然是来自国外。

关于"琉璃"，在汉唐正史文献中多有记载，特别是在丝绸之路民族史

---

① ［西汉］桓宽著，王利器校注：《盐铁论校注》，北京：中华书局，1992年，第28页。

料中更为丰富。文献记载，位于今天中亚、西亚等地的古代罽宾、大月氏、哀牢、大秦等地盛产玻璃，并朝贡给中原王朝。大月氏将玻璃生产技术传入中原，而大月氏与安西毗邻，安息很可能是玻璃产地或流通之地。这些民族或政权与中原相隔千里，路途危险重重，莫高窟第45窟《胡商遇盗图》描画了活动于丝绸之路上的胡商遇险的情景，这是胡商在丝路转运贸易的真实写照。玻璃器因其易损特性，历经长途运输后能够完整进入中原的可谓百不存一。

（二）玻璃的宗教意涵

佛教 "七宝" 涉及玻璃（颇梨）等珍贵物品，《翻译名义集》中所载 "七宝" 有二种，其中第一类 "七宝" 包括四种说法："《佛地论》云：一金；二银；三吠琉璃；四颇胝迦；五牟呼婆羯洛婆，当砗磲也；六遏湿摩揭婆，当玛瑙；七赤真珠。《无量寿经》云：金、银、琉璃、颇梨、珊瑚、玛瑙、砗磲。《恒水经》云：金、银、珊瑚、真珠、砗磲、明月珠、摩尼珠。《大论》云：有七种宝，金、银、毗琉璃、颇梨、砗磲、玛瑙、赤真珠。"[1] 佛教七宝观念以及用宝物作为庄严手段催生了金银等在宗教中的使用。《佛说阿弥陀经》指出了 "琉璃、颇梨" 等物品的佛教装饰用品功能。毫无疑问，这些贵重物品不但与佛教紧密联系在一起，还和世俗生活交织在一起，而佛教寺院在承担思想信仰中心职能的同时也成了物质文化汇聚之地。[2]

在盛产玻璃器的中亚、西亚等地，西域佛教十分流行。大月氏在佛教东传中起到了非常重要的作用，并成为第一个把佛教传入中国的丝路民族；前文也提到大月氏人掌握了制造玻璃的技术。吐火罗受印度、波斯文化影响极深，信仰佛教和祆教；于阗、龟兹被视为丝绸之路上的两处佛教中心。除了

---

① 《大藏经》（第四十五册）台北：新文丰出版社公司，1983年，第1105页。
② 荣新江：《于阗花毡与粟特银盘——九、十世纪敦煌寺院的外来供养》，胡素馨编：《佛教物质文化：寺院财富与世俗供养国际学术研讨会论文集》，上海：上海书画出版社，2003年，第246页。

南亚泥婆罗、天竺外，东南亚的丹丹国、婆利国等也崇信佛法，婆利国曾于天监十六年（517年）遣使朝梁；而《梁四公记》曾记载了来自天竺的玻璃镜，据此推测，玻璃器在天竺也非常流行。地处西域的罽宾崇信佛法，高僧竺佛图澄曾两次前往罽宾学习佛法；《汉书·西域传》中"罽宾国"条，记载了该国特产有"璧流离"，佛教在安息也曾广泛传播，著名佛经翻译家、安息王子安世高曾在中原弘法译经；婆利国亦信仰佛教，泥婆罗和天竺是著名的佛教文化中心；早在公元7世纪上半叶，佛教就已传入回鹘，于9世纪兴盛起来；于阗是丝路南道的佛教中心，而龟兹则是丝路北道的佛教中心。以上这些国家或地方政权对佛教的崇信极大地推动了佛教传播，玻璃器也伴随着佛教兴盛而受到人们重视。此外，玻璃器作为奢侈品，深受贵族阶层和佛教徒的追捧，玻璃器所带来的巨额利润自然也引起了往来于中亚、西亚、西域和中原的商使的关注和追逐。

二、玻璃器在敦煌壁画中的呈现

（一）典型器型与用途

古代玻璃器很多情况下被视为奢侈品，同时又被赋予神圣的宗教功能。敦煌壁画中的玻璃器形制各异、功能繁多，主要被用于法器、供养、建筑等方面，有玻璃碗、琉璃杯、玻璃瓶、玻璃钵、香炉、琉璃瓦、琉璃戒台等。

安家瑶先生曾对莫高窟壁画中的玻璃器进行过梳理统计，但囿于种种原因，其所统计的器物数量有限。而今天借助于数字化技术，壁画中更多的玻璃器清晰地呈现到世人面前。经统计，莫高窟中的玻璃器型主要有盘（如莫高窟西魏第285窟、盛唐第334窟、盛唐第217窟）、碗（如莫高窟北凉第275窟、北周第296窟、初唐第329窟、五代第61窟、榆林窟元代第4窟）、瓶（莫高窟西魏第285窟、隋代第394窟、隋代第420窟、盛唐第217窟）、钵（莫高窟西魏第285窟、盛唐第217窟、榆林窟五代第34窟）、盏（莫高窟隋第420窟、榆林窟中唐第25窟）。此外，还有其他稀有器型，如杯（莫高窟西夏第310窟）、宝珠（榆林窟中唐第15窟、榆林窟五代第12

窟）、香炉（莫高窟初唐第 329 窟）等。这些玻璃器因所处时代和壁画内容不同，导致其在壁画中所呈现的具体细节也不尽相同，或单独出现，或器物中盛放有其他物品，颜色以透明色为主，部分器物呈现为浅蓝色或淡绿色。

花是佛教的主要供物之一，香和花供养是佛教中诸多供养的一种方式，《十地经论·初欢喜地》卷 3 载："一切供养者有三种供养：一者利养供养，谓衣服卧具等；二者恭敬供养，谓香花幡盖等；三者行供养，谓修行信戒行等。"敦煌壁画中用来盛放供花的玻璃器具主要有玻璃碗、玻璃杯、玻璃盘、玻璃瓶等，大多持于诸胁侍菩萨手中和供养人手中，在莫高窟第 321 窟（图一）、第 320 窟的玻璃瓶以及第 310 窟、榆林窟第 32 窟壁画中的玻璃杯中均有插花。花供养去除世俗浊气，更能展示佛国的曼妙。莫高窟第 36 窟南壁文殊变中众菩萨手中或双手托盘，盘中盛放鲜花，或手持鲜花（莲花）。P.3111《庚申年（960 年）七月十五日于阗公主施舍簿》载：于阗公主供养了许多用纸或者绢布制作的花朵，因鲜花不易长期保存，故而供养者也会将制作的假花供养给佛陀。另外，佛教艺术中也会借助天女散花的形式作香花供养，如莫高窟第 97 窟西壁童子飞天，左手持花盘，右手持一枝莲花，欲抛洒状。

玻璃瓶：瓶的用途应与隋唐瘗埋舍利制度有关，《法苑珠林》记载仁寿元年（601 年）隋文帝在全国三十州兴建舍利塔的史实，这三十州即包括敦煌。武则天时期，下令在隋朝大兴国寺遗址上建造泾州大云寺，并用五重宝函盛装原址发现的 14 粒佛骨舍利，最内一重

图一　莫高窟第 321 窟东壁门北玻璃瓶

图二　莫高窟第446窟西壁佛龛外北侧玻璃钵

即为玻璃瓶。

玻璃钵：钵是比丘六物之一，为饭器之用。敦煌壁画中的玻璃钵多见于药师琉璃光佛手中所端举药钵（图二）。在佛教传说中，钵是释迦牟尼用神力合成，而佛陀的青石之钵，大小可容三斗，重量是比丘们拿不动的，只有佛陀的侍者阿难等身力强大，又借助佛陀威德才可执持。敦煌文献P.3210《阿弥陀经讲经文》载："化生童子食天厨，百味馨香各自殊，无限天人持宝器，琉璃钵饭似真珠。"

香炉：香炉是佛教供养器具之一，也是佛教中最常用的焚香器皿，形制不一，材质主有金银铜、陶瓷、玉石、琉璃等。敦煌壁画中的玻璃香炉为有长柄的柄香炉，又叫手炉，莫高窟第420窟东壁说法图弟子手中手炉，柄和炉体接口处似饰一鸟雀。

戒台：戒台是佛教僧徒受戒的地方，属于神圣庄严之地。榆林16窟东壁上的戒台用琉璃砖铺建而成，受戒本是庄严神圣之事，以琉璃筑台，象征了受戒须虔诚恭敬，心无杂念，持戒时须有烧制琉璃一样坚韧的毅力。敦煌文献P.2305《妙法莲华经讲经文》中记载了琉璃也被用于作建筑材料，在敦煌壁画中极为常见。莫高窟第237窟南壁的楼阁建筑中大规模使用了琉璃瓦，并以琉璃铺满阶道（图三），打造出了真正的琉璃世界。

当然，目前学界统计和本文所述玻璃器并不是敦煌壁画中玻璃器的全部内容。玻璃有透明的、半透明的和不透明的，原本这些器物就相差细微，不易识别，加之壁画在经历了千百年岁月的侵蚀后，发生了颜色变化，所以仅

图三　莫高窟第 237 窟北壁琉璃建筑

靠图片来判断是否为玻璃器是非常不可靠的，只能根据其是否透明而进行一个浅表的推测。笔者希冀随着科技的发展，日后能让大家通过先进的科学技术手段，分辨或复原出敦煌壁画中更多的玻璃器，以加深对特定时期历史和文化的认识。

（二）玻璃器与佛教物质观念

莫高窟壁画中绘有大量的玻璃器，榆林窟和东、西千佛洞中也有所发现，但在麦积山石窟、炳灵寺石窟壁画中却鲜少见到明显的玻璃器图案，这与几个洞窟所处地理位置有很大关系。莫高窟、榆林窟和东、西千佛洞皆位于丝绸之路的重要节点敦煌一带，炳灵寺石窟虽也处于丝绸之路古道，但和以上两个石窟相比显得较为偏僻，麦积山石窟亦是如此。

表现佛教文化的壁画中出现了如此多的玻璃器，那这些器物除了表达宗教观念外，跟当时社会的其他思想观念有什么关系呢？众所周知，玻璃器在早期是极为罕见的，只有统治阶层才能拥有，数量也是屈指可数。物质往往是精神世界的直观表达，敦煌文献关于寺院经济的记载较多，一些寺院物品清单中也可以看到玻璃器的影子。敦煌文献 P.2613《龙兴寺常住物点检历》、S.5899《丙寅年（906?）十二月十三日常住什物交割点检历》、P.3638《辛未年（911）沙州净土寺沙弥善胜领得历》等晚唐时期敦煌地区的寺院物品清单中，玻璃瓶是较为常见的。玻璃器在寺院物品中多次出现，说明这一时期玻璃器数量已较之前有了很大的突破。

敦煌在丝绸之路上的重要性因其交通枢纽地位而更为凸显，《隋书》中《西域图记》载："发自敦煌，至于四海，凡为三道，各有襟带。……故知伊吾、高昌、鄯善，并西域之门户也。总凑敦煌，是其咽喉之地。"敦煌作为汉唐时期东西方贸易往来的十字路口，不仅是外来商人的中转站，也是外来商品的集散地，接待了不计其数的各国商旅。晚唐五代玻璃器已在敦煌商贸市场上流通，粟特人出售香料、布匹、马匹、宝石与琉璃器，优越的地理位置使得玻璃器等珍宝优先进入敦煌。虽然玻璃器在寺庙中的存在和在商贸市场的流通说明玻璃器已进入普通大众的视野，但其他关于记载时人日常生活和经济交往的文献关于玻璃器的记载却寥寥无几，加之上文提及寺院中也仅有一两只，体现出了玻璃器虽然数量有所增多，但价格还是较为昂贵，依然是当时的奢侈品之一，无法普及。

前引敦煌文献 P.2567v 号文书中记载沙州莲台寺得到了诸家散施的玻璃瓶一个，说明敦煌寺院中的玻璃器的来源之一是由信徒私施而来。唐宋时期，敦煌佛教盛行，统治阶层推崇佛教，尤其归义军时期，以张、曹两家为代表的敦煌大族对佛教极为尊崇，因此其不断向寺院布施，玻璃器很可能就是其中一种。榆林窟 19 窟甬道南壁的曹元忠供养像上，曹元忠手持香炉与莫高窟壁画中的香炉形制相似，但无法确定其材质，因此敦煌寺院中的玻璃器也有可能是统治阶级所施。敦煌文献 P.2583v-1《申年（816）施入历》记载，吐蕃宰相上乞心儿为祈福田施舍物包括"壹拾伍两金花"、上发结罗"拾伍两金花银盘壹", 再次说明了寺院的诸多财物来自各个阶层信徒的供养。敦煌文献 P.T.997《瓜州榆林寺之寺户、奴仆、牲畜、公产物品之清册》所载物品,说明寺院对这些财物非常重视,将其视为私产。尽管佛教强调"少欲知足、一切皆空"的思想,但也注重"庄严具足"的功德观念,这必然是一种物质观念的另类表达。

佛教的功德思想和回向观念将信徒同精神信仰牢牢连接起来,《增壹阿含经》则具体记载了信徒通过布施获得功德,这一思想推动了统治者及各阶层信徒进行布施以求功德之风盛行,以玻璃器及其他贵重物品充当布施的物品,也是民众非常认可的一种行为。《贤者喜宴》《西藏王统记》均记载有玻璃宝钵的神奇功能,使得吐蕃统治者赞普、王妃更加尊崇佛教,吐蕃占领敦煌西域后,佛教更加兴盛。

随着佛教世俗化加深,佛教中出现了各种形式主掌财富的神明,如榆林窟第 15 窟前室北壁主尊北方天王左手握着一鼠,鼠口正吐着一串串宝珠,李翎教授将主尊形象认定为藏传佛教宝藏神中的黄财神形象,"库藏神"的名称可在原收藏于国家历史博物馆的敦煌文献《金统二年(881年)壁画表录》中找到相关记载,将主财富的神明绘入佛教壁画中,也是佛教文化中物质观念的一种直接反映。

三、玻璃器与东西方文化交流

(一)丝绸之路与佛教文化传播

西汉武帝时期,张骞通西域,打通了中原与西域的联系。西汉王朝在河西设置河西四郡,其中敦煌郡的分设,成为中央政权治理敦煌,经略西域的关键一步。敦煌作为丝绸之路枢纽之地,依托阳关、玉门关,成为东入中原,西出西域的重要节点。东汉时期,中央政权沿袭了西汉时期的行政区划设置。元初七年(120年),朝廷在敦煌设置西域副校尉一职来管理西域事务。尽管敦煌不参与西域具体事务,但因其连通着西域和河西走廊,是抵御隔绝匈奴和羌人势力的战略要塞,加之阳关、玉门关等军事关隘与长城烽燧联动部署，基本上隔绝了匈奴对西北之地的侵扰。值得关注的是，河西四郡特别是敦煌郡的设置，保障了丝绸之路的通畅，客观上密切了西域与中原联系，为后世中央政权经营丝绸之路提供了宝贵经验。

通常而言，正史所载佛教正式传入中国的时间为东汉永平十一年（68年），汉明帝敕令在洛阳建造中国第一座佛教寺院——白马寺。悬泉汉简记载："少酒薄乐，弟子谭堂再拜请，会月廿三日，小浮屠里七门西入。"[1] "浮屠"是佛教语言，是佛塔或者佛陀的音译，简文所载内容具有明显的佛教色彩，可推测佛教大致于公元 1 世纪下半叶传入敦煌，说明临近西域的边陲敦煌凭借丝路交通的便利更容易接触到西域佛教文化。敦煌与西域相邻，早期传入西域的佛教文化势必会影响到敦煌地区，佛教文化沿着丝绸之路传入敦煌也在情理之中。

魏晋南北朝时期，敦煌地区政权更迭频繁，中原内乱并未影响到边陲河西，反而河西成为一个相对安定的区域，大批中原文人因此避难河西。魏明帝太和年间，敦煌大族势力阻碍丝路贸易，敦煌太守仓慈打击大族，推动民族融合，保障丝绸之路交通安全，恢复了敦煌与西域之间的正常贸易往来，也推动着敦煌经济繁盛起来。五凉时期，统治者对河西的经营治理，使得原本在西域盛行的佛教在敦煌有了较大发展，河西安定环境为佛教传播提供了有利条件。同时，统治者对佛教的崇信更加推动了佛教的盛行，一些高僧翻译佛教经典，从敦煌人高僧竺法护师从"外国沙门竺高座"的史实看，西域作为中国早期佛教传播的重要区域，竺法护后来翻译的佛教经典很大一部分来自西域。竺法护的弟子竺法乘也积极参与到敦煌佛教译经之中，竺法乘在敦煌创建了寺院，为佛教徒活动提供了固定场所，加深了佛教对敦煌民众的影响。在统治者推动下，佛教影响力日益扩大，敦煌石窟和寺院的营建即反映了当时的社会风尚。修建于北凉时期的莫高窟第 254 窟的壁画中人物服饰

---

[1] 郝树声，张德芳：《悬泉汉简研究》，兰州：甘肃文化出版社，2009 年，第 185 页。

多为西域服装，而汉式服装较少，也反映了敦煌和西域佛教的关联性。北魏太武帝灭佛使佛教传入中国后第一次遭到重创，但其去世后，佛教很快得以勃兴。

北魏、西魏时期，瓜州刺史东阳王元荣为借助佛教稳固敦煌统治，开启了北凉之后的又一次建造石窟的高潮，莫高窟第 285 窟即为其功德窟；同时，他也推动了敦煌佛教写经活动的兴盛，敦煌文献 S.4528《（仁王）般若波罗蜜经》、上海图书馆藏第 137 号《维摩经疏卷第一》等文献题记均提到了元荣出资造写佛经做功德的信息。从莫高窟第 285 窟中存在中国创世神话神明伏羲女娲形象，表明了统治者对外来文化的开放包容态度，佛教文化在敦煌传播处于一个比较温和的社会环境中，敦煌成为一个多元文化融合汇聚之地，佛教中国化比以往更进了一步。

隋朝历史短暂而辉煌，杨坚父子均为虔诚佛教徒，边地敦煌在北周武帝灭法中并未遭到毁灭性打击，很快恢复兴盛起来。唐朝丝绸之路空前繁荣，敦煌佛教发展进入全盛时期。唐朝前期中外文化交流频繁，无论是西行求法者还是往来于丝绸之路的商贾，对敦煌佛教的传播都有着重要意义。《洛阳伽蓝记》载："于阗王不信佛法。有胡商将一比丘，名毗卢旃，在城南杏树下，向王伏罪云。"《大慈恩寺三藏法师传》载玄奘法师西行途中依然选择与商队同行。丝绸之路沿途多为戈壁沙漠，自然环境恶劣，求法僧侣多与商队同行来降低路途风险。因此，往来于丝绸之路上的胡商则成为最早接触到佛教文化者。安史之乱后，吐蕃乘机占领敦煌西域，但敦煌佛教中心地位并未因统治者变化而改变，佛教影响更胜于以往，僧侣参与政务。寺院经济的发展更是为佛教发展提供了雄厚的物质基础，官方抄经机构设置，促进了佛教文化的下沉，扩大了在普通民众中的影响力。张议潮率领敦煌军民驱逐吐蕃归唐，派出僧人悟真等为使者的长安报捷团队，这就暗示着在动荡不安丝绸之路上，僧人的特殊身份得到了各种民族势力或部落的认可，客观反映了佛教在丝绸之路各民族中的影响力。归义军政权时期，敦煌统治者积极开窟造像，举办各种佛事活动，表明了他们对佛教的重视与支持，甚至一些豪门大族人士也皈依佛门，出任僧团官职，使得宗教事务与世俗生活紧密结合在一起。莫高窟第 98 窟曹议金功德窟中百余名僧人和官员作为供养人分行排列，即是佛教与军政两大势力并立的明证。

（二）胡商与敦煌商贸国际化

早在西汉时期，汉使者就已到达了南亚印度、中亚伊朗以及地中海东岸等地。公元 1 世纪，班超派甘英出使大秦，曾到达安息西边，即将抵达大秦（罗马）之地，而当时大秦与安息、天竺进行商贸往来，位于印度半岛的天竺成为东西方贸易的中转站。两汉以降，伴随着丝绸之路的开通与兴盛，丝绸之路已经成为中古时期重要贸易交通线。而活动于丝绸之路上的除了僧人、使者，更多的是商人群体，这一特殊群体既肩负着东西方商品流通的重任，同时也主动或被动地成了文化交流的载体。

随着罗马帝国势力的发展，陆路丝绸之路以及海上丝绸之路都成为两汉时期罗马玻璃器进入中国的重要交通线。罗马帝国衰亡，萨珊王朝兴起，原本活动于中亚两河流域的粟特人成为丝绸之路贸易的重要中间商。而魏晋南北朝时期，尽管中原政权更迭频繁，但统治者依然十分重视西域的经营，客观上维系了丝绸之路的安全与通畅。大月氏商人在北魏太武帝时期曾将玻璃生产技术带到北魏都城，推动了玻璃制品在中国的盛行，其中公元 5 世纪中期宁夏固原李贤夫妇墓葬中出土的具有圆形突起装饰的玻璃碗即属于典型的萨珊风格。《洛阳伽蓝记》中记载了河间王元琛富可敌国，任职秦州时曾派使者前往西域求名马，到达了波斯，家中还藏有诸多玻璃器，很有可能来自西域或波斯等地。

中国史籍中将"胡商"称之为昭武九姓，统称为粟特人。作为商业民族，早在公元 3 世纪时就已沿丝绸之路进入中国。前文已提到三国仓慈为沟通敦煌与西域贸易作出了巨大贡献，深受西域胡商爱戴。敦煌西北汉代长城烽火台遗址中出土的粟特文信札为我们构建了一个从洛阳到河西敦煌的粟特人贸易网络，凉州是粟特人的商品中转站和集散地。[①] 正是统治者的重视与推动，大量西域中亚的胡商得以进入中原贸易，胡商为盈利纷纷以朝贡之名进行贸易，从侧面反映出丝路沿线西域商人们十分活跃。南北朝时期，西域胡商活动范围从北方丝绸之路沿线逐渐扩展到南方，西域高昌、龟兹、于阗、波斯等朝贡梁朝，甚至一些胡人出仕中原政权，北齐时期的安吐根出身于安息胡商家庭，后担任凉州刺史等职；担任北周同州萨保的安伽，从姓氏来看显然是来自西域安国的粟特人，成为管理同州粟特人的最高长官。有了魏晋南北朝时期中央及地方各级官府的重视，胡商群体对丝绸之路影响愈强，这就为隋唐时期丝绸之路商贸活动达到全盛奠定了基础。

《后汉书》中记载了敦煌被誉为"华戎所交一都会也"，这也恰是敦煌作为国际贸易中心的明证，这种状况一直延续到隋唐时期。隋唐时期，国家的大一统推动着丝绸之路再度兴盛起来，《两唐书》中记载了武德二年（619 年）吐火罗献玻璃，上元二年（675 年）支汗郡王献玻璃，开元六年（718 年）康国献琉璃瓶等。这是被明确标识来源地的玻璃器，而其他未能明确地点的玻璃器或许更多，更能说明这一时期中亚、西亚各国与中原政权往来十分密切。前文已解读了以粟特人为代表的胡商群体在丝绸之路上的活动，到了唐代，敦煌地区生活着大量的外来商业民族，建立了诸多粟特人为主的村落，甚至还参与到了当地的基层管理中。

经过三四个世纪变迁，粟特人已与丝绸之路商贸活动紧密结合，而作为国际贸易中心的敦煌更是处处活跃着粟特人的身影。敦煌位于东西方贸易往来的十字路口，一直扮演着外来商人的中转站以及外来商品集散地的角色，商品种类不仅繁多，更独具特色。粟特人出售商品包括了香料、布匹、马

[①] 参 W.B.Henning, *The Date of the Sogdian Ancient Letters*, BSOAS, Vol XII, 1948, pp.601—615；刘波：《敦煌所出粟特语古信札与两晋之际敦煌姑臧的粟特人》，《敦煌研究》1995 年第 3 期，第 150 页。

四、宝石与琉璃器，吐鲁番文书《唐西州高昌县上安西都护府牒稿为录上讯问曹禄山诉李绍瑾两造辞辩事》便涉及一名长安粟特商人经过龟兹前往弓月进行贸易时与汉人同伴产生纷争的案件，说明了从西域到河西甚至到长安，均有大量粟特商人活动。优越的地理位置使得玻璃器等珍宝优先从西域等地进入敦煌，晚唐五代玻璃器已在敦煌商贸市场上流通，敦煌商贸市场中流通的玻璃器多来自胡商贩运。敦煌文献 P.2612《儿郎伟》记载了四方各国争向敦煌纳贡，敦煌城内有许多外国商人开设的店铺；推测敦煌市场中应该包括来自于阗、西州回鹘所贡玻璃瓶。无独有偶，法门寺地宫出土《应从真寺随真身供养道具及恩赐金银器物宝函等并新恩赐到金银宝器衣物帐》提到了"琉璃钵子一枚，琉璃茶碗柘子一副，琉璃叠子十一枚"，[①]说明玻璃器在佛教中使用较多，特别是地宫出土蓝色玻璃盘（即琉璃叠子）的纹样具有典型的伊斯兰风格，说明其来自异域，而非中国本土所产。安史之乱后，河陇政治秩序重新构建，吐蕃、归义军政权、党项、回鹘等对西北丝绸之路产生了巨大影响，中原王朝依然可以通过传统丝绸之路朝贡形式获得来自西方的各种物品。晚唐五代时期，外来商品充斥着敦煌市场，尽管无法与盛唐时期相提并论，但敦煌依然扮演着国际化商品市场的角色，而胡商群体起到了非常重要的作用。

入宋后，海上丝路兴起，类型功能各异的玻璃器进入中国，《宋史》载：至道元年，大食国来贡，眼药、白砂糖、千年枣、五味子、褊桃、蔷薇水等方物皆装于玻璃瓶中。史籍中记载了外国使节向中原王朝进贡香料、香水的史实，前引"蔷薇水"便是一种香水，而香料或用香料制成的香水也是敦煌商贸市场的畅销品。玻璃瓶在敦煌壁画中主要被用于盛花、盛香水，敦煌文献 P.2912《某年四月八日康秀华写经施入疏》记载了粟特大商人康秀华向乾元寺供养抄写一部《大般若经》的物品就包括了"粉四斤"，"粉"即指一种珍

---

① 《法门寺考古发掘报告》（上册），北京：文物出版社，2007 年，第 228 页。

贵香料，反映出"粉"在敦煌商贸市场上深受欢迎。淳化四年（993年），大食朝贡宋朝物品中包括琉璃瓶，南宋航海技术的发达，南宋政权更倚重海上贸易来获取西方商品，当然也推动了本土玻璃器技术的发展。《佩韦斋辑闻》记载了南宋权臣贾似道禁珠翠为饰，女性从佩戴珠翠饰品转而佩戴琉璃饰品，并成为一种社会风尚，玻璃制品不再是贵族的专利，已经下移至普通民众阶层，逐渐成为大众化商品。

四、余论

丝绸之路的兴盛，中亚、西亚等商品大量输入中原，玻璃器因其特殊工艺与属性被时人赋予了特殊文化内涵，加之其易损的特性，深受上层人士的喜好和珍视，也更加趋向经济与文化双重象征意义，超越了宗教的范畴。正是玻璃器使用的象征意义大于实用价值，也使得敦煌壁画所绘玻璃器在表达佛教思想的同时，更是一种借助宗教形式展示世俗化生活的艺术呈现。以玻璃器为媒介，丝绸之路所呈现的地理空间成为东西方文化交流的重要区域，形塑了敦煌区域文化生态和世俗社会，也成了敦煌多元文化的真实写照。

敦煌舞的创新与发展论坛

敦煌舞的创新与发展论坛

2023 年 9 月 6 日至 7 日，由中国舞蹈家协会、中共甘肃省委宣传部主办，甘肃省文化和旅游厅、甘肃省文联、甘肃省舞蹈家协会承办的"敦煌舞的创新与发展论坛"在敦煌国际会展中心举办，舞蹈学界专家学者欢聚一堂，共话敦煌舞未来发展。

中国舞蹈家协会主席、中国文学艺术基金会副理事长冯双白，甘肃省文联党组书记、主席王登渤分别致辞。随后，来自舞蹈学界大咖和青年学者围绕敦煌舞派的价值意义、如何建构敦煌舞的理论体系、敦煌舞未来发展的路径与方向等议题展开讨论，为敦煌舞派的成型发展厘清思路，为敦煌文化的深入研究添劲助力。

此次论坛旨在研讨交流敦煌舞的艺术特点和发展规律，从艺术理论、舞台实践、人才培养等方面，深入探讨敦煌舞的创新与发展，开展敦煌舞精品剧目及大众化普及的研究与创作，打造敦煌舞创新发展的理论体系，推出独具魅力的"敦煌舞派"文化品牌。

在"敦煌舞的创新与发展论坛"上的致辞

甘肃省文联主席　王登渤

尊敬的各位领导，各位专家学者、各位嘉宾：

大家下午好！

值此第六届敦煌文博会盛大开幕并举办"敦煌舞的创新与发展论坛"之际，我谨代表甘肃文艺界对各位领导、专家学者、嘉宾的莅临出席表示最热烈的欢迎和诚挚的感谢，向长期以来关心甘肃舞蹈事业发展、为本次论坛给予大力支持的中国舞蹈家协会表示衷心的感谢！

敦煌舞的创新与发展论坛是本届文博会多项论坛的重要构成，是一次汇聚全国舞蹈界专家学者的智慧与力量、承载着甘肃数代舞蹈人努力与梦想的重要盛会。

1979 年，以经典舞剧《丝路花雨》成功上演为标志，正式创立了中国民族舞蹈的一个全新舞种——敦煌舞。此后，《敦煌古乐》《大梦敦煌》《千手观音》等优秀剧目不断上演，《敦煌舞教程》等教研成果不断涌现，一批从事敦煌舞研究、创作、表演、教学的优秀人才迅速成长，以"反弹琵琶伎乐天"造型为经典标志的敦煌舞一度在舞蹈界引起轰动。历经 40 多年的发展与积淀，敦煌舞作为一种流派的学术构建现已初露峥嵘，它在为我们解密中华文明基因、赓续千年文脉的同时，也为发展中国当代舞蹈、讲好敦煌故事、传播中国声音提供了一种新的路径。

敦煌文化是世界现存规模最大、延续时间最长、内容最丰富、保存最完整的艺术宝库，是世界长河中的一颗璀璨明珠。2019 年 8 月 19 日，习近平总书记在敦煌研究院座谈时指出，"研究和弘扬敦煌文化，既要深入挖掘敦煌文化和历史遗存背后蕴含的哲学思想、人文精神、价值理念、道德规范等，推动中华优秀传统文化创造性转化、创新性发展，更要揭示蕴含其中的中华民族的文化精神、文化胸怀和文化自信，为新时代坚持和发展中国特色社会主义提供精神支撑。"今天，来自全国舞蹈界的专家学者相聚敦煌，共同研讨敦煌舞的创新与发展，对于贯彻落实习近平总书记重要讲话精神，加强敦煌文化研究，深度开掘敦煌所包蕴的文化内涵和艺术魅力，进一步推动中华优秀传统文化创造性转化、创新性发展，意义重大。

一种艺术流派从显现到成型，需要一个酝酿、发展的过程，多年来，甘肃舞蹈界在敦煌舞的理论构建、人才培养、精品创作等方面取得了非常好的业绩。近年来，甘肃文艺界以习近平新时代中国特色社会主义思想为指导，围绕推动中华优秀传统文化创造性转化、创新性发展，贯彻落实《华夏文明传承创新区建设"十四五"规划》中关于打造敦煌舞派的任务要求，通过回顾总结积累的成功经验，在学理上进一步阐发敦煌舞派的诸多理论性问题，加强敦煌舞派理论体系建构，完善敦煌舞教学体系，推动优秀舞台剧目创作，培养优秀舞蹈人才，为敦煌舞派的成型打下了坚实的基础。但同时，我们也清醒地认识到，如何实现敦煌舞复活再现向再生发展的迈进，如何实现敦煌舞派在生成机制、艺术特征、文化内涵、传承体系等方面的整体构建，仍然是一个严肃而紧迫的命题。

今天，我们齐聚敦煌，探讨敦煌舞的传承与发展，既有历史意义，又有现实意义，更有未来意义。挖掘好、传承好、弘扬好敦煌舞，推动敦煌舞派的形成，是中国舞蹈界和甘肃文艺界共同的使命。我真诚地希望，各位与会的领导、专家学者秉承"和平合作、开放包容、互学互鉴、互利共赢"为核心的丝路精神，直抒己见、集思广益，为敦煌舞派的成型发展厘清思路，为敦煌文化的深入研究添劲助力；真诚地希望本次论坛成为敦煌舞学术交流的高地、扬帆远航的站点，成为甘肃文艺界、中国舞蹈界推动中华民族现代文明建设的有力探索与实践。

最后，预祝论坛圆满成功！祝各位领导、各位专家学者、各位嘉宾身体健康、工作顺利、万事如意。

谢谢大家！

在"敦煌舞的创新与发展论坛"上的致辞

中国舞蹈家协会主席、中国文学艺术基金会副理事长　冯双白

尊敬的各位领导，各位舞蹈界的同行，老师们：

大家下午好！

值此第六届敦煌文博会隆重开幕之际，我们相聚于鸣沙山下，党河之畔，共同开启"敦煌舞的创新与发展论坛"帷幕。我谨代表中国舞蹈家协会，对本次论坛的如期召开表示祝贺，向参会的嘉宾们致以诚挚的问候！

敦煌，这座古丝绸之路上的重镇，曾经是"西出阳关无故人"西域最后一关，雄踞"河西四郡"的最西端，守卫一方平安；曾经是"使者相望于道，商旅不绝于途"的"丝路码头"；曾经是中西各种古老文化的融合汇聚之地，孕育了灿烂的敦煌文化，既有数以万计的赤轴黄卷，也有传承千年、影响千年的壁画和造像艺术。新时期，在党和国家的支持与保护下，在敦煌政府和人民的努力下，敦煌文化逐渐焕发出新的生机与活力，重新吸引着世界的目光，敦煌学已经成为一门世界性的学问。敦煌文博会自 2016 年首次举办以来，至今已经成功举办五届，博览会为广大文艺工作者提供了良好的交流平台，也拓展和丰富了公众对敦煌文化的理解与认识。

举办"敦煌舞的创新与发展论坛"既是对敦煌舞蹈创作发展的理性审视，是对实践经验的科学化整理，也是顺时应势，推进文艺创作创造性转化和创新性发展的必要之举。敦煌舞自成体系，有其独特的舞姿形态、典型的舞蹈语汇和别具一格的舞蹈韵律。从 20 世纪 40 年代戴爱莲先生创作的《飞天》，到 1979 年甘肃省歌舞团创作的《丝路花雨》，再到 2000 年兰州歌舞剧院创

作的《大梦敦煌》，以及这期间一系列敦煌舞、敦煌舞剧、乐舞作品的出现，敦煌舞在创作和表演方面积累了丰厚的经验，向世人展示了这个有着千年文化传承和独特美学样态的舞蹈种类。

习近平总书记在文化传承和发展座谈会上指出，中华文明具有突出的连续性、创新性、统一性、包容性、和平性，这是对中华文明历史经验和当代发展价值的全面、系统、深刻的阐述，具有鲜明的理论创新性和实践工作指导性。舞蹈界广大艺术工作者深入生活，扎根传统、扎根民间、扎根广袤的中华大地，关注舞蹈语汇的融合与创新，在建设中国舞蹈语言体系方面取得了显著成果。"创新是文艺的生命"，我们应继续把握传承与创新的关系，学古不泥古，破法不悖法，切实推动理论创新、实践创新、教育创新，推出更多"思想精深、艺术精湛、制作精良"的作品。希望艺术家们以"基于敦煌壁画而不限于敦煌壁画"的创作理念，再现历史语境，还原乐舞风貌，给广大人民群众带来更加丰富的审美体验。

各位领导、专家、学者、代表们，今天我们齐聚敦煌，思接千载，"收百世之阙文，采千载之遗韵"，为弘扬敦煌文化、敦煌舞蹈文化赓续接力，贡献智慧，期待各位的畅所欲言沉淀出更深邃的理性经验思考，为敦煌舞的高质量发展建言献策。预祝本届论坛圆满成功！

谢谢大家！

学术对话第一场：敦煌舞派的价值意义

主 持 人：中国舞蹈家协会分党组成员、秘书长　夏小虎
发言嘉宾：原甘肃省艺术学校校长、原甘肃省舞蹈家协会主席　高金荣
　　　　　中国艺术研究院舞蹈研究所研究员　茅　慧
　　　　　上海戏剧学院舞蹈学院院长　张　麟

夏小虎：尊敬的各位老师、各位领导、各位前辈，非常高兴能在这里和大家相聚，也非常高兴能够见到我们舞蹈界的前辈高金荣老师，中国艺术研究院舞蹈研究所研究员、中国文艺评论家协会副主席茅慧老师，以及上海戏剧学院舞蹈学院张麟院长。

第一场论坛的主题是敦煌舞派的价值和意义。作为舞蹈文艺工作者，我从小就能受到敦煌舞的滋养，从小能看到戴爱莲先生的《飞天》双人舞，以及后来的《丝路花雨》，我相信这是每个舞蹈人的幸运。敦煌舞是我们这代舞蹈人极为珍贵的学习经历，今天我们又来到美丽的敦煌寻根问源，在敦煌历史文化的滋养下主持今天的论坛，真的特别高兴，也特别荣幸。此次论坛的价值意义有很多，按照习近平总书记"六二重要讲话精神"中所倡导的，弘扬中华优秀传统文化以及中华文明的延续性、包容性、统一性、创新性以及和平性，这五个特性在敦煌文化中都有精彩的呈现。敦煌舞的价值主要是在它的教学价值、创造价值、文化根源价值以及发展价值，这些都需要我们认真思考。守正才能创新。如何传承弘扬中华优秀传统文化？首先要有对传统文化的敬重，如果没有尊重与守正，就没有办法开拓自己的创新思维，也没有办法发现创新的灵感，也不可能在新的创作当中碰撞出新的火花。事实

上，传承和创新时刻都在进行着。从吴晓邦老师，到戴爱莲老师，再到我们面前的高金荣老师，一辈辈传承秉持的就是这种精神。每一辈舞蹈人都在传承创新的步伐中走好自己的每一步。正是一辈辈人的心血和付出，才让我们领略到敦煌舞的魅力，让我们看到了很多极佳的作品，让我们看到春晚上的敦煌飞天舞，千手观音，我们的研讨，就是在此基础上的研讨。

下面我们先请高金荣老师，说一说您是怎么受到启发，在这片土地上进行敦煌舞的创作和教学的。

高金荣：首先谢谢夏小虎秘书长对我的鼓励。我已经老了，快 90 岁了，今年 88 岁了，我担心说得糊涂，让大家听不懂。我一生都是从事舞蹈教育工作的，所以谈敦煌舞还是从教学角度来谈。谈到教学的开发，必须先谈《丝路花雨》，因为我是受《丝路花雨》的启发，才开展敦煌舞教学研究和创建的。

《丝路花雨》，众多的成就，大家已经用很多的美丽的语言去赞美它。我想谈一下《丝路花雨》的一个特殊成就，就是《丝路花雨》在舞蹈这条路上开辟出了一条新的道路，好多年前，有人说舞蹈界已经走到一个死胡同，这在当时是很令人不安的。《丝路花雨》就在这时候编创出来，后来名扬全国，并很快地走出国门，世界知名。一个流派成型必须具备三个内容：教材、人才、剧目，三者兼具，才能够形成一个舞蹈的种类。《丝路花雨》所开辟的这条新道路，让舞蹈界整个态势都被激活了，我也由此开始去搞教学。

夏小虎：如高金荣老师说，《丝路花雨》使舞蹈创作的新局面得以打开，创作理念实现新转换，以及在古典舞的发展上出现一个新路径。在这个路径上，高老师作为教学者，出于对舞蹈教学的思考，对人才培养的思考，在莫高窟里面画了很多"小人画"，这些"小人画"是一个舞蹈人对形体外向的一种理解，对形体动作外向的采集。实际上一个理念或者一种崭新的创编方式，不是横空出世，而是这片土地的底蕴，是文化积淀下来的成果。高老师在教育意义这个层面也一样，潜心耕耘，深入实地。

高金荣：我们所有的创作，都是来自敦煌壁画，把莫高窟里的固态形象变活，有的是变成表意性的语言去塑造人物，能够为主题服务。教学要考虑到训练性、科学性，要有训练价值。再就是它的定位，敦煌舞要归属到哪一类，写大纲的时候必须写清楚。我当时非常幸运，敦煌研究院给了我很大的支持，因为我们天天让人家开这个门那个门很烦人，所以最后他们索性就把所有的钥匙都给了我。很多人听了以后，都觉得这条件实在是太优越了。因为那时候还没有制度规定，到现在恐怕连所长都不能拿全部的钥匙去进洞窟，可当时我却拿着。只要观众一走完，我就可以随便看。通过捕捉壁画动作，我一共画了135个小人，然后定位怎样去吸收，怎样去还原，像当初敦煌的历史一样。敦煌是个多民族聚集的地方，历史上是怎么样将这些各美其美的东西聚集在一起，呈现出敦煌壁画真正所表现的那样。

夏小虎：明白。敦煌莫高窟从魏晋开始一直到元代，经历了多个朝代的演变，在历史演变过程当中，敦煌文化以它的包容性、创新性和统一性，实现了各民族文化交织叠加、多元文化的融合，最终呈现出一种新的审美观念。这种观念可能就是我们现在所要倡导的创新思维的原动力，意味着我们的编导老师们应该有更加多元的思考。

在总结过去经验的过程当中，习近平总书记用五个突出特性为中华文明"精准画像"，让我们更加明晰作为一个艺术工作者应该如何对待自己的工作，如何实现工作目标，实现艺术价值，提供了一种工作的路径。找到这个工作路径，是我们在学习优秀传统文化中需要总结和思考的。我想听听茅慧老师谈谈对这方面的理解。

茅慧：刚才我在认真听高老师发言的过程中，一直被她的谈话吸引，浮想联翩。我记得第一次知道《丝路花雨》这个剧的时候，我在山东大学读本科，那时候没有机会看舞台演出，只是看到了舞蹈杂志和人民画报上的大幅剧照。当时就被那种美所震撼。现在回过头来再想，那个时候出现《丝路花雨》，在舞蹈史上究竟意味着什么？它所蕴含的意味和内涵，也就是我们今天要讨论的它的价值。20 世纪 80 年代初，应该是我们当代文化的一次文艺复兴。那个时候的文艺创作成果比较丰硕，这些成果一改当时在思想上和审美上的单一和灰暗。特别是《丝路花雨》出来以后，我们发现了一种全新的样式，这对那个时代来说意义是非常重大的。《丝路花雨》在这样的时代背景下，横空出世，就像从天上掉下来一样，我们就觉得真的是太了不起了。当时真的是轰动全国，风靡神州。反弹琵琶、印度舞，从那时起就成为我脑海里挥之不去的最美的造型。所以从这个角度来说，我觉得《丝路花雨》开创了一种境界，打开了一扇通往新时代的门，开创了一个新的舞蹈样式。这种开创性有它的时代因素，思想文化、社会经济的各方面因素和背景，但是更主要的是我们的民族开始去寻求我们曾经有过的辉煌，并将那种辉煌在当代时空下加以发扬和光大，这种创新性也恰好是我们中华民族的一种文化特性。所以这样的一个创举，就像刚才高老师说的，它探出了一条路，破了局。所以《丝路花雨》的创作勇气和敢为天下先，向文化向传统，要情感、要素材，也是我们中国舞蹈文化的一个优良传统。

我们今天从理论上来思考，它要体现一种技术上的理性，所谓技术上的理性就是媒介的转化问题。在 1000 多年前的敦煌发生的一切，通过媒介转化——实际上是从文化、宗教、信仰转化到视觉的二维平面视图上，变成了辉煌的敦煌壁画。那么，在当今 21 世纪，我们要再次进行媒介转化，可能不仅仅是舞蹈，还有影视，还有其他各种多媒体，所以这是伴随着一个社会一个历史时期的科学技术的进步发生的。科学技术的进步被艺术人才及时掌握，然后把它运用出来，这既是历史事实，同时也是我们建立一种新的体系的一个抓手，这是我思考的主要的两个方面。

夏小虎：敦煌舞派走过了近 50 年的时光，如何使当下的敦煌文化和敦煌舞蹈能够跟时代接轨，符合大众的审美要求，如何能够创造出高峰作品，如何继续在壁画当中汲取营养，同时在现代的教学、创作和理论建设上，都需要有所思考。在全球化、多元化的时代背景下，在国际的话语权的打造这个层面上，如何使敦煌优秀的传统文化走向世界，想听听张院长你有什么建议或者见解。

张麟： 谢谢夏小虎秘书长。我想我们都关注到重要的一点，就是我们更加强调在当今的舞蹈发展过程中，我们地域舞蹈文化的一种自觉，其实它就是一种文化振兴。所以我想我们今天谈的敦煌舞派，其实应该是继续复兴的阶段。如果说流派，我觉得当下别的舞派可能还要自证，比如人才体系，艺术风格，人才培养，以及在舞台上呈现出来的特色。但是我认为敦煌舞派恰恰是不需要自证的，因为我们的前辈的大量的学术成果，创作演出的成果，人才培养的成果，包括我们的教学体系，已经证明了敦煌舞派的成型。到今天我们再提敦煌舞派，其实应该是自信的。

对于我们今天的敦煌舞派而言，更重要的是要站在国际视野，今天中国的舞派已经进入一个更加深入的、更加综合的、更加立体的体系化建构。我们一直在强调中国舞蹈学术学科的体系构建，我想在这个过程中，它一定包含了敦煌舞蹈学术体系的构建，它一定是我们中国舞蹈学术研究体系中不可或缺、非常鲜活，非常具有生命力的一个部分。如何运用更加具有国际性的舞蹈语言，让世界观众都能够感受到我们敦煌艺术、敦煌文化中所蕴含的那种生命张力，那种精神世界的无限畅想。如果说我们站在这样的一个层面，再去审视我们的敦煌的一些题材，可能能够获得更新的创作层面的启示。我们今天讨论的敦煌舞派，从创作的层面，我想我们更应该去努力地介入一个既有传统的复合型，又能站在时代角度，站在国际性里面建构的这样一个层面去思考，更勇敢、更坚定地去向前迈步。

夏小虎： 好，非常感谢张院长。张院长是从舞派的建立到当下的创作，如何能够适应新时代人民群众对美的共同追求来讲的。这种追求需要我们有共通性，这种共通性是需要去学习的。对于西方历史文化的学习和把握，包括它样式的呈现，我想问高金荣老师，与西方文化的交流方面，您想提醒我们什么？

　　高金荣：我觉得保持自己的吸收是可以的，一定不能失去自我，这是一个很重要的问题。我们刚才说了很多这个意义和它存在的价值，还有一点，我们是丰富了古典舞的流派，但不是有了新的就抛弃旧的，古典舞的主流还是要牢牢把握住，不失去自我，然后再不断添加和丰富。

　　夏小虎：和高金荣老师一样，我们舞蹈人热爱舞蹈，一生奉献给舞蹈，我们的生命、想法、追求都围绕舞蹈在做，也只有这样，才能把它做精做细。在这过程中更需要扎根于生活，扎根于人民，扎根于这片文化热土，在滋养中，才能够很好地去感受它，也被它感染，这些都是一个艺术工作者所必须要遵循的规律。今天的论坛就到此结束，希望我们艺术的常青树继续常青。

学术对话第二场：如何建构敦煌舞的理论体系

主 持 人：中国舞蹈家协会主席、中国文学艺术基金会副理事长　冯双白
发言嘉宾：北京舞蹈学院教授　刘　建
　　　　　中宣部文艺局艺术处处长　马小龙
　　　　　北京舞蹈学报副主编　张延杰
　　　　　当代舞蹈艺术研究主编　张素琴

主持人：现在开始我们论坛的第二场学术对话，主题是"如何构建敦煌舞的理论体系"。有请第二场主持人冯双白主席，发言嘉宾刘建老师、张延杰老师、张素琴老师。

冯双白：刚才第一场学术对话在充满思辨和激烈讨论的学术氛围中结束了。我们就借着这种氛围来继续第二场学术对话。我就不一一介绍了，今天这几位在各自领域里非常杰出，发表过专著、学术文章，面对学术问题有多种多样的思考。如何构建敦煌舞的理论体系？一个半小时说不了太多的东西，既然说不完，咱们就不要求完整性，自由讨论。刘建先生坐在我旁边，现在我们首先有请刘建发言。

刘建：好，谢谢主持人。我想先谈一下整个会议三大板块的安排。第一板块确定了一个舞蹈流派的问题，就是敦煌舞派的问题。不管这个舞派现在定型没定型，还是在未来它一定要定型，这个问题搁在这儿就必须要使它成为一门流派，这是第一个问题。第一个问题涉及最关键的、一般性的理论叫作实践理论，一个实践后边必须有一个理论预设，比如说敦煌舞除了理论构建以外，它的表演体系是什么？它的训练体系是什么？要非常清晰的，而

293

不是说散兵民办组织的训练体系，必须是华为的训练体系，必须有销售的渠道，叫作前店后厂，前面商店卖敦煌舞的剧目，后边工厂做好敦煌舞的训练。第二个问题，理论体系其实是一个中间环节，它接着这种实践操作的方式，其实我们想一想，最早使《丝路花雨》登上舞台的，应该是艺术研究院的董锡玖老师，他在敦煌考察了以后，送到甘肃省委宣传部，经宣传部同意后，《丝路花雨》才能排，这是一个非常重要的流程。

冯双白：我稍微补充一点，就是这个流程可能还要往前，实际上北大的阴法鲁先生对于唐代乐舞高度关注，他们已经做过详尽的考察，然后他们的思路传到了董锡玖、王克芬，然后才有后面的人。关于舞派，我听说已经把芭蕾舞的六大学派、印度古典舞的八大派作为参照，这个参照特别重要，因为有世界舞蹈文化的参照体系，所以这个舞派到底因什么而设立？他刚才说一定要有前店，还有后厂。各大流派在建立过程当中，都有自己的经典剧目。它是创作成形后，很多人去追随，才成了一个派。单打独斗不成为派。但是敦煌舞又确实特别奇特，它背后的文化之深、之广大、之重要，我认为整个舞蹈界对敦煌艺术对敦煌舞蹈都还认识得远不够，这是一个很大的问题。

马小龙：敦煌舞这个固有的形态集合了敦煌文化带给我们的文明呈现，值得每一个人去学习和致敬。敦煌舞不仅仅是一个派的问题。我们在研究现状的时候，其实是需要一个理论前置。这个前置的规律，牵扯很多东西，应该要远离情绪，去促成它的成型。

冯双白：我跟大家介绍一下，马小龙作为中宣部文艺处的处长，所有的舞剧集合、各大流派的京剧的剧种、各个地方戏的经典剧目、话剧，所有节目他都看。而且他每看一个必写剧评，但是他从来不发表，他是写给自己的。他的剧评足以出文集，但是他不动，他是这样一个人，所以他的想法是有他的道理的，我想我们还是再给他点掌声。

王登渤：敦煌舞作为舞蹈艺术中的一个品种，没错，实际上是这两个前置。这两个前置是在舞蹈艺术大的前提下的一个品种，它比对的是京剧剧种的概念。第二个前提是在剧种之下的表演流派，马派或者是梅派，是这样的两个概念。这两个概念作为一个剧种的品类性的问题，可能还撑不起来；作为一个舞种下面一种具备独特表演特征的一个流派，可能是存在的，相当于我们京剧的梅派或者是花脸的裘派，但是这个派必须要把握的一点，就是它一定有源头。如果将《丝路花雨》作为一个源头的话，必然就有一个后面"流"的问题。如果我们只有"源"而"流"不够强大，它可能还难以构成一个派别。

冯双白：王书记说得非常对，这是个流派的问题，就是现在他肯定还不足以支撑起来。刚才刘建老师也说了，你自己能成为派吗？确实，我们今天说的敦煌舞的理论体系，要有理论前置，要有理论思考。因为敦煌这个地方它可不是一个简单的地方，现在得靠实践了。实践到底有没有可能真正挖掘出敦煌地区的敦煌壁画上的敦煌学，甚至包括了整个西部，包括了新疆，全部囊括进去，敦煌舞派可能不是简单的壁画上，我模仿出几个手势就完了，它涉及的领域非常深厚，可惜我们现在重视得不够，做得不够。

刘建：咱们就言归正传，谈一谈敦煌舞的理论构建。理论构建是一个非常抽象的东西，我想举一个具体的个案，就是各位前面都放着一本书，封面是一个典型的敦煌舞的代表动作叫"反弹琵琶"。我们先考虑一个问题，这张反弹琵琶肯定不是壁画上的。主力腿能不能直立？这是一个问题。第一，他拿这个琵琶，他是不是要一边弹一边跳，还是拿一个道具？一个理论体系的构建，要有三大科学，第一，自然科学，敦煌舞是一定要涉及的。第二，人文科学，自然科学背后输出的什么人文信息。第三，社会科学，包括政治、经济、传播、教育，还有我们明天要讲的未来学。就是敦煌舞的自然科学、人文科学跟社会科学的理论体系在敦煌有没有建立？好，那我先说自然科学，地理学我们不说了，释迦牟尼临终前想到印度三面临海，佛教只能向北。到哪？到敦煌。只能往那边走。所以自然地理限定了，佛教肯定是向北，到了敦煌可不光是沙漠。今天我在党河前面跑步，党河那个水跟沙就连在一块，这个地方是一个绿洲，不仅是自然地理的，也是一个文化地理的东西。地理学舞台对地理学、政治地理、自然地理、文化地理有没有研究敦煌舞的生存条件。还有舞蹈的体质人类学，人种问题。敦煌有粟特人、回鹘人、吐蕃人，他们和羌族舞蹈、回族舞蹈可能都是交融的。每个人种所跳的舞蹈是不一样的。那么到训练学的时候叫运动力学。我们敦煌舞到底在训练体系上要怎么做？再就是人文科学，人文科学涉及最多。哲学、宗教学、民族学、语言学、美学、艺术学、艺术门类学、戏曲学、美术学到舞蹈学，所以从宗教学来讲，我们注意除了佛教以外，敦煌还有很多东西。道教元素是非常重要的一个东西，道教的飞天常常梳髻持节而飞舞。我们老说敦煌是西来的，敦煌实际上是汉家天下 400 年奠定的中国文化和西域文化在敦煌的结合。实际上佛教不仅仅是从西方传到长安，传到敦煌，也从中原传到印度。印度现在有一个佛教流派叫老子学派，是道教过去的，所以文化的双向滋养也是需要思考和关注的问题。敦煌舞很多核心的这种观念并没有被我们完全展示出来。我们需要关注到艺术审美的典雅和谐，我们需要去挖掘舞蹈艺术中的文化内涵。所以我们在讨论能不能够形成流派的一个核心是什么？中国古典舞有没有流派？一个流派一个地方，一个流派一个学院，一个流派一个训练体系，一个流派一个表演体系，敦煌舞有没有？这就是一个问题。所以从文化、政治来讲，我们拿什么品牌来站住脚，这是我们现在要思考的问题。我们拿什么文化名片跟世界对话，这是未来需要思考的问题。我就说到这，谢谢各位。

冯双白：刘建老师常常处于一个攻击的状态，我最赞赏他这种攻击的状态。因为他的想法是有怀疑、批判和思考的。中国舞蹈界常常会只从动作出发，只落在动作，我们去采风，我只需要看见什么动作，就把这个动作抓出来，编排一下就好了。其实艺术根本不是这样的，更不要说流派。他刚才说到这个话题的时候，我觉得这个正是敦煌舞理论建构必须面临的问题，敦煌舞包含着巨大的文化容量，你如果不从这些角度去探讨，只是单纯从小的动作上去解决，最后可能会很随意地就变化掉了，但是有些东西是不能变的，是绝对变不了的。因为它背后有一个真正的信仰系统在支撑，它是不能随意变的。所以舞蹈艺术背后是有一个文化体系来支撑的。好了我们不多说了，按照顺序下来，我们有请张延杰来给我们发表她的思考。

张延杰：感谢主席。特别荣幸能受邀参加我们这次敦煌舞的研讨。刚才茶歇的时候，我跟王登渤主席特别交流了一下，发现原来我们有一份共同的工作，就是办期刊当主编，所以我们就觉得包括张萍老师，还有素琴老师，我们一碰到就说一般都是要编期刊，因为期刊就是整个理论体系构建之上的一个成果的最前沿，就是我们要想知道最近的这个研究成果怎么样，就要看我们办的学术期刊，所以这里面就想到敦煌舞的理论构建，我拿到这个题目其实想到第一条，就是既然是一个体系的构建，其实有点类似于盖房子它得有一个基础。

一个理论体系构建的底层逻辑，就是类似我们说的要打地基，我有这么两条，一是关于敦煌乐舞研究的史料基础。我们在 2021 年的第三期，专门做了一期目前所掌握的所有的敦煌壁画，包括莫高窟和榆林窟这两块，并把它做了一个量化的统计，把所有出现反弹琵琶舞姿的变化都梳理了一遍，然后在文章当中有一个表格。据高德祥老师统计，在壁画里面有 45 身是反弹琵琶，但是只有一身是飞天，也就是说飞天反弹琵琶在敦煌壁画里是非常少见的，而且他所强调的就只有初唐的 329 窟就这么一身是飞天在反弹琵琶。也就是说我们看到更多的在壁画里反弹琵琶的舞姿是站在地上的，大家会觉得原来是这样，那飞天是不是都是反弹琵琶？其实不是的，好看是好看，但是不对，所以我就觉得我们还是要有一个使命感，就是至少最基本的史料一定要搞清楚。所有的理论构建，如果材料没弄明白，就很难再往下说清楚。傅斯年曾和胡适说："上穷碧落下黄泉，动手动脚找东西。"胡适说："有一分证据说一分话。"就是你没有的东西肯定不能臆想。那么相比之下，跟音乐学、音乐考古学和美术史相比，我们这一块还是比较缺乏。所以我想我们至少应该先把那么多洞窟里面到底都跳的啥样子的舞先搞清楚，这个是最基本的一个工作。还有一个就是，基础理论构建的基础，也包括海外的研究成果，敦煌学是一个世界性学科，我们都知道，海外包括大英图书馆、博物馆，他们那里的敦煌遗书，最基本的研究综述做没做，学术史回顾做没做？而这个学术史回顾里面最基本的一点就是放在敦煌学的大的学科视角下。那么这个海外的敦煌学研究，或者说丝绸之路研究里面的敦煌乐舞有没有人做？至少我现在在中文的数据库里面没有找到。所以我也在想各位老师们有没有这方面的兴趣，或者说想要申请课题什么的，可不可以？我们先把盖房子的地基打下来，先做学术史梳理，这样的话才有依据。还有一个就是刚才刘建老师提到的跨学科视野，我们出去采风做田野调查，就只看舞蹈。其实大家都知道，就连普通游客进到了莫高窟也都知道，凡是出现了乐器的地方，房间肯定是有一个舞者的，他们在同一个图像学语境下，音乐和舞蹈永远都在一起的。乐舞永远是不分家的。在原有的史料依据上，我们在做舞蹈的研究的时候，是不是可以更多地先参照一下音乐学做到什么程度了，然后我们应该再怎么往下去做，这个基本的关照是要有的。还有就是刚才刘建老师说的自然科学方面，我觉得跟舞蹈学更加相关的，是历史的发展脉络。比如说在国内的丝路研究，包括西域研究，北大历史系的荣新江老师，他是敦煌学会秘书长，他的西域研究已经在国内非常顶级了，他提到很多关于政治的经济的贸易，最后就都集中在敦煌，敦煌当年的繁荣景象，它诞生了什么样的一种艺术形态。在所有学科打通的视野下，以舞蹈为本体，从多个视角来看舞蹈，更容易把舞蹈的研究打开。现在我们有一个问题，就是我们的视角非常单一，其实我们把最基本的史料搞清楚，后面编创思路就更开阔，理论有了基础，才能给后来的实践者更多的开拓性的发散思维。谢谢冯主席。

冯双白：听完了张延杰的发言以后，我觉得我首先要感谢王登渤书记。这是第一次在敦煌文博会上设立舞蹈论坛，如果不是你帮助我们搭这个台子，我们就听不到今天的这些发言。舞蹈艺术还是得尊重艺术规律，现行的创作，都是快餐式的，几个月拿出作品，这种匆忙之间的作品质量是值得怀疑的。另外，对舞蹈从业人员的职称评定，唯奖项、唯作品，让很多舞蹈编创人员没有足够的时间和精力来积淀一些该有的文化底蕴。这些也是当下舞蹈艺术面临的实际状况。下面请张素琴老师交流个人的思想。

张素琴：谢谢主席，感谢舞协的邀请和信任。我也是敦煌舞派的学生，如果说我们加一个引号叫"派"的话。因为我个人理解的"派"就是在什么范围下去讨论，我们日常生活中也说不是你这一"派"的，你跳得自成一"派"，我更愿意把它理解成一种风格。从这个角度上，叫"敦煌舞派"是可行的。但是今天在文博会的立场下，刚才主席和各位都提到了，我觉得更应该放开视野，站在一个世界舞种发展的眼光下来看看究竟如何进行敦煌舞作为"派"的发展。因为我们毕竟不是个体，我们也不是个人，我们更不是局部，我们更不能代表一个小的团体。尤其是当敦煌学成为一种世界视野下的学问的时候，对于"敦煌舞派"的称呼，我觉得还有一定的距离，需要审慎地思考，即我们以什么样的舞种流派为参照来叫我们称之为"派"。所以我前面跟唐坤老师聊，我说今天就叫敦煌舞吗，她说这是以审慎的态度来看待我们对一个舞种的长期发展和建构中的一些思考。所以刚才主席、刘建老师的提问、王书记的提问特别好，让我想起胡适的话，少谈一些主义，多谈一些问题，所以今天我也是基于问题的立场来谈一点思考。我是敦煌舞的学生，是史敏老师的学生，她的第一本教材是给我们上课的时候建构起来的；贺燕云老师的课我也上了一个学期。刘建老师那个时候在科研处，他们立了一个项就是敦煌舞的教材建构，我上了一个学年。史敏老师经常跟我讲说给我们上课压力非常大，因为我不断地挑衅她，就是舞姿为什么要这样做？从哪来的？后来我也上了贺燕云老师一个学期的敦煌舞课，身体上也有一些感受。再加上也写过一篇文章，文章的名字就叫"敦煌壁画乐舞与敦煌舞——关于敦煌乐舞建构的视觉考古和当代的艺术生产"。在研究生的时候刘建老师指导我写了两篇文章，一个是龟兹石窟中的道教因素，另外一个是飞天何以凌空飘，参加过桃李杯的一些比赛，这是我的一些经验。我的第一个问题还是大家热议的关于敦煌舞的概念的问题，那么我探讨这个问题不是基于定论，而是基于这个概念的模糊性思考和实践建构的可能，因为概念它不可能是全然的，就像刚才冯主席讲的，我们今天不是要给一个答案，而是给一个讨论的空间。

对于任何一个舞种建构而言，名实之辩是很重要的。北京舞蹈学院戏曲派的工作也存在名实之辩的问题，民间舞也存在名实之辩的问题。当下中国舞蹈的很多舞种都存在名实之辩的问题。所以我们要充分考虑概念，一个是它的确定性，一个是从感性上升到理性的不全然性，那么同时考虑到这个介入的空间和它的模糊性存在的可能。如果是从敦煌舞的名字来说的话，它跟敦煌壁画一样，都是今天创造的一个概念。我当时写视觉考古和历史建构的时候做了一个摘要，就是敦煌壁画乐舞和敦煌舞从语言学上分析都是当代人的父母和新生词语，与这些新生词语在艺术学上对应的主要是两类指涉，一个是艺术考古，一个是基于"艺术考古的舞蹈实践"，后者在当地甚至生成一个新的舞种或者是"舞蹈流派"，被称为中国古典舞之敦煌流派，或者直接称敦煌舞或者是图像乐舞。我认为包括一切复建和重建的都应该加引号，因此我也没少跟刘建老师吵架。有一次吵了一路，他就认为重建不应该加引号，我就说那这个瓶子是唐代高仿的，你能不能拿你北京的房子兑换？他说我不换。我说如果你不换你给我加引号。所以刘老师后来接受了加了一个引号，我认为目前如果是做一个世界性的某种类比的话，应该是加引号。或者直接称敦煌舞为图像乐舞。因为图像史实、壁画构成、参与主体等多元化存在，敦煌舞的源头历史属性始终是不明的，使敦煌舞在当代研究中往往局限于壁画舞台之行的分析、历史挖掘不足。舞剧《丝路花雨》首演后，新剧舞重复性强，审美比较单一。客观来讲，我个人觉得我们的敦煌舞很多是基于《丝路花雨》而生产的。尽管有中央芭蕾舞团舞剧《敦煌》在全国演出并在春晚亮相，但是在以芭蕾之行表现敦煌舞风引起了争议。所以我用历史学、宗教学和符号学的视角，依据文献和舞蹈作品等材料，对敦煌舞进行视觉考古和历史构建问题的分析的时候，我觉得有非常多的可以讨论的内容。

比如说我们在敦煌舞确立初期的时候，各位学者、各位实践专家对敦煌舞的认定，核心词有三个，一个是敦煌壁画乐舞，一个是唐代乐舞，作为一个高峰，还有一个是中国古典舞身韵，中国戏曲舞蹈。那么中国古典舞派当下所要去建构的敦煌舞的前置条件，也不是特别充分。所以今天的讨论包括舞协设置的主题特别具有责任感，特别重要。我们回过头来重看这几十年的敦煌舞建设，从文献上的挖掘来看，只有敦煌舞谱中间所记录的一段可以确指为敦煌舞，其他都是加引号的。它的概念有模糊性。我们将不加引号的敦煌舞可以分为几类，一类是壁画乐舞中间的"礼佛乐舞"，依据"礼佛乐舞"而创作的可以叫"世俗佛乐"或者是世俗宗教这边的"礼佛乐舞"，或者叫世俗佛教乐舞。还有一个是基于再生产的，从广义上融合了壁画乐舞，还有民间的舞蹈形态，以及唐代所追溯的历史形态建构。无论基于哪一个立场，建构的时候都应该有一个清晰的分类。

第二部分我想说的是我的一点感受，任何一个理论体系都涉及方法实践。刚才张麟院长讲到，究竟是往"中"看还是往"西"看，往回看还是往前看的问题。我觉得往回看是非常充分的。那么往回看的历史结构，也要充分考虑到它的局限性，第一个文献对乐舞的记录是非常片段的。我们目前的材料第一个是壁画用的材料，第二个是雕塑，第三个是绢本，还有一些写本。写本中所涉及的乐舞是非常少的。还有一些经卷，经卷比较多，但是它有非常大的重复性，基本上讲法到了一定的高潮，飞天、祭乐，它有一定的限制性。我们所看到的图像与我们的参照是有高度一致性的，在经变图中，而且经变不在绘制的时候，并不是一个真实性的写照，它是一个宗教的神话叙事，这种宗教叙事不是写实性叙事，而我们在创作的时候，考虑到叙事的对象和叙事的语境是非常重要的。还有一个我觉得非常重要的就是，我们在模仿那些壁画跳舞的时候，难道那是真的来自佛教的乐舞形式吗？我们都知道敦煌壁画在构建的时候它是有本本的，我们会看到大量相似的经变画，上层是楼阁，中间是佛，下边是祭院，再接下来旁边有花生童子等，所以这也是一个很大的问题。以图像证实的可能性和局限性，这在图像学中是讨论比较充分的一个问题。在以图像来建舞的时候，可以充分考虑这一部分的成果。还有一个就是乐舞的缺失，我们好像现在都不敢不现代，都生怕自己的舞蹈、音乐不够流行，怕那种传统的器乐的那些声音无法被接受，导致我们今天对舞的这种认识和尊重不够充分，所以带来一种文化感的消失和历史感的消失，这个是让我非常痛苦的，我有的时候就很难坐下来看得下去这个舞蹈。还有一个我想说的是，除了刚才的《敦煌乐舞》可作重要参考之外，还有专门研究榆林石窟乐舞那本书，还有相关的文献研究，绝对不能只依据于一本，还要包括外国的文献。还有一个我觉得特别重要的一本参考书是印度的《舞论》，这本书 2020 年刚刚翻译过来，是南亚系列丛书中的一本，尹锡南老师翻译的，翻译得非常好，这本书中大概有 7 章专门介绍了印度的乐舞和它的根源。如果我们下决心要建构，就要下个狠功夫，是不是也可以用这样的方法？比如说印度乐舞舞姿有 108 种，手姿有几十种，表情有多少种，对于身体的部位分类、功能分类、情绪分类，甚至把宗教的舞蹈语言和生活中的舞蹈语言如何结合进行细分，高度地实践化和理论化，这本书我看得叹为观止，我觉得是非常值得我们去学习的。这种建构的依据，有前人做的而且是跟我们非常相近的，对于我们现在方法论的建构是非常重要的。另外一个我觉得从广义的东方舞的角度而言，比如说礼佛乐舞或者是世俗性的礼佛乐舞建构而言，按照舞论的观点，敦煌壁画中一切菩萨的姿态形态都可以作为依据。比如说计算机语言学和身体语言学中间有一个身世学和身世语言学对于人体的动作形态的采集，也是非常重要的。我们现在在做敦煌的数字化建设的时候，对这些姿态的采集以及分类，如何构成身世计算机学，在国外的政治学的研究中，把政治家的身体语言录入进去以后，研究他们是不是在撒谎，他们的选举、他们对民众的保护性有多高，这也是一个选修，我觉得是不是可以运用到我们姿态分类中，也是一种设想。另外，包括语言学中的叙事学的结构，在一个宗教话语的叙事和神话话语的叙事中，故事性是非常强的，但是我们几乎没有用，比如说《丝路花雨》其实已经脱离了它最初的叙事体系，进入了对民族精神建构的叙事话语。最后我想简要地说一下群体，我跟张延杰老师的感受是一样的，就是这个群体太少了，我们收到的敦煌稿子非常少，最近收到了有三篇基本上都拒掉了。有一篇是他研究某一个舞姿形态，但是是没有证据链的，虽然也洋洋洒洒写了 1 万多字，但是我们外审的两人都给了非常尖锐的批评意见。所以我觉得从理论建构和实践建构而言，这个群体我还是需要非常多的人，像樊锦诗老师那样，像张大千他们当年那样。像冯主席讲的，我们不要为了拿奖，我们这一生真真正正的黄金时间，就这几十年，你要做什么事情，你不要考虑那些事情，你要做什么就是做什么。我觉得冯主席可以设计一个奖。这是我的简要的报告。

冯双白：中国舞协可以考虑设计一个这样的奖，就是真正地给学术设一个奖。敦煌这个地方，它所处的东西方交流大通道、经贸大通道、文化大通道、宗教文化的大通道，是非同寻常的地方。而在这个地方诞生的文化和艺术是具有世界意义的，不是一般的舞蹈能够代替的。而我们对于这件事情的认识是不够的。今天三位发言里面所碰到的这些问题，所传递的信息都是极其重要的。在这个地方做深入的挖掘，无论如何都是不为过的，我们旁边、后面摆着这么多《丝路花雨》的原始材料，我特别感动，高金荣老师所做的工作我特别感动。

刘建：我再说一下，对舞姿的挖掘，一定不能背离它本身所蕴含的文化。背离了文化，所有的创作就会面临各种问题甚至激化矛盾。不仅理论层面，实践层面上的编创也得有文化的积淀。

冯双白：我们舞蹈界还是要更多地从大历史、大文化、大的艺术发展的方向上做深入的思考，然后回过头来脚踏实地地做工作。我深刻地感受到总书记所说的文化自信，文化自信在我们舞蹈界不能只是一句标语口号，要落实到我们的行动上。行动上首先要搞清楚我们这个文化到底是一个怎样的文化？它是有灵魂的文化，它是有灵魂的艺术，舞蹈艺术是有灵魂的，舞蹈是我们人类和神的对话的结果。好在敦煌壁画上已经放在那儿了。我们要更多地去思考、去学习、去揣摩，理论需要进一步加强。今天就到此结束，谢谢各位。

学术对话第三场：敦煌舞未来发展的路径与方向

主 持 人：中国舞蹈家协会分党组书记、驻会副主席　罗　斌
发言嘉宾：中国文联舞蹈中心常务副主任　张　萍
　　　　　北京舞蹈学院教授　高　度
　　　　　北京舞蹈学院教授　史　敏

主持人：有请第三场主持人，中国舞蹈家协会分党组书记、驻会副主席罗斌，发言嘉宾中国文联舞蹈中心常务副主任张萍女士、北京舞蹈学院教授高度先生、北京舞蹈学院教授史敏女士。

罗斌：非常荣幸能够在敦煌和大家相聚。今天的主题是关于敦煌舞的未来，是未来如何发展敦煌舞的问题，这是一个非常好的主题，也是必须面对的问题。刚才唐坤处长已经介绍了三位发言人，这三位都是中国舞蹈界的大家，他们将会从各自的研究领域，来交流他们的学术思想。那么首先有请史敏老师。

史敏：谢谢罗斌书记。我先介绍一下刚才这三段敦煌舞的现场展示。首先是男子的反弹琵琶，我们用无实物的表演来诠释。在反弹琵琶的研究当中列举了很多汉墓、唐代墓葬中的一些图像，来印证最早是男子拿着琵琶跳的。因此用这样一种形式，打破了以往局限性的表演。在我的整个教学经历中，无论男子还是女子，都用了这样一种无实物的状态，大家都看得明白，他在弹琴，他在横盘，他在反弹，等等。弹奏琵琶时在音符表达和音域表达时的苍劲有力，非常适合男子表演。对于女子反弹琵琶，大家刚刚看到的是边弹边跳的。之前学界有这样一种争论，到底能不能在舞台上实现真弹

真跳？这其实也是我一生当中一直以来的思考和探索。正好遇着这个演员陈奕宁，她特别有心，开始我们让她拿着琵琶弹，把曲调先弹出来，再把反弹琵琶舞蹈演绎出来。回归本源，一是要天时地利人和，第二是要有一个不断求学的心。虽然说还不够完美，因为受到很多的限制。再说在敦煌壁画当中，每一个伎乐身上都有这样一个长长飘带。在敦煌壁画上呈现出这样一种形式，其实是跟一种文明紧紧结合起来的，包括飞天的每一个伎乐身上的飘带，起到了非常丰富的活态的作用，满壁风动。原来我当演员的时候，就想怎么跳好，怎么样吸引观众，怎么能够打动观众。等我当了老师，等我成为一个研究者的时候，才发现敦煌就是一个宝库。每一次都有新发现，有一种探秘的感觉，总觉得在不断解锁着我们祖先给我们的密码。比如我们的重心，比如我们的平面特征，包括我们的手、气、神态。在敦煌舞教学当中，有些学生就觉得动作好像还比较容易，因为我们的肢体解决得很好，但最难的恰是一个精准的状态，因为学生们不能够了解古人理想世界当中的那个伎乐的形象，所以在学习敦煌舞的时候一定要有一定的积淀。除了身体层面上积累以外，更多的还要从文化当中了解到它的特殊性，它的风格性，它的典型性。敦煌舞从无到有，至今已经发展了44年，从人才培养和专业建设方面都取得了很多成果，老一辈的敦煌学者和艺术实践者都为我们作出了榜样，可以说是成绩斐然。但从今天舞蹈事业发展的横向比较而言，我们同其他门类学科专业的发展还相距甚远，需要培养更多的人才，需要更加丰富的课程，需要更加坚实的理论基础，更需要相关政策的大力扶持，这样敦煌舞事业才能在宽广的道路上健康发展。因此，培养敦煌舞的专业高端人才对事业发展非常重要，是保障敦煌舞风格血脉传承，使鲜明独特纯正的敦煌舞蹈风格传承延续下去的基础。我就说这些，谢谢。

罗斌：首先感谢史敏老师。其实她最后点的问题我刚才在看的时候跟主席在下面也交流过，比如说这个女孩琵琶弹到了8级是吧？水平很高。但是很难看到她和这个舞蹈之间的契合度。反而是男孩好一点，这可能是问题。

我们在面向未来的时候，各个环节都要做到最好。那女孩我一直在看你怎么又跑神了，这就说明在未来教学里面怎么让学生向内寻求和向外释放，这两者之间要有一个配比关系。这个也许高度老师会有很多的想法。

高度：尊敬的罗主席、冯主席，尊敬的王书记，大家上午好！这是我第一次来敦煌。来敦煌这件事情一直是我的一个人生计划，这次来敦煌天天开会还没有来得及去莫高窟，所以感觉没有资格谈敦煌舞这个话题。从开幕式，到昨天王书记讲的每一个字我都认真听了。我觉得非常有远见，应该说对于整个敦煌的文化，敦煌的舞蹈，未来的发展，谈的每一点我都特别认可。敦煌学作为一个文化形态，这么多年这么多人做了这么多的事情，思路也都非常清晰。可是为什么到今天为止，我们又会重新做起来，要从头谈起？我们一开始谈敦煌舞蹈风格、舞种，谈创作，这个路径是不一样的。从刚才现场的展示当中，我再次确认，它是中国古典舞语境下的敦煌舞蹈风格。敦煌舞蹈是一个当代的话题，所有东西都要建构，最后建构成什么样？是建构出敦煌文化的身体，中国文化的身体。什么是科学的，什么是历史的，什么是艺术的，什么是审美的，什么是标准的，什么是评价的，这是一套体系。我是做舞蹈教学的，我天天在教室里考虑理论问题和实践层面的时候，要从历史的角度去思考我们创新的起点是什么，要有发展，要有创新，不能乱发展乱创新，你起点在哪里？它里边蕴藏大量的东西。比如壁画里的动作细节，这得靠训练。这个训练体系如果不建立，不可能有敦煌舞种。带着这个想法，我去了东南亚、柬埔寨、尼泊尔、印度、泰国，他们的孩子做出的动作与壁画中的一模一样，那么好看，20分钟不带停的，只有系统地训练才能够表达他的那种形象，才能够看到他的动作细节和壁画里舞蹈的形象是那么的相同。很遗憾我们的舞蹈教学中没有这样的教学训练体系。西方芭蕾舞是那样的一个体系，东方古典舞几千年的体系，结果在我们这200年被我们给忘了。

罗斌：然后我们今天是这种音乐，明天是那种音乐，后天是这种音乐，东一点西一点，最后还是没弄成自己的。就是高度老师说的为什么人家不变，我们非得变？现在强调文化自信，自信是要有抓手的，每一个行业每一个知识点都要有自己的抓手。

高度：我再补充一句，我特别希望这个研讨会之后，大家不能够这么散伙。我们有太多东西需要一个机制来保证标准，保证执行。像敦煌舞能不能注册？那么是要身体还是要舞姿？身体怎么来的？要从根上去考虑。

张萍：我确实是需要认真思考一下昨天高金荣老师提出的那个问题，就是为什么偏实践类型的老师们，会对现在的理论研究提出一些，客气说是期许，不客气说是一种批评。这里面有一个特别重要的内在逻辑，就是我们怎么去关注这样一个特别重大的文化富矿。昨天其实延杰老师提出了一个底层逻辑的问题，他其实是在说理论建构的底层逻辑，不一定现在把它说成是理论体系。它能不能体系化，这是另外一个问题。但是理论建构自身的逻辑是什么？是基于材料基础上的深入的研究。延杰老师以敦煌乐舞作为例证，提出了这样的观点，但是在刘建老师那是把理论和实践打通了，后面说我认为这个打通可不可取，咱们再议。敦煌舞蹈学做理论建构的时候，特别重要的取向是整体观，一个整体性的取向。

因为我们知道所有的业务研究，不光是基于图像或者文献资料的研究，他们还用不同的学术方法去研究它。比如图像学、文献学、考古学，甚至包括历史学，更多的是带有实证性质的研究的切入点。那在这样的实证研究的基础上，他们提供的所有的知识信息，包括对知识信息进行归纳演绎，形成的学科内的理论，对于我们研究源于图像的，源于舞谱的，源于跟舞蹈相关的诗词部分的研究，其实都应该回归到全息的研究视野中，这是一个理论研究的基础。昨天延杰老师提出，我们有的研究是自己在做，脱离大的文化信息的研究，就是我们没把它归置到一个全新的文化土壤中，去进行孤立片面的研究。其实这也是当下所谓源于科学理性主义的学科建构的逻辑，碎片化似的，分门别类地做研究，就会导致这种问题。实践类的老师们理论素养的养成很重要，但是这不是他们的任务。艺术家需要一种心灵的能力，我们说的想象力、直觉力、领悟力，如果让他们完全加入理论当中，在某种程度上，我认为它是一个反向的运动。像吴曼英老师，我们当时做舞蹈杂志60年展的时候，就发现吴曼英老师他画了120多幅敦煌的素描，很多戏剧界的戏剧家，他们把莎翁的剧反复地演，描红，长期一笔一画地画它，这是一个特别重要的体悟。通过慢慢地体悟，会形成一种度。就像咱们常说的，熟读唐诗三百首，不会作诗也会吟。艺术的创造力，恰是一个心灵的能力，不是我坐在这边想，靠推演分析，就能够带到那个形象当中去。长期地浸润在这片土地上，长期地面对这一幅幅的画也好，一身身塑像也好，通过手去和他进行连接进行沟通，最终形成妙思。就像吴曼英老师说，我在画的时候，我慢慢地就发现了，不光是形态，我可以揣摩到它的重心是怎么移动的，它接下来的动势是怎么样的。所有这些必须靠你长期地领悟，最后达到那种境界。当然它也是一种实践方法。我们知道中国传统艺术讲究的不是形本身，讲究的是艺术，从形象最终达到哲学的圣象。可以得意妄言、得意忘形，可以把形象本身用科学理性主义精确到一定的标准，可以更关照你所有形象背后的精神指向。敦煌舞是舞种的概念也好，是一种风格概念也好，甚至是它哪怕只是一个作品而已，我们不断地切小它，看它是什么形态。或者说它是什么概念不重要，重要的是它最后走向的目标是什么？如果我们最终的理想是把它作为特别重要的中国舞蹈的一个样式、一个艺术种类，那我们必须关注舞种的通约性原则。芭蕾为什么能光照世界？今天我们谈一个具有世界审美或者世界公认的具有审美价值的舞种，它具备的要素是什么？比如说我们有没有从众多的图像给我们的这种信息支撑中提炼出舞种的核心运动法则，芭蕾是有核心运动法则的。

高度：跨学科一定要跨，但是跨完了一定要以"我"为主。创作的概念和训练的概念一定要分开，可能有人不同意我的观点，动作不是语言，当你赋予它主题的时候，它才是语言。

罗斌： 不能只见树木不见森林，或者你光见到森林不见树木。

我觉得还是应该从舞蹈、从动作本身去研究。我们研究动作了吗？我们从舞蹈学的角度向内思考动作了吗？我们发现动作的本质了吗？舞蹈学界如果真正有这个维度的进步的话，我们今天这种学术探讨会更有价值。为什么我们有些理论显得空洞？一没有体悟，二没有觉知，没有向内寻求过：动作到底从哪儿来，人为什么要动？那个动的源头哪儿？你不思考它，是做不成东西的。西方在思考人家那儿理论的源头，比如说手势，不厌其烦，芭蕾拒绝芭蕾之外的一切"生态"而自成体系，芭蕾用文化生态去营造它本身的"智能"。咱们东拿点儿，西拿点儿，今天贴这个，明天贴那个，最后所有的东西贴到自己身上。别人给你的都是借鉴，最终要自己长出来！自己长出来之后，你要反思自己。人的肌体是一个智能的生命体，它的智能是超常的。很多年以前我一直在琢磨，为什么钱锺书、胡适这些人做学问，他们学贯中西，他们的语言能力远远超过我们（在座）所有人，但是他们写出来的著作不是西方论文式的，而是中国典教式的、十三经注疏式的。为什么？他们就是整体思维，就是全息，他们不在乎西方所谓学科的分类。当然他们也没有反对。你会发现我们站在西方的分类原则或者叫作分析主义立场上，所有的学科最终只能自圆其说。所以构建或者是回归我们几百年来全面研究思考的方式，就尤为重要。今天的第三场学术对话，到此结束，谢谢大家！

在"敦煌舞的创新与发展论坛"上的总结发言

甘肃省文联主席　王登渤

自打接受了这样一个任务之后，这两天心情一直比较沉重，因为这个任务对我来说，具有太大的挑战性。也正是因为这种挑战，使得这次论坛呈现出一个很重要的特点，就是由一个不懂舞蹈的外行人去总结所有懂舞蹈的内行人的观点。

既然领受了这样一个任务，我又在这两天的时间里，身临其境地受到了浸润，那么一定会有一些想法可以跟大家交流，是老师们的真知灼见感动了我，也感召了我，让我有了这种勇气做会议总结。那么今天，我讲三点，来做一次论坛的学术总结。

在鸣沙山下，我们用了两天共六个小时，围绕敦煌舞派的价值意义、如何构建敦煌舞的理论体系、敦煌舞蹈未来发展的路径与方向这三个话题，九位专家同三位主持人用对话的方式展开了这次论坛。这样的方式有别于以往论坛那种论文发布宣讲式的传统样式，显示出了一种轻松有趣的氛围，更显得娓娓道来，平淡、平实而鲜活。但是，这样的氛围并不影响我们设置话题的严肃性和它厚重的学术含量。的确，对于只有几十年发展历程，仍然处于青春期的一个舞种来说，对于一个还承担着构建舞派使命和任务的舞种来说，三个话题无疑是在做一种回应，一种回望，一种深入其中的探究，一种面对未来的展望与期许。

第一个话题涉及了价值和意义。一个艺术品种或者一个舞种，没有基本的价值判断和意义生发，就缺少了继续探究的前提，这需要在它的发展历程中，对其风格、类别、品性、美学价值进行必要的归纳和梳理，从而得出敦煌舞的应有之义，以及应该得到的学术评价。在这个过程当中，张麟老师、茅慧老师、高金荣老师，还有夏小虎主持人，特别是我们的高金荣老师，用自己的学术实践和教学实践，回顾了从敦煌舞发源那一刻，她所走过的40多年的历程。

很荣幸，我是高金荣老师的见证者。在1990年参加工作的时候，我在省文化和旅游厅当厅长的秘书，几乎参与和见证了高金荣老师每一次学术教学成果的汇报。这个过程对于敦煌舞来说，是一段重要的时光岁月，因为我们知道《丝路花雨》是敦煌舞，但敦煌舞不仅仅包含着《丝路花雨》。

敦煌舞作为一个舞种，需要有一系列的建构，这就是昨天高金荣老师所阐述的，她所走过的历程的价值和意义，这是不言而喻的。所以在张麟老师和茅慧老师发言的过程当中，都非常鲜明地说出，无论怎么去看待它，敦煌舞都是一种存在，都是一个历史的过程，我们现在所承担的不过是继续地构建以及复兴。茅慧老师提醒和告诫我们，在这个过程当中，需要眼光，需要胸怀，需要境界，不能迷失，不能失去自我。在这个问题上，高金荣老师也做了她最后的强调。本来这个话题可以极其有意义，也可以极其平淡无奇地继续深入下去，就在这个时候，突然杀出了一位老师，提出了关于敦煌舞派的问题，就是刘建老师。刘建老师的画风在冯双白主席的总结中说是有攻击性，那么我们姑且称之为颇具理论锋芒。于是，话题引导了敦煌舞的流派和敦煌舞派的概念问题。

在探讨这个概念的过程当中，实际上我们对这个概念的厘清做了两个角度的解读：一个是什么是流派，我们用最传统的关于地域的标识，群体的构成趋同和相同的审美追求，以及风格相同的或相近的艺术成品的构成。马小龙处长在前置当中做了两个概念，一个是舞蹈艺术中的一个品类，还是中国舞蹈艺术古典舞的一个流派，两个前置来做我们敦煌舞派概念性的解读。

这个过程实际上是从一个很抽象的概念，回到了一个概念的本源，其实在这个过程当中，我觉得我们应该回归常识。回归概念的本身和定义的基本构成去探讨一些问题，反而是一种最直接，也最能得出正确结论的一种方法。这个话题实际上到今天仍然没有完全结束，但是论坛只是开始，我相信关于敦煌舞和敦煌舞种的构建概念、过程以及结果、目标、路径、方法永远都会成为我们这个论坛的一个话题。这个话题继续，我们只能期待未来的时间。

第二个话题涉及了理论体系的构建。谈到理论，我们必然会想起费尔巴哈的那句话，"作为起源，实践总是先于理论，而一旦把实践上升到理论的高度，就必然会对实践产生指导作用。"

恩格斯也说过一句话："一个民族一刻都不能没有理论思维"，实际上对于敦煌舞，包括整个舞蹈学来说，理论的构建是一个非常迫切的任务，特别是当我们从实操的层面进入院校，进入研究的层面的时候，会发现我们现在理论的构建确实存在短板。

包括今天罗斌书记说的理论话语的缺失，对我们来说都是感到非常痛切的一个问题。敦煌舞作为有了40多年历程，有许多作品和多种方式的传承与弘扬，在岁月的演进当中也必然留下了经验教训、欣喜和沮丧，这其中包含着理论的思辨、概括和总结，也包含着理性的思辨和哲理的趣味。40年的实践好像应该可以支撑起一个理论体系的构建，因为40年的时光不是空洞的，而是充实的和丰富的，所以在这个话题当中，我们几位老师都做了非常深入的学理化解读。尽管刘建老师的每一个观点，每一句话语都充满着匕首般的锋芒，但他提出的问题我总觉得是比较尖锐，也是比较深刻的。话题已经引开了，比如说对于流派的问题，比如说研究方法的拓展，比如涉及人类学、运动学、语言学、现象学，他用怀疑、批判、思考的方式，对敦煌舞所包含的内容、含量、文化的属性、容量都有他自己的看法。他提出了一个很重要的话题，就是关于敦煌舞的宗教属性。他用印度舞如何去塑造基本的恭敬，这个话题被冯主席接过来讲到了花柳千代，讲到了人的气质的培养和从事舞蹈艺术当中所应该秉持的一种虔诚的心态。的确，我们必须要看到敦煌艺术是宗教艺术，是佛教艺术。在 20 世纪 80 年代我最早到敦煌的时候，莫高窟不是今天的这个样子，莫高窟的门前是用刷白了的石灰砌的标语的墙，墙上写了这样一句话——"宗教是麻醉人民的鸦片"。马克思宗教的概念到底是什么？不是毒品。马克思的原话，可能很多人并不知道，宗教是麻醉人的鸦片的之前的前置词是什么？这个出自马克思《关于费尔巴哈的提纲》，他的原话是，"宗教是被压迫心灵的叹息，是无情世界的友情，是没有精神自由的自由，是麻醉人民的鸦片。"这里头鸦片不是毒品，是安慰剂的意思。

当面对苦难的人去呈现了人间至美，这个时候，创作者的心态是值得我们关注的。敦煌艺术的创作者在创作敦煌艺术时的宗教心态和他的生活状态是值得我们关注的，这是刘建老师非常重要的一个发现，在这一点上希望引起我们的重视。虽然不经意地一带而过，但是这个话题我觉得是可以探讨下去的，因为这是发生学的问题，艺术作品的创作，对动机的捕捉是非常重要的一个前提。研究一个艺术作品和一个艺术创作，我们能够找到创作者最初和最本真的动机，是最珍贵的材料。

第三个话题就是关于张延杰老师提到的材料问题，学术跟材料之间的关系。

我们在敦煌一定会想到一篇重要的文章，即研究敦煌学的陈寅恪先生的《敦煌劫余录》。敦煌学这个概念就是在这本书当中出现的。他的第一句话讲"敦煌者，吾国学术之伤心史也"。第二，他谈到了一个问题，用佛教语言谈了一个话，"一般学问，善于发现并运用新材料者，谓之预流"。预是干预的预，流是流传的流。这是佛教用语，不善于发现并使用新材料者为之不预留。敦煌学的出现，为学术提供了非常重要的一批崭新的材料。敦煌遗书的出现催生了敦煌学，而敦煌学的最大优势在于新材料的出现。所以在敦煌学这个概念提出的时候，就提到了一个很重要的话题，就是材料的运用和学术的构建、学科的构建。一份材料说一分话，占有了新的材料，对材料进行一种运用和解读，乃至于生发，这是学问的本真的东西，但我们没法回到前家时代的考据，但是我们也不应该丢掉所有的依据去发空的议论，这对学术只能是一个戕害。从这个角度讲，没有材料的构建，就谈不到理论的构建，对于敦煌舞来说，我们的材料就是我们的实践、我们的观念、我们的意识，就需要考虑到敦煌舞作为理论研究，它的体系构成，它毕竟是敦煌学的一个构成、一个分支，敦煌学如此博大的一个体系、一个国际显学，我们在其中所能汲取的营养和敦煌舞所产生的深厚的背景，决定了我们这个学科的深度、广度和未来。这个时候实际上对于我们来说只有一个挑战，到底在这个学科当中，我们能深入多少，能汲取多少。

可能有时候我们在实践的层面，在创作的过程当中，都会有一些具体的方法，催生出具体的作品。昨天冯双白主席也说到作品的功利性，冯双白主席坚决地批评了，攫取了一个舞姿。余秋雨先生在评价《丝路花雨》的时候，就说在敦煌壁画中攫取了一个舞姿，就惊艳了整个世界。但是余先生还有一句话：对《丝路花雨》自身的价值的研究远远还没有展开。那么这都是我们所面临的问题，我们都是从业者，作为一个深入一个具体门类的一个艺术工作者来讲，我永远说那句话，《人间词话》当中的"入乎其内，得其真趣，出乎其外，避至高境"，可能这个时候我们需要一点距离，需要一点高度，需要一点回观。

昨天张延杰老师说她是学世界史，研究文艺复兴的时候，我觉得我们这个学科可能需要这样的知识构成，需要这样的眼界。在谈论理论构建的话题上，在冯双白主席的引导之下，做了非常深入的阐发，这个话题在这儿存在了，但是这个任务还没有完成，可能我们只能期待于未来。

今天早晨罗斌主席的出现又把一个新的话题引开了，就是关于它的路径和方法的问题。

从敦煌壁画破壁而出到绽放于舞台，这本身是一个路径的开辟与探索的过程。但我们仍然都相信，这或许不是唯一。司马谈说，"天下百虑而一致，殊途而同归"，所以不同的路径和探索对于敦煌舞而言一定是不可或缺的。感谢高度老师在这个话题当中给了我们难以企及的高度。无论你的比画，还是你的阐发，以及你的观点确实让我对你的发言无法总结，因为它的高度太高。史敏老师用她的舞蹈教学的成果，对她创作动机和创作元素进行依据方面的解读，对研究者来说是非常重要的一个机会。成品的呈现固然重要，但想对一个人和一个作品深入机理其中的探究，恐怕需要从动机、元素、依据当中去描述，没有这个的话，对作品的理解可能会是肤浅的。在这个问题当中呢，张萍老师也谈了很多的问题，在实证研究的，包括全息知识信息的获取问题，在这个过程当中，其实高度老师和张萍老师都给我们一个重大的启示，就是强调两个字——体系。

对于今天，一个获取知识都完全碎片化的时代，体系是多么的重要。中国现在最大的问题就是缺少体系，我们从实用的角度出发，碎片化的攫取，碎片化的实用，哪个有用，马上就用哪个，永远缺少一种体系的构建，甚至在借用的过程当中，我们发生了迷失。

我读过一个舞蹈评论家的论文，他的特点就是把熟悉的问题陌生化。比如说，吃饭可以不叫吃饭，叫胃的本能需要的深度探求，好像这么说就非常的西洋化，非常的时代化，但真正中国式体系的构成不需要这样的风格，所以在这些问题上，我们都开了头，今天这个论坛的价值，我想是不言而喻的。

所以我今天也在想，希望我们把这个论坛延续下去，在明年的文博会上依然能够出现敦煌舞的论坛，我想大家一定不会反对我这个提议，对吗？我相信在敦煌文博会当中，我们是带有鲜明的敦煌文化标识的一个论坛，它有它存在的理由和价值。

最后作为总结，我想我们这个论坛当中也达到了这样两项共识：第一项共识就是对这个论坛意义的认同，我们都觉得这个论坛有它的意义，有它的价值，有它不可替代的必要性，这就决定了未来我们要继续办下去。既然有了这样的认同，甘肃省文联没有理由拒绝，我们一定会坚持下去，也希望得到中国舞蹈家协会坚定的支持。

第二个共识就是我坚信我们所有人都会认识到，我们的所有学术话题才刚刚打开，未来我们可以继续探讨下去。回归到一个体系之中，继续深入下去，我们明年再见，谢谢大家！

推进智慧广电建设论坛

推进智慧广电建设论坛

    2023年9月6日下午，第六届敦煌文博会"推进智慧广电建设论坛"在敦煌举行。国家广播电视总局党组成员、副局长朱咏雷，甘肃省人大常委会副主任俞成辉出席并致辞。

    本次论坛由国家广播电视总局和甘肃省人民政府主办，甘肃省广播电视局、酒泉市人民政府、中国广播电视社会组织联合会电视制片委员会承办。论坛以"科技创新·开启电视剧新视界"为主题，从科技发展的视角，研讨智慧广电为电视剧创作提供更加丰富的技术手段，拓展电视剧的内容边界和艺术表现空间，促进电视剧制作与技术创新，展望电视剧在传播中华文化和共建"一带一路"、赋能经济社会发展的积极作用，推进和引领全国智慧广电建设向纵深发展，夯实"未来电视"发展基础，共同构建新时代大视听格局。

    论坛期间，嘉宾们通过主题演讲和圆桌对话的形式，以专业精神，从不同视角，围绕人工智能、超高清、虚拟拍摄等科技创新助力影视创作、影视视效工业赋能中国科幻影视创作、技术创新打造极致新视频体验、媒资大数据平台构建等热点问题进行了深入分析和探讨。

在"推进智慧广电建设论坛"上的致辞

甘肃省人大常委会副主任　俞成辉

尊敬的朱咏雷副局长，各位来宾，女士们、先生们、朋友们：

大家下午好！

金秋九月，我们迎来了第六届丝绸之路（敦煌）国际文化博览会的盛大开幕。在这翘楚云集的文博盛会，国内知名广电专家、业界精英齐聚丝路重镇——敦煌，举办"推进智慧广电建设论坛"，共商电视剧创作传播新方法，共谋智慧广电建设新路径，共同推进广播电视事业高质量发展。在此，我谨代表甘肃省委、省政府，对出席本次论坛的各位嘉宾，表示热烈的欢迎！向长期以来关心支持甘肃广播电视和网络视听事业发展的国家广电总局、中国广播电视社会组织联合会、兄弟省区市以及国内知名制作机构、播出平台，表示衷心的感谢！

甘肃是中华民族和华夏文明的重要发祥地，也是丝绸之路的咽喉要道和黄金路段。"一带一路"倡议实施十周年来，甘肃已成为国家向西开放的前沿阵地和国家广电事业创新发展的重要区域。近年来，甘肃深入贯彻党的二十大精神，认真贯彻落实习近平总书记对甘肃重要讲话和重要指示批示精神，牢牢把握高质量发展主题，以重点地区和关键领域为突破口，着力推动构建"一核三带"区域发展格局，大力实施强科技、强工业、强省会、强县域"四强"行动，推动综合实力和发展质量整体跃升。在新的发展起点上，我们始终坚持把推进智慧广电建设作为抢抓"一带一路"机遇、促进广电事业创新发展和提升广播电视公共服务均等化水平的重要载体，大力推动广播电视深度融合发展和技术迭代升级，组织实施一系列智慧广电重大项目和惠民工程，有效促进智慧广电全面融入舆论宣传阵地建设、信息化服务、智慧城市、乡村振兴战略、对外文化交流等众多领域，积极探索广播电视转型升级新模式，广播电视和网络视听事业产业发展基础更加坚实稳固，呈现出稳步向前的良好态势。

推进智慧广电建设是全面落实习近平总书记关于"打造智慧广电媒体、发展智慧广电网络"重要指示精神的重大举措，是担负新时代新的文化使命的具体行动，也是提升广播电视传播力影响力公信力和舆论引导力、推动广播电视高质量发展的关键所在。当前，世界百年未有之大变局加速演进，以移动互联网、5G、虚拟现实、区块链等为代表的新技术对媒体传播格局带来了全方位、深层次的影响，特别是超高清、大数据、人工智能的广泛应用，为广播电视发展拓展了新空间、提供了新动能。新趋势、新技术、新需求，迫切需要广播电视持续深化与新一代信息技术融合创新，推动广播电视向智能化发展、向创新服务型转变，为经济社会高质量发展提供有力支撑。

本次论坛以"科技创新·开启电视剧新视界"为主题，围绕科技创新和智慧广电赋能电视剧创作生产，积极搭建合作交流平台，探索智慧广电背景下构建媒体传播新格局、推动电视剧高质量发展的新路径、新方法，以促进电视剧生产质量和效率提升，助力电视剧拓展内容边界和艺术表现空间，增强电视剧传播力汇聚智慧、开阔思路、拓宽渠道。这对持续推进广播电视理念创新、管理创新、传播创新、业态创新，助力中国电视剧在"一带一路"国家和地区的文化交流具有重要意义；对推动陇版电视剧勇攀艺术高峰、激发甘肃广电事业产业发展活力、加快甘肃广电视听"走出去"将产生深远影响。

希望各位嘉宾通过本次论坛，了解甘肃、感知甘肃、关心甘肃，为甘肃广播电视事业发展把脉会诊，多提宝贵意见。我们将从本次论坛的丰硕成果中汲取营养，把各位领导、专家的真知灼见、智慧经验转化为推动我省广播电视和网络视听高质量发展的具体举措，深入推进智慧广电建设，奋力开创广播电视事业发展新局面，为全面建设社会主义现代化幸福美好新甘肃作出新的更大贡献！

最后，预祝本次论坛圆满成功！祝各位嘉宾朋友在甘肃期间身体健康、工作愉快！

谢谢大家！

在"推进智慧广电建设论坛"上的致辞

国家广播电视总局副局长 朱咏雷

尊敬的俞成辉副主任,各位来宾朋友们:

大家下午好!

今年是全面贯彻落实党的二十大精神的开局之年,也是习近平总书记提出"一带一路"倡议十周年。很高兴与各位业界同仁、专家学者相会大美敦煌,相聚第六届丝绸之路国际文化博览会"推进智慧广电建设论坛",围绕"科技创新·开启电视剧新视界"主题,深入研讨科技助力电视剧创新发展的手段方法和实践路径,共谋技术艺术双向赋能之道,共商文化科技融合发展之策。在此,我谨代表国家广播电视总局和曹淑敏副部长,对论坛召开表示热烈祝贺!对各界朋友远道前来,关心广电事业发展,支持电视剧技术革新,表示衷心感谢!

以习近平同志为核心的党中央高度重视文化创新发展。党的二十大对推进文化自信自强,铸就社会主义文化新辉煌作出部署,要求激发全民族文化创新创造活力,增强实现中华民族伟大复兴的精神力量。总书记在文化传承发展座谈会上强调,在新的起点上继续推动文化繁荣、建设文化强国、建设中华民族现代文明,为我们在传承中华优秀传统文化中推进文化创新开辟了新空间,为培育创造新时代中国特色社会主义文化指明了前进方向。

电视剧作为当代最活跃、最普及、人民群众喜闻乐见的文艺形态、文化产品之一,承担着记录、展现、传播中华优秀文化的神圣使命,在满足人民美好生活、丰富人民精神世界、繁荣发展社会主义文艺、提升中华文化影响力等方面发挥着重要作用。近年来，随着信息技术的飞速发展，超高清、虚拟现实、增强现实、人工智能、大数据、区块链等技术广泛应用，科技正在重塑文化业态，丰富内容产品的艺术表达和渲染方式，赋予广电艺术创作、精品生产和节目传播更广阔的想象空间和更多元的实现可能，给视听文化传承与创新带来新的发展机遇。另一方面，电视艺术灵感的提出，比如《三体》里的"宇宙闪烁""古筝行动"等名场面，也不断促进影视制作技术和视听呈现技术取得新的突破。

国家广播电视总局高度重视电视剧技术创新和转化应用。近年来，锚定电视剧强国建设目标，出台《"十四五"中国电视剧发展规划》，对电视剧制作提质升级做出专项安排，要求紧盯信息技术前沿，适应媒体融合向纵深发展趋势，推动拍摄、制作、存储、传播、评价、监管全链条技术创新升级。制定发布《电视剧母版制作规范》和高动态范围、三维声等系列超高清技术标准，明确电视剧画面和声音的技术质量要求，加速推动电视剧制作技术超清化、流程规范化。建立国家电视剧版本存储体系，运用先进技术手段更安全、更有保障地实现电视剧版本永久保存，让好作品永久传世，让中华文脉代代传承。设立电视剧制作技术创新广电总局实验室，搭建科技创新平台，推动电视剧高品质制作技术研发与应用。建设规范有序的电视剧收视数据使用机制，维护良好市场秩序和行业生态，为电视剧高质量发展提供有力支撑。

新征程上，电视剧创作生产要打开新天地、迈上新台阶，更加需要精良制作的加持和科技力量的托举。借此机会，我就推动电视剧技术创新，讲四点意见，与大家交流。

第一，坚持创新驱动，增强电视剧技术数字化能力。 数字化时代，技术更新迭代突飞猛进。电视剧制作机构不仅是内容生产商，也是视听技术集成应用商，是电视剧技术创新的主体。一方面，要积极运用人工智能、大数据、虚拟现实等新技术，创新艺术表达和呈现方式，革新创作理念、叙事形态和制作流程，提升电视剧生产质量和艺术效果；另一方面，要发扬斗争精神，加强自主创新，努力研发自主数字影视虚拟拍摄等关键技术和标准，下力气取得更多原始创新成果和关键核心技术突破，把发展主动权掌握在自己手里，切实增强我国电视剧技术产业的竞争力。

第二，健全标准规范，提升电视剧制作工业化水平。 标准化是工业化的基础，实现电视剧规模化生产和标准化管理，是建设电视剧强国的必由之路。目前我国电视剧在播出端的标准化研制方面取得了一定成绩，但在制作标准化领域，还有不少短板。要集成各方面技术资源，凝聚行业共识，加快开展电视剧装备智能制造和人工智能制作系统的标准化研究，统筹推动电视剧制作各环节精细分工、密切协同，实现流程规范化、执行标准化，持续提升电视剧制作集约化、专业化水平。

第三，加强协同联动，助力电视剧技术生态化发展。 目前广电总局相关部门正在会同中广联合会等相关行业协会，研究相关扶持政策，在多层面、多维度营造更加开放包容的创新环境。电视剧生产企业、相关科研机构、工程技术研究机构、专业院校和行业智库等要深化合作，加强数字媒资交易等行业公共支撑能力建设，建立影视制作人才培养体系和执业认证标准体系，促进产业链上下游有机衔接，构建政、产、学、研、金、服、用协同联动机制，努力营造电视剧技术创新转化的良好生态。

第四，坚持开放共享，拓展电视剧技术国际化空间。 要依托"一带一路"建设等区域合作框架和多边合作机制，加强电视剧技术领域的国际交流合作，推动中国电视剧上下游技术创新成果走出去，推动建立开放、公平、共赢的全球产业秩序和要素资源循环体系，为全球影视技术产业发展贡献中国智慧和中国方案。

各位来宾，新时代呼唤新作为，新使命需要新担当。在强国建设、民族复兴的新征程上，广电视听发展空间广阔，电视剧技术创新大有可为。让我们更加紧密地团结在以习近平同志为核心的党中央周围，以习近平新时代中国特色社会主义思想为指导，砥砺奋进，勇毅前行，不断书写新时代智慧广电建设和电视剧高质量发展的壮丽篇章，更好担负起新的文化使命，为推进中国式现代化贡献广电力量！

最后，预祝本次论坛取得圆满成功！谢谢大家！

第二届文明古国友好组织对话会

第二届文明古国友好组织对话会

2023 年 9 月 6 日，由中国人民对外友好协会、甘肃省人民政府主办，甘肃省人民政府外事办公室、甘肃省文化和旅游厅、甘肃省人民对外友好协会、酒泉市人民政府承办的"第二届文明古国友好组织对话会"在敦煌举行。甘肃省人民政府副省长李刚，中国人民对外友好协会副会长鄢东，克罗地亚前副总理、克罗地亚前驻华大使、里耶卡克罗地亚中国友好协会会长司马安，摩尔多瓦文化部部长塞尔久·普罗丹出席会议并分别致辞。

本次对话会的主题为"推动文明对话，深化交流合作"。15 名来自各国的专家学者围绕"友好交流，推动人类文明进步""开放合作，互鉴世界文明成果""兼容并蓄，共建人类文明家园"三个议题，分享了自己的看法和研究成果。

与会嘉宾一致认为，敦煌的历史和现实充分表明，只有加深对自身文明和其他文明的认知，加强相互交流、相互学习、相互借鉴，致力推动不同文明交流对话、和谐共生，人类文明才能在交流互鉴中更加充满生机、充满活力。

在"第二届文明古国友好组织对话会"上的致辞

中国人民对外友好协会副会长　鄢　东

尊敬的司马安会长，

尊敬的塞尔久·普罗丹部长，李刚副省长、李国强副院长，

女士们，先生们：

大家下午好！

在这硕果累累的金秋九月，在"一带一路"倡议提出 10 周年之际，我们欢聚在"丝路明珠"敦煌，共同出席第二届"文明古国友好组织对话会"。首先，我谨代表中国人民对外友好协会，向此次会议的召开表示热烈祝贺，向远道而来的各国嘉宾和朋友表示诚挚欢迎！

习近平主席曾言，"敦煌，我心向往之。"敦煌自古就是东西方文化交汇之处，见证了东西方文明交流互鉴的不平凡历程。以莫高窟为代表的敦煌文化是中国、印度、希腊、伊斯兰文明交融交汇的结晶；绵延千里的河西走廊是古丝绸之路最繁荣的商埠重地。今天，我们在敦煌举办本届"文明古国友好组织对话会"，旨在从"和平合作、开放包容、互学互鉴、互利共赢"为核心的丝路精神中汲取智慧，为应对全球挑战建言献策、凝聚共识、贡献力量。

世界上有 200 多个国家和地区、2500 多个民族、多种宗教。不同历史、国情、民族和习俗孕育了不同文明，但和平、发展、公平、正义、民主、自由是各国人民的共同追求。当今世界正经历百年未有之大变局，人类社会站在新的十字路口。习近平主席提出了"全球文明倡议"，倡导尊重世界文明

多样性，主张"各美其美，美美与共"，弘扬全人类共同价值，重视文明传承和创新，构建"平等、互鉴、对话、包容"的文明观，加强国际人文交流合作，表明了中方致力于促进人类文明进步、推动构建人类命运共同体的真诚愿望。

以心相交，方成其久远。文明因多样而交流，因交流而互鉴，因互鉴而发展。人是文明交流最好的载体，深化人文交流、促进民心相通是推动文明发展进步的重要途径。在座的各位朋友们长期从事推动人民友谊的崇高事业，是中国和各国之间文明交流互鉴的桥梁和纽带，为融通中外文明发挥了不可替代的作用。我们热切期待与各国友好组织积极搭建更多对话平台，持续深入推动人员往来特别是青少年交流，增进人民之间的相互了解和认知，为务实合作牵线搭桥、开辟渠道，增强利益纽带，做大合作蛋糕，携手应对全球挑战，促进共同发展，让友好合作的成果更好惠及各国人民。

中国人民对外友好协会将一如既往做各位的知心朋友、真诚伙伴，为推动文明交流互鉴、增进民心相通作出更大贡献。

最后，对此次对话会的合作主办方——甘肃省人民政府对活动的大力支持表示衷心感谢，预祝本次对话会圆满成功。

谢谢大家！

在"第二届文明古国友好组织对话会"上的致辞

甘肃省人民政府副省长　李　刚

尊敬的司马安会长，

尊敬的塞尔久·普罗丹部长，

尊敬的鄢东副会长，

各位领导、各位嘉宾，女士们、先生们、朋友们：

大家上午好！

金秋九月，我们迎来了第六届丝绸之路（敦煌）国际文化博览会的盛大开幕。在这翘楚云集的文博盛会，来自20多个国家的嘉宾相聚丝路重镇——敦煌，出席"第二届文明古国友好组织对话会"。首先，我谨代表甘肃省人民政府，对这次对话会的召开表示热烈祝贺！对各位领导、各位嘉宾和朋友们的到来，表示热烈的欢迎！对长期以来关心支持甘肃经济社会发展的海内外朋友，表示衷心的感谢！

甘肃是中华民族和华夏文明的重要发祥地，自古就是中西文明交流的陆路通道，历史悠久，文化灿烂，敦煌文化、长城文化、黄河文化、始祖文化等多元文化交相辉映，绵延全省1600公里的丝绸之路黄金段，千百年来始终传诵着丝路古韵与时代脉动辉映的"交响诗"，回响着东方中国与西方世界融合的"交响乐"。我们现在所在的敦煌，是古丝绸之路上一颗璀璨的明珠，两千多年前，世界古代四大文明沿古丝绸之路在此交汇融合，孕育了博大精深、历久弥新的敦煌文化，孕育了和平合作、开放包容、互学互鉴、互利共赢为核心的丝路精神，为中华文明的绵延提供了丰厚滋养，也为人类文明发展开拓了广阔空间。

今年3月，习近平主席在中国共产党与世界政党高层对话会上，首次提出"全球文明倡议"——共同倡导尊重世界文明多样性，共同倡导弘扬全人类共同价值，共同倡导重视文明传承和创新，共同倡导加强国际人文交流合作。全球文明倡议，为推动人类文明发展、推进人类现代化进程、构建人类命运共同体提供了中国方案，展示了中国对构建一个持久和平繁荣世界的整体思考，以全新文明理念体现了作为世界和平的建设者、全球发展的贡献者、国际秩序的维护者的大国担当。在敦煌文博会期间举办文明古国友好组织对话会，这是落实全球文明倡议的具体行动，就是为世界各国文明交流互鉴搭建平台，推动不同文明交流对话、和谐共生，共创人类美好未来。

文明因多样而交流，因交流而互鉴，因互鉴而发展。人类历史就是一幅不同文明相互交流、互鉴、融合的宏伟画卷。只有推动文明交流互鉴，才能让各国人民享受更富内涵的精神生活、开创更有选择的未来。本次对话会以"推动文明对话、深化交流合作"为主题，从共同推崇的文明价值中汲取智慧和力量，搭建民心相通之桥，凝聚发展共识，推动互利合作。相信这次对话会必将为建设中华民族现代文明、开启世界文明对话新局面注入更多正能量。

在这里，我们真诚希望与会各方以此次对话会为契机，共同努力把文明古国友好组织对话会打造成为不同文明之间对话的标志性、引领性平台，进一步丰富交流内容，拓宽合作渠道，以开放包容的姿态、合作共赢的理念，共同为推动构建人类命运共同体添砖加瓦；希望各国有识之士携手共担文明互鉴的使命，坚持弘扬平等、互鉴、对话、包容的文明观，弘扬全人类共同价值，为增进各国人民友谊、维护地区和世界和平、推动人类发展进步汇聚文明力量。

女士们、先生们、朋友们，开放的甘肃诚邀各位嘉宾、朋友们深入陇原大地走一走，看一看，充分感受如意甘肃、多彩甘肃的独特魅力，我们将以最大诚意、最实政策、最优服务，促进国际交流合作，携手走向更加美好的明天。

最后，预祝本次对话会取得丰硕成果！谢谢大家！

在"第二届文明古国友好组织对话会"上的致辞

克罗地亚前副总理　司马安

尊敬的中国人民对外友好协会副会长鄢东阁下，

尊敬的甘肃省副省长李刚阁下，

尊敬的各国驻华使节阁下，女士们、先生们，

尊敬的各位来宾、各位朋友：

今天，我深感荣幸，也无比高兴，能站在敦煌这座举世闻名的明珠城市向大家致辞。我将怀着荣幸的心情，深入探讨古代文明的深远价值，跨文化交流的至关重要性，以及欣赏不同人民、民族、国家、文化与文明之间差异的必要性。

涉足这些领域时，我们还将揭示解决全球挑战——无论是政治、地理、经济还是文化挑战的深远意义。通过不懈努力，我们将为世界和平铺就道路，为可持续发展和合作奠定基础。

古代文明是人类历史的基石，为我们带来了宝贵的启示。它们是一匹匹错综复杂的织锦，我们现代社会的结构以此缝制而成。从中国壮丽的万里长城到埃及雄伟的金字塔，从古希腊的哲学光辉到巴比伦、玛雅和印度文化的辉煌成就，这些文明在我们的集体遗产中留下了不可磨灭的印记。

仔细研究这些文明的胜利与挫折之后，我们对自己的旅程有了深刻的理解，培养出了一种跨越时间长河的连续性和统一性。如果我们不知道自己从哪里来，我们终将走到不想去的地方。没有哪一个国家是一座孤岛，因此我们需要在思想、人员及项目等多方面开展友好交流。我们进步的核心在于跨

文化交流——这是一座优雅地跨越国界和语言的桥梁。纵观历史，像建立丝绸之路的先驱一样的那些人们，将产品、发明、工艺、传统以及生活方式传播到了广阔的远方，将我们的世界连接起来。正如唐代诗人王勃所说："海内存知己，天涯若比邻。"

在当代，我们的世界比以往任何时候都更加紧密地相互联系。这种互联互通为我们提供了一个分享想法、交流经验、拥抱不同观点的绝佳机会。开放式的对话不仅能丰富我们的生活，还能架起一座理解之桥，消弭因文化差异而带来的紧张局势和误解。我们要努力理解不同文化中的各种价值观，这一点至关重要。每种文化都为全球贡献了其独特的价值观、信仰与规范。接纳这些差异，不仅能促进相互尊重，还能拓宽我们的视野。

当我们沐浴在丰富多彩的全球文化中时，我们发现了一些让我们彼此联结的共同点，也赞美一些"让我们成为我们"的美妙多样性。正如莫高窟中那幅标志性的道德壁画《舍身饲虎图》所体现的那样：自唐代以来一直被颂扬的利他之爱，至今仍是全人类珍视的财富。最重要的一点在于，要认识到我们的世界面临着跨国界、跨文化的挑战。政治、地理、经济和文化上的障碍有时看似不可逾越。然而，历史一再提醒我们，当合作的势头强劲时，解决方案就会出现。

正如古代丝绸之路促进了商品、思想和文化在大洲之间的交流一样，今天的数字高速公路使我们能够即时合作。善用科技的力量，不断促进合作，我们就可以有效应对气候变化、流行病、战争、贫困和不平等影响我们所有人的问题。但是，我们共同应对这些挑战的核心是什么呢？那就是对全球和谐与可持续发展的不懈追求。这一追求与老子在《道德经》中的智慧不谋而合："人法地，地法天，天法道，道法自然。"自然秩序告诉我们：要保持平衡，促进内外和平，确保可持续发展。

可持续发展是我们共享未来蓬勃发展的基石，是一种自觉的选择，让我们的进步不会以子孙后代的利益为代价。石器时代之所以消失，并不是由于缺少石头，而是因为新思想、新技术的出现。有了在经济、生态和社会进步等方面的可持续发展实践，我们就能创造一个有着公正的繁荣和蓬勃的环境的世界。

总之，女士们、先生们，古代文明的深远价值彰显着我们历史的连续性，而跨文化交流则使我们能够理解、欣赏我们的全球伙伴，并与之开展合作。拥抱多元价值观的织锦，使我们能够求同存异，而应对全球挑战则需要团结一致的行动。

我们必须始终牢记，我们不仅对自己的过去负责，也对自己的未来负责。预测未来，最简单的方法就是创造未来。因此，让我们团结一心，努力铸造一个尊重我们的共同遗产的世界，同时，让我们开拓和平与进步，拥抱这匹全球织锦带来的辉煌。

在"第二届文明古国友好组织对话会"上的致辞

摩尔多瓦文化部部长　塞尔久·普罗丹

各位女士们、先生们，

尊敬的与会嘉宾们：

今天，我们在这里相聚，是为了我们超越国界、超越文化和意识形态的那一份事业——促进不同文明之间的对话。我们迫切需要促成不同文化和社会之间的理解与合作，并展开相关教育工作。

我们的星球，是由无数文明组成的一支万花筒；每一种文明，都有着自己独特的色彩、模式以及智慧。然而，只有当我们进行了公开的、有意义的对话，所有的文明才能得到真正的发展。

对话，不仅仅意味着交谈。它也意味着我们需要倾听、理解以及欣赏可能与我们不同的观点。只有这样，我们才能相互学习。通过对话，才能弥合我们之间的差距，消除误解，建立共鸣，相互尊重。

通过参与不同文明之间的对话，我们才能释放潜力，不断创新，共同应对我们所面临的挑战。气候变化、贫困以及冲突等复杂问题的解决，都需要我们的共同努力，需要汲取所有文化的力量。

通过对话，才能汇集我们的不同见解，才能制定整体战略，全面解决这些全球性的问题。而且，通过对话，才能缓和紧张局势，防止冲突。许多冲突，其之所以发生，原因就在于对文化差异的误解或曲解。

那么，我们如何才能促进这种重要的对话呢？首先，便是教育。我们必须从小培养孩子们对其他文化的好奇心。我们要让他们知道，了解不同的社会，不仅是一门选修课，更是一门必修课。

促进不同文明之间的对话，不仅是我们光荣的理想，也是我们今天所生活的世界必须采取的一种举措。让我们拥抱文明的多样性之美，让我们的对话，成为能够将所有文明连接起来的一座桥梁。

通过对话，才能让我们相互理解、相互包容，更加和谐，并以此激励子孙后代。

我们在此相聚，旨在强调深化交流与合作的重要意义。当今世界，正在飞速发展。所有的边界，似乎变得越来越模糊，我们之间的距离，似乎也越来越近。合作，不再是一种可有可无的选择，而是我们必须采取的行动。只有通过思想、文化以及能力等各方面的协同，我们才能共同应对挑战，共同迎接未来。

在此，我将简要介绍一下我们的国家能够为世界提供什么。我希望能够利用这次独特的机会，与阁下分享我们的文化、音乐、美食、美景，以及我们的事业。

摩尔多瓦有着悠久的酿酒历史，通常被称为"欧洲的酒窖"。我们拥有多种本土葡萄品种，出产优质葡萄酒。摩尔多瓦的葡萄酒产业，因其独特的风味和传统，在全球葡萄酒市场上能够发挥重要的作用。

摩尔多瓦拥有丰富的文化遗产，其中不乏犹太、罗马、斯拉夫等各种文化传统交融的元素。我们愿意与世界分享。我们拥有传统的音乐、舞蹈、艺术以及工艺，这些都能吸引全球观众，促进全球文化交流。

在生态旅游方面，也具有极大的吸引力，比如自然景观，包括科德里森林（Codrii Forest）和风景优美的德涅斯特河（Dniester River），都可以进行生态旅游，让人们体验大自然的魅力。我国致力于保护生物的多样性和大自然的美景，对于那些对可持续旅游感兴趣的游客，这些都极具吸引力。

摩尔多瓦的美食，因受到多种文化的影响，而具有独特的口味。mama-liga（玉米面粥）、placinte（带馅的糕点）以及各种肉类菜肴，都可以与优质葡萄酒结合食用，这反映出我国烹饪风格的多样性。

一直以来，摩尔多瓦致力于可再生能源领域的发展，特别是风能和太阳能。通过在这些领域所具备的专业知识，我们可以为全球向清洁能源的转型作出贡献。中国在这一领域的支持至关重要。

摩尔多瓦的工匠技艺精湛，能够制作美丽的手工艺品，包括纺织品、陶瓷以及木制品。这些传统工艺，一定会深得那些专门寻找独特、正宗产品的国际观众的青睐。

葡萄酒旅游和文化体验：摩尔多瓦的酒窖，其中一些位于地下，为葡萄酒旅游提供了独特的环境。结合文化体验和传统好客，我们一定能吸引那些对历史、葡萄酒以及当地传统的独特融合感兴趣的游客。

此外，在国家对世界做出潜在贡献这一方面，政治稳定和经济发展这两大因素也发挥着至关重要的作用。

摩尔多瓦于2022年3月申请加入欧盟，并于2022年6月成为欧盟候选成员国。就这一点而言，我们可以成为亚洲与欧洲企业之间的战略桥梁。

最后，我要表明的是，只要我们深化交流与合作，我们的前途一定会一片光明。只有这样，我们才能打开创新之门、理解之门、进步之门；只有这样，我们才能为实现一个繁荣、和平的世界而共同做出我们的贡献；只有这样，我们才能为全人类创造一个更加光明的未来！

谢谢！

跨越洲际的旅程——从敦煌壁画日、月神图像看丝路多元文明交融

敦煌研究院副院长　张元林

公元前 2 世纪丝绸之路开通至公元 14 世纪，地处河西走廊西端的敦煌就一直是丝路交通的咽喉之地和多元文化的荟萃之地。敦煌壁画为我们保存了大量、不同形象的日神、月神图像。这些丰富的日、月神图像是我们认识联通欧亚大陆的丝绸之路沿线不同文明之间相互对话与交流，相互借鉴与融合的形象例证。

一、来自中国传统的日轮、月轮以及伏羲、女娲形象

早在中国先秦史籍中，就有"阳乌载日""月中有兔"记载。佛教传入中国后，也借用了这一传说。如唐·义净所著《略明般若末后一颂赞述》中就有"若金乌之焰赫扶桑。义阐神州。等玉兔之光浮雪岭。然而能断金刚"的记述。古代的画工就把乌、三足鸟、凤鸟或朱雀画在红色的日轮中以代表太阳，把绘有玉兔、蟾蜍、桂树的形象绘在白色的圆轮以代表月亮。这种日、月轮图像在敦煌壁画中最为多见。在石窟中，它们成为佛国世界的日天子、月天子或日光菩萨、月光菩萨。敦煌壁画中源自中国传统神话的日、月图像，除了日轮、月轮外，还有人首蛇身，腰绘圆轮，手中分别执有圆规、矩尺的伏羲、女娲形象。不过，在这里，被佛教吸收，其神格已变成佛教的阿弥陀佛的派到人间的造日月星辰的应声、宝吉祥菩萨了。这些"变"与"不变"也形象地展示了佛教及佛教艺术中国化的历史进程。

二、主神交脚叠坐于莲华座上圆轮中的日、月神

这种类型的日、月图像是典型的佛教自己创造的日、月神图像，在敦煌壁画中数量仅次于中国传统的日轮、月轮图像。它是敦煌本地首创，还是从长安或其他地区传入敦煌？皆有可能。

三、乘马日天、乘鹅月天形象

敦煌壁画中的这类图像日、月神图像数量最少，但却具有多种文化背景。这类日、月神图像又可分为"马、鹅呈两两相背型"和"中间一身马、鹅呈正面向型"两种。乘马日神图像在中国境内的新疆库车石窟群和青海省都兰县的吐蕃时期墓葬、阿富汗巴米扬石窟、巴基斯坦犍陀罗地区、今天塔吉克斯坦片其肯特地区的粟特人遗址等地皆有发现，其原型可追溯至古代西亚波斯文化和古希腊文化。随着公元前 4 世纪前半期亚历山大的东征及其后数百年的"希腊化"进程，这种形式的图像也传到欧亚间的广阔地域和古代印度。乘马车的太阳神苏利耶的雕刻，在今天的印度仍大量存在。其中最有代表性的是雕刻于公元前 1 世纪左右的菩提伽耶围柱上的太阳神苏利耶浮雕。苏利耶站在驷马驾的二轮战车上，四匹马左右两端分为二，皆前蹄腾空，相背而驰。苏利耶立于战车中央，其左右各有一女神，皆向外拉弓射箭。而古代犍陀罗佛教雕刻以及中亚地区的佛教雕刻和壁画表明，这种影响也延续至佛教的日天图像，并经中亚地区传入中国的新疆敦煌后，又在其中操入了中国文化中代表太阳的凤鸟——朱雀的形象；其月神图像则融入了早在古代两河流域文明、古埃及文明、古希腊等地中海古代文明就十分兴盛的女神——月神信仰和作为其坐骑的天鹅、狮子形象。而表现古希腊城邦守护神的希波利（Cybele）女神乘狮车出行的画面在今阿富汗阿依·哈努姆（AI Khanoum）的"希腊化"古城遗址出土的制作于公元 2 世纪左右的鎏金银盘上亦有发现。而且在波斯——中亚地区流行的琐罗亚斯德教（中国称为祆教、拜火教）的娜娜女神图像一个很重要的特征就是以狮子坐骑。不过，我们至今尚未在印度本土发现公元 8 世纪以前的"乘鹅"月神的作品，故推测这一对日、月神图

像组合很可能产生于中亚地区。这一渐进的传播过程前后延续达七八百年之久。

同时，敦煌壁画中也出现了不同类型的日、月图像"同框"以及看似"错搭"的情形。这些情形正是不同类型的日、月神图像相互影响所致，表明敦煌当地的画工有意识地加进中国人更熟悉的日轮、月轮元素以对具有其他文化背景的日、月神图像进行的注解。敦煌壁画中的日、月图像表现的这种"多系谱性"使得我们今天可以追溯、拼合中古时代"丝绸之路"上的多元文化相互交流、融合的历史场景。同时也表明中华文明对待外来文明的开放与兼容并蓄的胸怀，进而给当代的人们宝贵的启示，即在人类历史的长河中，不同文明、不同宗教完全能够相互借鉴，共荣共存。

深刻领会中华文明的突出特性

——以敦煌文化的包容创新性为中心的考察

西北师大历史文化学院教授、博士生导师　李并成

习近平主席 6 月 2 日在文化传承发展座谈会上的重要讲话中对于中华文明五个方面的突出特性进行了科学的总结和精辟的概括，即中华文明具有突出的连续性、创新性、统一性、包容性、和平性。在敦煌学的研究中，通过学习习近平总书记的重要讲话，我们深深体会到习近平总书记所概括的中华文明突出的特性，在敦煌文化中就体现得十分充分，尤其是"创新性""包容性"特性更为突出和明显。

敦煌是丝绸之路上的重要枢纽和吐纳口，为"华戎所交"的都会，西方文化传入中国后，大多要通过敦煌、河西等地进行中国"本土化"过程，或与中国传统文化碰撞、交流、整合后再继续东传。同样中原文化向西传播亦是经过河西、敦煌发生文化的交流融汇。敦煌在融汇、整合东西方文化资源、创新文化智慧方面有着独具特色的优势，这也从一个方面生动地体现出中华优秀传统文化博大的胸怀与坚定的文化自信。

一、敦煌文化呈现出东西方文化包容创新的亮丽底色与崭新格局

笔者认为，敦煌文化是一种在中原传统文化主导下的多元开放文化，敦煌文化中融入了不少来自中亚、西亚、印度和我国西域、青藏、蒙古等地的民族文化成分和营养，呈现出"你中有我、我中有你、各美其美、美美与共"的文化融合发展的亮丽底色与崭新格局，绽放出开放性、多元性、包容性、创新性的斑斓色彩。例如，敦煌遗书中不仅保存了 5 万多件汉文文献，而且

还汇聚有大量中国国内少数民族文字以及一批西方国家民族文字的写本。又如西方传入的"胡文化"，对于敦煌文化的形成和发展有着十分深刻的影响。

（一）敦煌遗书中汇聚有中外诸多民族文字文献的新史料

敦煌文书中保存的我国少数民族文字以及西方国家民族文字的写本，有吐蕃文、回鹘文、粟特文、于阗文、突厥文、梵文、婆罗迷字母写梵文、佉卢文、希腊文、希伯来文等语言文字的文本。此外莫高窟北区还发现西夏文、蒙古文、八思八文、叙利亚文等文书，可谓兼收并蓄，应有尽有。这么多古代东西方民族、国家的文献汇集一地，本身即表明敦煌在东西方文化交流中的重要地位。可以毫不夸张地说，敦煌文献不仅属于中国，也属于世界，是丝路沿线国家共同历史记忆的重要组成部分。

（二）敦煌文化中融入了诸多西方文化的新元素

西方传入的"胡文化"，对于敦煌文化的影响主要表现在古代敦煌的赛祆胡俗、服饰胡风、饮食胡风、乐舞胡风、婚丧胡风、敦煌画塑艺术中所融入的西方元素以及医药学文化、科技文化、体育健身文化等所体现出的中西文化交流融汇的特色等。

例如，敦煌艺术表现手法中的胡风，就其品类而言，敦煌艺术包括壁画、彩塑、石窟建筑、绢画、版画、纸本画、墓画等，内容十分丰富，数量极其巨大。著名学者姜亮夫先生评价："敦煌千壁万塑，至今仍能巍然独存，而且还有远在北魏的作品，无一躯一壁不是中国流传的最古的宝迹。它包罗了中国传统的艺术精神，也包罗了中西艺术接触后所发的光辉，表现了高度的技术，以及吸收类化的精深的方式方法，成为人类思想领域中的一种最高表现。它总结了中国自先贤以来的艺术创造意识，也吸收了印度艺术的精金美玉，类化之，发挥之，成为中国伟大传统的最高标准，它是人类精神的最高发扬。"

二、敦煌文化中突出体现了佛教"中国化"的创新成就

作为外来宗教，佛教欲在中华故土上传播发展，欲融入中国的传统文化，就必须要适应中国原有的文化氛围，适应中国人的思想观念与审美意识，运用中国的语言表达方式，这就需要首先进行一番"中国化"的改造与更新过程。史实表明，敦煌作为佛教进入我国内地的第一站，率先形成了佛经翻译、传播中心，率先成为佛教"中国化"的创新之地。此外，敦煌文献中还保存了大量原已散佚失传的佛教典籍，从中可获得许多新发现、新收获。敦煌写经中保存了部分唐代的初译本，对于初译的原始状况以及佛教经典传播中的演变具有特殊重要的研究价值。敦煌文化突出体现了佛教"中国化"的创新成就。

例如，据《高僧传》卷一记载，月氏高僧竺法护，世居敦煌，曾拜外国沙门竺高座为师，游历西域诸国，通晓多种语言，率领一批弟子首先在敦煌组织了自己的译场，被人们称为"敦煌菩萨"。竺法护被认为是当时最博学的佛教学者，是佛教东渐时期伟大的佛教翻译家，开创了大乘佛教中国化的新局面，奠定了汉传佛教信仰的基本特色。正是由于竺法护开创性的贡献，使敦煌实际上成为大乘佛教的发祥地。

三、敦煌壁画中的飞天——极富创新的艺术形象

敦煌石窟保存了公元 4 世纪至 14 世纪的佛窟约 900 座、壁画 50000 多平方米、彩塑 3000 余身，用艺术的图像生动地记录了古代千余年来的历史场景与社会风貌，是世界上现存规模最大、内容最丰富的历史文化艺术宝库。石窟的营造者们从一开始就进行着再创造，他们适应中国人的审美情趣和艺术追求，按照中国人自己的观念来理解佛教教义，描绘天国的理想境界，创作佛教的神祇；以中国人喜见乐闻的形式宣传佛教思想，以中国民族形式表达佛教内容。他们在创作中发挥出杰出的聪明才智，体现出卓越的创造精神。

就拿敦煌壁画中的飞天来说，其艺术形象源自印度，又名乾闼婆、紧那罗，是佛教天国中的香神和音神，即专施香花和音乐的佛教专职神灵，莫高窟中的飞天多达 6000 余身。飞天形象传入敦煌后，经不断地交融发展、脱胎换骨、艺术创新，完全摆脱了印度石雕飞天原有的样式，以全新面貌展现于世人面前，美不胜收，与印度的石雕飞天已非同日而语。

四、敦煌歌舞艺术——融汇中西菁华的全新艺术形象

莫高窟中保存了历时千余年的极其丰富的舞蹈形象，在北区的 492 个洞窟中，几乎每一窟都有舞蹈绘画。舞蹈是转瞬即逝的时空艺术，在没有古代舞蹈动态资料的情况下，那些凝固在敦煌洞窟壁画中的历代舞蹈图像就成为十分罕见的珍贵舞蹈史料。早在北朝时期许多西域乐舞首先经由敦煌而传入中原。这些乐舞与中国传统乐舞交流荟萃，展现出丰富多彩的崭新形象，使得敦煌壁画绚丽多姿，美不胜收。

例如，敦煌壁画中十分引人注目的舞蹈形象天宫伎乐，即壁画中天宫圆券门内奏乐歌舞的天人，计有 4000 余身，源自印度佛教所描绘的西方极乐世界中供养佛的音乐舞蹈之神。其动作特点是大幅度地扭腰出胯，伸臂扬掌，体态舒展，挺拔昂扬，手指变化也颇为丰富。那些怀抱琵琶、手执管弦等外来乐器边弹边舞的伎乐，吹奏的虽是外来乐器，舞姿却蕴含我国古典舞韵，为中外舞蹈交融的生动表现。敦煌天宫伎乐不仅是反映佛教内容的优美的艺术形象，而且具有生活的真实性和观赏性。唐代舞蹈以中国传统舞蹈为基础，广泛吸纳许多国家、地区民族的舞蹈艺术，广采博纳，撷取菁华，融化再创，成为当时舞蹈发展的主流，开创中国古代舞蹈艺术的一代新风。

综上可见，丝绸之路上的敦煌文化在其长期历史演进中海纳百川，有容乃大，形成了极强的包容性和创新性，它并不排斥外来的同质或异质文化，包容不是简单的混合，也不是取消差异，取消民族特色，文化的认同并不等于文化的同化，而是你中有我，我中有你，各美其美，美美与共，是以"我"为主对外来文化进行的改造与融合，是在更高层次上和更广范围内的优势互补和创新发展。本土文化与外来文化自由交流，东方文明与西方文明交融汇合，使得敦煌文化绝不仅仅是本乡本土的产物，更是整个丝绸之路上东西方文化交流融合、创新转化的典型代表。

在"第二届文明古国友好组织对话会"上的发言

埃及前外交部助理部长、埃中友协理事　阿卜杜法塔赫·伊扎丁

尊敬的李刚副省长，

尊敬的鄂东副会长，

各位嘉宾，

女士们，先生们：

非常感谢主办方的邀请和热情接待。

我祝贺中国人民对外友好协会成功举办第二届文明古国友好组织对话会。第一次会议于去年在线上举办，埃及—中国友好协会副会长阿里·希夫尼大使参会。

请允许我代表由尊敬的艾哈迈德·瓦利大使领导的埃及—中国友好协会向贵方致以问候，并祝此次活动圆满成功。

埃及—中国友好协会成立于1958年，是埃及成立时间最早的协会之一，致力于增进和中国之间的友好关系。协会举办过各类活动，旨在和其他同类组织建立持久发展的良好关系。同时，协会也是阿拉伯—中国友好协会联盟中的活跃一员。

女士们，先生们，"对话"一词来源于希腊语，有很多含义和词形，但最重要的是，"对话"是更好了解他人及其思想的方法或工具，可以增进相互理解，减少不信任并促进合作。

文明对话的倡议是对萨缪尔·亨廷顿在1992年写就的那篇著名文章"文明冲突"理论的回应。我们非常赞赏中国在这方面所做的工作。

我们从古文明中获益良多，学习到可以解决当今世界一些错综复杂的问题的价值观。

从埃及文明中我们学习到了公正和坚毅，从希腊文明中我们学习到了自由和民主，从印度文明中我们学习到了共生和尊重，从中国文明中我们学习到了和谐与和平，而这些还只是孕育并广泛存在于上述古文明中诸多崇高价值观的若干举例。

和平共处五项原则于20世纪50年代提出，"77国集团和中国"这一名字第一次提出是1991年在联合国上。"77国集团"成立于1964年。在全球形势非常艰难的背景下，基于中国和印度文明中"和平共处"这一联合理念的不结盟运动已被接纳。这些组织的成立对缓解世界紧张局势和减少问题仍在发挥非常重要的作用。

女士们，先生们，四大文明古国，中国、埃及、希腊和印度（按英文字母顺序排列），为了国家与社会的发展和振兴，正面临着巨大变革和困难挑战。

如何达成目标？世界上有许多不同的发展道路，要如何选择？

答案取决于各国的国情、价值观念和习俗，取决于各国在过去所抱有的希望、挑战和动力，以及在当下关于发展的成功体验。

联合国前秘书长布特罗斯·布特罗斯－加利博士是我在大学时期的教授和领导，他曾告诉我们对于世界和平而言，最大的危险是在富裕的北方和贫穷的南方之间不断扩大的差距。

中国，我们可敬的东道主，启动了重要的全球性倡议，旨在改善和解决当今世界面临的政治和经济问题，树立了消除贫困的光辉典范。

这些倡议源自中国的"人类命运共同体"理念。

2013年，中国发起了关于基础建设的"一带一路"倡议，得到了100多个国家的积极响应。我们知道，这一倡议是起源于历史上的丝绸之路带来的贸易和交流。

2018 年，中国设立了国家国际发展合作署，为各国提供发展援助。

2021 年，中国提出全球发展倡议，帮助实现 2030 年联合国可持续发展目标。

这些举措为发展提供了非常及时的帮助，尤其是帮助缩小了南方国家和北方国家的差距。

埃及加入了"一带一路"倡议，同时也是全球发展倡议之友小组的成员。当然，我们也在努力实现联合国可持续发展目标。

还有两个由中国发出的倡议也很值得提及：2022 年提出的全球安全倡议和 2023 年 3 月提出的全球文明倡议。

全球文明倡议的基础是尊重多样性，弘扬共同价值，重视传承和人性价值，以及加强人文交流。

埃及支持所有致力于实现和平和发展的倡议。身处动荡不安的区域和世界，和平和发展是我们的主要关切。

女士们，先生们，我想提出如下建议。

希望各国联合起来，追回被侵占的文物和古董。这是由埃及—中国友好协会的穆罕默德·埃尔沙兹利大使提出的。

希望能联合制作电影和纪录片，发挥这些作品连接民心的重要作用。

请求联合国再度启动不同文明对话年，上一次对话年距今已有 25 年左右。在对话年期间，停止所有军事冲突，参加活动的各方通过对话交流和平解决冲突。

从古文明的价值观念和历史中得到启示，避免战争和破坏。呼吁对国际问题和挑战进行深入对话，其中主要议题有气候变化、环境保护、AI 规则和国际组织重组，使之更为公正并且更好地代表世界变局。

建立研究各国文明和语言的部门和机构，加强对彼此经典文学和文艺作品的研究和翻译工作。

加强面对面对话交流，充分鼓励更多女性和年轻人更广泛地表达和发声。

达成更多姐妹城市和姐妹组织协议，促进人文交流。

感谢主办方，祝一切顺利！

谢谢！

在"第二届文明古国友好组织对话会"上的发言

圣马力诺中国友好协会会长　芭芭拉·泰伦齐

尊敬的各位代表，

女士们，先生们，

亲爱的朋友们：

我非常荣幸地以圣马力诺中国友好协会主席的身份在这个场合发言。

首先，我要感谢大家今天让我们有幸出席这一重要活动，并向所有中外的朋友表示热烈的问候。

圣马力诺是世界上最古老的共和国，它位于意大利境内，虽然面积不大，但我们与中国有着最深厚和悠久的友谊。我借此机会首先纪念一下我的父亲吉安·弗兰克·特伦齐，1988 年，他作为圣马力诺共和国国家元首对中国进行正式访问，在正式宴会上，李先念先生说，中国不分大小国家，都是平等的。

正是这句话和这次的访问深深地打动了我的父亲，他创立了圣马力诺中国友好协会。通过相互了解和友好对话促进两国人民之间的友谊，从而开始了他终生的事业，我也确认我个人将继续推动他的事业。

今年是圣马力诺中国友好协会成立的 35 周年，这是一个重要的里程碑，是对圣马力诺中国友好协会自成立以来长期持续开展的促进两国关系活动的见证。

圣马力诺中国友好协会在过去多年来所推动的友好关系，一直是一笔财富，标志着从政府间的官方关系向文化、社会和经济交流的转变，使两国关系更加密切。

多年来，协会在圣马力诺举办了中国画、手工艺品的展览、中国民间歌舞表演以及庆祝历史事件和纪念日的集邮活动。

此外，圣马力诺多个代表团曾多次访华，到访多地，完成了众多项目，其中包括圣马力诺青年学生赴华游学。

协会与中国人民对外友好协会合作，始终以饱满的热情欢迎来自中国各地的中国代表团到访圣马力诺。

在这些举措中，我想提及的是 1999 年黄山市与塞拉瓦莱市结为友好城市并签署了建立合作关系的协议。

协会也是圣马力诺开设孔子学院的推动者，孔子学院致力于汉语和中国文化知识在圣马力诺的推广与传播。

协会将继续推动丝绸之路沿线国家的文化交流与合作，增进各国人民间的友谊，支持人类命运共同体的发展。

在"第二届文明古国友好组织对话会"上的发言

乌兹别克斯坦民族间关系与对外友好委员会代表　阿比多夫

亲爱的朋友们、各位来宾：

大家下午好！首先，我谨代表乌兹别克斯坦共和国文化部民族关系与对外友好委员会，对邀请我们代表团出席本次活动和热情接待表示衷心感谢。

"丝绸之路"堪称东西方纵贯古今紧密联系的鲜明象征。这条横贯大陆的航线绵延上万公里，成为连接世界各国的纽带。当然，丝绸之路不仅流通了稀有货物，还实现了知识、文化、技术和外交关系的广泛交流。

乌兹别克斯坦的撒马尔罕、布哈拉、希瓦、塔什干、铁尔梅兹、乌尔根奇、费尔干纳等著名城市成为丝绸之路上的陆地灯塔。丝绸之路沿线蓬勃发展的绿洲城市成为了国际货物转运点，是重要的贸易中心和不同文化的传播中心。

如今的乌兹别克斯坦地区自古以来是丝绸之路上的重要节点，促进了各国和地区之间的联系、信息交流，新产品的传播和文化的交融。

几千年来，乌兹别克斯坦人民和中国人民已经建立了牢固的友谊和互利关系。几个世纪以来，商队沿着丝绸之路行进，它不仅是两国之间贸易的大动脉，而且在传播知识和文化、团结两国人民方面发挥着重要的作用。如今，这条线路已经演变成独特的"一带一路"倡议，该倡议正在构建一种新的关系架构，旨在通过相互合作和互惠互利的方式来联合各国。

众所周知，今年五月，乌兹别克斯坦总统米尔济约耶夫对中国进行了国事访问，与中国国家主席习近平进行了富有成果的会晤。两国元首签订了联合声明并通过了 2023 年至 2027 年两国新时代全面战略伙伴关系发展规划。访问期间，两国签署了一系列双边文件，旨在加强战略伙伴关系，深化两国合作。

得益于双方的共同努力，两国经济、贸易、投资等领域合作呈现高增长势头。值得一提的是，乌兹别克斯坦与中国在投资和现代化技术领域的合作正变得日益密切，这些合作旨在加速技术现代化和经济多样化，以及提升我国的出口潜力。这种快速发展的合作关系极具互惠性质，为两国人民带来实实在在的收益。

艺术与文化是让人民团结在一起的主要因素之一，也是国际关系中最具启发性的领域。中国和乌兹别克斯坦是东方文化和文明的重要组成部分，这为在该领域扩大和深化合作开辟了广阔空间。两国人民友谊有着深厚的历史根源，是进一步加强中乌睦邻友好的坚实基础。

在学生交流、文学作品翻译与出版、电影、电视节目翻译与播映、跨地区交流与人才培养等领域，合作持续蓬勃发展，有效促进了我们两国人民的紧密联系。塔什干和撒马尔罕的孔子学院培养了一大批汉学家，他们是中乌友谊的真正使者。旅游合作也在快速发展。越来越多的中国游客有机会造访美丽的乌兹别克斯坦。

2003 年，中国第一座纪念乌兹别克斯坦文化代表人物、细密画家卡莫里丁·贝佐德的纪念碑在长春市落成。2017 年，乌兹别克斯坦伟大诗人阿里舍尔·纳沃伊雕像落户上海大学校园内。这些事件充分体现了中国人民对乌兹别克斯坦人民文化艺术的深深尊重和极大兴趣。同时，在乌兹别克斯坦撒马尔罕国立大学旁边建立了一座中国伟大思想家孔子纪念碑。

目前，两国科技机构之间已建立了富有成效的合作，基于国家跨部门渠道的学生和实习生跨校交流不断扩大。乌兹别克斯坦有六所高校教授汉语。

当前，乌兹别克斯坦的高校中，已有 600 多名学生将汉语作为主要语言进行研修。此外，本国多所教育中心开设汉语选修课。为了让学生们了解中国人民的历史、文化和传统，乌兹别克斯坦各高校设立了汉语中心，配备了技术教具、教材和地理国情学习资料。

塔什干、撒马尔罕等地设有孔子学院，有1200多名乌兹别克斯坦学生学习汉语。

2015年，塔什干国立东方大学设立汉学系，系内设有同声翻译中心和语音实验室并配备了现代化设备。该院系已开始培养同传翻译人才，可参与中乌两国国际活动。

同年，即2015年，中国首个乌兹别克语专业在上海外国语大学开设。2018年11月，该大学开设了乌兹别克语专业本科课程以及乌兹别克语言和文化中心。

友好城市之间的联系不断加强。作为中国最大的城市、商业和文化中心，上海自1994年与塔什干结为友好城市，在中乌经贸合作、人文交流等关系发展中扮演着极其重要的角色。

此外，西安市与撒马尔罕市之间签订了友好城市协议，陕西省与撒马尔罕州之间也签署了友好关系协议。浙江省瓯海区与锡尔河州签订建立友好地区关系协议。由此可见，我们两国之间已结成十多对友好城市和地区。

最后，我想再次感谢本次活动的主办方，希望本次活动为两国关系发展注入新动力。

感谢您的关注！

在"第二届文明古国友好组织对话会"上的发言

德国中国友好联合会副主席　库尔茨

女士们、先生们，亲爱的朋友们：

整整50年前，我参加了德国高考（Abitur）。那时，笔试和口试之间有六个星期的间隔。我和几个朋友充分利用了这段时间。我们去了希腊，参观了西方古代遗址。

当时我们还很年轻，但对我们来说，那是一次非常激动人心、富有教育意义的美好经历。我们参观了希腊的许多古迹。奥林匹亚、科林斯、雅典、比雷埃夫斯、德尔斐、斯巴达等等。我们想在这些历史古迹中感受古代众多哲学家、诗人和思想家以及古代运动员的氛围和情怀。

许多古希腊哲学家都对西方思想产生了影响，也成了许多作家的楷模。苏格拉底、柏拉图和亚里士多德等名字已成为世界历史上不可或缺的一部分。我们的现代世界在许多方面都受益于古希腊，包括数学教育、奥运会、政治理念甚至民主，等等。

古代世界的特点在于对认识世界和科学抱有极大的兴趣，尤其是对希腊人来说，生活在一个社区中的所有人的福祉，也就是大众的利益，始终是第一位的。为了共同的利益，人们一起制定了共同生活的规则。当时，苏格拉底认为每个人都必须主导自己的生活，因此必须参与到社会中去，明确自己的利益。这样，就能为社区中的每个人找到解决办法。为了做出正确的决定，必须质疑一切，包括质疑自己。

人们如何和平、和谐地生活在一起，是一个长久的问题。在古代世界中，每个人都有自己的位置。在古希腊，不同的，甚至是相互冲突的哲学和宗教观点大多都能够共存。在亚历山大大帝将帝国扩展到印度后，这种宽容成了"希腊主义"的标志。许多宗教和教派在那里百花齐放，其中一个典型例子就是以希腊艺术为基础的、具有犍陀罗风格的冥想佛像。

这就是我今天希望再次看到的宽容。你们一定想知道我希望从谁那里看到这种宽容。不幸的是，当前的地缘政治局势并不宽容。在过去的 15 到 20 年里，世界发生了巨大的变化。几乎所有国家都得到了发展，变得更加自信，并想要像所谓的西方世界过去所做的那样：拥有发言权，参与决策，与其他人一起制定规则。这是他们的权利。就在几天前，在南非举行的金砖国家峰会上，这一要求再次得到了明确重申。

一些西方国家特别不喜欢这种新的意识。他们担心自己会失去部分或全部影响力。首先是美国，不幸的是还有德国的一些部长，他们得到了许多西方媒体的支持。我要明确指出，这里所说的是一部分部长。并非所有内阁成员都奉行这种政策。我对此深表遗憾。

我想强调的是，欧洲大多数民众并不支持这种政策，商界当然也不支持。因此，最近几周，德国国内有越来越多的声音反对这种破坏性的政治风格。

如果没有对其他文化、其他民族和其他社会模式的宽容，我们就无法推动世界向前发展。气候变化带来的灾难已经威胁到了人们的生命，如何为人们提供健康的食物，保护他们免受疾病的侵害，这些都是我们面临的重大挑战。只有地球上的每一个人都共同关注这些议题并迅速采取行动，我们人类才能生存下去。气候变化还将最大程度地弱化单一国家的利益，因为在未来，我们提出的各种政策与解决方案都需要从全世界的角度出发。

谢谢大家！

文化交流与文明互鉴　共创开放包容合作新局面

奥地利中国友好协会副主席　艾琳娜

首先，我要对主办方邀请我参与此次重要活动表示衷心感谢。

在西方关于国际关系的讨论中，近年来鲜有书籍像弗朗西斯·福山（Francis Fukuyama）的《历史的终结》（1989/1992）和塞缪尔·亨廷顿的《文明的冲突与世界秩序的重塑》（1993/1996）那样产生如此深远的影响。但在我看来，这些书的观点都是错误的。值得一提的是，亨廷顿的这本书实际上是对他学生福山观点的直接回应。

众所周知，福山认为1989年苏联的解体将预示着自由主义在全球的最终胜利——这主要体现在市场经济和民主方面。这一社会模式的胜利，将为世界舞台上的霸权争夺画上句号。

在福山看来，其他社会模式或文化将失去其重要性，因为它们将被纳入到西方的自由民主模式中。

但是，福山的批评者很早就指出，自由民主并不是一个稳定的状态，而是以多种不同形式呈现，同时还存在时空和地域的差异。这些差异以动态方式交互，并常伴随着紧张关系。此外，他们还指出自由民主和资本主义会导致或加剧不平等，产生国内和国际上的"赢家"与"输家"。这些"输家"可能会变得心灰意冷，从而可能削弱自由民主的基础。这一趋势在今天可以看到，在民主国家中，相当一部分人对现有的政治制度已经失去了兴趣，而且更容易接受误导性信息和倾向于民粹主义的观点。

2016年，福山在接受德国《时代周报》采访时承认，中国在未转型为自由民主的情况下成功地实现了现代化，这对他的历史观点构成了重大挑战。

塞缪尔·亨廷顿在《文明的冲突》中辩称，历史尚未终结。他认为，随着冷战结束，文明——以及文明间的竞争——再次成为主导，而政治意识形态则被淡化。未来的战争将不再是国与国之间的战争，而是文化和文明之间的战争。他相信，在冷战结束后，世界政治步入了一个新的阶段，非西方文明不再只是西方文明的被压迫者，而是转变为与西方并肩、共同塑造和推动世界历史发展的重要参与者，这样的转变也明显削弱了西方的经济影响力。亨廷顿认为，华夏文明和伊斯兰文明是对西方文明的两大挑战。他进一步指出，鉴于历史和当前的人口结构，文明的冲突尤为突出。

在今天这场重要的会议上，我们没有足够的时间来深入探讨福山和亨廷顿所描述的观点。

我坚信，当前的世界历史节点向全人类提出了紧迫挑战。只有各国、各地区、不同的文化和文明通力协作，我们才能成功应对这些挑战。此外，我想特别强调气候变化这一议题，无论哪个国家，无论其有多强大，都不能独善其身，无法单靠自己保护其人民免于气候变化的冲击；同样，也没有任何一个国家可以独自稳定全球的气候。所有国家，甚至所有的利益相关者，都需要放下其意识形态和文明的分歧，共同为我们在这唯一的地球上生存而齐心协力。《联合国气候变化框架公约》在 1992 年正式签署，这也正是福山首次公开阐述其观点的那一年。这份公约很具有远见，在强调各方的差异时，并没有忽视各方的责任，而是综合考虑到各方的实际能力。

在公约的第 3.1 条中，我们可以看到这样的内容："各缔约方应当在公平的基础上，并根据它们共同但有区别的责任和各自的能力，为人类当代和后代的利益保护气候系统。"我认为，这项条款不仅考虑到了各方经济实力的差异，还包括了文化、社会组织及治理体系等多种不同的因素。

虽然各国之间存在这些差异，但不论这些差异如何，每个国家都有责任共同合作，应对气候变化并采取相应措施。我相信，对于所有全球公共产品来说，这样的观点也是适用的。从定义上来看，市场机制无法产生全球公共产品，但它是对人类繁荣至关重要的资源，例如金融体系稳定、传染性疾病遏制、全球渔业管理等方面。

在这些例子中，合作为每个人带来好处，而竞争则给每个人带来伤害。

在欧洲的民主国家中，多样性被高度重视。这种多样性不仅体现在社会的各个层面，还表现在公司董事会的性别平衡、决策机构，以及丰富多彩的语言和文化中，为欧洲丰富的文化遗产锦上添花。俗话说，"女子有参与，决策更明智"。我们知道，多元化的人才是推动创新和变革的关键，正是这样的创新和变革，才能让我们有效应对刚刚我所简要提及的全球挑战。

我深信，跨文化合作势在必行，这样我们既能够互敬互荣，又能筑就坚实的法律之堤，确保权益平衡。

感谢各位的聆听！期待此次与大家的交流能够硕果累累！

在"第二届文明古国友好组织对话会"上的发言

亚美尼亚中国友好协会会长　阿瓦江·卡连·卡罗耶维奇

尊敬的各位同事，女士们、先生们：

今天我们齐聚一堂，共同探讨一个深刻反映时代精神的主题："全球文明的开放合作与相互启迪。"

我们的任务是更加细致地研究这一重要议题。

伟大的古代文明在各个领域为我们留下了丰富的遗产，这同时也提醒着人们，不同文化之间的互动依旧是推动进步的关键因素。

如何在这件事上取得进展，我们认为应坚持四个主要原则：

一、贯彻文化多样性平等

世界上有 200 多个国家、2500 多个民族、70 多亿人口、10 多种主要宗教，每个社会各有其丰富多彩之处，共同组成了缤纷灿烂的人类文明图景，其中并不存在"文化优越性"或"文化落后性"。我们应将相互尊重作为国际合作之基石。

二、发展人类共同价值观

繁多的文化传统之中存在一些不仅能团结个体，还能团结民族乃至整个国际社会的价值观，其中包括和平、发展、平等、公正、民主和自由，而所有价值观中最重要的便是和平。

坚持这些价值观的同时，我们也在为奠定世界和谐的基础做贡献。

三、维持文化交流与独特性保护之间的平衡

需强调的是，"传承"对社会发展的影响力不亚于"创新"对文明进步的作用力。成功将尊重本国传统同先进创新成果相结合的现代中国便是贯彻这一理念的完美典范。

因此，保护尊重传统文化和推动创新齐头并进的平衡之道才是促进社会发展的关键。

四、促进国际合作

古往今来，不同文化、不同民族之间始终绵延着深入合作的愿望。

在此背景下，我们应当架起一座座不仅可以连通世界各地，还能弥合文化和语言差异的桥梁，将你我团结为一个全球社会。

在这一点上，中国的"一带一路"倡议便是一个重要的例子。该倡议是打破地理和文化壁垒的象征，促进了各个领域的密切联系与合作，激发建立了新的合作与共识机制。

我们相信，只要遵循这些原则，便能建设更加和谐的世界。在那样的世界里，不同文明能够彼此充实，合作将成为进步的关键。

我想指出的是，我国和中国之间的友好关系早已发展为真正的兄弟情谊，并植根于这些具有深远意义的原则之中。亚美尼亚和中国尽管各有其独特的文化和历史背景，却是不同文明之间成功交契耦合的完美例证。在两国价值观高度重合、文化高度互补的大背景下，亚美尼亚深切重视全球文明问题，并正当强调相互尊重和开放沟通是这一进程中最重要的步骤。

亲爱的朋友们，在当今世界上，地理界限正逐渐失去其意义，我们即将踏入合作与理解的新时代，更应当为沟通、交流和互动开拓广阔的前景。我们的志向将助力两国跨越文化和语言的藩篱，彼此充实，共攀高峰。

最后，感谢各位拨冗出席此次重要对话。

伊朗茶源于中国之考证

伊朗语言中心汉语专业创始人、汉语系主任　巴阿明

一、引言

饮食是人类的基本需求之一，常会附载超出其基本功能的意义。

去年，教科文组织将"中国传统制茶技艺及其相关习俗"列为世界非物质文化遗产。而茶的影响范围早已超出了中国。

据统计，伊朗人的茶叶消费排在世界第六，茶已经成为富有文化意义的饮料。

二、伊朗的茶叶历史

首先，从词面上来看，大部分欧洲国家将茶称为"tea"，与海上丝绸之路重要港口泉州的方言相近，读音是［de2］，而波斯语则将茶称为［tʃɒi］，类似于北方方言。可以推断茶叶是通过陆上丝绸之路传到伊朗的。

另一方面伊朗权威词典中对"茶"的释义，都以用"中国"一词作为定语。

伊中的交流历史可追溯到公元前550年，但伊朗的最早可考文献是9世纪君迪（Jundi）的《药典》。其后伊朗博学家毕鲁尼（Biruni）的《医用药学》也专门提到茶叶，并进行了详细介绍。

11世纪伊本·阿瓦（Ibn Awwwa）在《城市管理》一书中介绍当时社会的各行各业，在餐饮行业并没有提到茶，这表明茶在当时还是药物。

伊朗最早将茶提升为饮料的历史文献可以追溯到14世纪，这一时期伊朗与国外的关系蓬勃发展，波斯语资料中有"15世纪末和16世纪初，有波斯商人将茶叶从中国带到了欧洲"的史料。

萨法维王朝——亚当·奥尔施格（Adam Olschger）在 17 世纪曾到伊斯法罕，他游记中提到了伊斯法罕的三个休闲场所——酒吧、咖啡馆和茶馆。茶馆的波斯语翻译为"中国茶馆"。这意味着这种饮料在萨法维时期不再只是药物。侧面证明他对茶不了解，可以推断茶在当时的欧洲部分地区并不常见。

Mohammad hasan Khan moghaddam maraghei 在《城市之镜》记录，茶在 19 世纪之前已进入过伊朗，主要是王室和少数贵族所独有的。

美国伊朗历史学家鲁迪·马修（Rudi Matthee）认为当时茶叶价格昂贵。

随着贸易倾销，国内消费上升，巨大的财政压迫，迫使国王考虑在国内种植茶叶事宜。

三、伊朗茶叶的种植和生产

第一次尝试种茶是 1882 年，受国王纳赛尔丁·沙指示，从中国引进茶种子，在伊斯法罕种植，但因气候问题失败。

17 年后，下一任国王穆罕默德·阿里·沙派曲万鲁（Quwanlu）前往印度暗中研究种植和生产茶叶的技术。回国后，他在北部靠里海的吉兰省适合种植茶叶，结果较为成功但技术不成熟。1929 年，曲万鲁（Quwanlu）再次前往印度、日本和中国引进更有效的技术。

四、中国在伊朗茶生产中的作用

Quwanlu 1929 年在上海聘请了四名茶叶专家在伊朗进行相关工作，分别是：滕海初（Teng haichu）、叶文钦（Ye Wenqing）、叶慕春（Ye Muchun）、楚奉之（Chu Fengzhi）

四名在伊朗的中国茶叶专家中有两位留在了伊朗，也有研究认为四位都留在了伊朗。其中关于滕海初（Teng Haichu）的资料更多。中国专家的专业水平和为人道德，在伊朗产茶区乃至伊朗当局留下了非常好的印象。有一次，伊朗农业部长邀请到 Lahijan（伊朗一地名），当地官僚知道中国专家的威名，决定把来自不同茶厂沏好的茶杯摆放在一张桌子上，让滕海初（Teng Haichu）品出茶厂的名字。据在场的人陈述，他只说错了三项，可见他是一位擅长茶叶的专家。

在中国专家的协助下，Lahijan茶的质量变得越来越好，伊朗也不像从前依赖于进口外国茶叶。

五、结语

伊朗的茶，从词面上、从药材功效上和从种植和加工上直接受到中国影响。

伊朗茶在漫长的过程中受到中国为首的影响，完全被伊朗文化吸收，全面融入了伊朗人的生活，变成了伊朗人"逢知己，千杯少"的饮料，并融入习俗文化：

求亲仪式中，女孩子亲自给男孩子端茶，表示双方家人同意进一步接触；

茶是开斋饭必不可少的饮料，伊朗国家非物质文化遗产列单中多项与茶有关。

茶已深深地透进了伊朗文学，附有寂静、安详的意境，受伊朗茶具特色影响，茶杯与茶杯碟已有陪伴的文学意义。

中国茶叶文化之丰富，从茶种、茶艺、茶具等都可以丰富伊朗人的生活，也可以再一次成为伊中文明互鉴的纽带。

在"第二届文明古国友好组织对话会" 闭幕式上的总结发言

甘肃省人民对外友好协会专职副会长　梁保平

尊敬的各位嘉宾，女士们，先生们，朋友们：

今天下午，我们围绕"友好交流，推动人类文明进步""开放合作，互鉴世界文明成果""兼容并蓄，共建人类文明家园"三个议题，各位嘉宾、发言人坦诚交流、深入沟通，就文明对话提出许多真知灼见，形成了一系列重要的、有价值的观点，为下阶段我们工作的开展提供了重要参考。

本次对话会的成功举办，再次证明：

第一，对话比对抗好。习近平主席的全球文明倡议中指出，人类生活在同一个地球村里，越来越成为你中有我、我中有你的命运共同体。随着世界多极化、经济全球化、社会信息化、文化多样化深入发展，彼此间的相互联系和相互依存日益加深，有些疑虑可以通过对话加以缓解，有些问题可以通过对话协调解决。

第二，交流比封闭好。人类文明多样性是世界的基本特征，交流是人类进步的重要路径，是各国各民族之间相互了解、人与人之间情感沟通的重要桥梁。封闭不是福音，隔绝没有出路。在全球化时代，文明交流互鉴更是推动人类社会进步的强大动力，更是维护世界和平的重要纽带。

第三，合作比冲突好。人类生活在不同文化、种族、肤色、宗教和不同社会制度所组成的世界里，已经形成了你中有我、我中有你的命运共同体。各国人民普遍渴望文明交流与合作，消除隔阂与偏见，摒弃"文明优越论"

与"文明冲突论"，搭建跨越文明对话的桥梁，让和平的薪火代代相传，让发展的动力源源不断，让文明的光芒熠熠生辉。

我们始终相信：

尊重世界文明多样性，是推动文明交流和发展的基本前提。我们要在尊重和保护世界文明多样性的前提下，推动不同文明之间进行对话，在相互学习和理解的过程中，破除隔阂和偏见、消除恐惧和冲突，构建不同文明包容互鉴、和合共生的世界文明新格局。

弘扬全人类共同价值，是推动文明交流和发展的根本遵循。和平、发展、公平、正义、民主、自由的全人类共同价值，是各国人民的共同呼声。只有坚持开放包容、相互尊重，才能真正弘扬全人类共同价值，才能构建更加紧密的人类命运共同体。

重视文明的传承和创新，是推动文明交流和发展的强大动力。不同国家和民族都应肩负起延续和发展人类文明的责任，在交流对话、相互借鉴的过程中融合不同文明的优长、汇聚不同文明的智慧，丰富文明内涵、创新文明表现形式，让优秀历史文化展现出跨越时空、超越国度的强大魅力和勃勃生机，真正造福整个人类社会。

加强国际人文交流合作，是推动文明交流和发展的重要途径。各国文明都有其骄傲和独特之处，也有其他文明可以借鉴学习的宝贵经验。扩大人员往来，加强人文合作，丰富交流内容，拓展合作渠道，搭建对话平台，增强彼此互信，促进人民相知相亲，必将为我们建立更为紧密的联系，带来更广阔的发展空间。

最后，我要衷心感谢全国友协、甘肃省人民政府的大力支持；感谢不远万里来参会的各国嘉宾们，是你们的热情和智慧使这次对话会成为了一个成功的盛会；感谢我的同事们艰辛的努力和酒店的高质量服务，使本次对话会成为难忘的大会。

我宣布，第二届文明古国友好组织对话会胜利闭幕！

联合国教科文组织保护非物质文化遗产公约 20 周年论坛

联合国教科文组织保护非物质文化遗产公约 20 周年论坛

2023 年 9 月 7 日上午，第六届丝绸之路（敦煌）国际文化博览会期间，由联合国教科文组织、世界银行、甘肃省人民政府共同举办的"联合国教科文组织保护非物质文化遗产公约 20 周年论坛"在敦煌市顺利举办。来自联合国教科文组织、世界银行以及 11 个国家和地区从事非物质文化遗产保护工作的专家、学者、传承人、政府代表，进行了经验对话、交流共享。论坛分为开幕式、主旨演讲、专题讨论、非遗展演、闭幕式五个环节。

2023 年是《保护非物质文化遗产公约》（以下简称《公约》）通过 20 周年，全球各地及丝绸之路沿线区域的文化多样性受到气候变化、生物多样性丧失、地区经济发展不平衡等全球性巨大挑战。《公约》倡议国际社会本着互助合作的精神，加强非物质文化遗产保护，促进人类经济社会的全面、协调、可持续发展。值此《公约》通过 20 年之际，需要各方进一步强调非物质文化遗产属于全人类的属性，并回顾和总结优秀做法、分析经验教训，为今后的传承发展探寻方向。联合国教科文组织认为，丝绸之路一直被认为是一条世界重要的历史文化之路、合作共赢之路、沟通交流之路。本论坛通过"一带一路"共建国家非遗保护工作经验交流共享，研究推动世界各地文化薪火相传、创新创意、实现人类可持续发展的路径和举措，促进国际非遗保护传承与交流合作。

与会各国专家学者通过生动的案例研究和专题小组讨论，共同探讨如何在不同国家实施"城市、文化和创造力"框架中提出的助推因素，协同加强非遗保护和文化创意产业发展，并将文化创造力置于城市发展的核心，推动实现可持续发展目标。

此次论坛，进一步加深了甘肃与联合国教科文组织、世界银行之间的沟通与合作，有助于加强甘肃与国际非遗专家的合作与交流，也有助于参会各方全面了解甘肃，在更多领域参与支持甘肃经济社会发展、提升如意甘肃美誉度。

论坛上，联合国教科文组织还为敦煌研究院、常书鸿、段文杰和樊锦诗颁发了杰出贡献奖，以表彰他们在保护联合国教科文组织世界遗产莫高窟方面所作出的杰出贡献。

强化非遗保护传承　推动文明交流互鉴

甘肃省委宣传部副部长、省文化和旅游厅厅长　何效祖

尊敬的杨碧幸女士、艾威达先生，马秦临司长、王晨阳司长，各位嘉宾，新闻媒体的朋友们：

今天，我们与联合国教科文组织、世界银行一道，共同举办联合国教科文组织《保护非物质文化遗产公约》20 周年纪念特别活动——"联合国教科文组织保护非物质文化遗产公约 20 周年论坛"。

本次论坛邀请来自 11 个国家和地区 80 多位从事非物质文化遗产保护工作的专家、学者、传承人、政府官员参加。首先，我代表甘肃省文化和旅游厅向论坛的举办表示热烈祝贺！

向长期以来关心支持甘肃发展的联合国教科文组织、世界银行等国际组织，以及文化和旅游部等国家部委表示衷心的感谢！向与会的各位嘉宾、朋友们表示热烈的欢迎！

习近平主席指出，保护好、传承好、利用好非物质文化遗产这一宝贵财富，是我们的共同责任，是人类文明赓续和世界可持续发展的必然要求。

非物质文化遗产是全人类的宝贵财富。丰富多彩的非物质文化遗产，是各国人民智慧与文明的结晶，与物质文化遗产共同承载着人类社会的文明，既是历史发展的见证，又是世界文化多样性的体现，是人类重要的宝贵资源。

《保护非物质文化遗产公约》倡议国际社会保护非物质文化遗产，本着互助合作的精神，共同为遗产保护作出贡献，促进人类经济社会的全面、协

调、可持续发展。

中华文明绵延 5000 多年而从未间断，以"天下大同"的追求，以自信开放的姿态，与世界各族人民开展了多元文化交流。

中国是《保护非物质文化遗产公约》的坚定拥护者和积极推动者，颁布了《中华人民共和国非物质文化遗产法》，将非遗保护纳入了法治化轨道，同时也有越来越多的群众积极参与到了非物质文化遗产的传承保护行动中来。

甘肃地处古丝绸之路黄金路段，历史文化底蕴厚重，非物质文化遗产内容丰富。

甘肃省颁布了《甘肃省非物质文化遗产条例》，各级政府高度重视，社会各界积极参与非物质文化遗产系统性保护工作。

截至目前，我省有"花儿""环县道情皮影戏""天祝格萨（斯）尔"3 个项目入选联合国教科文组织人类非物质文化遗产代表作名录，公布国家级非遗代表性项目 83 项、省级 493 项，加上市、县登记确认的非遗代表性项目，总数达到 8161 项；认定各级非物质文化遗产项目代表性传承人 12577 人，国家、省、市、县四级非物质文化遗产保护名录体系进一步完善。

甘肃设立了 8 家省级文化生态保护区，认定了 121 家省级及以上非遗工坊，2 条旅游线路入选全国 12 条非遗主题旅游线路，3 家非遗工坊入选国家三部委联合公布的"2022 年非遗工坊典型案例"。

各级非遗保护机构和人才队伍建设不断健全，生产性保护成效明显，整体性保护工作取得进展，数字化保护有序展开，法治化保护工作进展顺利。非遗的传承发展已成为深受甘肃群众欢迎的惠民工程，为传承和弘扬各民族优秀传统文化、建设幸福美好新甘肃发挥了重要作用。

甘肃积极推进非物质文化遗产保护的国际、国内合作。先后在埃及举办了甘肃省非物质文化遗产展演和甘肃民族风情歌舞表演；在中国台湾高雄、中国香港等地举办了"如意甘肃"非物质文化遗产展览展演，连续多年在敦煌举办"丝路记忆"文化和自然遗产日宣传展示活动。

我们愿与在座的各位朋友们一道，坚持对话协商、共建共享、合作共赢、交流互鉴，广泛开展交流合作，为非遗保护、文化和旅游合作发展搭建交流之桥，为携手发展增添动力之翼。

各位嘉宾、朋友们，借此机会，我提议，让我们一起共同努力：

第一，搭建合作平台。我们愿与大家加强非遗保护、文化和旅游领域政府间交流合作，积极构建多层次政策协调对接机制，实现战略对接、优势互补、发展融合、利益共享，为遗产保护、文化和旅游领域交流合作搭建支撑平台。

第二，推进资源对接。我们愿意分享中国、甘肃文化遗产保护、世行贷款文化传承创新项目建设、美丽战胜贫困的经验做法，推动文化交流互鉴、跨区域携手发展。倡议共同深入挖掘古丝绸之路文化遗产内涵，在非遗保护、非遗展演、非遗创意创新等方面开展合作，联合打造具有丝绸之路特色的文化旅游线路。

第三，密切人才交流。通过遴选"丝绸之路文化使者"，推进专家智库、翻译学者、艺术家、非遗保护、创意发展等方面青年人才培养，共同加强非物质文化遗产可持续发展的人才培育。

我们真诚希望，以本次论坛为契机，凝聚各方智慧力量，进一步深化与各方的交流合作，携手共进，共同构建稳定多维的非物质文化遗产保护合作机制。

最后，祝本次论坛圆满成功！

谢谢大家！

在"联合国教科文组织保护非物质文化遗产公约 20 周年论坛"上的致辞

联合国教科文组织东亚多部门地区办事处主任兼代表　夏泽翰

尊敬的何效祖先生、艾哈迈德·艾威达先生，亲爱的朋友们：

非常荣幸欢迎各位莅临参加"非物质文化遗产保护促进可持续发展"论坛，本次论坛是第六届丝绸之路（敦煌）国际文化博览会同期举办的特别活动。本次意义非凡的相聚离不开联合国教科文组织、世界银行和甘肃省文化和旅游厅的合作与支持。我们齐聚历史名城敦煌——一个具有丰富的丝绸之路文化遗产的地方，共同深入讨论"非物质文化遗产保护"这个至关重要的主题。

甘肃不仅是古丝绸之路的黄金路段，拥有丰富独特的自然、文化和历史资源，也是联合国教科文组织的忠实合作伙伴。在世界银行的支持下，联合国教科文组织和甘肃省人民政府携手合作，制定了专属方案，助力甘肃省达成基于文化的可持续发展和减贫的双重目标，以在保护甘肃独特遗产和利用文化与创造力的巨大潜力促进经济发展之间找到适宜的平衡。

2023 年是联合国教科文组织《保护非物质文化遗产公约》通过 20 周年纪念，也是"一带一路"倡议提出的第 10 周年。过去十年的实践表明，这是中国和世界其他国家共享机遇、谋求共同广阔发展的成功途径。

丝绸之路作为贸易、思想和文化的纽带，在塑造世界互联互通方面发挥了深远作用。今天，当我们站在全球化的十字路口时，当务之急是珍惜和保护世代相传的非物质文化遗产。这些非物质文化表现形式，无论是传统艺术、手工艺、仪式、语言还是社会习俗，不仅反映了共同的人类历史，也为丰富社会多样性提供了宝贵启示。

在快速的城市化、技术进步和社会动态变化面前，我们的非物质文化遗产面临前所未有的挑战。作为这一遗产的守护者，我们有责任确保它能在现代社会存活，能够茁壮成长。本次论坛提供了一个平台，让我们共同探索保护、促进和传承非物质文化遗产的创新战略和最佳实践，同时将其与可持续发展目标相结合。

在甘肃世行贷款文化传承创新项目的框架下，联合国教科文组织、世界银行和甘肃省文化和旅游厅充分体现了合作精神，这种精神对于实现这些目标至关重要。通过整合资源、专业知识和观点，我们可以形成一种全面的方法，赋予当地社区权力，增加经济收入，促进文化交流。我们可以共同架起过去和未来的桥梁，创造惠及后代的遗产。

虽然论坛仅持续半天，但我们将有幸听取在保护和传承非物质文化遗产方面的一流专家、从业者和利益攸关方的意见。通过深入讨论、案例研究和互动，我们将探讨研究更多的挑战和机遇，为我们共同的以文化遗产为基础的可持续发展铺平道路。

最后，我要衷心感谢甘肃省人民政府、我们的长期合作伙伴世界银行，以及所有参加此次论坛的嘉宾、演讲者和合作伙伴，你们为本次活动的成功举办作出了重要贡献。让我们利用这个机会进行有意义的对话，相互学习，共同致力于保护非物质文化遗产，让我们的世界更加美好。

谢谢大家！

在"联合国教科文组织保护非物质文化遗产公约 20 周年论坛"上的致辞

世界银行文化遗产与可持续旅游项目国际协调员　艾哈迈德·艾威达

我非常高兴能和大家一起参加今天这场特别的文博会论坛，同时也非常高兴可以邀请到来自世界各地，尤其是古丝绸之路沿线国家的优秀代表团，以及来自联合国教科文组织和甘肃省人民政府的主旨演讲人和合作伙伴们。

首先，我要感谢甘肃省人民政府和甘肃省文化和旅游厅组织了本次盛况空前的文博会，并就非物质文化遗产保护的话题展开对话、举办经验交流论坛。我们看到，越来越多的国家希望利用其旅游、文化和创意产业（包括非物质文化遗产）的优势，促进经济增长，创造就业机会，促进包容性和区域发展。因此，他们正在寻求业务指导和框架。这将是我今天发言的主题。

本次论坛将以世界银行和联合国教科文组织 2021 年关于"城市、文化和创造力：利用文化和创造力促进城市可持续发展和包容性增长"的出版物和联合立场文件为基础展开。甘肃是全球首个与世界银行合作开展大型项目，并与国际金融公司、联合国教科文组织和联合国世界旅游组织合作，将这一框架付诸实施的省份。

世界银行的使命是利用知识、资金和伙伴关系，消除极端贫困，促进共同繁荣。而文化在这一过程中至关重要。正如我们在报告中强调的那样，文化不仅是发展的红利，也是实现发展的先决条件——它既是可持续发展和包容性增长的资产，也是实现可持续发展和包容性增长的工具。

就创收、增加就业机会和出口收入而言，创意经济是全球经济中增长最快的部分之一。2002 年至 2015 年间，全球创意产品出口额从约 2000 亿美元增至 5000 亿美元。

现今文化和创意活动比以往任何时候都更具有现实意义，这不仅体现在经济效益方面，也体现在空间和社会成果方面。它们有助于振兴社区，使人们居住的地方更具活力和吸引力，也有助于经济活动的发展和繁荣。

此外，通过具有包容性和参与性的表达方式，文化和创意活动能够促进社会凝聚力和社会包容性，同时也为边缘化群体和青年发声、创造机会。

城市有能力激发和利用文化、提升创造力和创新力，促进地方发展，并成为实现其变革性影响的枢纽。城市汇聚了来自不同文化和背景的人们，促进了思想交流和知识共享。由于创意人才和文化创意产业价值链中的不同利益攸关方都集中在城市，而城市拥有更大的市场，对其活动的需求也更高，因此城市空间、文化和创意之间存在着共生关系。

地方政府可以帮助利用文化和创意资产与资源（包括非物质文化遗产），将其作为实现长期发展和增强城市竞争力的加速器。

我的演讲将和大家分享甘肃如何通过我们的立场文件中提出的六大支柱领域（城市基础设施、技能和创新、网络和金融支持、包容性机构和法规、独特性和数字环境），采取有针对性的干预措施，释放文化和创意的潜力，并为其发展和繁荣创造有利条件。

最后，这次全球知识交流论坛将会为大家提供一个很好的机会，让大家就各自城市和地区如何进一步吸引和培育文化与创造力，并将其转化为地区振兴、创造就业机会和促进社会包容性等问题交换意见，分享宝贵见解和经验。

感谢各位的参与。稍后我将在第一个小组讨论中做一个更详细的介绍，希望对大家有所启发。我期待着在接下来的两个小组讨论中与大家一起进行富有成效的讨论。

谢谢大家！

在"联合国教科文组织保护非物质文化遗产公约 20 周年论坛"上的演讲

文化和旅游部非物质文化遗产司司长　王晨阳

尊敬的杨碧幸女士、艾威达先生、何效祖厅长，

尊敬的各位嘉宾，女士们、先生们：

大家上午好！

甘肃历史悠久，文化厚重，自古就是丝绸之路的战略通道，敦煌更是东西方文化的交汇之地。文明传承千载，丝路惠泽当代。很高兴今天与大家相聚在美丽的甘肃敦煌，共同参加"联合国教科文组织保护非物质文化遗产公约 20 周年论坛"。《保护非物质文化遗产公约》（以下简称《公约》）通过是具有里程碑意义的事件，20 年来，已经拥有了 181 个缔约国。回顾各国履行《公约》的承诺，共同展望非遗保护的未来，具有继往开来的时代意义。在此，我谨向论坛的主、承办方为论坛成功举办所做的各项务实有效的工作表示衷心感谢。我也十分愿意借此机会，与前来参加此次论坛的中外嘉宾、学者分享中国政府履行《公约》的相关情况、取得的成效以及获得的经验。

一、中国的非遗保护工作情况

非物质文化遗产是中华优秀传统文化的重要组成部分，是中华文明绵延传承的生动见证，是联结民族情感、维系国家统一的重要基础。中国政府历来高度重视非遗保护工作。早在《公约》通过之前，中国就一直开展民族民间传统文化的保护工作，并积极参与联合国教科文组织"人类口头和非物质遗产代表作"申报工作。中国于 2004 年加入《公约》，成为第 6 个批准该

《公约》的国家。作为缔约国，中国认真履行《公约》义务，积极参与《公约》框架下的各项工作，已申报 43 个非遗项目列入急需保护名录、代表作名录及优秀保护实践名册，深度参与《公约》操作指南的制定和修订，曾三次担任保护非物质文化遗产政府间委员会委员国。中国文化和旅游部与联合国教科文组织共同主办中国成都国际非物质文化遗产节，至今已举办了 7 届。中国政府还在北京设立了教科文组织支持的亚太地区非物质文化遗产国际培训中心，为亚太地区成员国提供非遗保护能力建设的培训服务，自 2012 年正式运营以来，共举办了 67 期国际培训活动，惠及亚太地区 41 个国家和地区。

在不断深化对《公约》精神的认识和理解基础上，中国立足本国国情，不断探索，积极开展非遗保护实践。党的十八大以来，中国非遗保护工作取得了长足的发展，非遗保护水平持续提升，中国特色非遗保护制度基本建立，非遗保护在弘扬中华优秀传统文化、促进经济社会高质量发展等方面发挥出越来越重要的作用。

非遗保护法律法规制度更加健全。2011 年，《中华人民共和国非物质文化遗产法》颁布实施，全国 31 个省（区、市）陆续出台非遗保护条例，一些市、县还出台了地方性法规。2021 年，中共中央办公厅、国务院办公厅印发《关于进一步加强非物质文化遗产保护工作的意见》，为新时代非遗保护工作明确了目标和任务。非遗代表性项目和代表性传承人认定和管理办法、文化生态保护区管理办法等一系列行政法规不断健全。非遗保护工作制度化、法治化水平持续提升。

非遗保护名录体系不断完善。截至目前，认定国家、省、市、县非遗代表性项目 10 万余项，其中国家级非遗代表性项目 5 批 1557 项；认定各级代表性传承人 9 万多人，其中国家级非遗代表性传承人 5 批 3068 名。全国设立 23 个国家级文化生态保护（实验）区。中央财政累计投入国家非遗保护资金 105 亿元，安排 18 亿元用于实施国家级非遗保护利用设施建设项目。

非遗保护传承工作持续深化。加快建立梯次合理的非遗传承人队伍，促进传统传承方式与现代教育体系相结合，拓宽非遗传承人培养渠道。完善激励措施，加大对各级非遗代表性传承人传承补助支持力度。实施非遗记录工程，支持对1805名国家级非遗代表性传承人开展记录。实施中国非遗传承人研修培训计划，总覆盖人数超10万人次。开展非遗进校园活动，把非遗相关知识与内容融入乡土教育、通识教育和校本教材。推动非遗理论研究和学科建设，20余所高校在高等教育阶段设立了非遗保护的专业和学科。

非遗服务国家重大战略的能力明显提高。推动非遗助力精准扶贫、助力乡村振兴战略工作，各地积极建设非遗工坊2500余家，覆盖450余个脱贫县和85个国家乡村振兴战略重点帮扶县，推动了当地经济发展，增强了社会凝聚力。成立黄河流域、大运河非遗保护传承工作协同机制，黄河流域、大运河文化带非遗保护工作形成了合作联动效应。

非遗宣传展示活动精彩纷呈。每年在"文化和自然遗产日"期间开展全国范围内非遗展示活动，举办中国成都国际非物质文化遗产节、中国非物质文化遗产博览会等活动，与媒体合作制作《非遗公开课》《非遗里的中国》等节目。云游非遗·影像展、文化进万家——视频直播家乡年、"新疆是个好地方"对口援疆19省市非物质文化遗产展、茶和天下共享非遗等活动已形成品牌。各地区域性、专题性活动持续开展，参与体验非遗、感知传统文化魅力成为新的生活时尚，社会公众对非遗保护的认识和关注度进一步提升。

二、中国的非遗保护工作经验

20年来，在尊重非遗传承发展基本规律的基础上，中国积极探索非遗保护的路径和方法，建设并发展了具有中国特色的非遗保护制度。实践证明，只有结合"公约"精神、扎根中国文化、立足中国国情，形成发展具有中国特色的非遗保护模式，才能繁荣我国非遗保护事业，为国际非遗保护工作贡献"中国方案"。回顾走过的道路，有一些工作经验和认识值得我们思考和总结。

坚持以人民为中心的发展理念。尊重持有非物质文化遗产的社区、群体并保护他们的各种权益,是《公约》最为重要的核心内容。非遗的主体是人民,非遗保护的首要任务就是要保护好、培养好传承人。各项保护措施都围绕传承群体这一基点来开展,不仅关照他们目前的传承状况,更要考虑到他们的长远发展;不仅关注他们的物质需求,更要在精神上给予他们支持与肯定。中国的非遗保护工作不仅要关注传承群体,也关注持有者之外的广大非遗受众,因为他们的需求和认同,是非遗长期生存发展必要的社会环境。非遗保护必须要站稳人民立场、尊重人民创造,将人民所喜爱、所认同、所拥有的非物质文化遗产保护好、传承好。

构建政府支持、社会广泛参与的行动网络。《公约》明确,各缔约国应该采取必要措施确保其领土上的非物质文化遗产得到保护,缔约国政府是责任主体。《中华人民共和国非物质文化遗产法》对国家主管部门、县级以上地方人民政府的职责做出了规定。各级政府从实际出发,制定了一系列保护措施,实施了一系列保护行动,创造性地工作,搭建起了非遗保护工作的整体框架,打通了人民群众参与非遗保护传承的通道。我们结合非遗的传承属性和时代发展要求,围绕保护传承实践、保护传承能力、与保护传承环境,支持、引导和规范社会力量广泛参与到非遗保护工作中,不断夯实非遗保护工作的社会基础。

坚持保护和利用相结合,推动非遗创造性转化和创新性发展。我们贯彻"保护为主、抢救第一、合理利用、传承发展"的工作方针,鼓励在有效保护的基础上,促进非遗的合理利用。一方面,要落实保护为主原则,全面加强保护管理。根据非遗项目门类的差异性分类施策,因项目、因地、因时制宜,实施灵活多样的保护政策和工作举措。另一方面,在做好保护的基础上,立足时代特点和人民群众需要,将"非遗融入当代生活"作为工作目标之一,推动非遗创造性转化、创新性发展,找到传统文化与当代生活的连接点,让非遗成为百姓生活的日常行为,成为社会活动的有机存在,成为价值观念的基本载体。同时，对非遗的历史价值、文化价值、经济价值、审美价值进行挖掘、阐释、利用，让非遗蕴涵的文化元素为文艺创作、文化产品生产提供源源不竭的丰润滋养。

三、中国的非遗保护工作展望

《公约》在序言中指出："全球化和社会转型进程在为各群体之间开展新的对话创造条件的同时，也与不容忍现象一样，使非物质文化遗产面临损坏、消失和破坏的严重威胁，在缺乏保护资源的情况下，这种威胁尤为严重。"中国的非遗保护工作同样面对着这种挑战。中国推动的非遗系统性保护，是对非遗再认知的过程，是在中国式现代化的大背景和新机遇中，对非遗保护各项工作全面深度评估考量，再塑重构的系统性工程。必须坚持和发展中国化的非遗保护经验，坚持以人民为中心，做到守正创新；坚持系统观念，做到问题导向；坚持自信自立，做到胸怀天下。

我们将继续充分发挥非遗保护工作部际联席会议制度的优势与合力，从建章立制、总体规划、机构设立、经费保障、组织协调、表彰奖励等方面加强宏观设计和制度建设，构建非遗保护工作大格局。发挥好社会力量在非遗保护中的重要作用，不断培厚非遗保护工作的社会基础，为非遗保护提供持续动力。扎实做好非遗系统性保护，不断完善非遗保护的政策法规体系、名录体系、理论研究体系、人才培养体系、传播推广体系、传承体验设施体系、数字化保护体系和工作队伍体系建设。强化非遗作为可持续发展驱动力和保证的作用，充分融入当代社会经济发展。继续采取行政、财政、技术等各方面务实举措，深入实施中国传统工艺振兴计划、持续推进非遗助力乡村振兴战略、主动与国家重大战略对接，推进非遗与旅游深度融合发展，确保非遗的可持续实践、长久保护和永续利用，为实现可持续发展目标做出更多贡献。

女士们、先生们，中华文明具有突出的连续性、创新性、统一性、包容性、和平性，我们将在新的起点上，继续传承发展中华优秀传统文化，以非遗展示中华文明的精神标识和文化精髓，讲好中国故事。

保护非物质文化遗产是我们普遍的愿望和共同的事业，离不开各国的共同努力。保护好我们的非物质文化遗产，有利于加强不同文明交流互鉴、促进世界和平发展，造福世界各国人民、惠及子孙后代。我们将一如既往秉持开放包容的态度，更加积极主动地学习借鉴人类创造的一切优秀文明成果，愿同各国一道，以"和平合作、开放包容、互学互鉴、互利共赢"的丝绸之路精神为激励，按照《公约》的精神和宗旨，互尊互信，深入交流非遗保护经验，分享优秀实践，为非遗保护事业的发展，为构建人类命运共同体做出持续贡献。

祝愿本次论坛取得圆满成功。

谢谢大家！

十年来中国非遗保护的政策导向与努力方向

中国非物质文化遗产保护中心副主任　郝庆军

各位领导，各位嘉宾：

大家上午好！

我今天发言的题目是"十年来中国非遗保护的政策导向和努力方向"，其实就是同大家交流一下十年来非遗保护工作中中国政府在政策引导、体制助力和制度推动方面做了哪些努力，效果如何？哪些经验值得汲取，还有哪些方面需要进一步加强？

在进入主题之前，先解释一下我为何选择"十年来"作为叙述单位来展开论述。这与我的一个判断有关。

中国非遗保护二十年，大致分前十年和后十年两个单元。

前十年是中国非遗保护四梁八柱建设时期，后十年是中国非遗保护系统性发展和结构性调整的时期。

前十年我们建立了四级名录体系、传承人评价体系、文化生态保护区整体性保护体系等等，尤其是 2011 年《非遗法》的颁布实施，是前十年非遗保护发展的一个里程碑。而非遗保护真正快速健康发展的是后十年，其起点是 2013 年 12 月十八届中央政治局第 12 次集体学习时候，习近平总书记提出的让大地上遗产、深宫里文物、书籍里的文字都活起来的重要论述。因为在此之前，非遗保护领域，尤其是非遗的学术界理论界笼罩着一种文化保守主义的思潮——这不能动，那不能动，要原汁原味，要保留原状，某种程度上，有把非遗"博物馆化""玻璃罩化""古物陈列室化"的危险。总书记关于文化遗产活起来的思想，扫荡了非遗领域的这种文化保守主义思潮，廓清了非遗保护中许多模糊认识，指明了非遗保护的前进方向。所以，我把 2013 年作为非遗保护的一个分水岭。在此之前，非遗保护重在制度建设和法律建设，在此之后，我国非遗走上了系统性保护的康庄大道。

那么，中国政府在哪些方面用政策引导、体制助力和制度推动来实现中国非遗系统性保护传承发展的呢？我梳理了一下，大概可以从三个方面来说明。

第一，引导中国非遗保护向基层和社区沉潜，让非遗真正活起来，真正融入人民群众的生产和生活。

我举两个例子。一个是《中国传统工艺振兴计划》。这个计划拓宽传统工艺产品的推介、展示、销售渠道。鼓励在传统工艺集中的历史文化街区和村镇、自然和人文景区、传统工艺项目集中地，设立传统工艺产品的展示展销场所，集中展示、宣传和推介具有民族或地域特色的传统工艺产品，推动传统工艺与旅游市场的结合。在非物质文化遗产、旅游等相关节会上设立传统工艺专区。举办多种传统工艺博览会和传统工艺大展，为传统工艺搭建更多展示交易平台。鼓励商业网站与相关专业网站设立网络销售平台，帮助推介传统工艺产品。

再者是《曲艺传承发展计划》。该计划要求非遗保护单位定期组织开展曲艺进校园、进社区、进乡村等活动，普及曲艺知识，推广曲艺项目，培养曲艺受众。鼓励对曲艺及其相关环境开展整体性保护，维护和培育曲艺传承发展的文化生态环境，有条件的地方鼓励设立文化生态保护区。鼓励各地积极借助各种媒体资源，创新传播渠道，搭建传播平台，加强对曲艺的宣传报道，扩大曲艺的社会影响，为曲艺传承发展营造良好的社会氛围。

这些政策的出台和实施，不仅让传统手工技艺得到有效保护和传承，更重要的是令亿万群众受益，改善社区文化生态，丰富了老百姓精神和物质生活。

第二，推动中国非遗保护向中心和主流文化聚力，使非物质文化遗产成为中华优秀传统文化重要组成部分。

这十年间，非遗由民间的民俗的文化形态转化为民族的国家的主流文化，从边缘走向中心，从非主流进入主流，中国的非遗保护成为一种新的文化实践活动，而在此过程中，政策引导功不可没。这方面政策和策略很多很细，我这里只举两个方面的例子。

一是融入国家重大战略。在京津冀协同发展、长江经济带发展、粤港澳大湾区建设、黄河流域生态保护和高质量发展等国家重大战略中，各级政府引导非物质文化遗产保护传承起到重要作用。在雄安新区、北京城市副中心以及国家文化公园建设中，加强非物质文化遗产保护传承的区域协调，起到重要助力作用。在实施乡村振兴战略和新型城镇化建设中，也发挥非物质文化遗产服务基层社会治理的作用，各地将非物质文化遗产保护与美丽乡村建设、农耕文化保护、城市建设相结合，产生许多优秀案例和成功经验。

二是融入国民教育体系。国家主导将非物质文化遗产内容贯穿国民教育始终，构建非物质文化遗产课程体系和教材体系，出版非物质文化遗产通识教育读本。在中小学，开设非物质文化遗产特色课程，鼓励建设国家级非物质文化遗产代表性项目特色中小学传承基地。在高校，将非物质文化遗产纳入学科体系，非遗专业进入本科目录，有条件的高校自主增设非遗硕士点和博士点。加大非物质文化遗产师资队伍培养力度，支持代表性传承人参与学校授课和教学科研。引导社会力量参与非物质文化遗产教育培训，广泛开展社会实践和研学活动。建设了一批国家非物质文化遗产传承教育实践基地。

第三，助力中国非遗保护向社会多领域扩容传播，让非遗保护传承成为人们日用而不觉的自觉行动。

这里举两个例子。就全国层面来看，"一日、两节、两会"成为非遗保护传承传播常年活动的集中节点。包括文化和自然遗产日、中国成都国际非遗节、中国原生民歌节、中国非遗博览会、中国非遗保护年会。我统计，我国县级以上的各类非遗节会活动达 3500 多种，平均每天十个节会，非遗走入寻常百姓家，走入人民群众的生产生活，非遗保护传承成为日用而不觉的自觉行动。

完善了非遗传承体验设施体系。各级非遗传承设施建设为非遗向社会多领域扩容传播，提供了高效便捷的通道。国家投资建设的国家非遗馆开馆，起到引领示范作用，而"十四五"期间再建设 20 个国家级非遗馆的政策，产生了积极的政策传导作用。许多有条件的地区建设地方非遗馆，推动国家级非遗代表性项目配套改建新建传承体验中心，很多地区建设具有民族、地域、行业特色的非遗专题馆，一些积极正面的社会力量也在通过各种渠道兴办非遗传承体验设施，全国各地建设使用了许许多多包括非遗馆、传承体验中心（所、点）在内，集传承、体验、教育、培训、旅游等功能于一体的传承体验设施体系。

总之，十年来，中国各级政府和相关机构在政策引导、体制助力、制度推动非遗保护传承方面取得了比较大的成绩，主要从三个方面努力：一是向下走，让非遗保护惠及亿万群众生产生活；二是向上走，推动其从边缘走向中心，成为民族国家主流文化；三是向外走，让非遗保护成为全社会的自觉行动。下一步，我建议中国非遗保护在政策引领方面可向三个方向努力：一是向内走，练好内功，把非遗保护体制机制的四梁八柱建设得更科学，更高效；二是向边上走，对中华民族边疆地区的 9 省 45 地级市 136 个县的非遗保护倾斜力量，加强扶持；三是继续向外走，同世界各国非遗保护加强交流互鉴，为世界文明发展作出贡献，提供经验。

谢谢大家！

非物质文化遗产传承与发展的重要话题

文化和旅游部民族民间文艺发展中心主任　兰　静

非物质文化遗产以其活态的存在形式，为我们上承古代、后续未来，持续发挥着重要作用。

一、如何让当今社会的年轻人对非遗产生兴趣

在中国，非遗作为中华优秀传统文化的重要组成部分，延续着传统，连接着当代和未来，与广大人民群众生活密切相关，也展现出中国人的独特品格和审美趣味，具有很强的亲和力和广泛的影响力。培养年轻人对非遗的兴趣和热爱，可以从四个方面入手：

一是通过正规教育，从小培养对中华传统文化的热爱。采取编写乡土教材，纳入课堂教学的方式，使中小学生了解非遗的相关内容。开展非遗进校园活动，让大中小学生亲身接触到非遗，增强对非遗的认同感。

二是开展职业教育，使从事非遗传承成为就业手段。实施可从事非遗职业或生产劳动所必需的知识、技能和职业道德教育，造就一支从事非遗行业的职业工作队伍，解决一批年轻人的就业问题。

三是吸纳非遗元素，融入了现代设计理念和时尚文化因素，契合年轻人个性的自我表达，进行文创产品和艺术作品的开发。创造出一大批既符合时尚追求，又满足当代年轻人审美追求的文化产品和文化品牌。

四是积极发挥年轻人在非遗展示活动和新媒体传播方面的作用。非遗在当今传统文化热中，能够引起年轻人的精神共鸣和文化认同。组织青年志愿者，参与非遗展示活动组织的各环节，提高年轻人对非遗活动的参与度。

在新媒体传播方面，着力发挥年轻人在非遗媒介推广方面的主力军作用，针对年轻人接受新事物快的优势及年龄特点，尊重年轻人的兴趣爱好和表达方式，激发他们非遗新媒体作品创作和传播热情，不断扩大非遗现代传媒的影响力。

二、非遗传承与人工智能的交集

人工智能是数字技术来模拟人的某些思维过程和智能行为。当前，人工智能突飞猛进发展使很多行业受到冲击。特别是在美术行业，普通插画并不需要太高的审美要求，只需一定整体效果就行。人工智能作画对这部分插画设计从业者的冲击较大。在文学、音乐等领域，人工智能已能够参与到题材选择、创作和作品生成等各个环节。目前看来，人工智能的发展趋势已经无法阻挡，对当代文化和传统文化的影响也越来越大。

在人工智能逼真还原非遗作品方面，对非遗项目传承将产生一定影响。非遗是需要依靠长期知识、时间积累和个人实践才能形成的。有的非遗项目代表性传承人从事某方面技艺、技能长达 30 至 50 年，能够做到心到、手到、身到，其精湛技艺、技能独一无二。不同非遗项目代表性传承人依靠丰富经验和诀窍进行创造，其作品的细微差别有时连精密的机器也无法分析判断。

人工智能可以通过收集数据、借助 3D 成像技术，对非遗作品的进行高精度扫描，可进行无限逼真还原。但非遗项目代表性传承人所蕴含的文化特性机器无法完全表达，机器生产的只是没有温度的工业产品。鉴于非遗项目代表性传承人时间和精力原因，其作品不可能大规模生产，如果采用人工智能结合工业化生产方式，其作品一旦被大量复制和销售，必然产生不良效应，严重影响到这些非遗项目的传承。

人工智能对于非遗积极的方面，一是可以虚拟现实的场景，重现非遗项目代表性传承人形象，模拟开展非遗的艺术表演和展示，促进非遗的大众传播推广；二是可以开发游戏、动漫等娱乐产品，促进非遗相关数字文化产业发展；三是通过收集大量非遗数据，有助于非遗资料的收集、整理、研究，并实现数据共享；四是通过机器学习，可以营造良好的非遗个性化知识学习体验，吸引青少年来认识和了解非遗。

三、非遗领域学术研究和具体实践的关系

非遗保护是联合国教科文组织在总结各国保护经验的基础上，通过2003年制定《保护非物质文化遗产公约》而在国际层面推广的行动。因此，从这个角度而言，我们当前推进的非遗学术研究，或者叫非遗学，我认为，更多是一门实践性学科。非遗学术研究可以对非遗保护实践进行概括和总结，提供了思考和分析非遗领域问题的框架，为非遗实践活动提供了指导和支持。

非遗学术的研究和发展离不开对非遗实际问题的观察和思考、提炼和升华。非遗学术研究提出的一些理论可以具有指导非遗保护实践的作用。通过这些理论的指导，非遗保护实践可以更加科学。同时，在非遗保护实践中，将会遇到各种具体问题和挑战。通过解决非遗保护面临的问题和挑战，也可以不断丰富和完善非遗相关理论。

我个人分析，由于目前非遗类别众多，其学术研究涉及众多学科，加上非遗实践发展不断产生新的变化。因此，研究者需要掌握很多知识，还要有实践经验。如果仅仅依靠自己原有学术专长和理论来开展这方面研究，显然已经不适应非遗学术发展的客观需求。

在当前，是否拥有一批具有全面综合性学术素养，高理论水平和丰富实践经验的非遗研究者，将是影响非遗学术总体发展的一个迫切问题。因此，高水平综合性研究者的缺乏，也将成为掣肘非遗相关学术和理论水平提高的根本性问题。

谢谢大家！

传承创新　携手发展

——"联合国教科文组织保护非物质文化遗产公约 20 周年论坛"闭幕式致辞

甘肃省文化和旅游厅副厅长　田学功

尊敬的艾哈迈德·艾威达先生，各位嘉宾，女士们、先生们，新闻媒体的朋友们：

经过大家的共同努力，"联合国教科文组织保护非物质文化遗产公约 20 周年论坛"活动圆满完成各项议程，即将落下帷幕。

这次论坛，进一步加深了甘肃与联合国教科文组织、世界银行之间的沟通与合作，有助于加强甘肃与国际非遗专家的合作与交流，也有助于参会各方全面了解甘肃，在更多领域参与支持甘肃经济社会发展、提升如意甘肃美誉度。

论坛期间，来自联合国教科文组织、世界银行，以及来自新加坡、蒙古、马来西亚、意大利等国家的非遗专家、国际非遗代表名录传承人，以"非物质文化遗产保护促进可持续发展"为主题，遵循"合作、共享、交流、发展"的理念，积极研讨交流各国非遗保护工作的做法、经验，探讨研究推动世界各地非物质文化遗产保护薪火相传、保持创造力、实现社会可持续发展的路径举措，促进国际非遗保护传承与交流合作。研讨交流中大家各抒己见、分享经验、凝聚共识，表达了共同愿景，取得了丰硕成果。一系列富有创意的理念、观点和愿景，为世界各国非物质文化遗产保护带来了新的启迪、信心、希望。在此，我谨代表甘肃省文化和旅游厅，衷心感谢联合国教科文组织、世界银行给予我们的充分信任和支持，感谢各国、各地区专家学者积极参与、贡献智慧！

女士们，先生们，当前，许多国家都在积极保护和传承非物质文化遗产，通过加大非遗人才培养力度、运用现代技术创新传统文化、对非遗产品加强知识产权保护和推广等，赋予非遗绵延不断的生命力，为促进世界文化多样性作出了重要贡献。非遗在发展过程中兼收并蓄，形成了自己独具魅力的特色，非遗的发展充分展示了其包容性和善于吸收转化的能力，呈现出种类繁多、多姿多彩的特征。如何更好地推动和实现非遗的活态传承，是当今世界各国始终在不断探索的重要课题。世界各地都应当在联合国《保护非物质文化遗产公约》的基本框架要求下，坚持政府主导、社会参与、明确职责、形成合力。应该不断完善非物质文化遗产保护法治建设，加强法律法规的制定和落实，建立非物质文化遗产的数据库、文献资料和实物档案；应当注重发挥社会机构和各界人士的积极性，既要对非遗自身活态发展的本质特点和演变规律有充分认识，也要紧密结合当前世界社会经济发展的重点、难点和突出问题、现实需求，作出有针对性的应对和落实，使其传承有更好的着力点和落脚点。

非遗源于生活，回归生活才是最好的保护，应当积极探索非遗与现代生活的连接点，调动民间参与的积极性，建立起一个丰富多样的、和谐发展的、良性互动的文化生态环境；应当看到，有的非遗项目可以利用现代科技手段，利用动漫技术把非遗原汁原味地"复制"下来，并借助互联网进行裂变式传播，吸引民众关注，从而在社会上培育更多的非遗"粉丝"；应当探索"互联网＋非遗""文化＋双创"的融合发展路径，在不破坏非遗的纯粹性与原真性的前提下，利用非遗资源进行文艺创作和文创设计，进行科学有效合理的再利用；应当推动非遗与旅游融合发展，比如：有的非遗项目可以开发别具特色的旅游或服务项目，走向市场，创造经济效益，使其由"输血"变"造血"，以"产"养"遗"；应当通过培养传承人、建立保护基地和协会、组织非遗下乡演出等形式，使非遗得以有效挖掘、整理和传承。

中国有诗云：道阻且长，行则将至；行而不辍，未来可期！虽然保护非物质文化遗产的任务艰巨，道路漫长，但只要我们坚持不懈，就一定有美好的未来值得期待！今后，我们将继续依托敦煌文博会的平台，不断推动不同文明交流对话、和谐共生，为建设美好世界注入深厚持久的力量。

最后，再次感谢各位嘉宾对本次论坛的鼎力支持，对甘肃经济社会建设、非遗保护和文旅产业高质量发展的关注指导！期待下次论坛再次相聚！

谢谢大家！

国际青年文化论坛

国际青年文化论坛

2023年9月6日，作为第六届丝绸之路（敦煌）国际文化博览会的重要活动之一的"国际青年文化论坛"在敦煌举办。共青团中央书记处第一书记阿东、甘肃省人大常委会副主任俞成辉出席论坛并致辞。

论坛邀请来自上海合作组织国家青年代表参加。各国青年代表介绍了本国传承和弘扬传统文化的创新举措，大家一致拥护全球文明倡议各项主张，赞赏中国为促进文明交流互鉴所作出的重要贡献。

青年是文明交流互鉴最活跃的使者，也是推动世界文明进步最宝贵的力量。论坛呼吁，各国青年团结起来，以青春的开放尊重世界文明多样性，以青春的行动弘扬全人类共同价值，以青春的责任重视文明传承和创新，以青春的热情加强国际人文交流合作，共同践行全球文明倡议，为建设世界文明百花园、构建人类命运共同体贡献青春力量。

该论坛由中华全国青年联合会主办，中国国际青年交流中心、甘肃省青年联合会、甘肃省政府外事办承办。论坛也是上合组织青年交流营的重要活动，交流营自2016年以来已成功举办6届。在为期8天的交流营活动中，来自上合组织国家的青年代表还围绕"一带一路"建设、文化创新发展、青年创新创业等议题在甘肃、山东开展参观考察和对话研讨。

践行全球文明倡议　为建设世界文明
百花园贡献青春力量
——在"国际青年文化论坛"上的致辞

共青团中央书记处第一书记　阿　东

各位嘉宾，青年朋友们：

大家好！很高兴在初秋时节与各国青年代表相聚在历史悠久、文化璀璨的古城敦煌，共赴国际青年文化盛会。首先，我代表共青团中央、全国青联，向来华参加2023年上合组织青年交流营的各位嘉宾、各国青年朋友们表示热烈欢迎！向上合组织各国青年组织和机构表示诚挚问候！向甘肃省委、省政府表示衷心感谢！

敦者，大也；煌者，盛也。敦煌，是中华文化的璀璨瑰宝，是中华文明的生动呈现。这里绵延千年的悠久历史，印证着中华文明的连续性；革故鼎新的文脉传承，彰显着中华文明的创新性；多元一体的民族团结，凝结着中华文明的统一性；融贯东西的石窟艺术，体现着中华文明的包容性；和合交互的丝绸之路，凸显着中华文明的和平性。"万物并育而不相害，道并行而不相悖。"中华民族始终兼容并包而历久弥新，中国人民始终贵和尚中而与时俱进，更加懂得文明交流互鉴的重大意义。

2023年春天，习近平主席深刻把握世界之变、时代之变、历史之变，着眼应对人类文明共同面临的重大挑战和危机，紧紧围绕构建人类命运共同体这一重大命题，提出"全球文明倡议"，擘画了世界文明百花园的生动图景，为推动世界不同文明包容共存、交流互鉴提供了中国方案。

青年是国家的未来，也是世界的未来，是文明交流互鉴最活跃的使者，也是推动世界文明进步最宝贵的力量。在此，我呼吁各国青年，团结起来，共同践行"全球文明倡议"，用青春的智慧和汗水，一起建设和繁荣世界文明百花园。

第一，以青春的开放尊重世界文明多样性。坚持求同存异、和谐共生，提倡交流对话、平等包容，尊重不同国家、不同民族的文化，以文明交流超越文明隔阂、文明互鉴超越文明冲突、文明包容超越文明优越。

第二，以青春的行动弘扬全人类共同价值。坚持和平、发展、公平、正义、民主、自由的共同追求，理解和包容不同文明基于自身历史文化和现实国情对价值内涵的不同认识，不将自己的价值观和模式强加于人。

第三，以青春的责任重视文明传承和创新。坚持守正与创新相统一，充分挖掘各国历史文化的时代价值，推动各国优秀传统文化在现代化进程中实现创造性转化、创新性发展，以"不忘本来"的智慧，应对"面向未来"的挑战。

第四，以青春的热情加强国际人文交流合作。坚持民意相交、民心相通，广历各国山川，广交各国朋友，以开放心态探寻不同文明的独特魅力，以务实行动促进各国人民的相知相亲，努力成为传播本国文明、沟通世界文明的青春使者。

各位嘉宾，青年朋友们，2000多年前，伟大的先人们开辟了古丝绸之路，形成了"使者相望于道、商旅不绝于途"的繁荣景象。10年前，习近平主席发出"一带一路"倡议，后来又总结提出了"和平合作、开放包容、互学互鉴、互利共赢"的丝路精神。今天，中国青年愿与世界各国青年一道，坚持互联互通、互学互鉴，努力将丝路精神不断发扬光大。让我们携起手来，落实"全球文明倡议"各项主张，共同建设一个姹紫嫣红、生机盎然的世界文明百花园，为推动构建人类命运共同体贡献青春力量。

谢谢大家！

在"国际青年文化论坛"开幕式上的欢迎辞

甘肃省人大常委会副主任　俞成辉

尊敬的阿东书记，上合组织各国嘉宾，青年朋友们：

大家下午好！

"有朋自远方来，不亦乐乎！"在这金风送爽，丹桂飘香的丰收时节，我们非常高兴地迎来上合组织青年交流营到甘肃访问并开展国际青年文化论坛。在此，我谨代表甘肃省委、省政府，对论坛的举办表示热烈的祝贺！对各位领导和嘉宾的到来表示热烈的欢迎！对长期以来致力各国青年友好交流的各界人士以及关心支持我省青年工作的共青团中央表示衷心的感谢！

上海合作组织是促进欧亚大陆发展的交流对话平台和重要力量。成立20多年来，在习近平主席和"上合大家庭"各国元首的战略引领下，始终走在时代前列，秉持人类命运共同体理念，弘扬"上海精神"，构建上海合作组织命运共同体。始终朝着求团结、增互信、谋发展、促合作的正确方向迈进，走出了一条睦邻友好、合作共赢的新路子。上合组织合作日益成为构建新型国际关系的亮色和典范，丰富了人类命运共同体建设实践。

2023年7月，习近平主席在上海合作组织成员国元首理事会第二十三次会议上发表题为"牢记初心使命坚持团结协作实现更大发展"的主旨讲话，强调愿同各成员国一道，加强现代化理念和实践交流，推进发展战略对接，为合作创造更多机遇，协力推动各国现代化进程，为维护世界和平与发展注入更多确定性和正能量。我们举办"弘扬丝路精神创新传统文化"主题国际青年文化论坛暨上合组织青年交流营活动，目的之一就是贯彻落实习近平主席在第三次"一带一路"建设座谈会和第二十三次上合组织成员国元首理事会上的重要讲话精神，搭建交流的平台，架起友谊的桥梁，让大家在交流与互动中增进了解、加深友谊、分享经验、凝聚共识、深化合作。论坛期间，将举办论坛演讲、展览推介、参观考察、交流互动等活动，我相信在大家的共同参与和支持下，论坛一定能够取得丰硕的成果。

各位朋友走进甘肃，一定感受到了甘肃的自然山川之美，也感受到了甘肃的人文历史之美。甘肃是历史文化的大殿堂，这里是中华民族和华夏文明的重要发祥地，有7处世界文化遗产，黄河文化、农耕文化、丝路文化、始祖文化、民族文化、红色文化在陇原大地交融荟萃、源远流长。甘肃是自然风光的大观园，拥有除海洋和岛礁以外我国所有的地形地貌，地域辽阔，自然风光优美，黄土高原、广袤草原、茫茫戈壁、洁白冰川构成了一幅雄浑壮丽的画卷，宛若一柄玉如意。甘肃是资源能源的大宝库，石油、煤炭、有色金属等矿产资源富集，镍、钴等11种矿产储量位居全国第一；风能、太阳能技术可开发量分别位居全国第四、第五位；文化旅游资源富集度居全国第五位；"甘味"农产品香飘海内外，中药材种植面积和产量均居全国前列。甘肃是内外循环的大枢纽，处在"一带一路"的黄金段，古丝绸之路在这里绵延1600多公里，河西走廊是我国东联西出的重要通道，进入新时代，甘肃最大的机遇在于"一带一路"，正在加快构建内外兼顾、陆海联动、向西为主、多向并进的开放新格局。

2023年正值习近平主席提出共建"一带一路"倡议十周年，站在新的历史起点，我们将把办好文博会作为服务共建"一带一路"的重要使命，作为推动中华优秀文化传承发展，传播丝路精神、传播中国声音、讲好中国故事的生动实践，让世界青年感悟中华文化、感知时代中国。近年来，随着高质量共建"一带一路"，甘肃在加大向西开放和丝绸之路经济带建设中，高度重视与上合组织各成员国的交流，在经济贸易、资源开发、教育科技、文物保护、人员培训、智库共建、青年交流等方面开展了卓有成效的合作，这样的友好关系需要一代又一代有志有为青年的传承和发扬。

习近平主席指出："青年兴则国家兴，青年强则国家强。"甘肃同上合组织各成员国都处在发展振兴的关键阶段，都需要青年更好发挥先锋队和生力军作用。我们衷心地希望，甘肃和上合组织各成员国青年组织更多地开展形式多样的交流互访活动，强化经验互鉴，不断深化青年之间的友谊、了解和信任；我们衷心地希望，甘肃和上合组织各成员国青年组织更广泛地搭建交流合作平台，激发青年企业家和创业者们的创新热情和创业动力，推动合作不断迈出新步伐；我们衷心地希望，甘肃和上合组织各成员国青年组织更好地引领各国青年践行真正的多边主义、弘扬全人类共同价值，推动实现更加公平、更可持续、更为安全的发展，推动构建上海合作组织命运共同体。

"国之交在于民相亲，民相亲在于心相通。"自古以来，互联互通就是人类社会的追求。我们愿与各国青年朋友一道，拓展交流空间，分享青春智慧。热忱欢迎各位嘉宾在甘肃期间多走走、多看看，更加深入地了解甘肃的历史文化，感受甘肃青年的青春热情，欣赏甘肃的风土人情，将"如意甘肃"介绍给更多国际友人，欢迎更多朋友常来甘肃考察交流、旅游观光。期待各国青年朋友们立大志、明大德、成大才、担大任，不负韶华，奋发有为，在经贸、人文等各领域交流中发挥更大作用，积极成为"一带一路"的宣传者、推动者、建设者，真正将"一带一路"打造成为合作之路、希望之路、共赢之路。

最后，祝愿本次论坛活动圆满成功，祝愿大家身体健康、生活愉快！
谢谢大家！

用中国乐器让敦煌壁画活起来

中国传统文化的推广者　柳青瑶

尊敬的各位领导，各位来宾，亲爱的远道而来的朋友们：

大家下午好！

我是一名音乐制作人，也是一名中国传统文化的推广者。非常荣幸能够作为中国青年艺术创作者代表来到敦煌，受邀参与今天的国际青年文化论坛。从2019年至今，我创作了众多传统文化相关的原创视听作品，以中国乐器讲述中国故事的特色，用短视频的方式在互联网发布并传播，受到很多青少年朋友们的共鸣和喜爱。

在我们中国5000多年博大精深的国学文化中，中国IP始终是我们内容创作者源源不断的灵感源泉。我曾为一代名将花木兰、兰陵王作曲，呈现中国英雄心中的价值观；我曾为古老的唐诗宋词作曲，呈现出意境悠远的中文美学；我曾为千年的中国乐器作曲，探寻古籍中神秘的音乐力量；我也曾为博物馆里的文物作曲，让它们在我的视频中活起来。那么今天，就让我为大家分享我与敦煌的故事！

在我们的中学课本中，有一首优美而又神秘的唐诗《李凭箜篌引》。这首诗的作者李贺被称为"诗鬼"，因为他的诗歌中有着天马行空的想象力。这首诗描绘了盛唐时期一种美丽的乐器——箜篌。诗中说"昆山玉碎凤凰叫，芙蓉泣露香兰笑""十二门前融冷光，二十三丝动紫皇"，箜篌的声音美如天边凤凰的鸣叫，拨动它的丝弦，它能够惊动上苍！

箜篌，是一种在中国历史上断层过300多年的乐器。很多课堂上的语文老师甚至都没有听过它的音色。很多人都会背诵这首诗，但却没有见过和听过箜篌的声音。那时，我就希望能够创作一首音乐作品帮助到每一位中学教师还有孩子们，既能够背诵这首国文经典，同时也能聆听到诗中古老而美丽的音乐。可这件曾经失传过的乐器，让我该去何处寻找？

2019年的秋天，当我来到敦煌，我在这里找到了答案。

箜篌，敦煌壁画中数量第二多的乐器，我第一次见到它，是在莫高窟285窟的西魏壁画上。那是一个天旋地转、金碧辉煌的世界，在环绕窟顶的36位结庐禅僧和12位伎乐飞天中，有一位身姿优美、演奏手型异常美丽的飞天就怀抱着箜篌在空中起舞。刹那间，我瞬间就相信了诗人李贺诗中那异想天开的想象！能够惊动上苍与神明的音乐不正是壁画上所画的吗？2019年，我与共青团中央新媒体账号，共同发布了原创音乐作品《李凭箜篌引》，片中我所演奏的箜篌，复原自敦煌莫高窟盛唐时代的148窟。在演奏中，我在箜篌最高音的琴弦上找到了清澈悠远的泛音，它的听感正像是神鸟的长鸣！

作品发布后，很多中学老师和同学们都在学习这节课的时候自发地以我的作品为学习素材，看到、听到了这件古老的中国乐器。江西省教育厅的官方线上教育平台赣教云也把这个视频当作课件资源，为全省同学们的学习提供帮助。

这让我感受到，短视频在播放量、点赞量之外的社会意义。我想，是敦煌让我明白了创作中国故事的真正使命——我要去传承、创新、融合，让更多的中国年轻人理解敦煌，理解中国音乐，理解中国故事。

2020年6月，我发布了科普敦煌壁画乐器的网络视听作品《敦煌乐舞壁》，这一次我用视频结合敦煌的视觉向大家呈现出了琵琶、笛子、箜篌、莲花阮、稽琴等多种敦煌壁画中经常出现的乐器，作品被央视新闻报道并转发，在多个互联网平台引起了大家强烈的反响与共鸣。大家惊叹于220窟莲花阮独特的造型，更惊叹于中国古代音乐家和画师们超乎寻常的想象力。

后来，我又继续创作了包括《胡旋舞》《哭泣的敦煌》《琵琶行》等多个与敦煌音乐相关的原创视听作品，这些作品涵盖了敦煌的舞蹈研究、琵琶谱研究、图案学研究、服饰学研究、唐史研究以及敦煌灾难史等多个方面的内容。

音乐是我的一支笔，实现着我的文学梦想。我想，我一直站在巨人的肩膀上，实现着自己的敦煌梦，而这些巨人正是坐在冷板凳上始终耕耘在一线的敦煌学的学者与文物保护工作者们！这些学术成果融合着现代人的审美，以视频的方式用中国乐器的演绎讲述着一个个动人的敦煌故事、中国故事！

每一年，我都会来敦煌采风，收集这里的民歌，感受大西北的风。四年了，我的创作初心被埋在了敦煌，埋在了鸣沙山的沙粒中。敦煌精神在我的心中，就是默默地为一代代祖国的年轻人呈现中国历史与文化的力量！

那么今天，也让我用敦煌壁画中出现次数最多的乐器——琵琶，为大家带来一曲我的原创视听作品《唐三彩》。"无数铃声遥过碛，应驮白练到安西。"在今天的中国国家博物馆，有一件精美的唐代文物——唐三彩骆驼载乐俑。骆驼引颈昂首而立，驼背上有四位异域乐手盘坐演奏，其中一位正怀抱琵琶演奏着美妙的音乐。它造型优美生动，釉色鲜明润泽，代表了盛唐时代唐三彩高超的制作技艺。唐三彩骆驼载乐俑，既是唐代文化艺术、制作工艺发达昌盛的重要物证，也淋漓尽致地展现出丝绸之路上的交流与融合。

敦者，大也；煌者，盛也。历史上的敦煌，正是丝路上一颗璀璨耀眼的明珠，经济、文化、艺术、宗教……不同的世界文明在这里交融会聚！朋友们，你们听！沙漠深处传来的驼铃越来越近，载歌载舞的人们正迎面走来！

张骞出使西域与丝绸之路的开通

敦煌研究院敦煌学信息中心副研究员　米小强

各位领导、嘉宾和朋友们：

我是来自敦煌研究院的米小强，我今天分享的故事是张骞出使西域，这是一个发生在两千多年前，张骞几乎以一己之力并用和平的方式开通了中国与中亚、波斯、印度等地区交通的故事。

在汉代使者张骞出使西域之前，中国与中亚、波斯地区之间的道路被游牧民族匈奴阻隔。为了开通西域，公元前139年，汉武帝派遣张骞，带领一百多人，向西出发。因使团必须经过匈奴控制的地区，途中，张骞被匈奴俘虏。为了消磨他继续西行的意志，匈奴让他和一个匈奴女子结婚。但张骞心怀执念，在被匈奴关押了近十年后，乘看守松懈之机逃脱，继续向西出发。

张骞抵达的第一个国家叫大宛（Da Yuan），在今天的费尔干纳盆地（fergana）一带。大宛国非常想和中国建立贸易关系，但因匈奴阻隔，无法达成。看到张骞到来，大宛国王非常高兴。了解到张骞想继续西行后，特意派遣了向导，护送张骞到了康居。

康居国，位于今天中亚的索格狄亚那（Sogdiana）一带。他们也派遣向导，护送张骞到了大月氏（Great Yuezhi）国。

大月氏国位于今天阿姆河以北的巴克特里亚（Bactria）地区。月氏原来是中国西北地区生活的游牧民族，后来在被匈奴打败后，迁徙到了阿姆河北。阿姆河南有一个国家叫大夏（Da Xia）。

张骞到达大月氏后，在大月氏、大夏待了一年多后返回。但返途中经过匈奴控制的地区，又被匈奴抓获。不过这次张骞乘匈奴内乱很快逃脱，并安全回到了长安。这次西行，前后十来年。出发时有一百余人，但返回汉朝的只有张骞和其夫人、随从三人。

张骞第一次西使，虽然知道了中亚的概况，但汉朝和中亚国家并没有建立任何关系。公元前119年，为了建立联系，汉武帝再次派遣张骞出使西域。这次张骞出使的目的地是乌孙（Wu Sun），这是一个位于今天伊犁河、楚河流域的游牧国家。张骞抵达乌孙后，给乌孙国王赠送了礼物，返回时，乌孙派遣向导和使者数十人护送，并回赠数十匹马，随张骞返回中国，表达感谢。这是汉朝和西域国家第一次建立了官方外交关系。

张骞乌孙之行，除了出使乌孙外，还另外派遣了使者到大宛、康居、大月氏、大夏、安息等国。之后，这些国家都派遣使者，带着礼物随汉使来到中国。中国与中亚、波斯等地区也第一次建立了外交关系。

安息，即帕提亚国（Parthian Empire），统治着今天的伊朗、伊拉克等西亚地区。汉使到达安息国土时，安息王派遣了两万骑兵前来迎接，并一路护送至安息国都。汉使返回时，还派遣使者来中国，并带着大鸟卵（鸵鸟蛋）、黎轩善眩人（黎轩是托勒密朝埃及王国，善眩人即杂技演员）赠送给了汉武帝。

自和今伊朗、中亚等地区的国家建立了外交关系，丝绸之路得以开通。从此，使者、商客往来于中西之间，在友好交往、互惠互利的基础上，中国与波斯、中亚、印度等地区的经济和文化交流得以大大加强。为了保护来往的使者、商客等，汉政府还在中国的河西走廊、新疆等地区都建立起了驿置，并提供住宿、食物等。

随着丝绸之路的开通，中亚、波斯等地区的国家和汉王朝建立的密切的政治、经济和外交关系，丝绸之路上的使者、商客往来不绝。大宛、乌孙等西域国的马匹、安息和大月氏等国狮子和双峰驼（Bactrian）、印度的大象等动物传入中国，印度的佛教也随着丝绸之路传到了中国。

除了吸收外来文化，中国文化也沿着丝绸之路向外传播。最为令人耳熟能详的便是丝绸。另外还有漆器、汉镜等，中国的图腾龙的形象也随着丝绸之路传播到了中亚、欧洲地区。

汉镜的传播：

从地图来看，汉镜自中国内陆出发，经过河西走廊和中国新疆，到达今费尔干纳一带，再西南至阿富汗北部，另走草原路线，传播到西北至黑海北部一带的草原部落：萨尔玛提亚（Sarmatian）。

龙形象的传播：

（一）哈萨克斯坦南部阿拉木图附近卡尕里（Kargaly）墓（约前 2 世纪—1 世纪）出土王冠，在王冠上镂刻有鹿、飞马、熊等形象。更值得关注的是，上面有非常典型的羽人御龙升天（Feathered Man Riding Dragon Ascending to Heaven）的形象。这完全是中国文化元素。

（二）黄金之丘墓出土剑鞘上的中国龙：在阿富汗国北黄金之丘（Tillya Tepe）墓出土的剑鞘上，塑绘有中国长龙的形象。

（三）保加利亚，Roshava Dragana 一处墓葬中，发现了中国的玉剑彘（The Nephrite Scabbard Slide），上有一大一小两条螭虎（龙子之一）形象。剑彘在两汉时期的中国非常流行。也沿着丝绸之路传播到保加利亚。

"文明因多样而交流，因交流而互鉴，因互鉴而发展。"自丝绸之路开通后，中国与丝绸之路共建国家的交往、交流就是一幅生动的多文明互动的实例。古代中西文明的交流互鉴，对于今天"一带一路"建设有着重要的史鉴意义。

文化遗产保护与艺术文化交流

——以中国的敦煌莫高窟为例

阿根廷布宜诺斯艾利斯大学副教授、副研究员　傅维柔

　　我叫傅维柔。我来自拉丁美洲最南端的阿根廷。很荣幸出席第六届丝绸之路（敦煌）国际文化博览会。感谢主办方北京语言大学世界汉学中心给我这次机会分享知识和经验。目前，我是阿根廷布宜诺斯艾利斯大学的副教授，并担任阿根廷科技部国家科学技术研究委。在布宜诺斯艾利斯大学，我是"加强与中国社会科学和人文科学研究与合作项目"的创始成员之一。我本人的研究方向与中国社会文化史研究相关，重点关注艺术与审美思想的发展。

　　众所周知，生活遗产与文化和自然遗产一样都丰富了我们的日常生活。在当今相互联系的世界格局中，艺术和文化对于团体认同和凝聚都是重要资源，但是对于我们重新思考我们的环境、相互学习、彼此交流思想以及保护环境，艺术和文化同样是重要的资源。在这次演讲中，我想分享一种跨学科的方法，探讨当前中国自然和文化遗产保护的重要性，以及它们自身富有的古代价值在创新转型中的表现。从这个意义上说，我们可以肯定，艺术教育和文化遗产保护是促进艺术欣赏和鼓励文化交流的重要途径。事实上，如何保护文化遗产是我们人类共同面对的问题，从保护文物遗迹遗址到确认非物质遗产身份，以及对国家经济发展的创新支持，它涉及不同的活动，

　　从这个角度来看，我们可以把莫高窟作为成功的可持续保护文化遗产的一个显著事例。这些洞穴里有许多保存完好跨越1000年的佛教艺术雕塑。

在对敦煌艺术文化的分析中，从丝绸之路的大量的风俗传统到"一带一路"倡议，我们可以看到古代思想、艺术和文化与现代生活的丰富融合。近几十年来，利用数字技术修复文物古迹的工作取得了持续进展，现代博物馆和研究机构的建立，也让公众对美育的支持日益增强，这有利于也促进了数字和创意产品的发展，而这些产品又增强了人们在艺术欣赏和文化旅游方面的体验。

敦煌文化遗产保护为我们提供了一个学习的范例。这一动态情景的模式不仅向我们展示了保护文化特性的重要性，同时也为我们在进行关于文化保护和传承创新的对话和相互学习交流方面带来了丰富的可能性。在这个框架下，我期待并支持通过更多的学术交流，能更好地了解中国的艺术、文化和历史，同时将其作为文化遗产保护的研究案例。我希望我们能够认识到我们之间的历史联系，一起行动，进一步加强文化纽带，共同建设一个更加和平的世界和更加和谐发展的社会。

2023 文化交流与合作论坛

2023 文化交流与合作论坛

2023 年 9 月 7 日，由全国政协文化文史和学习委员会指导，甘肃省政协和兰州大学共同主办，以"推动中华优秀传统文化创造性转化和创新性发展"为主题的第六届丝绸之路（敦煌）国际文化博览会"2023 文化交流与合作论坛"在敦煌举办。

全国政协常委、全国政协文化文史和学习委员会副主任朱生岭讲话，甘肃省政协主席庄国泰致辞。

朱生岭在讲话时说，习近平总书记提出共建"一带一路"倡议 10 年来，"一带一路"已经成为和平之路、繁荣之路、开放之路、创新之路、文明之路，丝绸之路（敦煌）国际文化博览会已逐步发展成为共建国家开展文化交流合作的重要平台。共建"一带一路"，加强文明对话，要深入学习贯彻习近平新时代中国特色社会主义思想，坚持开放包容、善于兼收并蓄、注重传承创新、自信求美向善，推动文化交流与合作，为推动沿线各国经济社会发展和增进人民福祉作出积极贡献。要发挥政协优势，深化调查研究，积极建言献策，在推动中华文化更好走向世界中展现政协的担当和作为。

庄国泰代表甘肃省政协对论坛的举办表示热烈祝贺，对各位嘉宾表示诚挚欢迎。他说，举办交流与合作文化论坛，主要是深入学习贯彻落实习近平总书记在文化传承发展座谈会上的重要讲话精神，发挥政协凝聚共识、汇聚力量的重要作用，为推动中华优秀传统文化创造性转化、创新性发展助力添彩、贡献力量。他指出，要坚定文化自信，在深化研究中站稳文化立场、扛起使命担当；要秉持开放包容，在交流互鉴中萃取思想精华、推动文化进步；要坚持守正创新，在传承发展中赓续历史文脉、谱写当代华章。

文化和旅游部党组成员、故宫博物院院长王旭东，中国国家博物馆馆长王春法等 21 名嘉宾围绕主题发表演讲，兰州大学党委书记马小洁作主旨演讲。22 个省区市政协委员，省内外 21 个市州盟政协委员出席论坛。甘肃省政协副主席王锐主持，甘肃省政协秘书长王建太出席。

在"2023 文化交流与合作论坛"上的致辞

甘肃省政协主席　庄国泰

尊敬的朱生岭副主任，各位领导、各位嘉宾，女士们、先生们：

在这秋高气爽的丰收季节，我们相约"如意甘肃"，相聚"人类敦煌"，共同参加文化交流与合作论坛。首先，我谨代表甘肃省政协，对论坛的召开表示最热烈的祝贺！对远道而来的各位领导、嘉宾和朋友们表示最诚挚的欢迎！

以文化人，文以载道；文明立世，文化兴邦。公元前 140 多年，张骞出使西域，开始打通东方通往西方的道路，书写了中西文明交流互鉴的"敦煌故事""丝路风采"，形成了璀璨绚丽的敦煌文化。2019 年 8 月，习近平总书记在甘肃考察，首站便来到敦煌，并在敦煌研究院主持召开了座谈会。习近平总书记在讲话中指出："敦煌文化延续近两千年，是世界现存规模最大、延续时间最长、内容最丰富、保存最完整的艺术宝库，是世界文明长河中的一颗璀璨明珠，也是研究我国古代各民族政治、经济、军事、文化、艺术的珍贵史料。"习近平总书记还明确要求："研究和弘扬敦煌文化，既要深入挖掘敦煌文化和历史遗存背后蕴含的哲学思想、人文精神、价值理念、道德规范等，推动中华优秀传统文化创造性转化、创新性发展，更要揭示蕴含其中的中华民族的文化精神、文化胸怀和文化自信，为新时代坚持和发展中国特色社会主义提供精神支撑。"

今天，在这片古老又神奇的土地，在全国政协文史委的指导下，我们与兰州大学共同举办"推动中华优秀传统文化创造性转化和创新性发展"为主题的文化交流与合作论坛，主要目的在于深入贯彻落实习近平总书记在文化传承发展座谈会上的重要讲话精神，发挥政协凝聚共识、汇聚力量的重要作用，为推动中华优秀传统文化创造性转化、创新性发展助力添彩、贡献力量。

国家之魂，文以化之，文以铸之。一个国家、一个民族的强盛，都是以文化兴盛为支撑。回望波澜壮阔的历史，中华民族创造了源远流长灿烂辉煌的中华文化，在时间的长河中融入中国人的血脉，一代代薪火相传、数千年发扬光大，为人类文明进步作出了不可磨灭的贡献。立足日新月异的现在，在新时代伟大变革中，中国特色社会主义文化建设气象一新、格局一新，中华文化的"一池春水"被彻底激活，展现出更旺盛的生命力、更强大的感召力。迈向光明宏伟的未来，中华优秀传统文化也必将顺应时代发展，展现欣欣向荣的生机活力，更好地跨越时空、超越国界、展现永恒魅力。

党的十八大以来，以习近平同志为核心的党中央高度重视对中华优秀传统文化的传承和发展，开辟了马克思主义基本原理同中华优秀传统文化相结合的新境界。习近平总书记明确提出并一再强调，要科学对待中华优秀传统文化，推动中华优秀传统文化创造性转化、创新性发展，不断增强中华文化的影响力和吸引力，创造中华文化新的辉煌。2023 年 6 月 2 日，习近平总书记在文化传承发展座谈会上再次强调："中国文化源远流长，中华文明博大精深。只有全面深入了解中华文明的历史，才能更有效地推动中华优秀传统文化创造性转化、创新性发展，更有力地推进中国特色社会主义文化建设，建设中华民族现代文明。"习近平总书记指出："在新的起点上继续推动文化繁荣、建设文化强国、建设中华民族现代文明，是我们在新时代新的文化使命"为我们在新征程上推进文化传承发展事业指明了前进方向、提供了重要遵循。

各位领导、各位嘉宾，让我们深入学习贯彻关于文化建设的新思想、新观点、新论断，在思想激荡中贡献真知灼见，在守正创新中扛牢新的文化使命，构筑中华文化新气象、激发中华文明新活力。

坚定文化自信，在深化研究中站稳文化立场、扛起使命担当。中华优秀传统文化是中华文明的智慧结晶和精华所在，是中华民族的根和魂，是我们在世界文化激荡中站稳脚跟的根基。让我们共同研究阐释中华优秀传统文化的历史渊源、发展脉络、基本走向，深入挖掘中华优秀传统文化蕴含的独特创造、价值理念、思想精华，不断深化对文化建设的规律性认识，进一步坚守中华文化立场，坚定文化自信自强，更好担负起新的文化使命。

秉持开放包容，在交流互鉴中萃取思想精华、推动文化进步。中华优秀传统文化先天具有利己达人的共赢诉求，历来强调和而不同的包容精神，崇尚追求兼济天下的担当情怀。历史上，中华文化以其海纳百川、博采众长、开放包容、兼收并蓄的广阔胸襟，在互学互鉴的长河中，一步一步走向博大精深，一点一滴实现多元多彩。我们要深刻把握中华文明的"五个突出特性"，以更加博大的胸怀，积极主动学习借鉴世界一切优秀文明成果，广泛开展各种形式的文化交流，构建具有中国特色的话语体系，努力为中华文化和各国文化共同繁荣发展而作出积极的贡献。

坚持守正创新，在传承发展中赓续历史文脉、谱写当代华章。中华优秀传统文化是中华民族的文化根脉，我们既要固本守根，也要创新发展。我们要深刻把握"两个结合"的重大意义，结合时代发展的新特点和新要求，立足社会实践的新变化和新需要，用现代的思维方式、思想观念，赋予优秀传统文化以新的时代内涵和表达形式，推动优秀传统文化的演变和现代转型，使中华优秀传统文化的基因适应并服务于当代的文化和社会，"以古人之规矩，开自己之生面"，实现中华优秀传统文化的创造性转化和创新性发展。

最后，祝本次论坛圆满成功！

祝各位嘉宾和朋友在甘肃期间身体健康、万事如意！

谢谢大家！

担当文化传承创新使命　助力实现中国式现代化

兰州大学党委书记　马小洁

尊敬的各位领导、各位专家、各位嘉宾：

大家上午好！

今天，我们齐聚敦煌，在这座东西文明交流交融、历史文化悠久厚重的古丝路重镇，参加丝绸之路国际文化博览会、举办文化交流与合作论坛，深入学习贯彻习近平总书记关于共建"一带一路"的重要论述，学习领悟习近平总书记文化传承发展座谈会重要讲话精神，共同探讨文化交流合作与传承创新。天时地利人和，意义深远重大。首先，请允许我代表兰州大学向出席本次论坛活动的各位领导、各位专家、各位嘉宾表示热烈的欢迎！向长期以来关心支持兰大建设发展的社会各界表示衷心感谢！

文化是一个国家、一个民族的精神家园。文化兴则国运兴，文化强则民族强。党的十八大以来，以习近平同志为核心的党中央高度重视中华优秀传统文化传承发展，坚定文化自信。紧紧围绕社会主义文化强国建设目标，围绕举旗帜、聚民心、育新人、兴文化、展形象的使命任务，以人民为中心推动社会主义文化繁荣发展，推动文化建设取得历史性成就、发生历史性变革。

2023 年 6 月，习近平总书记出席文化传承发展座谈会并发表重要讲话，从党和国家事业发展全局的战略高度，对中华文化传承发展的一系列重大理论和现实问题作了全面、系统、深入的阐述，深刻论述了以中国式现代化全面推进中华民族伟大复兴新征程中担负什么样的文化使命、如何建设中华民族现代文明等重大时代课题。大学作为文化重地、人才高地和育人基地，是创造、涵育和传播先进文化的重要场所，理应肩负起人才培养、知识创新、文化传承、社会服务的历史使命，将教育、科技、人才一体部署、整体推动，为社会主义文化强国建设提供人才和智力支撑，在推动优秀传统文化创造性转化、创新性发展中作出应有贡献。

有效推进文化传承创新，争做中华民族文化自觉引领者。习近平总书记指出，"文明特别是思想文化是一个国家、一个民族的灵魂"，"优秀传统文化是一个国家、一个民族传承和发展的根本，如果丢掉了，就割断了精神命脉"。中华优秀传统文化蕴含着中华民族5000年来最深沉的精神追求，包含着中华民族最根本的精神基因，代表着中华民族独特的精神标识，是中华民族生生不息的丰厚滋养，是我们在世界文化激荡中站稳脚跟的坚实根基。随着时代的进步与发展，中华优秀传统文化面临着融合与创新的新机遇新挑战，需要我们高校立足文化传承创新职能，坚持"两个结合"，将马克思主义思想精髓同中华优秀传统文化精华贯通起来，通过创造性转化和创新性发展，切实提升人们对中华传统优秀文化的认同感和自豪感，不断引领中国人民实现文化自觉，为中华民族伟大复兴和国家繁荣富强奠定精神基础。我们要深度挖掘马克思主义与中华优秀传统文化的内在契合性，让马克思主义成为中国的、中华优秀传统文化成为现代的，在推动马克思主义与中华文明的"双向互动"中实现中国特色社会主义的创新发展。要在坚持"第二个结合"中解放思想，掌握历史主动，在"结合"创造的文化空间中，探索面向未来的理论和制度创新，回答时代和实践提出的重大问题。

作为一所具有114年办学历史的百年名校，兰州大学秉承"做西部文章，创一流大学"的办学理念，赓续服务国家经略西北的学术传统，深入挖掘区域禀赋资源，在历史文化资源和政策优势中构建兰大风格的学术话语体系，汇集了一大批国内外知名专家学人，勇担文化使命，默默躬耕学术，以高水平学术研究传承文化，以高品质文化供给涵育新人，为中华文化的传承创新作出突出贡献。历史学家赵俪生、顾颉刚、齐陈骏，民俗学家柯杨，哲学家刘文英等大师先贤都曾执教于兰州大学，留下了许多文化传承的传世经典，在以文化人、以文育人、以文培元中使中华优秀文化薪火相传、弦歌不断。面向未来，我们将坚持以习近平新时代中国特色社会主义思想为指导，以中国化时代化的马克思主义所蕴含的道理、学理、哲理为滋养，立足新时代人民群众的文化需要，着眼全面建成社会主义现代化强国的文化需求，结合地域特色、研究优势和独特的大学文化，推动各学科各方向持续弘扬引领社会文化的优势，努力为建设中华民族现代文明、构建人类文明新形态贡献兰大智慧。

落实立德树人根本任务，培养中华民族现代文明建设者。习近平总书记在文化传承发展座谈会上的重要讲话，全面系统深刻揭示出中华文明"连续性、创新性、统一性、包容性、和平性"的五个突出特征，科学揭示了中华文明深厚的历史底蕴，深刻阐明了中华民族的文化基因所在、精神命脉所系、价值追求所向。中华民族现代文明建设，离不开培养一代又一代德才兼备、堪当大任的文化人才。高校是"为党育人为国育才"的主阵地，我们紧紧抓住"培养什么人、怎样培养人、为谁培养人"这个根本问题，牢牢把握全面提高人才培养能力这个核心点，培养一代又一代德智体美劳全面发展的社会主义建设者和接班人，培养一代又一代在社会主义现代化建设中可堪大用、能担重任的栋梁之材，确保党的事业和社会主义现代化强国建设后继有人。

一直以来，兰州大学始终保持着重视人才培养的优良传统，拥有扎实的教育教学基础，也形成了"勤奋求实进取"的优良学风，培养了一大批各行各业的优秀人才。特别是近年来，我们在"基础学科拔尖学生培养试验计划"中开设人文班，设置了历史学、汉语言文学（古文字学方向）等强基班，成为尼山世界儒学中心联合研究生院16所共建院校之一，着力培养传承发展中华优秀传统文化的拔尖创新人才。我们与甘肃省文物局、敦煌研究院等单位共建考古与文化遗产研究院，与甘肃简牍博物馆共同开办"兰山论简"读简班，申报获批西北"花儿"教育部首批中华优秀传统文化传承基地，持之以恒将中华优秀传统文化融入学生教育教学。面向未来，我们将坚定不移落实立德树人根本任务、强化教书育人中心工作，充分发挥好思政课程与课程思政的育人作用，着力提升学生的人文涵养、科技素养，厚植学生的创新精神、社会责任感与家国情怀。紧紧围绕两个"一代又一代"的人才培养目标要求，既培养具有历史自信与文化自信的社会主义建设者和接班人，源源不断地保证"基本面"；更要有组织有目标地培养文化领域基础拔尖创新人才，立足长远"塑栋梁"。

深耕细作人文科研创新，担当文化传承发展实践者。习近平总书记强调，"中国文化源远流长，中华文明博大精深。只有全面深入了解中华文明的历史，才能更有效地推动中华优秀传统文化创造性转化、创新性发展，更有力地推进中国特色社会主义文化建设，建设中华民族现代文明"。我们要加强对中华文明起源与早期发展综合研究，做好中华文明起源的研究和阐释，把中华优秀传统文化的精神标识发掘出来、提炼出来、展示出来，让其所蕴含的当代价值、世界意义发挥出来、展现出来。要充分发扬高校的学者优势、科研优势，组建大平台、大团队，设立大项目，产出大成果，为实现中华优秀传统文化的创造性转化、创新性发展提供坚实的基础。

近年来，一大批兰大学人在敦煌学、丝绸之路研究、西北民族社会研究、文化遗产保护等领域精耕细作、奋力开拓，研究成果可圈可点。我们牢记习近平总书记"将敦煌学做强做大，为国争光"的重要指示精神，在省委、省政府、省政协的关心支持下，不断深化拓展敦煌学研究，取得了一系列新突破，近期出版了七卷本《敦煌通史》。我们围绕西北民族关系、西北地区民族文化和丝绸之路民族交往交流交融开展研究，为夯实中华民族共同体基础积极开展学术探索、学理阐释和实践转化。我们新成立的黄河国家文化公园研究院，深入挖掘黄河文化蕴含的时代价值，开展黄河文化遗产、黄河文化基因、黄河文化故事研究，已成为黄河文化传承的学术研究高地。我们依托地理学、生物学、考古学、历史学等开展交叉学科研究，聚焦东西方文化和人群交流历史、丝路文明演化等史前文明中的相关国际前沿问题，开展文明探源研究，取得重要原创成果。今后，我们将持续充分发挥综合性大学多学科交叉融合的优势，集中开展多学科交叉研究，深入发掘各民族交往交流交融的历史，努力为铸牢中华民族共同体意识、为优秀传统文化的保护传承与创新发展、为保护西部文化遗产赓续西部文脉，提供理论支持和智力支撑，进一步强化与"一带一路"共建国家专家学者的多领域深层次合作，努力以持之以恒的文化创新为"一带一路"合作提供精神上的凝聚力、亲和力和向心力。

引领推动优秀文化国际传播，彰显中华文明独特魅力。习近平总书记指出，"人类生活在同一个地球村里，生活在历史和现实交汇的同一个时空里，越来越成为你中有我、我中有你的命运共同体"。中华文化既是历史的，也是当代的；既是民族的，也是世界的。加强中华优秀传统文化国际传播能力建设，全面提升国际传播效能，形成同我国综合国力和国际地位相匹配的国际话语权，是我们讲好中国故事、传播好中国声音，展示真实、立体、全面中国的必由之路。这就要求我们不仅要关注当前国际传播的效果、目标，更要注重国际传播体系建设，不断提升我国国际传播的综合实力，尤其是在互联网迅速发展的今天，信息技术的进步和迭代之快让人应接不暇，信息传播速度正以指数倍增长，以人工智能为代表的新一轮科技革命和产业变革正在深刻重塑国际舆论格局。一方面，人工智能、新媒体的迅速发展，触动和融入经济社会的方方面面，深刻影响着人类的生活。另一方面，网络安全、网络舆情、多元社会思潮、国际传播等方面的风险挑战叠加交织、愈加严峻。如何利用大数据、人工智能等新技术，助力国家传播战略，创新国际传播信息形态是我们亟须回答的时代课题。我们要主动转变观念，以互联网思维引领创新发展，加强全媒体传播体系建设，提高全媒体传播能力，全方位打造信息传播新业态、构建主流舆论新格局，切实增强中华文明传播力影响力，让中华优秀传统文化传播得更快、更活、更新。

2015年，兰州大学发起成立了"一带一路"高校联盟，秉承"互联互通、开放包容、协同创新、合作共赢"的理念，推动"一带一路"共建国家和地区高校之间在教育、科技、文化等领域的全面交流与合作，为传播中华文化，加强同丝路共建国家的文化交流，增进民心相通，构建人类命运共同体作出了积极贡献。未来，我们将继续深化开放办学，通过学生交流、教师互访、学术会议等形式，拓展国际交流合作的深度与广度，积极推动全球高等教育和学术研究共同体建设，搭建世界科学文化交流阵地，积极向世界阐释、推介中华优秀文化，增进中外文明互鉴和民心相通，促进不同文明之间的相互包容和理解，服务人类命运共同体构建。

千载丝路，悠悠敦煌！文化交流与合作论坛自 2018 年第三届敦煌文博会开始，至今已举办 3 次，本次论坛由甘肃省政协与兰州大学共同主办，围绕推动中华优秀传统文化创造性转化和创新性发展进行研讨交流，将对进一步凝聚共建"一带一路"国际共识、提升敦煌文博会内涵起到重要推动作用，为培育和创造新时代中国特色社会主义文化作出新的贡献。

新时代新征程，坚定文化自信，担负起文化新使命，用中华优秀传统文化培根铸魂，推动文化繁荣、建设文化强国、建设中华民族现代文明，增强实现中华民族伟大复兴的精神力量是我们的神圣使命。衷心希望，各位领导、各位专家学者以此次论坛为契机，进一步拓展合作空间、密切合作关系，集中智慧从博大精深的中华文化中汲取养分，共同助力"一带一路"和"人类命运共同体"建设。衷心希望，大家能够不断拓展研究内涵，共同挖掘中华优秀传统文化蕴含的哲学思想、人文精神、价值理念、道德规范等，努力揭示蕴含其中的中华民族的文化精神、文化胸怀和文化自信。衷心希望，大家能够一如既往地关心支持指导兰大的建设发展，经常到学校开展学术交流，为人才培养、科学研究、学科建设等工作传经送宝、建言献策，帮助兰州大学"双一流"建设迈上新台阶！

最后，预祝论坛取得圆满成功！

谢谢大家！

发挥故宫世界文化遗产优势
扩大中华优秀传统文化国际影响力

文化和旅游部党组成员、故宫博物院院长　王旭东

2023 年是习近平总书记提出共建"一带一路"倡议的十周年。经过十年的发展，共建"一带一路"已经成为开放包容、互利互惠、合作共赢的国际合作平台。党的二十大报告中提出增强中华文明传播力影响力，同时提出推动共建"一带一路"高质量发展。故宫拥有世界上规模最大、保存最完整的古代木结构宫殿建筑群和 186 万余件文物珍品，是中国古代劳动人民的智慧创造，是中华五千年文明的重要承载者，是中华优秀传统文化的汇聚地。作为故宫世界文化遗产的保护管理机构，坚定文化自信，研究保护故宫世界文化遗产并正确阐释其价值，传播弘扬故宫承载的中华优秀传统文化，是故宫博物院的时代责任。以"平安故宫、学术故宫、数字故宫、活力故宫"建设为支撑，深入阐释故宫世界文化遗产及院藏文物蕴藏的中华优秀传统文化精髓，推动中华优秀传统文化创造性转化和创新性发展，为高效推动和落实"一带一路"建设贡献积极力量。

一、认识和挖掘故宫世界文化遗产价值，努力做好保护研究工作

建成于 1420 年的紫禁城是我国古代宫城发展史上现存的唯一实例和最高典范，也是我们民族文化的重要载体和历史缩影。故宫是中国宫殿建筑总结性的杰作，综合体现了中国传统的建筑学、美学、哲学等，具有极高的历史价值和艺术价值。故宫院藏文物 186 万余件（套），珍贵文物占藏品总数的 90%，在类别上几乎包含了中国古代文物的所有门类，是一座名副其实的

宝库。

故宫于 1987 年被列入世界遗产名录，保护故宫及其文物，确保建筑和文物安全是故宫博物院开展各项事业的基础。经过几代故宫人的接续努力，故宫世界文化遗产及其文物的保护工作已从抢救性保护为主进入到以预防性保护为主、辅之必要的抢救性保护的新阶段。在加强故宫古建和文物保护的同时，我们深入挖掘故宫及其文物所承载的中华优秀传统文化，坚持跨学科、跨机构、跨部门协同合作开展学术研究，深入研究挖掘阐释故宫古建及院藏文物所蕴含的历史价值、文化价值、审美价值、科技价值、时代价值。近年来，故宫博物院牵头实施国家级、省部级重点科研项目 40 余项，积极参与"古文字与中华文明传承发展工程"等国家重大文化工程。建立国家文化和科技融合示范基地、中国—希腊文物保护技术"一带一路"联合实验室等学术交流平台。2021 年面向社会学者实施开放课题计划，立项 44 项。打造院内外多学科复合型工作团队和研究平台，逐步完善符合故宫文物资源禀赋的学术科研体系。

二、加速推进中华文明研究成果传承转化，着力提升中华文明影响力和感召力

习近平总书记强调，中华文化源远流长，中华文明博大精深。只有全面深入了解中华文明的历史，才能更有效地推动中华优秀传统文化创造性转化、创新性发展，更有力地推进中国特色社会主义文化建设，建设中华民族现代文明。故宫博物院坚持古为今用、推陈出新，充分运用中华文明研究成果，完整准确地讲述中国古代历史，全面系统科学合理地挖掘文物藏品的丰富性和独特性，揭示其承载的全人类共同价值。

故宫博物院近年来举办了一系列为大众熟知、深受观众喜爱的展览。"丹宸永固""敦行故远""何以中国""照见天地心""祥开万象"，与国家博物馆等国内博物馆联合举办的"和合共生——故宫·国博藏文物联展"等，持续以高品质内容服务大众。为突破传统实体展览局限，策划了"'纹'以载道""画游千里江山"等一批优秀的数字展览，让观众"触摸"文物，走近历史。

在数字技术今非昔比的当下，文物数字化是博物馆广泛高效讲述藏品故事的有力支撑。截至目前，"数字文物库"已公开发布超过 10 万件文物的影像，并建立"数字多宝阁""故宫名画记""全景故宫"等多个数字化应用平台。2023 年 7 月，故宫博物院多语种网站正式上线，满足不同语种观众的使用需求。故宫博物院的全面数字化、网络化、智能化，进一步提高故宫数字资源利用和公共文化服务水平，更好地实现了文物数字化保护成果的开放共享。

故宫博物院持续推出多种文化项目，通过教育课程、跨界合作、影视剧目、图书出版等多种方式，提升公众教育和文化传播效能，提高精神文化产品供给能力，将文化融入人民群众日常生活。开发了"我要去故宫""藏品有话说""抖来云逛馆"等一系列线上音视频产品，将更多文化成果与广大公众共享。实施"博物馆 +"战略，积极与传媒、演艺、科技等机构开展跨界合作，推出文博类节目《国家宝藏》《上新了·故宫》《诗画中国》、纪录片《紫禁城》、舞蹈诗剧《只此青绿》、儿童剧《角端》、动画短片《紫禁城建筑的秘密》等，充分发挥文化传播作用。

三、开放包容促进文明交流互鉴，推动中华文化的影响力和传播力

文明是包容的，人类文明因包容才有交流互鉴的动力。习近平主席在文化传承发展座谈会上指出，中华文明具有突出的包容性，从根本上决定了中华民族交往交流交融的历史取向，决定了中国各宗教信仰多元并存的和谐格局，决定了中华文化对世界文明兼收并蓄的开放胸怀。为加速推动中外文化交流，深入开展"一带一路"文化交流，实现成为文明交流互鉴的中华文化会客厅这一愿景，故宫博物院通过举办国内外交流展览、国际论坛等方式持续扩大中华文化国际影响力。

文物展览一直是故宫博物院中华文化走出去活动中的重点项目，是让世界了解中华民族灿烂悠久的历史文化的传统方式之一。近十年来，故宫博物院积极配合国家大局及重要外交活动，先后组织赴外及港澳台地区文物展览52 次，参与境外展览 21 次，连续三年蝉联全国博物馆海外影响力榜单榜首。展地选择上，积极融入国家经济社会发展大局，拓展"一带一路"共建国家和地区的合作。2022 年 7 月，香港故宫文化博物馆正式开馆，为中华文明和世界文明交流互鉴搭建了平台，助力香港及大湾区文化建设，展示了中华文明的灿烂成就。

在"走出去"同时，也引进了大量精品展览。十年来，我院先后与 25 个国家和地区（含港澳）合作，实现了跨地区、跨国家、跨文明的双向交流对话。今年 3 月，故宫博物院与巴基斯坦国家遗产与文化署考古与博物馆局联合举办的"譬若香山——犍陀罗艺术展"向国内观众展示了犍陀罗文化艺术的魅力，在文化共鸣中增进中巴两国的友好情谊，让中国民众更加了解犍陀罗文化的深厚与重要性，彰显了文明的交融互鉴。

近年来，故宫博物院在海外考古、国际合作、人才交流等方面的对外交流也不断拓展加强。积极参与"一带一路"共建国家考古项目，赴阿联酋、肯尼亚、乌兹别克斯坦等联合开展实地考古、文物修复等工作，开展中外文化遗产交流研究，努力讲清楚中华文明的灿烂成就和对人类文明的重大贡献。连续举办"太和论坛""驻华使节故宫文化沙龙""使节进故宫"等活动；与 15 家国际机构签署合作协议；稳步开展"利荣森访问学人交流计划"，启动"太和学者计划"，通过国内外人才的双向互动构建平等对话、相互启迪的学术交流机制；落户于故宫博物院的国际博协培训中心、国际文物保护修复学会培训中心积极为国际领域培养博物馆人才和文物保护人才贡献力量。

这些交流互动积极拓展对外交流平台，展现了中华文明的悠久历史和人文底蕴，也力促世界读懂中国、读懂中国人民、读懂中国共产党、读懂中华民族。

当前，推动"一带一路"建设正处于迈向高质量发展的关键阶段，需要以更加具有前瞻性的思维不断巩固发展成果，应对挑战。在这样的重要节点，故宫博物院将继续增强历史自觉、坚定文化自信，全面深入阐释故宫各类文物蕴含的多元价值，加强国际合作和成果共享，真实完整地保护并负责任地传承弘扬好故宫所承载的中华优秀传统文化，将故宫博物院建设成国际一流博物馆、世界文化遗产保护的典范、文化和旅游融合的引领者、文明交流互鉴的中华文化会客厅，为建设社会主义文化强国、建设中华民族现代文明，不断扩大中华文化的国际影响力，构建人类命运共同体作出应有的贡献。

关于中华优秀传统文化创造性转化创新性发展的思考

中国国家博物馆馆长　王春法

"实现中华优秀传统文化创造性转化、创新性发展"，这是习近平总书记提出的重大时代命题。早在 2013 年十八届中央政治局第 12 次集体学习会上，习近平总书记就明确提出努力实现中华传统美德的创造性转化、创新性发展，强调要使中华民族最基本的文化基因与当代文化相适应、与现代社会相协调，以人们喜闻乐见、具有广泛参与性的方式推广开来，把跨越时空、超越国度、富有永恒魅力、具有当代价值的文化精神弘扬起来，把继承传统优秀文化又弘扬时代精神、立足本国又面向世界的当代中国文化创新成果传播出去。中办国办 2017 年印发《关于实施中华优秀传统文化传承发展工程的意见》，对推动中华优秀传统文化创造性转化、创新性发展作出总体安排。2023 年 6 月，习近平总书记在文化传承发展座谈会上，又从两个一百年战略全局和以中国式现代化全面推进中华民族伟大复兴的战略高度，系统深入地论述了中华优秀传统文化创造性转化创新性发展与建设中华民族现代文明之间的关系，强调中国文化源远流长，中华文明博大精深，只有全面深入了解中华文明的历史，才能更有效地推动中华优秀传统文化创造性转化、创新性发展，更有力地推进中国特色社会主义文化建设，建设中华民族现代文明。在这里，我着重就中华优秀传统文化创造性转化、创新性发展谈几点思考，欢迎批评指正。

　　第一，"双创"既是理论命题，也是实践命题，反映了中国共产党人历史观文化观的重大发展和当今时代的迫切需要。自鸦片战争以来，中国人的历史观文化观一直处于调整适应、变动不居之中。从林则徐、魏源等人的"睁眼看世界"到洋务运动的"师夷长技以制夷"，从张之洞等人的"中学为体、西学为用"到康有为梁启超等人的变法图存，直到新文化运动中拥护"德先生"（Democracy）和"赛先生"（Science），乃至五四运动提出的打倒孔家店，事实上都是在三千年未有的大变局下对历史文化传统的深刻反思。中国共产党人作为坚定的马克思主义者，对于历史文化历来持辩证唯物主义和历史唯物主义态度，坚持取其精华、去其糟粕，古为今用、推陈出新，毛泽东同志明确提出"从孔夫子到孙中山，我们应当给以总结，承继这一份珍贵的遗产"，但在实践中什么是精华、什么是糟粕，标准不清、把握不准，中间还走过了一段弯路。党的十八大以来，习近平总书记高度重视中华优秀传统文化，在纪念孔子诞辰 2565 周年国际学术研讨会上的讲话中明确宣示"中国共产党人是马克思主义者，坚持马克思主义的科学学说，坚持和发展中国特色社会主义，但中国共产党人不是历史虚无主义者，也不是文化虚无主义者。我们从来认为，马克思主义基本原理必须同中国具体实际紧密结合起来，应该科学对待民族传统文化，科学对待世界各国文化，用人类创造的一切优秀思想文化成果武装自己。在带领中国人民进行革命、建设、改革的长期历史实践中，中国共产党人始终是中国优秀传统文化的忠实继承者和弘扬者，从孔夫子到孙中山，我们都注意汲取其中积极的养分"。此后总书记又多次突出强调"怎样对待本国历史？怎样对待本国传统文化？这是任何国家在实现现代化过程中都必须解决好的问题"。在实践上，总书记高度重视并且身体力行地积极推动中华文化遗产的保护传承，明确提出"文物承载灿烂文明，传承历史文化，维系民族精神，是老祖宗留给我们的宝贵遗产，是加强社会主义精神文明建设的深厚滋养"，"文物是传统文化的重要物质载体，蕴含着优秀传统文化的思想精华和道德精髓，也包含着以爱国主义为核心的民族精神和以改革创新为核心的时代精神"；在理论上，提出了马克思主义基本原理与中华优秀传统文化相结合的重大命题，强调把马克思主义基本原理同中国具体实际相结合、同中华优秀传统文化相结合。这既是对百年来中国共产党团结带领人民创造历史奇迹、取得历史成就的总结和提炼，也是对新时代推动中华优秀传统文化创造性转化、创新性发展的指引和要求，充分反映了中国共产党人历史观文化观的重大发展，开辟了马克思主义中国化时代化的新境界，也为推进中国式现代化开辟了更大空间。

第二，"双创"是全新的文化传承发展机制，既要通过各种先进技术手段活其形，更要通过与马克思主义基本原理相结合来传其魂。中华优秀传统文化积淀着中华民族最深层次的精神追求，代表着中华民族的精神标识，是弘扬中国精神、凝聚中国力量的"活的灵魂"。"双创"的根本任务就是全面激活长期因为人民蒙难、民族蒙辱、文化蒙尘而渐趋式微的中华传统文化，不断增强文化自觉和文化自信，赋予中国式现代化以强大精神动力。所谓创造性转化，就是要按照时代特点和要求，对那些至今仍有借鉴价值的内涵和陈旧的表现形式加以改造，赋予其新的时代内涵和现代表达形式，激活其生命力；所谓创新性发展，就是要按照时代的新进步新进展，对中华优秀传统文化的内涵加以补充、拓展、完善，增强其影响力和感召力。一要结合时代特点和实际需求，通过最新传播手段与方式方法活其形，把中华优秀传统文化传承下来。比如，通过数字技术、人工智能、虚拟现实等信息网络对考古发掘、文物展示、古籍整理、藏品修复等传统文化活动进行数字化、可视化、智能化再现和重构，让传统文化更加生动、立体、互动，增强其感染力和影响力。利用电影、电视、动漫等手段，对传统文化进行艺术化、故事化、情感化的改编和演绎，让传统文化更加精彩、有趣、真切。利用博物馆、图书馆、社区等文化场所，对传统文化进行展示、推广和体验，让传统文化更加丰富、有用、亲近。这样一些方式方法，不仅可以让传统文化更好地适应时代需求和社会变革，也可以让传统文化更好地融入现代生活，更加容易为人民群众所喜闻乐见，让传统文化更好地激发人民群众的认同感和自豪感。二要通过与马克思主义基本原理相结合来传其魂，把中华优秀传统文化发展下去。在 6 月 2 日的文化传承发展座谈会上，习近平总书记深刻阐述了马克思主义基本原理同中华优秀传统文化高度契合、互相成就的内在机理，揭示了"第二个结合"对于筑牢道路根基、打开创新空间、巩固文化主体性等方面具有的重要意义，强调这种结合造就了一个有机统一的新的文化生命体，让马克思主义成为中国的，中华优秀传统文化成为现代的，让经由"结合"而形成的新文化成为中国式现代化的文化形态。这既是又一次的思想解放，也是我们党对马克思主义中国化时代化历史经验的深刻总结，是对中华文明发展规律的深刻把握，表明我们党对中国道路、理论、制度的认识达到了新高度，表明我们党的历史自信、文化自信达到了新高度，表明我们党在传承中华优秀传统文化中推进文化创新的自觉性达到了新高度。三要通过赋予中华优秀传统文化更加强大的生命力传其声，让中华优秀传统文化广泛传播开来。"双创"既可以创造新的文化载体和呈现形式，也能够创造积累适应时代需求的新知识，促进不同文明相互理解、相互欣赏和相互包容，更好展示真实、立体、全面的中国，讲好中国故事，传播好中国声音，努力弘扬中华文明蕴含的全人类共同价值，塑造可信可爱可敬的中国形象。中华优秀传统文化之所以能够在长期的历史演变中形成和发展起来，既有源远流长、历久弥新的特点，也有与时俱进、变通适应的特点，创造性转化和创新性发展作为传承机制发挥着重要的决定性作用。

第三，"双创"要以深入扎实的学术研究为前提，建立在深刻把握中华文明突出特性的基础之上。"双创"的对象是源远流长、博大精深的中华优秀传统文化，因而是一项复杂的系统的浩大工程，不存在单一形式形态，同时它又是有边界有条件的，不能随心所欲，没有规矩。做好"双创"工作，一是需要坚持以马克思主义为指导，要系统地而不是零碎地、完整地而不是碎片化地掌握辩证唯物主义和历史唯物主义基本原理，深刻学习领悟中国化时代化的马克思主义，深刻理解中华文明具有突出的连续性、创新性、统一性、包容性、和平性五个突出特性，养成坚定正确的历史观文化观，为中华民族在物质生产和精神文化生活上更加雄伟地屹立于世界民族之林提供理论指导和精神支撑；二是需要具有扎实浓厚的文史功底，拥有丰富的文史知识，既能贯通古今，又能深入具体领域，既熟悉历史文献又了解史迹文物，既能通过切段研究深入某一历史时期，又能通过切片研究深入某一具体领域，对中华优秀传统文化的丰富内涵有着深刻感悟和准确把握。总书记在敦煌座谈会上强调"中华文明 5000 多年绵延不断、经久不衰"，在长期演进过程中，形成了中国人看待世界、看待社会、看待人生的独特价值体系、文化内涵和精神品质，这是我们区别于其他国家和民族的根本特征，也铸就了中华民族博采众长的文化自信；三是需要对当代中国经济社会科技文化发展以及人民群众的精神文化消费需求的有着准确的理解和把握，能够结合历史实际和当代实际深入挖掘历史文物背后蕴含的哲学思想、人文精神、价值理念、道德规范等，充分运用当代先进科学技术方法手段，以人民群众喜闻乐见的方式生动鲜活地呈现出来，深刻揭示蕴含其中的中华民族的文化精神、文化胸怀和文化自信，创造出全新的知识内容和知识形态，为新时代坚持和发展中国特色社会主义提供精神支撑。经济在发展，社会在进步，科学技术更是一日千里，这就要求我们不可固守于一隅一时，墨守成规，而是要及时深入地了解社会需求、群众期待、科技可能，以全新的形态样貌对传统文化进行创造性转化、创新性发展，使之更好地与当代社会实际和人民群众生活紧密结合起来，融入其中，成为人民群众日用而不觉的价值理念、思维方式和行为模式，乃至形成新的社会规范、兴趣偏好和话语体系。

第四，"双创"是有鲜明导向的，就是推动"两个结合"，服从服务于以中国式现代化全面实现中华民族伟大复兴。中华优秀传统文化是中华民族的文化根脉，其蕴含的思想观念、人文精神、道德规范，体现了中华民族特有的思维方式和精神标识。只有立足波澜壮阔的中华五千多年文明史，才能真正理解中国道路的历史必然、文化内涵与独特优势。推动中华优秀传统文化创造性转化和创新性发展，一要坚守中华文化立场，因为中华民族是一个有着5000多年文明历史的伟大民族，曾经创造了灿烂的中华文明，对人类文明进步作出了重大贡献，也给我们以坚定的文化自信。从这个意义上来说，无论是创造创新的手段还是转化发展的方向都要在遵循马克思主义基本原理和尊重中华优秀传统文化基本史实的基础之上，坚持中华文化主体性，不能为娱乐而娱乐。二要赋予中国式现代化道路以更加鲜明的中国特色。中国式现代化是中国共产党团结带领人民经过百年奋斗走出的，既基于自身国情、又借鉴各国经验，既传承历史文化、又融合现代文明，既造福中国人民、又促进世界共同发展的现代化。它是从中国国情出发进行的独立自主的探索和创新，要求我们既要从优秀传统文化之中汲取营养，又要坚持开放包容、互学互鉴、合作共赢的理念，借鉴和吸收人类文明成果。诚如习近平总书记所强调的，如果没有中华五千年文明，哪里有什么中国特色？如果不是中国特色，哪有我们今天这么成功的中国特色社会主义道路？双创的重要历史使命就是赋予中国式现代化以更加鲜明的中国特色，使之成为中华民族全面复兴的鲜艳旗帜。三要推动建设中华民族现代文明。中华民族现代文明是中国共产党领导的社会主义文明，是以马克思主义为指导、以中国特色社会主义为保障的文明，是根植中华优秀传统、具有中华文化主体性的文明，是借鉴吸收人类一切优秀文明成果、致力推进人类文明进步的文明。中国式现代化深深植根于中华优秀传统文化，体现科学社会主义的先进本质，借鉴吸收一切人类优秀文明成果，代表人类文明进步的发展方向，是一种全新的人类文明形态。中华民族现代文明经由两创而来，因两创而发展形成人类文明新形态。

　　第五，"双创"是全社会的共同任务，需要社会各方面共同作出努力。中华优秀传统文化源远流长、博大精深，各种物质载体和呈现形式种类繁多、量大面广，对中华优秀传统文化进行创造性转化和创新性发展既要探其源、寻其迹，还要究其理、发其微，需要社会各界各方面力量积极行动起来，共同作出努力。一是要加大引导支持力度，既要在理论研究、思想文化、传媒出版等领域分类指导，又要在历史探索、考古发掘、文献梳理、文物整理、展览展示、传播推介等领域重点支持，还要突出鲜明正确的价值导向，形成良好的舆论氛围。二是要提供更多的学术研究成果支撑，坚持"百花齐放、百家争鸣"的文艺工作方针，按照"研究无禁区、宣传有纪律"的原则，支持学术界既要在热门领域推出更多精品力作，同时也要在小众领域照顾到冷门绝学，为"双创"奠定更加坚实的学术基础。三是要开放更多资源，文博档案部门要充分发挥中华优秀传统文化物质载体集中、传统文化资源丰富的突出优势，以更加开放的胸怀和更加有力的举措，积极参与到"双创"之中，开放更多资源，支持推出更多思想精深、制作精良的双创佳作。四是要提供更多科技支持，特别是充分发挥以互联网、大数据、区块链、人工智能为代表的信息网络技术的关键支撑作用，创造更多的传播渠道和平台，通过先进技术手段让收藏在博物馆里的文物藏品、典籍里的古老文字、大地上的文化遗产都活起来，让人民群众学习和欣赏起来更喜欢、更便捷，让传统文化看得更清楚、传得更久远、讲得更明白。五是企业要积极参与。双创的一个突出特点就是跨界融合，它不仅仅是一件公益的事情，许多情况下还涉及复杂的利益分配关系，必须在充分发挥行政体制的指导作用和公益机制的引导作用的同时，坚决调动激发市场机制的决定性作用，让有效市场和有为政府融合起来，形成可持续的双创发展机制。

第六，"双创"迫切需要树立新型人才观，不拘一格培养使用破圈人才特别是复合型人才。 人才资源是第一资源，是推动"双创"持续发展的根本支撑。做好"双创"工作，更好地赓续传统、续写华章，更加需要一大批热爱文博事业、专心文博工作的优秀人才，更加需要一支矢志坚守、同心协力、朝气蓬勃的文博队伍。一要加大人才培养力度。要按照中央人才工作会议精神，聚焦双创实际、顺应国际发展趋势，健全完善人才培养、引进、使用、评价机制，营造识才、爱才、用才的良好环境，培养造就一批有恒、有志、有情怀的青年英才，培养造就更多高水平的研究人才、策展人才、文保人才、传播人才、管理人才，努力出一批名家大师，对内能做领军人物、对外能做文化使者。二要健全激励机制。从事"双创"工作，既要靠事业留人，也要留待遇留人，没有健全稳定的支持激励机制，就不可能建立起高水平相对稳定的双创人才队伍，这个事业的发展既不可能是高质量的，更不可能是持续发展的。在这里，既需要符合实际的大力度经费投入，更需要导向鲜明的政策和制度支持，政治上信任、工作上支持、生活上关心、待遇上倾斜。三要倡导情怀担当。总书记在敦煌研究院座谈会讲话中指出，70年来，一代又一代的敦煌人秉承"坚守大漠、甘于奉献、勇于担当、开拓进取"的莫高精神，在极其艰苦的物质生活条件下，在敦煌石窟资料整理和保护修复、敦煌文化艺术研究弘扬、文化旅游开发和遗址管理等方面做了大量工作，取得了不少重要研究成果。他们当中的常书鸿先生、段文杰先生、樊锦诗先生，择一事、终一生，他们的精神永远值得我们深入学习，坚持弘扬。

习近平总书记在给中国国家博物馆的老专家回信中强调，博物馆是收藏、展示、研究、传播中华优秀传统文化的重要场所，文博工作者使命光荣、责任重大，要求坚持正确政治方向，坚定文化自信，深化学术研究，创新展览展示，推动文物活化利用，推进文明交流互鉴，守护好、传承好、展示好中华文明优秀成果。在以中国式现代化全面推进中华民族伟大复兴的宏伟征程上，我们必须坚守中华文化立场，以更加宽广博大的胸怀，更加积极主动地传承前人的知识，更加积极主动地学习借鉴世界一切优秀文明成果，更加积极主动地通过应对时代问题的智慧和探索来创造新的知识，努力铸就中华文化新辉煌，为人类社会发展的继往开来、建设中华民族现代文明不断作出新的更大贡献。

担负新的文化使命　建设中华民族现代文明

中国社会科学院中国历史研究院副院长　李国强

6月2日，习近平总书记亲临中国历史研究院考察，出席文化发展传承座谈会并发表重要讲话，我有幸在现场聆听了总书记的重要讲话。总书记的重要讲话，贯通历史、现实和未来，融通中国与世界，科学阐明中华文明的突出特性，深刻阐述"两个结合"的重大意义，明确提出建设中华民族现代文明新的文化使命。在此，谈一点学习体会，与各位交流。

习近平总书记指出："在五千多年中华文明深厚基础上开辟和发展中国特色社会主义，把马克思主义基本原理同中国具体实际、同中华优秀传统文化相结合是必由之路。"这是继党的二十大提出全党必须牢记"五个必由之路"之后新的理论创造，是"第六个必由之路"。中国特色的关键在于"两个结合"，"两个结合"是我们取得成功的最大法宝。

诞生并发展于欧洲的马克思主义，为什么能够在万里之遥的中国大地落地生根？马克思主义何以在中国产生如此巨大的思想伟力？其奥秘就在于，马克思主义同中华优秀传统文化的价值理念具有高度契合性，形成了内在的亲和力和结合点；在于马克思主义同中华优秀传统文化彼此依托、彼此融通、彼此成就。中华优秀传统文化中所包含的"民惟邦本"的民本思想，周虽旧邦、其命维新的改革精神，天人合一、万物并育的生态理念，与马克思主义关于以人为本的思想、关于人类社会发展规律的思想、关于生产力和生产关系的思想、关于人与自然关系的思想相辅相成、相得益彰。中华优秀传统文化中一分为二、福祸相生的朴素辩证思维，执两用中、守中致和的思想方法，修学好古、实事求是的治学态度等等，与马克思主义唯物辩证、实事求是、群众路线的思维方式和思想方法十分吻合。中华优秀传统文化把人置于家国天下之中，倡导"忧以天下、乐以天下"的家国情怀，提倡"大道之行，天下为公"，信守"讲信修睦""亲仁善邻"的相处之道，追求"和融万方""天下大同"的理想，与马克思主义关于人的全面自由发展的价值取向、解放全人类的价值追求、建立"自由人的联合体"的价值目标互融互通。高度的契合性，使马克思主义一经传入中国，迅速同中华优秀传统文化相融相合，并产生了"深刻的化学反应"。

我们党深刻认识到，只有让马克思主义成为中国的，"让马克思主义说中国话"，才能使马克思主义真正成为指导中国革命、建设、发展的强大思想武器。在百余年奋斗史上，我们党坚定不移地坚持把马克思主义与不断变化的中国实际紧密结合，矢志不渝地坚持把马克思主义同中华优秀传统文化有机结合，从而实现了马克思主义中国化时代化的三次理论飞跃，找到了适合中国国情的新民主主义革命道路、社会主义革命道路、社会主义建设道路和中国特色社会主义道路，成功推进和拓展了中国式现代化，推动中华民族伟大复兴进入不可逆转的历史进程。事实表明，正是"两个结合"，使我们拥有了强大的政治优势、理论优势、制度优势、文化优势。

总书记在重要讲话中首次系统、全面地阐述了"第二个结合"，特别是把蕴含于"第一个结合"中的"第二个结合"凝练出来、彰显出来。"第二个结合"是一个重大的原创性论断，它不仅从中华优秀传统文化的历史深处，进一步回答了马克思主义为什么行、为什么好、为什么能的问题，完整、科学地揭示了马克思主义之所以是我们立党立国、兴党兴国根本指导思想的历史逻辑和文化根源，而且破解了"古今中西之争"世纪难题，在熔铸古今、会通中西的思想进程中，实现了党和国家指导思想上的又一次与时俱进，成为具有划时代意义的又一次"思想解放"。

"两个结合"是相互联系、相辅相成、不可分割的有机整体，马克思主义同中国具体实际相结合的过程，本身也是马克思主义同中华优秀传统文化相结合的过程。"两个结合"是我们走向未来的必由之路，也是我们赢得未来的最大法宝。因此，以中国式现代化，全面推进强国建设、民族复兴，既要坚持马克思主义基本原理同中国具体实际相结合，也要坚持马克思主义基本原理同中华优秀传统文化相结合，两者同等重要，缺一不可。

"创造属于我们这个时代的新文化，建设中华民族现代文明"，是文化传承发展座谈会发出的最清晰、最响亮的时代最强音。"建设中华民族现代文明"归结千古，指引未来，表明我们党在领导人民创造了世所罕见的经济快速发展奇迹和社会长期稳定奇迹之后，又致力于开创新的历史奇迹，即文明繁荣昌盛的奇迹，彰显了新时代中国共产党人对中华民族历史的无限珍惜、对中华文化的礼敬传承、对创造中华文明新辉煌的使命担当。

建设中华民族现代文明，既是中华文明 5000 多年历史发展的必然结果，是中华民族走出自身文明成长发展道路的必然归宿，同时也是推动人类文明进步事业繁荣发展的必然要求。在"两个结合"领航下，以中国式现代化，创造人类文明新形态，必须坚定文化自信、秉持开放包容、坚持守正创新；必须立足中华民族伟大历史实践和当代实践，用中国道理总结中国经验，把中国经验提升为中国理论；必须大力推动中华优秀传统文化创造性转化、创新性发展，赋予古老的中华文明更加鲜活、更富有生命力的时代特征，从而为人类文明事业提供中国方案、贡献中国智慧。

"对历史最好的继承，就是创造新的历史；对人类文明最大的礼敬，就是创造人类文明新形态。"总书记这一庄严宣告，彰显了中国共产党人始终如一的历史自觉和文化自信，充分体现出理论逻辑、历史逻辑、实践逻辑的辩证统一，蕴含着深厚的思想意蕴、丰富的理论内涵和重大的方向指引。我们要担负起新的文化使命，奋发有为，共同努力创造属于我们这个时代的新文化。

加强历史文化遗产保护利用
推进优秀传统文化创造性转化创新性发展

浙江省政协副主席　成岳冲

习近平总书记指出："历史文化遗产是不可再生、不可替代的宝贵资源，要始终把保护放在第一位。""我们一定要重视历史文化保护传承，保护好中华民族精神生生不息的根脉。"习近平总书记关于加强历史文化遗产保护的重要论述，为做好新时代历史文化遗产保护利用工作指明了前进方向、提供了根本遵循。

浙江历史文化遗产丰厚、类型齐全、特色鲜明，在全国居于重要的位置。一是坐标特殊。浙江长兴七里亭遗址、浦江上山遗址、余杭良渚遗址，分别实证了中华民族百万年（在浙江）的人类史、一万年的文化史、五千年的文明史；浙江也是众所周知的我国丝之源、茶之源、瓷之源，享誉海内外；嘉兴南湖的红船，更是见证了中国共产党诞生这一开天辟地的大事变，成为百年党史的启航地。二是品质上乘。截至目前，浙江拥有国家级历史文化名镇名村、国家级非遗项目、人类非遗项目和"考古中国"重大项目数量均居全国第1位；世界自然文化遗产、国家级博物馆、已登记备案博物馆数量居全国第2位；4处遗址入选"百年百大考古发现"，其中良渚遗址入选首届"世界十大重要田野考古发现"，在中华文明"版图"中彰显了鲜明的浙江印记。

值得一提的是，早在2003年，习近平总书记主政浙江期间，亲自谋划、亲自部署、亲自推动全省域的历史文化遗产保护和利用工作，多次作出重要指示批示，并把"进一步发挥浙江人文优势、加快建设文化大省"作为实施"八八战略"的重要内容。20 年来，历届省委、省政府深入实施"八八战略"，坚定不移沿着总书记指引的方向前进，锲而不舍做好历史文化遗产保护利用工作，形成了一套行之有效的做法。

制度创新，赋能保护。制定实施浙江省文物保护管理条例、非物质文化遗产保护条例、历史文化名城名镇名村保护条例等省级地方性法规，在全国率先颁布实施浙江省大运河世界文化遗产保护条例；出台关于进一步加强文物安全工作的若干意见、关于让文物活起来扩大中华文化国际影响力的实施意见、关于做好新时代文物工作打造文博强省的意见、关于实施革命文物保护利用工程的意见等政策性文件，筑牢历史文化遗产保护的制度基石。同时，深入实施文物安全大排查大整治大提升行动，率全国之先组建省级文物安全巡查队，强化执法力度，为历史文化遗产保护提供可靠的安全保障。

转化利用，持续推进。浙江创新实施文化基因解码工程、传统村落民居保护工程、革命文物传播弘扬工程。谋划打造浙东唐诗之路、大运河诗路、钱塘江诗路、瓯江山水诗路四条诗路文化带，将历史文化遗存串珠成链。开展阳明文化、和合文化、南孔文化研究，编纂出版《中国历代绘画大系》《越地藏珍——浙江馆藏文物大典》《浙学未刊稿丛编（第一辑、第二辑）》等传世之作。在全国率先推进博物馆景区化，率先启动乡村博物馆建设。依托"浙里文化圈""浙里文物"数字化应用，为公众提供"一站式文化链接"。先后建成杭州国家版本馆（文润阁）、之江文化中心（主要包括浙江省博物馆新馆、浙江图书馆新馆、浙江省非物质文化遗产馆、浙江文学馆，是目前全国体量最大的省级公共文化设施集聚群、现代复合型文化综合体）、南宋德寿宫遗址博物馆等，一经开放秒变网红打卡地，使历史文化遗产真正"活"起来"火"起来。

交流合作，增进互鉴。积极推动浙江文化元素嵌入重大文化工程、外事活动，持续开展文化交流合作。2022 年，由浙江省牵头、15 个省（区、市）

共同申报的"中国传统制茶技艺及其相关习俗"成功入选人类非物质文化遗产代表作名录。连续 3 年举办"丝绸之路周"活动，吸引 22 个国家的 200 多家文化机构、累计 5000 余万人次参与线上线下大联动；举办多场国际性学术会议、主题展览，积极开展国际联合考古和援外项目；扎实建设一批文博类国际人文交流基地，着力讲好浙江文化故事，有效扩大中国文化的国际传播力和影响力。

近年来，浙江省政协通过召开协商论坛、开展主题调研、提交文化提案等方式积极履职尽责，在联合大运河沿线省市申遗、助力良渚古城遗址申遗、加强城乡建设中的历史文化保护和浙江文化研究工程等工作中积极发挥作用，为浙江建设高质量文化强省、打造新时代文化高地贡献力量。

做好历史文化遗产保护利用工作是一项复杂的系统工程，必须坚持以习近平新时代中国特色社会主义思想为指导，深刻领悟习近平总书记在文化传承发展座谈会上的重要讲话精神，切实增强文化自信，久久为功，持续推进。当前，我们认为，特别需要做深做实"夯实基础""健全制度""注重效益"这三篇文章。

一是系统梳理，强化自觉，做好夯实基础的文章。 首先要坚持"抢救第一""保护至上"的工作理念，筑牢各级党委政府履行保护利用责任的思想基础；其次要深入普查、迭代完善历史文化遗产资源本底，筑牢系统性保护利用的工作基础；再次要加大培养与保护利用相适应的各类专业人才力度，筑牢科学保护、合理利用、可持续发展的力量基础。

二是完善制度，强化落实，做好制度保障的文章。 一要尽快完善细化历史文化遗产保护利用领域的法律法规和技术标准体系，确保各级各类历史文化遗产都能纳入其中，得到妥善保护。二要强化制度刚性，严格约束机制，加大对各种法人违法、恶意损毁行为的惩处力度，形成有效震慑。三要将历史文化遗产保护利用纳入城乡整体发展战略，持续拓展社会参与渠道，营造良好环境。

　　三是科学利用，数字赋能，做好放大效益的文章。一方面，要深化文旅融合与文化市场建设，培育一批"既叫好又叫座""既好看又好卖"的文创产品，让文化遗产从静态转成活态、从原生态变成业态，延伸其产业链、价值链。另一方面，要加强对文旅融合与文化市场的引导管理，始终坚持社会效益和经济效益相统一，最大限度减少对历史文化遗产本体的伤害和过度消费历史文化遗产的行为，让优秀历史文化在现代文明建设中更加熠熠生辉。

深度挖掘阐释"红山文化" 推动中外文明交流互鉴

辽宁省政协副主席　温雪琼

一、深入学习领会习近平总书记关于文化传承发展重要讲话精神，建设中华民族现代文明

习近平总书记指出："文化是一个国家、一个民族的灵魂。"在中华文明发展过程中，中华民族创造了灿烂的中华文化，这是独属于我们民族的精神源泉，是中华民族在五千年文明史中沉积下来的文化结晶与精神标识。当今世界正经历百年未有之大变局，加强文化交流、文明互鉴的重要性更加凸显。"一带一路"倡议汲取古代丝绸之路文明的精髓，传承古代丝路文明的精神，致力于打造互利共赢人类命运共同体的光明未来，不仅体现了中华民族对自身文化的清晰认识和理性反思，也体现了对世界各种文化之间紧密联系的清晰认识，充分彰显了高度的文化自觉、坚定的文化自信。早在旧石器时代，辽宁地区就通过草原丝绸之路与西方国家建立了联系。进入新石器时代，辽宁通过草原丝绸之路与西方之间的联系更加紧密了。大约在公元前5世纪草原丝绸之路已经形成贸易通道，中原地区的商品经过辽西走廊，源源不断地运往东亚其他国度，辽西古廊道沟通东北与中原，成为极其重要的民族、经贸和文化交流的廊道。当前，辽宁积极参与"一带一路"各领域交流合作，推动共建"一带一路"走深走实。特别是服务于国家文化外交总体战略，积极参与国家与周边国家文明对话，参与国际文化遗产交流合作，注重深度挖掘、阐释、保护好距今约6500—5000年前的"红山文化"，是落实传承中华优秀传统文化，推动中外文明交流互鉴的一项重要工作。我们将深刻理解和把握习近平总书记关于建设中华民族现代文明的指示要求，切实增强责任感、使命感、紧迫感，牢记嘱托，更好担负起新的文化使命，更有效地推动中华优秀传统文化创造性转化、创新性发展，在实践创造中进行文化创造，在历史进步中实现文化进步，为建设中华民族现代文明奋勇向前。

二、在红山文化中寻找中华文明标记，为中华文明起源研究讲好"红山故事"

红山文化是我国北方地区新石器时代重要的一支考古学文化类型，因1935年首先发现于内蒙古赤峰市红山后遗址而得名，年代距今约6500—5000年。红山文化以辽河流域中辽河支流西拉木伦河、老哈河、大凌河为中心。东越医巫闾山，到达辽宁北部边界；西越燕山山脉，进入华北平原北部；北越西拉木伦河，向内蒙古草原深入；南到大凌河流域，延伸至渤海沿岸，分布范围达20万平方公里。

长江孕育了良渚文化，黄河孕育了仰韶文化，西辽河孕育了红山文化，2018年5月28日，国务院新闻办公室公布了"中华文明探源工程"的研究成果，指出："距今5800年前后，黄河、长江中下游以及西辽河等区域出现了文明起源迹象。"西辽河文明与黄河文明、长江文明一道列为中华文明的三大源头。红山文化为后续中华文明的发展奠定了重要基础，具有中华5000多年文明发源的性质，在我国文明史上有特殊的地位和作用，成为中华文明多元一体格局中的重要一元，对中华文明的起源及形成，有着十分重要的意义和深远的影响。

中华古文化可分为面向欧亚大陆和面向环太平洋传播的两大方向，红山文化所在的西辽河流域正处于这两大方向的交汇点上。将中原农耕文化、东北渔猎文化和北方草原文化紧密地联系起来，不同文化间相互撞击、交流、融汇，从而形成了东西方文化因素在这里的融合，加速了辽西古代文明起源进程。红山文化在中华大地率先跨入文明社会，并对中华文明产生持续影响。

牛河梁遗址是红山文化的代表性遗址，牛河梁遗址作为 20 世纪具有里程碑意义的世界性考古大发现，是中华文明探源工程重要组成部分，是中华五千多年文明史的重要考古证据。牛河梁遗址的发现，以确凿的考古实物证明，5000 年前这一区域曾存在过一个具有国家雏形的原始文明社会。牛河梁遗址的"庙、冢、坛"，全面展示了红山文化独特的精神崇拜、祭祀和墓葬习俗，是早期文明国家开始形成的标志之一，这一重大发现把中华文明史提前了 1000 多年。把中华文明起源的研究从黄河流域扩大到燕山以北的西辽河、大凌河流域，被称为"东方文明的新曙光"。牛河梁红山文化遗址被评为"中国 20 世纪 100 项考古大发现"之一。2012 年国家文物局将牛河梁遗址与赤峰市的红山后和魏家窝铺遗址合并为红山文化遗址申报项目列入《中国世界文化遗产预备名录》。"红山社会文明化进程研究"被国家文物局纳入"考古中国"重大项目；2021 年底，牛河梁遗址被国家文物局列入《大遗址保护利用"十四五"专项规划》。

三、积极挖掘阐释红山文化，更好发挥红山文化在世界文明交流中的作用

红山文化遗址承载着丰富的科学信息、历史记忆、文化精神和社会认同，加强重要遗址遗迹保护利用工作，协同开展同时期、跨地区、系统化研究，可以更加清晰连贯地呈现文物成果、文明脉络、文化基因。保护好牛河梁红山文化遗址，是让红山文化遗产活起来的前提，是为了更好地保护和利用，提炼遗址的突出普遍价值，推动红山文化的考古、发掘、研究，能够继续推动中华文明走向世界，能够讲好中国文明起源的故事，让世界更多的人了解中国中华民族辉煌灿烂的古代历史。

要持续进行价值研究阐释，虽然已经有长期大量的考古和学术研究，但目前对它的突出普遍价值还停留在 20 世纪 80 年代中期研究水平，需要加大研究阐释力度。以牛梁遗址为例，牛梁遗址目前在整个遗址保护区内有编号的重点遗址点是 51 处，而全面发掘的只有 4 处。应由国家文物部门牵头，协调中国社科院、辽宁和内蒙古两省（区）有关高校等加大对红山文化学术研究，构建红山文化考古研究体系，形成多学科跨领域合作研究模式，深入提炼红山文化遗址的突出普遍价值，力求形成一批新成果，为建设中华民族现代文明提供历史依据与理论支撑。

加快推进红山文化遗址申报世界文化遗产步伐，提炼展示中华文明的精神标识和文化精髓，加快构建中国话语和中国叙事体系。红山文化申遗成功势必在世界范围内引起关注，将与良渚等遗址一起，实证中华文明是土生土长的，是在自身基础上起源、形成的多元一体的文明。将使全世界了解中华文明起源、形成、发展的历史脉络，了解中华民族5000多年文明史，增强全体中华儿女的自信心、自豪感，为实现中华民族伟大复兴提供源源不断的精神动力。

文明因交流而精彩，文化因多样而丰富。我们将持续加大红山文化价值挖掘研究、阐释和申遗工作，更加积极地参与"一带一路"国际文化交流合作，用好敦煌文博会等国家高端文化展示交流平台，创新传播方式，提升中华文化内在传播力，向世界讲好中国故事、讲好中华文明传承的辽宁故事，为实现中华民族伟大复兴贡献智慧力量，让中华传统文化在当今世界的多元化背景下得到更好的传承和发展。

下一代互联网技术助力传统文化深度传承

腾讯集团市场与公关部副总裁　李　航

很高兴来到文博会，与各位交流探讨。推动中华优秀传统文化创造性转化和创新性发展，是腾讯从 2016 年开始，携手故宫博物院、敦煌研究院，以及长城、三星堆等文博机构共同探索的方向。

在移动化的背景下，我们和文博伙伴一起，率先探索以数字化创意和社交连接，助力传统文化的活化与传承，希望通过一部手机，就能实现传统文化随时随地触手可及，并且融入公众的日常生活之中。七年来，累计有数亿人次参与体验了"云游敦煌"文博小程序、故宫"古画会唱歌"数字音乐专辑、"敦煌动画剧""敦煌诗巾"文创小程序等一批经典文博创意项目，开启了我们和文博合作伙伴"文化＋科技"的故事。

探索越深入，故事也越硬核。腾讯目前正大力投入，攻坚下一代互联网技术的制高点，我们也在思考，如何将人工智能、云计算、区块链、游戏科技等下一代互联网技术与文博产业深度融合，进而助力传统文化传承与发展，这是一项全球性的前沿课题。在这里，我向大家报告几项代表性实践。

腾讯故宫联合创新实验室：助力文物数字化采集

第一个项目就是 2023 年 4 月，我们和故宫博物院历时三年共同建成的腾讯故宫联合创新实验室。在"数字故宫"历经二十年建设之后，故宫博物院已经积累了大量院藏文物影像和高精度三维模型，实验室在此基础上，进一步创新文物数字化的采集流程，提高了采集效率和智能化程度。

最突出特色是"一站式"，实现采集提效，利用降本。实验室集成了采集、加工、音视频制作等功能模块,大幅提高数字化效率。在音视频制作模块,腾讯自研的虚拟演播技术替代了常规绿幕和专业硬件,相比传统拍摄,成本降低了95%。

另一大特色是"智能化",实现安全实时、易管可控。运用腾讯数字孪生技术,大屏实时显示实验室的各类数据,还可以智能调整各类参数,比如根据文物材质,自动调整温湿度和二氧化碳浓度,水电气、火灾、入侵等异常状况也实时监测预警,最大限度地保障文物安全。

联合创新实验室也将作为创新基地,继续推动文博数字化关键技术的研发与应用。

数字敦煌·开放素材库:助力文物数据安全共享

敦煌研究院2016年率先向海内外开放了"数字敦煌"资源库,2022年,腾讯与敦煌研究院携手,上线了全球首个基于区块链的数字文化遗产开放共享平台——"数字敦煌·开放素材库",首要解决文物数字资产的确权保护难题。

首批开放的6500多份高清文物数字资源全部上链,腾讯区块链技术融入数字资产的保护和交易环节,对授权约定、素材创作信息、作品内容等都保留足够且不可篡改的存证,结合腾讯金融科技量身定制的分账系统,文物数字资源的确权、授权、收益分配的全链条都实现了数字化。

上线7个月,素材库访问量近400万人次。项目的模式探索和技术应用,也为构建传统文化数字化基础设施提供了有益尝试。

敦煌数字藏经洞:助力向世界讲好中国故事

2023年4月,腾讯与敦煌研究院联合打造的"数字藏经洞",运用了数字照扫技术,并以游戏引擎驱动,将"数字敦煌"的数字资产和敦煌学研究成果实现创造性转化,重现藏经洞盛景,一周访问量超过了1400万。

这个月,我们还将推出"数字藏经洞"的多语言版本,它是中国文化的使者,将以敦煌之美、数字之力,促进全世界的文明交流互鉴,增进民心相通。

我们对游戏技术的应用也逐步从线上延展到线下。在国家文物局"互联网＋中华文明"行动计划指导下，我们为用户打造深度文化知识互动产品，围绕莫高窟285窟，推出线上知识讲解互动，及线下VR深度体验。通过数字照扫和三维重建，高清还原285窟实景，线上有生动的知识点介绍之余，到了莫高窟景区内的数字敦煌沉浸感，可以戴上VR眼镜，仿佛置身285洞窟实景中，可以360度自由探索，视觉效果非常清晰和真实，即便是现实中难以看清的窟顶壁画，也能走过去近距离欣赏。

我们还通过游戏引擎、高效3D等技术，将壁画故事转换成了3D动画，为你打开一段奇幻之旅，比如参与到惊险的战斗中，拿起鼓槌与天神共奏天乐，很多精彩有趣的体验，不久后会在线下落地，敬请期待。

未来，我们会持续跟踪前沿数字科技的代际革新，推动文博数字化的关键技术研发与应用，期待下一代互联网技术不断激发科技与文化融合的潜能，与各位同仁一道，打开传统文化传承和创新的新篇。

丝绸之路是中国文化推动世界文明进程的历史见证

西北师范大学历史文化学院院长　刘再聪

丝绸之路指古代中国经中亚、西亚连接欧洲及北非的东西方交通路线的总称。由于输出的商品以丝绸作为代表，因而名为"丝绸之路"。若按输入的商品而论，则有"香料之路""白银之路""玉帛之路"等称呼。丝绸之路是互通互惠之路，是古代中国向世界输出文化的通道，也是向世界学习的窗口，它既是一条中西方的贸易之路，也是一条文化传播之路。

2000多年来，丝绸之路在推进人类文明进步、促进沿线各国繁荣发展、构建世界新秩序方面起到了不可替代的作用。今天，丝绸之路已成为东西方文化交流合作的象征，以"和平合作、开放包容、互学互鉴、互利共赢"为代表的丝绸之路精神已经成为世界各国共有的历史文化遗产。

一、丝绸之路的开通是中国人民构建西域地区一体化新秩序的最早尝试

西汉时期，张骞出使西域，标志着丝绸之路的正式开通。从此，丝绸之路就把中国与西亚及地中海世界连接起来。张骞出使西域本要联系大月氏共同对抗匈奴，但"不能得月氏要领"。然而，西域丰富的物产意外地激发出汉武帝对与西域诸国的交通产生了浓厚兴趣，"甘心欲通大宛诸国"。汉武帝"闻天马、蒲陶则通大宛、安息"，奇物流通顺畅，互利贸易发达。自此之后，"殊方异物，四面而至"。而西汉王朝的丝绸等物品也源源不断地输入西域诸国。通过丝绸之路，中原文化翻越葱岭，达到中亚甚至更远。中原文化的向西传播，使帕米尔高原东西广袤的地区与汉文化有初次的直接的接触。从此，西域地区融入华夏文明圈的序幕正式拉开。

丝绸之路开通之始，其辐射力远远超出汉武帝的政治预期。太史公司马迁将张骞出使西域称为"凿空"，意在彰显张骞之行在西汉政府全方位展开对西域联络方面的不朽功绩。汉武帝"列四郡、据两关"，保障了河西走廊局势的稳定。同时，"西域内属，有三十六国。汉为置使者、校尉领护之"。汉宣帝时，命郑吉经营西域，镇抚西域诸国，天山南北、葱岭东西全区域首次建立起一体化的政治格局。从此，"汉之号令班西域矣"。东汉史家班固评论："自建武以来，西域思汉威德，咸乐内属。"东汉时期，班超奉使西域，"于是西域五十余国，悉皆纳质内属焉"，意味着西域地区统一的政治体系得以沿袭。

二、丝绸之路的运行向人类昭示了中国人民渴望与世界人民交流的真心诚意和友好态度

文明传播和发展有一条重要的规律，就是流动和开放。文明因交流而多彩，文明因互鉴而丰富。丝绸之路的开通，昭示了中国先民渴望与世界人民交流的友好态度。文献记载，三皇五帝中的黄帝、西周王朝的穆王等就有走向世界的追求及实际行动。先祖先帝西游，心怀天下，追求大同，渴望与天下共享和平与繁荣。张骞开通丝绸之路后，西汉王廷相当重视，竭力经营，"吏士争上书言外国奇怪利害"，请求出使西域，以至于"汉发使十余辈至宛西诸外国"，"远者八九岁，近者数岁而反"，"使者相望于道，一辈大者数百，少者百余人"，"一岁中使者多者十余，少者五六辈"。这一切，展现了中国人民跨越山川阻隔、探索未知领域的胆识和毅力，显示出中国人民渴望与世界人民开展文化交流、互通有无的信心和决心。

三、丝绸之路上的文化交流彰显了中华文明突出的包容性和和平性

孔子云："远人不服，则修文德以来之。"张骞首次出使西域的行程，充满了艰难曲折、生死离别、辛酸和眼泪。有学者讲，丝绸之路上也有战争、掳掠，并非如想象中的歌舞升平、莺歌燕舞。自然，这是历史事实，不容置疑。然而，"香料之路""白银之路""玉帛之路""欧亚使道""皮毛之路""茶叶之路"等众多名称，无不显示出人类对这条道路开通及保持通畅的渴求。"以所多易所鲜""以所有易所无，以所工易所拙"，只有交流互鉴，一种文明才能充满生命力。这种交流，源于不同文明环境下的古人之间的相互吸引，源于古人对遥远地区文明的好奇与向往。在这个意义上，"丝绸之路"堪称跨文化融汇与传播的标本。隋唐一统，国势强盛。唐太宗平东突厥势力后，对来自中亚昭武九姓的使者说："西突厥已降，商旅可行矣。"于是，"诸胡大悦"，丝绸之路再现和平与繁荣。

"万物并育而不相害，道并行而不相悖"。以"和平合作、开放包容、互学互鉴、互利共赢"为核心的丝绸之路精神是对中华文明内涵的最好诠释。鉴古知今，彰往察来。丝绸之路上的文化交流为历史上世界和平发展提供重要动力，在维护世界秩序构建方面的历史作用不容忽视。可以说，文化共享、互联互通、珍惜和平、坚守"共赢精神"是人类交往的最高境界。

敦煌：西汉华戎交融一都会

兰州大学敦煌学研究所所长、一级教授　郑炳林

敦煌自西汉以来就是中外文明交流交往交融的地方，西汉置敦煌郡就是为了通西域，因此敦煌"郡通西域孔道"，是中原王朝与西域地区交往的必经之地，西汉的阳关就是西汉与西域间交流交往的关隘，西出阳关前往楼兰的交通道路就是阳关道，西域诸国地方政权派遣的客使、行商、名贵等在西汉使者的导引下都是经由阳关道入阳关进入敦煌的，这些使团有来自西域南道鄯善、且末、精绝、扜弥、皮山、于阗、莎车、疏勒和北道的焉耆、山国、渠犁、尉犁、轮台、龟兹、姑墨、温宿，以及车师六国和乌孙、大宛等西域都护管辖诸国，隶属于西域都护管辖的西域地方政权，还有神爵二年匈奴日逐王归附西汉之后，原属于西匈奴蒲类等政权，还有罽宾、康居、大月氏、乌弋山离、骊轩等国家派遣的商团客使。少者数人，多者数十人数百人乃至于千余人。他们驱赶着奉献给西汉的牲畜携带着行资物品，经由阳关前往长安进行交易。西汉派遣到西域的使者和下嫁乌孙的公主、西汉在西域的驻守的长官及其部队及其携带的物资都是经由敦煌阳关西行的。阳关是西汉与西汉间通使通商的需要而设置的关隘，他是西汉与西域间交流交往的一扇大门，阳关的命名和阳关玉门关的布局和功能都是仿照中原地区而来的。西汉晚期敦煌交通由阳关道变成南北两道，隋代出敦煌有三道，北道至伊吾，中道到高昌，南道到鄯善，总凑敦煌，敦煌为咽喉之地。这种情况一直到归义军时期没有发生大的变化。从文献记载来看西域地区的牲畜、物种和特产等都是经由敦煌进入中原地区的，而中原地区的物种西传也是经由敦煌西行的。

敦煌是汉唐华戎交会的都会所在。西汉对外贸易的国际都会，这种都会的形成是在西汉政府扶持和培育下发展起来的。《续汉书·郡国志》梁刘昭注引《耆旧记》称敦煌是华戎交会都会所在，汉武帝初置酒泉郡以通西北国，《汉书·地理志》称："初置酒泉郡，以通西域，鬲断南羌、匈奴。"西汉的使节已经西面已经到达安息、奄蔡、黎轩、条枝、身毒等地，派遣到西域的使节大者数百，少者百余人，每年多者十余批，少者五六批，置敦煌郡之后更加频繁，特别是汉昭帝解除了匈奴的威胁，汉宣帝设置西域都护后，西汉与西域关系正常化，来往更为密切，西域地区出产畜牧产品名马、骆驼、牛、驴、骡等以及特产都是经由阳关源源不断进入西汉内地。西汉经敦煌与西域间的商业贸易的频繁程度，敦煌悬泉汉简记载最为丰富，如甘露二年（前52年）七月敦煌九个驿站的马匹累死368匹，超过西汉政府为驿站配置的定额8匹。足见西汉与西域间往来频繁给交通运输带来的压力，很多情况下由于驿站运力不够不得不向地方县乡租借车马牛帮助运输。敦煌是西域客使进入敦煌的第一站，按照当时交易方式，当西域客使进入阳关之后，西域客使与他们携带的物品基本上分开运送，敦煌和酒泉是西域引进畜牧物种的评估价格的地方，敦煌是西汉与西域间贸易的所在，进入敦煌之后，西域诸国客使的商品以柱的方式由驿站负责运送，西域引进的名马也由驿站派遣人力运送，所以敦煌在当时已经是西汉政府对外贸易市场所在。在敦煌有很多来自西域胡人生活在敦煌的很多县乡村落中，他们中很多应当是质子和商客。到唐代原来生活在中亚的胡人经过罗布泊的石城镇进入敦煌，唐朝以粟特人居住村落为中心建了从化乡，设置祆教神庙，形成城东祆教为中心贸易市场，虽然敦煌地方没有什么特产，但是敦煌市场上的商品和物种有来自印度的香料、波斯的珊瑚、东罗马的银盘子、龟兹的胡粉、阿富汗地方的金青石、吐蕃地方的石青、蒙古高原的畜牧产品、于阗的玉石、朝鲜的高丽锦、中亚的胡锦、大食的西瓜、伊吾出产的回鹘瓜和中原地区出产的丝织品等，一直到宋初归义军末期，敦煌基本上还保持着国际都会市场地位。

敦煌是多种文化的交融之地。西汉设置敦煌郡之后，将中原地区大量百姓有移民实边、流民实边、罪犯徙边和屯田敦煌等各种形式移民到敦煌，他们主要来自关中、晋南、河南、山东、河北、四川等地，这些来自中原不同地区的移民到敦煌之后，将中原不同地方的风俗文化带到敦煌，首先在敦煌地区融汇，形成以儒家文化为核心并别具风格的中原文化，他是敦煌文化的基础，敦煌地区的村落是中原移民建立的，因此很多村落名称都是从中原地区移植而来的，包括敦煌的玉门关阳关名称和设置等。敦煌郡建立后很多西域地区的客使胡商质子归义者徙居敦煌，逐渐成为敦煌的著籍百姓，如大宛、乌孙、疏勒、龟兹、莎车人，他们将西域文化带到敦煌，并逐渐融合到敦煌文化中。敦煌原来就是粟特人生活的地方，匈奴进入之后粟特人退出河西敦煌，西汉取得河西敦煌之后，粟特人逐渐回迁敦煌河西，特别是魏晋时期河西成为诸葛亮联合抗击曹魏的主要对象。唐中宗睿宗时期居住在石城的粟特人康氏家族进入敦煌，将流行于中亚地区的祆教带入敦煌，也将摩尼教和景教也带入敦煌地区，西汉金山国祆教成为政府信奉祭祀的宗教，祆教徒很多成为佛教的高僧大德，在汉文化上造诣也很高。佛教自两汉之际首先传入敦煌，在敦煌地区出现了小浮屠里，应当是中国最早的寺院，十六国时期佛教在敦煌莫高窟开窟造像，隋唐时期达到鼎盛，无论从造像绘画还是寺院戒律文书，佛教逐渐中国化，中国传统文化的内容进入佛教艺术中，形成悲剧风格的敦煌石窟艺术。无论是石窟艺术还是敦煌文献都是多种文化融合之后敦煌文化的代表，以汉文化为基础融合其他文化而形成的。

敦煌是经营西域的基地所在。西汉设置敦煌郡的目的就是为了经营西域，这可以从敦煌名称的起源看出，西汉进入敦煌之前，敦煌的名称是《山海经》北山经称的敦薨，所谓敦薨之山出敦薨之水，敦薨之水北流折而西流进入罗布泊。根据《史记》《汉书》的记载张骞出使西域得到信息大月氏居住在焞煌祁连间，焞煌指敦煌。元狩二年（前121年）西汉在敦煌屯田，首次使用敦煌这个名称。敦煌含义根据《汉书·地理志》引用汉应劭《风俗通义》

的说法："敦，大也；煌，盛也。"唐《通典》州郡典沿用这一说法，最为明确的是《元和郡县图志》的解释："敦，大也，以其广开西域故以盛名。"敦煌的得名，就是为了经营西域这一广大的地区为目的。汉武帝元鼎二年（前115年）置酒泉郡就为通西北国，元鼎六年置敦煌郡代替酒泉郡而经营西域为主要职责。因此逐渐为敦煌附以大而盛的含义，盛主要指敦煌功能是广开西域。因此我们从事敦煌学研究不能就敦煌而论敦煌，而是将敦煌放在汉唐经营西域的大背景之下来理解敦煌的价值和意义。今天我们研究敦煌学必须了解敦煌的由来，汉唐设置敦煌这一行政单位的目的所在。西汉置敦煌郡之后，敦煌郡的管辖范围向西拓展很多，当时在鄯善屯田的伊循都尉，隶属于敦煌郡管辖，称之为敦煌伊循都尉或者敦煌伊循都尉大仓，就是说鄯善伊循以东的交通道路安全和饮食供应、运输工具提供都由敦煌郡负责。所谓南北二道指从鄯善伊循之后经南道八国西行，或者西北经渠犁、焉耆、龟兹西行。唐代沙州寿昌县管辖有石城镇和且末镇，将隋代在西域的两个郡归属敦煌下属一个县的辖区，这种行政区划的设置，就是为了保障敦煌在经营西域中主动权。

拓展深化古籍保护　传承发展中华优秀传统文化

中国国家图书馆古籍馆副馆长　刘　波

清代诗人雷起瀛有诗云："昔年常记万军屯，传说阳关与玉门。此日敦煌寻旧迹，唐碑汉碣许同伦。"用这首诗来描述我参加这次论坛的心情十分贴切。非常高兴在历史底蕴雄浑厚重、文化内涵博大精深的中华文化宝库——敦煌莫高窟，和各位同仁一起探讨如何推动中华优秀传统文化创造性转化和创新性发展这个话题。

习近平总书记在 2023 年 6 月 2 日召开的文化传承发展座谈会上的重要讲话中强调，在新的起点上继续推动文化繁荣、建设文化强国、建设中华民族现代文明，是我们在新时代新的文化使命。

国家图书馆是国家总书库、国家古籍保护中心、国家典籍博物馆，以"传承文明、服务社会"为宗旨，承担着全面搜集、妥善保护、系统整理、转化利用古籍资源的重任。国家图书馆始终积极开展古籍保护传承事业，开拓创新，努力在建设中华民族现代文明的新征程中作出新的贡献。

一、接力奋进，开展敦煌西域文献整理研究

国家图书馆（以下简称"国图"）是敦煌文献四大收藏机构之一，以写卷长度计，馆藏量位居世界首位。1910 年敦煌文献入馆以来，几代国图人坚持不懈地从事敦煌文献整理、研究、保护、修复、数字化、文化推广等工作。110 年间，国图编纂的馆藏敦煌文献目录八部，其中最新、最详细全面的，是 2016 年出版的《中国国家图书馆藏敦煌遗书总目录·馆藏目录卷》。国图还在 2012 年完成 146 册的大型图录《国家图书馆藏敦煌遗书》，公布了全部馆藏敦煌文献的图版。

国图极其珍视馆藏敦煌文献，20世纪90年代，经广泛调研、严密论证，提出了一套理念先进、便于操作的修复方案，以之为指导大规模开展修复工作，使得大量严重残损敦煌文献的生命得以延续。由此提炼总结出的修复原则，也成为古籍修复行业的基本准则，深刻影响了行业发展。

国图多次举办敦煌文献展览，如2014年国家典籍博物馆开馆时举办了"敦煌遗书"专题展，2023年2月到6月举行的"20世纪初中国古文献四大发现展"中专设"敦煌遗书"展厅，让学者和公众可以观摩欣赏敦煌文献的原貌。

国图积极参与敦煌文献数字化国际合作。从2001年开始，国图古籍馆与英国不列颠图书馆开展国际敦煌项目（IDP）合作，数字化馆藏敦煌遗书并在IDP数据库中发布文献图像。截至目前，我馆发布的敦煌文献图像已达23万余幅，占IDP数据库发布图像总量的三分之一，在各合作机构中居于首位。

2005年以来，国图分七批征集入藏出自和田等地的西域文献，编为820号，建立了西域文献专藏。这些文献涵盖汉、藏、于阗、粟特等九种文字，时间跨度从4世纪到10世纪。文献入馆时大多状况不佳。国图组织修复专家与文献专家合作，开展专项修复。同时与学者深入合作，开展西域文献整理研究，已出版《中国国家图书馆藏西域文献》的"梵文、佉卢文卷""于阗语卷（一）""藏文卷"，"汉文卷"也即将于年内出版，发表研究论文80余篇，引起广泛关注。

二、以丝绸之路建设为引领，广泛开展国际文化交流与合作

国图于2018年5月以古丝绸之路为切入点，成立"丝绸之路国际图书馆联盟"，并得到"一带一路"共建国家图书馆机构的大力支持。截至2023年7月，联盟现有成员机构41家，其中国内机构4家，国际机构37家。联盟自成立以来，通过举办专业学术论坛、馆员研修班等活动，积极探索在联盟框架下推进共建"一带一路"国家的图书馆之间建立长期战略合作关系和定期交流机制。同时，联盟着力打造"丝绸之路数字图书馆"，为联盟成员在文献信息资源共建共享、数字图书馆交流与合作以及成员信息咨询发布及展示提供交流平台。

2017年7月6日，国图在天津倡议成立金砖国家图书馆联盟，邀请各国代表签署《金砖国家图书馆联盟成立意向书》，议定国图联合巴西、俄罗斯、印度和南非的国家图书馆轮流举办金砖国家图书馆联盟会议。会后，各国分别选定该国国家图书馆作为联盟成员在未来组织并参与联盟活动。目前，联盟举办了四次会议，达成《金砖国家图书馆联盟成立意向书》《金砖国家图书馆联盟合作意向声明》两份书面协议文件。历次会议中，中国国家图书馆代表多次介绍和推广我馆古籍保护和数字化情况。其中，俄罗斯、印度、南非等国的国家图书馆分别介绍该馆在古籍保护领域的发展并希望与我馆开展相关合作。

三、着力开展古籍保护工作，推动中华优秀传统文化传承发展

2007年国家启动"中华古籍保护计划"，由古籍馆牵头组织实施，联合全国各级各类古籍存藏机构，深入推进古籍保护修复、挖掘阐释和传播利用等工作，取得一系列重要成果。

全国古籍资源分布和保存状况基本摸清。全国古籍普查完成270余万部另1.8万函，30个省份基本完成汉文古籍普查工作，2861家单位完成古籍普查登记工作。

国家级、省级珍贵古籍保护状况显著改善。国务院批准公布六批《国家珍贵古籍名录》和全国古籍重点保护单位，13026部珍贵古籍和203家单位入选。全国1000余家古籍收藏单位不同程度地改善了库房条件，使2000万册件古籍得到良好保护。

古籍修复工作取得重大进展。依托12家"国家级古籍修复中心"，以点带面重点推进古籍修复工作，古籍修复总量超过385万叶。建设古籍保护科技文化和旅游部重点实验室，推动纸张脱酸保护等多项技术攻关取得重大突破。

一批古籍影印出版成果影响重大。《中华再造善本》《国家图书馆藏敦煌遗书》《国家图书馆藏永乐大典》《中华医藏》等项目取得成就，各收藏单位的古籍普查等级目录、图录、影印丛书、整理研究成果不断涌现，地方典籍丛书编纂出版蓬勃发展。

古籍数字化成就喜人。"中华古籍资源库"发布甲骨、敦煌、古籍、少数民族古籍、舆图、碑刻、老照片、年画等古籍特藏超过 10.2 万部 3000 多万页。还联合全国 39 家单位发布古籍数字资源 2.8 万部。

海外古籍调查与合作成效显著。推进海外中华古籍调查暨数字化合作项目，推进日本、韩国藏中国古籍总目编纂，哈佛燕京图书馆、法藏敦煌文献、日本东京大学东洋文化研究所、日本永清文库等一批海外珍贵古籍以数字化形式回归，《永乐大典》"湖"字册、日本永青文库汉籍实现实体回归。

古籍保护人才队伍规模和专业素质整体提升。探索建立培训基地、高等院校、传习所"三位一体"的人才创新培养模式，全国 30 多所中高等院校建立古籍保护专业，12 家国家古籍保护人才培训基地、1 家国家级古籍修复技艺传习中心、32 家国家级古籍修复技艺传习所，累计举办各类古籍保护培训班 600 余期，培训学员超过 2 万人次。古籍修复专业人员从不足百人增至千人。

古籍保护标准体系日臻完善。组织制定《汉文古籍特藏藏品定级》《中国少数民族文字古籍定级》《图书冷冻杀虫技术规程》等古籍保护相关国家标准、行业标准 17 部，推动古籍保护工作标准化规范化发展。

古籍活化利用成为新时代骄子。在国家图书馆建立了"国家典籍博物馆"。国图联合全国古籍收藏单位举办"中华传统晒书大会"《中华传统文化百部经典》，建立"中华经典传习所"，开展丰富多彩的讲座、展览、培训、教育、活动等，参与《典籍里的中国》《国家宝藏》《古韵新春》《国宝大会》

等社会媒体的众多专题节目。

四、未来工作设想

首先，继续着力开展敦煌文献整理出版与揭示发布工作。近年来，全国古籍整理出版规划领导小组规划实施《永乐大典》、敦煌文献系统性保护整理研究出版工程，馆藏敦煌文献彩版图录的编辑出版是其中非常重要的一个项目。目前，彩版图录已经进入出版流程，预计今年将出版 30 册。未来我们还将加快推进这个项目，为学界奉献一套全面展现敦煌文献细节的精品，推动敦煌文献研究的深入发展。

其次，在国际文化交流合作方面，中国国家图书馆及相关机构可利用"丝绸之路国际图书馆联盟""金砖国家图书馆联盟"等平台，着重与该地区图书馆开展中外古籍的数字化等领域合作。

其三，以中华古籍智慧化服务平台建设为先导，推进全国智慧图书馆体系建设，开拓中华优秀传统文化传承发展新路径。2020 年以来，我馆发起实施全国智慧图书馆体系建设。按照文化和旅游部的要求，全国智慧图书馆体系建设以古籍为先导。我们将联动全国古籍收藏单位，汇集全国各馆收藏的古籍，构建中华古籍智慧化服务平台。这项工作目前正在积极推进中。中华古籍智慧化服务平台与以往的古籍数据库，最根本的不同在于古籍文献的细粒度标引与关联揭示，即应用语义网、机器学习、自然语言处理等技术，对古籍文献进行智能标引、深度知识挖掘、语义组织，构建网络知识图谱，提供更加精准多元的知识发现服务。

这方面我们已经开展了一些试验性的项目。比如，与北京大学、字节跳动等合作开发《永乐大典》高清影像数据库，生动展现《永乐大典》的文物价值、艺术价值及其流传历程；合作构建《国家珍贵古籍名录》知识库，将国家珍贵古籍名录的广阔地域分布和繁杂人物关系形成系统的知识图谱。

随着全国智慧图书馆体系建设的推进，我们还将对包括古籍在内的各类数字资源进行统一揭示和集成管理，并大力发展线上线下一体化、在线在场相结合的数字文化体验。

我们期盼与各机构进一步加强合作，策划实施一批成规模、接地气、有影响、受欢迎的古籍整理研究与活化利用项目。我们也期盼社会各界关注古籍资源，善用古籍资源，和我们共同努力，让书写在古籍里的文字活起来，推动实现中华优秀传统文化创造性转化和创新性发展。

以文化融通筑牢"一带一路"根基

天津市政协文化和文史资料委员会主任　靳方华

当今世界，百年变局加速演进，人类又一次站在了历史的十字路口。世界向何处去？胸怀天下的中国共产党人把为中国人民谋幸福、为中华民族谋复兴，同时为人类谋进步，为世界谋大同作为自己的使命，面对世界之问、时代之问，把握人类社会发展规律，洞察历史发展大势，提出了"一带一路"倡议，倡导全人类共同价值，致力于推动构建人类命运共同体，赢得了世界越来越广泛的国家和人民的赞同，引领人类世界走向新的光明未来。"一带一路"倡议提出十年来，中国已同150多个国家和30多个国际组织签署了合作文件，联合国大会、联合国安理会等重要决议也纳入了"一带一路"建设内容，有力促进了沿线经济贸易、基础设施建设、人文交流等。同时，"一带一路"横跨欧亚非三大洲，连接四大文明、五大宗教和九大语系，开启了人类历史上规模最为宏大的文化交融壮举，肇启了人类文明融通进步的新时代。回望"一带一路"倡议提出十周年，展望"一带一路"建设新未来，有必要从文化的角度、文明的高度，进一步阐释"一带一路"倡议的人文精神，进一步促进文化交流和民心相通，进一步激发"一带一路"建设的文化力量。

一、文化精神是"一带一路"倡议的本质内涵

人类文明形态在其演进过程中，不论其社会历史形态多么错综复杂，不论历史上的事件多么特殊和具有偶然性，透过历史外层的表象，可以看到其发生、发展、变化都会受到反映历史必然性的文化价值精神的支配。古老的丝绸之路加强了古巴比伦、古埃及、古印度和中国"四大文明"的对话和中

世纪儒家、伊斯兰教和基督教三大文化圈的交流。"一带一路"共建国家在平等互尊、求同存异、互惠互利、合作共赢中共享发展，开展了广泛而深入的文化交流融通，书写了人类历史共同发展的壮丽篇章。人事代谢、时代更替，而丝路文化价值精神永存，历久弥新。"一带一路"倡议源于古丝绸之路，强调"和平、合作、发展、共赢"的核心理念，所蕴含的文化精神和丝路精神一脉相承，反映了全人类共同价值，也彰显了中华优秀传统文化的基因和根脉。习近平总书记深刻指出："'一带一路'建设要以文明交流跨越文明隔阂、文明互鉴超越文明冲突、文明共存超越文明优越，推动各国相互理解、相互尊重、相互信任"。可以说，"一带一路"倡议体现的是中华优秀传统文化与新时代全人类共同价值深度契合的文化精神，"一带一路"建设是引领人类社会回应百年之变、走向美好未来的文明之路。

二、文化融通是"一带一路"建设的根本途径

文化融通是人类文明发展历史的主旋律。如何看待文化融通在人类历史上的作用，是两种历史观的区别所在。"冲突论"的代表美国学者塞缪尔·亨廷顿在《文明的冲突》提出，冷战后的世界，冲突的基本根源不再是意识形态，而是文化方面的差异，主宰全球的将是"文明的冲突"。马克思恩格斯在《共产党宣言》中深刻指出，在"世界历史"形成发展中，伴随着生产方式的变革，实现着不同文明的融合和不同文化的融通，不断创新了"世界文化"和文明新样态。可以简称为"融合论"。习近平总书记深刻指出："人类文明多样性是世界的基本特征，也是人类进步的源泉"，"文明没有高下、优劣之分，只有特色、地域之别"，"文明差异不应该成为世界冲突的根源，而应该成为人类文明进步的动力"。这是 21 世纪马克思主义对人类文明发展历史规律的深刻揭示，指明了新时代文明融合、文化融通的必然趋势和根本方向。文化融通是"一带一路"建设的根本途径。"国之交在于民相亲，民相亲在于心相通"。我国发布的《推动共建丝绸之路经济带和 21 世纪海上丝绸之路的愿景与行动》提出了"五通"主要内容，明确强调："民心相通是'一带一路'

建设的社会根基。传承和弘扬丝绸之路友好合作精神，广泛开展文化交流、学术往来、人才交流合作、媒体合作、青年和妇女交往、志愿者服务等，为深化多边合作奠定坚实的民意基础。"无论从"一带一路"建设的经验，还是从人类文明发展的历程，民心相通、文化融通都是更根本、更深厚、更持久的力量。

三、以文化融通筑牢"一带一路"根基

"一带一路"建设十年来，取得了举世瞩目的成效，积累了丰富的成功经验，也遇到一些障碍，归结起来有一条重要启示，就是必须坚持文化同行、文化先行，以文化融通为"一带一路"建设注入深厚、持久的动力。

（一）胸怀"两个大局"，倡导和践行全人类共同价值

习近平总书记指出，胸怀"两个大局"，一个是中华民族伟大复兴的战略全局，一个是世界百年未有之大变局，这是我们谋划工作的基本出发点。党的二十大用六个"必须坚持"高度概括了习近平新时代中国特色社会主义思想的世界观方法论和立场观点方法，明确"必须坚持胸怀天下"，强调"我们要拓展世界眼光，深刻洞察人类发展进步潮流，积极回应各国人民普遍关切，为解决人类面临的共同问题作出贡献，以海纳百川的宽阔胸襟借鉴吸收人类一切优秀文明成果，推动建设更加美好的世界"。在今年中国共产党与世界政党高层对话会上，习近平总书记面向世界首次提出了全球文明倡议，再次表达了坚持和弘扬全人类共同价值的坚定立场态度，深入阐释了中国式现代化的人类文明新形态，明确提出了文明传承和创新、国际人文交流合作是弘扬全人类共同价值的基本途径，也为以文化融通筑牢"一带一路"根基提供了理论依据和实践方法。

（二）弘扬中华优秀传统文化，为"一带一路"建设贡献文化力量

凝结了中华优秀传统文化的中国文明，是世界上唯一没有中断的文明，赋予了"一带一路"建设的深厚文化精神和文化动力。习近平总书记在文化传承发展座谈会上深刻凝练了中华文明的突出特性，即连续性、创新性、统

一性、包容性和和平性。强调指出，中华文明的包容性，从根本上决定了中华民族交往交流交融的历史取向，决定了中国各宗教信仰多元并存的和谐格局，决定了中华文化对世界文明兼收并蓄的开放胸怀；中华文明的和平性，从根本上决定了中国始终是世界和平的建设者、全球发展的贡献者、国际秩序的维护者，决定了中国不断追求文明交流互鉴而不搞文化霸权，决定了中国不去把自己的价值观念与政治体制强加于人，决定了中国坚持合作、不搞对抗，决不搞"党同伐异"的小圈子。我们要在推进"一带一路"建设中，坚守中华文化立场，提炼展示中华文明的精神标识和文化精髓，加强国际传播能力建设，加快构建中国话语和中国叙事体系，讲好中国故事，传播好中国声音，展现可信、可爱、可敬的中国形象，深化文明交流互鉴，推动中华文化更好融通世界、服务人类。

（三）坚持共商共建共享原则，大力推进文化融通

共商共建共享是"一带一路"倡议明确的原则，文化融通也必须深入贯彻这一原则。"一带一路"建设的宗旨在于造福各国人民，体现的是"人民至上"的唯物史观和根本立场，必须通过广泛深入的文化融通，得到各国人民的理解和支持，通过加强广大人民群众的友好往来，持续增进民心相通，为推进政治互信、经济合作奠定坚实的民意基础和社会基础。

习近平总书记指出，"文明如水，润物无声。历史的发展、社会的繁荣、人类的进步，都离不开文明的滋养和引领。"文化融通只有多元同进、久久为功，方能深厚有力，功在久久。要坚持开放包容、互学共进的态度，增强文化融通、民心相通的意识和能力；要建立多层次机制，搭建更多平台，开辟更多渠道，促进广泛深入的人文交流合作；要推动教育合作，促进语言文字、知识文化、传统文化、科技文化等相知相通；要推进媒体合作，深入阐释共建"一带一路"的理念、原则、方式等，共同讲好共建"一带一路"故事，营造良好舆论氛围；要推动学术交流、文明对话，推进知识界、智库机构共研共识共谋；要创新开展文化、体育、卫生等大众活动领域的合作方

式，促进更大范围、更多民众参与、体验文化交流；要用好历史文化遗产，推进文化产业合作，联合推出文化旅游线路和产品；要加强各国议会、政党和民间组织往来，推动妇女、青年等群众交流，形成多层面文化融通的新局面。总之，要加强文化融通，筑牢民心基础，推动"一带一路"建设深入呈现"各美其美、美人之美、美美与共、天下大同"的文明新样态，引领人类文明走向光明未来。

坚定文化自信　传承弘扬敦煌文化

甘肃省社会科学院副院长　陈永胜

一、多维视域中的敦煌文化

一是从人类文明史的角度看，敦煌文化是希腊文化、埃及文化、印度文化和中国文化交汇的产物。国学大师季羡林说："世界上历史悠久、地域广阔、自成体系、影响深远的文化体系只有四个：中国、印度、希腊、伊斯兰，再没有第五个；而这四个文化体系汇流的地方只有一个，就是中国的敦煌和新疆地区，再没有第二个了。"习近平总书记在亚洲文明对话大会上指出："文明因多样而交流，因交流而互鉴，因互鉴而发展。"敦煌是海上丝绸之路开通前国际交往的通道要邑，蕴涵着古代印度文明、希腊文明、波斯文明和中亚地区诸多民族的文化元素，多元文明的荟萃交融在敦煌石窟和敦煌文献中均得到了充分的体现。

二是从中国文化史的角度看，敦煌文化是儒家文化、道教文化、佛教文化完美融汇的典范。敦煌文化是以传承和发展中国传统儒家文化为主脉的，同时在相当长的历史时期内，佛教在古代敦煌宗教文化中占据着主要地位。同时道教作为土生土长的中国宗教，以它所特有的思想方法存在于古代敦煌。另外，其他一些外来宗教也在特定的民族文化圈内畅行其道。敦煌文化的这一特色显现出不同文化价值体系的共存共处。

三是从敦煌文化的构成看，敦煌文化是农耕文化、商业文化、游牧文化的结晶体。敦煌地处河西走廊要冲，不同文化在这里分界、交融，这里是防御西域游牧民族的军事堡垒，也是汉民族农耕生活的西界，更是各地区各民族进行商贸往来、互通有无的大都会。通过它不仅可以明晰华夏农耕圈和西域游牧圈的界线，更能体现农耕文化、游牧文化、商业文化三者的接触、交流、互通，敦煌成为不同文化的分水岭和交汇点。

四是从敦煌文化创造主体来看，敦煌文化是各民族共同缔造的产物。古代敦煌多民族杂居，长期存在着吐蕃、回鹘、党项等少数民族政权，汉民族与周边各民族相互交往，共同造就了敦煌文化多元化、多样性、多民族并存的显著特点。在敦煌文献中除保存大量汉文文献外，还留存数量可观的非汉语文献，这充分体现出敦煌文化的创造主体除汉民族外，还有少数民族。多民族多宗教的共处和交流，展示出敦煌文化的自信、自由、开放和包容并蓄。

二、敦煌文化产生的条件和基础

一是政治经济条件。"张骞凿空"为汉王朝开辟通往西域、中亚的通道起到十分重要的作用。汉武帝打败匈奴，设立"河西四郡"，"列四郡、据两关"，将河西地区归入汉朝版图后，为进一步开发河西、保护中西交通，在河西地区推行了一系列政治、经济措施，敦煌逐渐成为丝绸之路中国境内交通的咽喉枢纽，多元文化的荟萃之地。作为丝绸之路的"咽喉"，敦煌成为东西方政治交流、商贸往来的中心和中转站，被称为"华戎所交一都会"。不论是丝绸之路的东段、中段、西段，其走向如何变化，敦煌都是唯一不变的吐纳口，都是东西方商贸往来、文明交汇的枢纽。历经魏晋南北朝，伴随着丝绸之路的兴盛，至隋唐时期达到鼎盛。

二是人文社会基础。我国自汉以来两千多年的历史长河中，敦煌文化始终以中华传统文明为根基，不断吸纳着来自其他地域和民族的文明成果。它是各民族不同文化相互碰撞和交流融合的产物，是历史发展过程中各民族共同建立和形成的社会历史文化，是中华文化"多元一体"格局形成的集中体现。敦煌文化始终在传承中华传统文化精华的主脉下，闪耀着古代印度文明、波斯文明、希腊文明的璀璨光芒，体现着文化的多元一体性，成为举世瞩目、特色鲜明的地域文化。敦煌文化蕴含着丰富的哲学思想、人文精神、价值理念和道德规范，更是中西文化交流荟萃的结晶，体现着多元文明和平交流、平等对话、互学互鉴、互利共赢的优良传统，展现的是中华文化博大精深、兼容并蓄的文化精神与文化胸怀。

三、传承弘扬敦煌文化

习近平总书记指出："坚定文化自信，就是坚持走自己的路。"作为中华优秀传统文化代表的敦煌文化，是多元文化相互碰撞和交流融合的优秀成果，是中华文化"多元一体"格局形成的集中体现，是坚定文化自信、提升文化软实力的典型范例，是甘肃推动实现文旅强省的有力抓手。

一是传承弘扬敦煌文化，不断推进"两个结合"。习近平总书记在敦煌考察时强调："敦煌文化延续近两千年，是世界现存规模最大、延续时间最长、内容最丰富、保存最完整的艺术宝库，是世界文明长河中的一颗璀璨明珠，也是研究我国古代各民族政治、经济、军事、文化、艺术的珍贵史料。""敦煌文化是中华文明同各种文明长期交流融汇的结果。我们要铸就中华文化新辉煌，就要以更加博大的胸怀，更加广泛地开展同各国的文化交流，更加积极主动地学习借鉴世界一切优秀文明成果。"中国式现代化赋予中华文明以现代力量，中华文明赋予中国式现代化以深厚底蕴。习近平总书记指出："对历史最好的继承，就是创造新的历史；对人类文明最大的礼敬，就是创造人类文明新形态。"强调在五千多年中华文明深厚基础上开辟和发展中国特色社会主义，把马克思主义基本原理同中国具体实际、同中华优秀传统文化相结合是必由之路。这表明，当前我们在传承和弘扬敦煌文化的过程中，既要守正，也要创新，坚持优秀传统文化的创造性转化和创新性发展，以护文明之火种、传永续之文脉的崇高使命感，切实推进"两个结合"，推动中华文化的保护传承。

二是传承弘扬敦煌文化，夯实文化强国的文化根基。中华民族共同体意识的形成，既源于历史长河中各民族经济上的相互依存、情感上的相互亲近，也源自各民族文化上的兼收并蓄。甘肃地处西北，自古以来就是连接东西部地区的纽带和重要通道，河西走廊地区更是沟通东西方文明、相互交流交融的重要通道。这种独特的地理环境和区位特征使这里一直是多民族聚居、多宗教交汇、文化多样性鲜明的区域。加之外来文化的影响和多文化的融合汇通，最终形成具有中华文化特点的敦煌文化。当前，甘肃要立足新发展阶段、贯彻新发展理念、融入新发展格局，积极应对困难与挑战、实现文化强省建设，亟须以中华民族共有的文化认同和价值观作为理论支撑和精神追求。当前，在传承弘扬敦煌文化的过程中，要增强文化自觉，找准文化自信的立足点、文化发展的出发点，在增强文化认同、坚定文化自信中进一步提升甘肃的文化软实力。只有这样才能不断激发甘肃文化的创新创造活力，从而为实现文化强省筑牢根基，为推动建设社会主义文化强国打下坚实的基础。

三是传承弘扬敦煌文化，构筑中华民族共有精神家园。习近平总书记指出："中华优秀传统文化是中华民族的文化根脉，其蕴含的思想观念、人文精神、道德规范，不仅是我们中国人思想和精神的内核，对解决人类问题也有重要价值。要把优秀传统文化的精神标识提炼出来、展示出来，把优秀传统文化中具有当代价值、世界意义的文化精髓提炼出来、展示出来。"敦煌文化作为中华优秀传统文化的重要组成部分，是我们汲取营养、增加智慧的宝贵资源。甘肃要在传承和弘扬敦煌文化的过程中，不断提升文化自觉、坚定文化自信，秉承古代敦煌工匠的包容精神、创造精神和奉献精神，弘扬以敦煌研究院文物保护利用群体为代表的"坚守大漠、甘于奉献、勇于担当、开拓进取"的莫高精神，弘扬以爱国主义为核心的民族精神、以改革创新为核心的时代精神，传承和发扬多样共存、互鉴共进、合作共享的丝绸之路精神，借助敦煌文化传播中国声音，用文化向世界展现全方位的中国，推动实施共建"一带一路"倡议，推动构建人类命运共同体。

"让文物活起来"

——敦煌研究院在壁画数字资源活化利用方面的探索与实践

敦煌研究院副院长　　张元林

为充分响应习近平总书记"让文物活起来"的号召，近年来敦煌研究院依托敦煌石窟丰富的数字文化资源和丰厚的学术资源优势，开展多元合作，利用科技赋能文旅，多元融合促进发展，积极探索和推进科技与文化融合，文化与旅游融合的理论和实践途径并产生了形成了一定的影响力和示范带动效应。

一、充分利用数字化技术，构建旅游开放新模式

利用数字技术构建和不断优化旅游参观模式和预约售票系统，不断优化旅游参观模式；将数字敦煌高精度壁画图像和洞窟三维模型制作的虚拟数字内容与真实的莫高窟实景融合，不断提升游客体验感、参与感与华为公司合作推出"飞天"专题游览线路，通过实体洞窟与虚拟体验结合的方式实现了窟内文物窟外看，为游客提供虚实融合的全新体验；与人民日报、腾讯联合推出的"云游敦煌"获中华文物全媒体传播精品推介项目。

二、持续打造和升级"数字敦煌"品牌

现在"数字敦煌"业已形成优质的公益文化品牌。在此基础上，我院通过多方合作，又先后建设并发布了"数字资源开放素材库"和"数字藏经洞"，进一步提升、丰富了"数字敦煌"资源库，并初步形成可供商品生产直接使用的资源数据库，优化了敦煌文化资源的合理流动与有效配置，推动开展特色与品质兼具、经济效益与社会效益兼具的文创合作项目。同时，我们将壁画数字化高清图片和3D打印充分运用于外出举办的各类展览，既节省了成本，又提供了清晰、准确的壁画画面内容。如此次文博会展出的莫高窟第 57 窟原大复原窟从三维建模到窟内高保真壁画即来自数字资源。特别是正壁佛龛画面即首次采用 3D 打印技术，立体、逼真地再现了的双层佛龛的效果，具有很强的视觉冲击力。

三、坚持品牌发展战略，促进文旅深度融合

我院于 2016 年 9 月设立了文化创意研究中心，进行文化创意产品和项目的研发策划与运营模式的综合研究。文化创意研究中心负责开展敦煌研究院的文化创意研究和全面对接文创授权合作。一方面基于敦煌石窟的文化艺术资源和深厚的学术研究成果，以敦煌文化遗产价值的挖掘和阐释为出发点，从敦煌文化艺术中汲取创意，通过内外协同合作，将敦煌元素引入现代创意和美学设计，研发二次创作设计，活化传统艺术。构建敦煌研究院授权资源库；另一方面开展文创授权合作和品牌管理工作，同时进一步完善创意研究和文创授权工作制度和流程，努力走出高质量、高水准、富有敦煌特色的文化创意事业发展道路。与腾讯合作推出的"敦煌诗巾"小程序上线一个月即有 300 万用户参与，留下近 25 万件 DIY 作品。并将线上"敦煌诗巾"引入线下"莫高和集"文创平台，线上线下互相融通，初步形成立体营销模式。这是我们以文促旅，以旅彰文，探索"智慧文旅"进一步提升公共文化服务水平有益尝试。

我们将深入学习贯彻落实习近平总书记在敦煌研究院座谈时的重要讲话精神，始终坚持把习近平新时代中国特色社会主义思想作为我们在文化和旅游领域全面深化改革方面的指导思想和政治引领，利用科技赋能文旅，多元融合促进发展，持续加强文化品牌建设，为中华优秀传统文化的创造性转化和创新性发展作出新的贡献。

中国—中亚和东盟发展合作论坛

中国—中亚和东盟发展合作论坛

2023年9月7日,"中国—中亚和东盟发展合作论坛"在敦煌举办。甘肃省人大常委会副主任俞成辉,兰州大学党委书记马小洁出席。

此次论坛由中共甘肃省委宣传部、兰州大学主办,"一带一路"高校联盟、兰州大学一带一路研究中心承办。论坛上,来自中亚、东盟、欧洲、巴基斯坦、中国等国家和地区的专家学者,以"沙与海的对话:携手共建人类命运共同体"为主题,聚焦文明交流互鉴、共建"一带一路"、合作发展愿景,展开了深入的交流讨论。论坛共带来了24场主旨报告,实现了思想的碰撞、智慧的汇集,推动了中国、中亚和东南亚地区的民间对话。

中亚地区和东盟国家处于亚欧大陆的交通要道,在世界文明史中占据重要地位。历史上,两个地区分别从海、陆通道为连接东西方的商贸往来、文明交流发挥了重要作用。"一带一路"倡议提出以来,作为"丝绸之路经济带"向西发展的首站、"21世纪海上丝绸之路"的国外起点,中亚地区和东盟国家与中国的交流合作不断加强。此次论坛的举办,为中国—中亚和东盟国家之间学术对话、经贸合作、文化交流搭建了高效平台,对进一步推动共建"一带一路"高质量发展提供了开阔的视野和创新的思维。

在"中国—中亚和东盟发展合作论坛"上的致辞

甘肃省人大常委会副主任　俞成辉

尊敬的各位来宾、各位朋友，女士们、先生们：

大家上午好！

很高兴与大家相聚在魅力敦煌。我谨代表中共甘肃省委、甘肃省人民政府、第六届丝绸之路（敦煌）国际文化博览会组委会，以及2500万陇原儿女，向百忙之中出席论坛的各位嘉宾，表示热烈的欢迎！向长期以来关心支持甘肃发展的专家学者、新闻界传媒界的朋友们，表示衷心的感谢！

甘肃历史文化厚重多元，孕育出上古的伏羲文化、悠久的秦陇文化、独特的凉州文化。敦煌作为甘肃多元文化的集大成者，是多种世界文明的交汇地，其雄浑厚重的历史底蕴、博大精深的文化内涵让人流连忘返。甘肃自然风光绚丽多彩，森林、草原、湖泊、冰川、沙漠、戈壁应接不暇，丹霞地貌、雅丹地貌绚烂多姿。甘肃人文资源丰富多彩，莫高窟、月牙泉、拉卜楞寺、嘉峪关关楼独具风格、各领风骚，各种宗教和谐共生。

甘肃对外交往开放包容，以奋发的姿态拥抱世界，积极地融入"一带一路"建设之中。中亚、东盟已成为甘肃最紧密的经贸合作伙伴，哈萨克斯坦、东盟位居我省去年进出口贸易的前两大伙伴，占比高达三分之一以上。

今天的论坛主题为"沙与海的对话：携手共建人类命运共同体"。我们很荣幸地举行"中国—中亚和东盟发展合作论坛"，畅聊交流心得，分享彼此感受。借此机会，希望通过本次论坛，表达三方面的期盼：

一、促进中亚、东盟和中国三边的民心相通

中亚和东盟分别位于中国的西部和南部两端，两地在不同的地理环境中，发展了各有特色、独具风格的民族文化和国家形态，与中国保持长期的友好交往。中亚是古丝路上的重要通道，与中国交往历史悠久，张骞出使西域之旅、玄奘西行取经为后人留下一段又一段历史佳话。东南亚与中国交往密切、文化相近，数以千万的华人华侨居住在东盟国家。

因为地理遥远且海洋联系缺乏的缘故，中亚和东南亚长期以来交集不多。进入 21 世纪以后，中亚和东南亚这两种拥有不同的文明之间，在经济、文化、社会等方面的民间交往仍然有限。中国古代法学家韩非子曾经说过，"国之交在于民相亲，民相亲在于心相通"。敦煌，在历史上促进了不同文明交流和共生，成为中国开放包容的历史文化注脚。敦煌愿意也能够在当代发挥更大的作用。我们希望"中国—中亚和东盟发展合作论坛"，能够加强中国—中亚—东盟三边、特别是中亚和东盟之间的文明交流与民心相通，为中国—中亚—东盟之间的务实合作筑牢基石。真诚欢迎各位嘉宾总结世界文明交流互鉴的经验，发表远见。

二、推动中亚、东盟和中国三边的经济合作

"一带一路"倡议提出后，中亚成为中国向西发展的重要通道、东盟则处于陆海交会的重要地带，中亚和东南亚在世界的互联互通过程中发挥至关重要的作用。但是，"一带"与"一路"之间的联系还不够紧密，中亚和东盟之间虽然具有旺盛的经贸需求，但经济交往规模比较有限。

随着全球产业链、供应链格局的变化，东盟的制造业、加工业正在兴起，对原材料、能源等货物的需求正在增加。同时，中亚地区的市场需求旺盛，正在从传统的国际班列过境地区，变成国际班列的商品目的地之一。近年来，中亚的粮食与能源、东南亚的热带水果，已成为促进双边贸易的动力之一，中亚与东盟在产业对接、产能合作、供应链合作、海外仓建设等方面的合作潜力正在不断释放。

中亚与东盟毗邻中国这个世界第二大经济体，中国能够为促进中亚东盟之间合作、为亚洲经济增长提供更多可能性。过去几年里，受到海运价格大幅增加、空运航班急剧减少等影响，中欧班列的比较优势正在凸显。通过不断开辟新的线路，实施"公铁联运""铁海联运""中欧班列＋综保区＋海铁联运"等多种运营模式，中国成熟的铁路网为中亚和东盟的经贸合作提供了便捷且经济的交通方式，搭建了重要的桥梁和纽带，为东盟向西开拓中亚和欧洲市场，为中亚向东开拓东南亚市场提供新的机遇。甘肃位于连接亚欧大陆桥的重要通道，愿意持续助力中国—中亚东盟之间的务实合作。热切欢迎大家发表高论，为续写丝路辉煌提供新的思路。

三、增强中亚、东盟和中国三边的政策沟通

中亚、东盟国家和中国虽然在经济规模、国家形态、社会文化上差异巨大，但是共同面对恐怖主义、分离主义、极端主义等国内治理议题困扰，面对发展赤字、卫生治理、水污染、应急救灾、区域一体化等区域治理议题的挑战，面对国际政治经济秩序动荡不定、大国地缘政治博弈趋于激烈、霸权主义和单边主义肆意横行、全球经济复苏乏力等全球治理议题的考验。

在当下国际变局的背景下，古丝绸之路合作共赢、人类大同等宝贵理念的价值正不断彰显。中亚、东盟和中国在国内治理、区域治理、全球治理等问题上能够相互交流经验、充分协调彼此政策、构建亚洲命运共同体。目前，中国—中亚峰会、中国—东盟峰会正在不断续写中国周边交往的新篇章。诚挚欢迎在座的大家发表卓识，为亚洲地区绘制新的合作蓝图提供助力。

总之，我们希望敦煌作为世界多种文明交会中心、甘肃作为国际陆海新通道的主要组成省份、中国作为中亚和东盟毗邻的中间国家，能够在当今动荡变革的世界中发挥更大的作用，为多元璀璨的文明交往、为联通中亚和东南亚、为亚洲地区的经贸合作、为世界秩序的稳定注入动力、提供更多的国际公共产品。

最后，预祝论坛取得圆满成功！祝愿各位嘉宾在敦煌度过美好时光，祝福大家万事如意！

在"中国—中亚和东盟发展合作论坛"上的致辞

兰州大学党委书记 马小洁

尊敬的各位专家、各位学者、各位嘉宾，女士们、先生们：

大家上午好！

很高兴和各位嘉宾如约相聚敦煌，共同举办"中国—中亚和东盟发展合作论坛"。在此，我代表兰州大学，向论坛的顺利召开表示衷心的祝贺！向莅临会议的各位嘉宾朋友们表示热烈的欢迎！向长期以来关心支持兰州大学事业发展的各界朋友们表示诚挚的感谢！

当今世界变乱交织、风高浪急，百年变局加速演进，世界各国、各种文明只有不断加强战略沟通和协作，以对话消弭分歧、以合作超越竞争，加快构建共商共享、和而不同、合作共赢的人类命运共同体，才能为维护世界和平与发展注入更多确定性和正能量。"一带一路"是中国推动世界互联互通、合作共赢的新举措，也是中国对全球治理和人类命运共同体理念的积极探索与实践。历经10年的发展，"一带一路"已经成为深受欢迎的全球公共产品和国际合作平台，为促进世界经济增长、完善全球经济治理作出了积极贡献。

中亚地区和东盟国家处于亚欧大陆的交通要道，在世界文明史中占据重要地位。历史上，两个地区分别从海、陆通道为连接东西方的商贸往来、文明交流发挥了重要作用。同时，中亚地区作为"丝绸之路经济带"向西发展的首站，东盟国家作为"21世纪海上丝绸之路"的国外起点和中国近年来最大的贸易伙伴，两个地区都是中国重要的周边地区，是中国信得过、可依赖的好邻居、好朋友、好伙伴。10年来，在习近平总书记的亲自部署、亲自推动下，在中国与中亚、东盟各国的共同努力下，中国与中亚国家、中国与东盟各国建立了全面战略合作伙伴关系，不断加强政策沟通、设施联通、贸易畅通、资金融通和民心相通，构建形成了合作共赢、相互成就的命运共同体。

习近平总书记在中国共产党第二十次全国代表大会上提出，"推动共建'一带一路'高质量发展"，为新时代新征程高质量共建"一带一路"擘画了新蓝图、吹响了冲锋号。民心相通是政策沟通、设施联通、贸易畅通、资金融通的基础和支撑。今天，我们以第六届丝绸之路国际文化博览会为契机和平台，举办中国—中亚和东盟发展合作论坛，来自国内外的60余名专家学者将聚焦文明交流互鉴、共建"一带一路"、合作发展愿景等三个主题、24个主旨报告，碰撞思想、汇集智慧，创新性地推动中国、中亚和东南亚地区的民间对话。这既是贯彻落实全球文明倡议和"一带一路"倡议精神的实际行动，也必将为中国—中亚和东盟国家之间学术对话、经贸合作、文化交流等，搭建高效平台、注入澎湃活力、产生重大成果，必将为新时代推动共建"一带一路"高质量发展提供更加开阔的视野、更加创新的思维、更加务实的举措。

教育是推动共建"一带一路"高质量发展的重要纽带，是促进中国与"一带一路"共建国家共同繁荣发展的重要引擎。作为本次论坛的主办方之一的兰州大学，位于丝绸之路经济带的核心节点城市——甘肃兰州，是扎根西部的百年老校。多年来，兰州大学深入学习贯彻落实习近平总书记关于教育科技人才的重要论述精神，紧紧围绕习近平总书记对学校提出的"在西北办好一流大学"的重要指示精神，自觉把服务支撑党和国家布局在西部的重大战略行动以及区域经济社会发展作为义不容辞的使命担当，全面对接融入、有效服务支撑"一带一路"建设。发挥人才培养优势，吸纳了来自65个国家和地区的一千多名留学生在兰州大学深造，其中包括大量来自中亚地区和东盟国家的留学生；在乌兹别克斯坦、哈萨克斯坦、格鲁吉亚建有3所孔子学院，累计培训各级各类汉语学习者3万余人次；牵头成立"一带一路"高校联盟，成功举办八届论坛，促进了184个成员高校之间在教育、科技、文化等领域的全面交流与合作。发挥智库优势，成立中亚研究所、一带一路研究中心，在中南亚、中国—中亚—西亚等区域国别研究及"一带一路"研究方面，凝聚了一支高水平人才队伍，产出了一系列有显著影响力的研究成果。发挥学科科研优势，积极建设"一带一路"激光雷达网，已建成国内8个、国外巴基斯坦白沙瓦站1个站点，为丝绸之路经济带建设中的防灾减灾、新能源开发、铁路和交通运输等领域提供了重要的科技支撑。组织专家围绕"一带一路"共建国家的草原生态修复、粮食丰产、滑坡灾害早期识别与危险性评价、丝绸之路艺术交流、丝路审美文化中外互通等问题深入开展研究，产出了一批高水平研究成果，为推动共建"一带一路"高质量发展作出了应有贡献。面向未来，我们将更加积极主动地服务支撑"一带一路"建设，进一步加强同共建国家和地区的高校、科研机构以及政府、企业的交流合作，努力以高质量的人才培养成效、高水平的科研成果等，为"一带一路"高质量发展做出独树一帜的兰大贡献。

我们也衷心期待各位专家学者围绕论坛主题，展开深入对话交流，分享真知灼见，共同为构建中国—中亚和东盟深化共赢发展的命运共同体提供坚实可靠的学术支撑，携手为高质量共建"一带一路"、构建人类命运共同体贡献智慧和力量！

衷心希望以此次论坛为契机，进一步加强与"一带一路"、区域国别研究领域的各位专家学者的学术交流和科研合作，推动建设多学科交叉融合、全方位综合立体的"一带一路"和区域国别研究体系，共同提升人才培养、学科建设和科学研究的内涵质量，共同提升服务国家重大发展战略、服务"一带一路"共建国家和地区的能力水平！

最后，预祝论坛取得圆满成功！祝愿各位嘉宾身体健康、万事如意！

谢谢大家！

"一带一路"背景下中国与中亚深化交流合作的
成效与路径

兰州大学政治与国际关系学院教授、中亚研究所副所长　汪金国

十年来，中国同中亚国家共建"一带一路"先试先行、成色十足，在发展战略对接、合作机制建设、重大项目推进等方面结出累累硕果，为中亚五国经济发展、民生改善提供了现实、便捷的途径，在欧亚地区乃至国际社会产生重要示范效应。随着"一带一路"的持续推进，中国与中亚地区的交流合作日益深化，涉及经济、文化、教育、科技等多个领域。其中，经济合作是重点，中国与中亚国家签署了一系列合作协议，包括能源、交通、基础设施建设等领域。同时，加强与中亚地区的互联互通，促进区域经济发展。在文化、教育、科技等领域，中国与中亚国家也开展了广泛的交流合作，加强了人文交流和民间友好。未来，中国与中亚地区的交流合作将继续深化，为双方共同发展带来更多机遇和挑战。

"一带一路"背景下中国与中亚深化交流合作的成效

为了顺应世界多极化和经济全球化潮流，习近平总书记于 2013 年在哈萨克斯坦的纳扎尔巴耶夫大学提出"丝绸之路经济带"，随后又提出"21 世纪海上丝绸之路"。"一带一路"倡议提出至今已经十年，中国和中亚各国在政治、经济、安全、文化各个领域取得显著成绩，出现了"政治互信日益牢固，互利合作蓬勃发展，安全合作深入推进，人文交流积极活跃，国际协作更加密切"的局面，成为建设"一带一路"倡议、构建新型国际关系和区域合作的典范之一。

政通人和：互信互利促和谐

中国与中亚国家在国际事务中保持密切沟通与协调，共同维护地区和平与稳定。双方在联合国等多边机制中加强协作，共同应对全球性挑战，如恐怖主义、气候变化等。在应对恐怖主义方面，中国与中亚国家加强了情报交流和执法合作，共同打击跨国恐怖组织。此外，双方还在联合国安全理事会等平台上，就反恐问题进行深入讨论，共同制定反恐战略。在应对气候变化方面，中国与中亚国家积极参与全球气候治理，共同推动落实《巴黎协定》等国际气候合作框架。双方还在亚洲基础设施投资银行等多边金融机构中，共同推动绿色低碳发展。

经国济民：区域和谐助发展

虽然中亚国家曾经同在苏联的政治经济框架之下且地理相连、文化相近，但是各国的经济结构各异、发展状况不同。哈萨克斯坦是中亚地区最大的经济体，其次是乌兹别克斯坦和土库曼斯坦，而吉尔吉斯斯坦和塔吉克斯坦的经济发展相对缓慢。中亚国家经济的比较优势主要集中在能源领域、畜牧业、矿业原料和劳动力，这与我国的经济结构互补程度较高。

"一带一路"倡议提出以来，中国和中亚各国在经济领域的合作稳步推进，贸易发展质量不断提升，仅在 2015 年和 2020 年有明显的下降趋势，整体呈现上升趋势。根据中国海关的数据显示，2023 年第一季度，中国与中亚国家的进出口贸易额达 1730.5 亿元，同比增长 37.3%。

2013 年以来，中国同中亚国家签署了一系列经济合作协议。仅以哈萨克斯坦为例，中哈两国先后签署了《关于加强产能与投资合作的框架协议》《中华人民共和国政府和哈萨克斯坦共和国政府关于"丝绸之路经济带"建设与"光明之路"新经济政策对接合作规划》《中华人民共和国国家发展和改革委员会与哈萨克斯坦信息和通信部关于加强数字经济合作的谅解备忘录》等经贸文件。

中国对中亚国家的投资，不仅仅是直接投资，还包括诸多企业"走出去"。截至 2022 年末，有 829 家中资企业在中亚设立公司，占"一带一路"投资备案企业总量的 6.7%。其中，在哈萨克斯坦开展业务的备案企业有 375 家，在乌兹别克斯坦设立公司开展业务的备案企业有 266 家，在吉尔吉斯斯坦的企业有 98 家，在塔吉克斯坦的企业有 80 家，在土库曼斯坦的企业有 10 家。

安全共建：多方齐心保通途

和平是中国和中亚国家共同的夙愿。自从中亚国家独立以来，十分重视同中国在安全领域的合作，尤其是打击恐怖主义、分裂主义、极端主义等问题的合作。

近来，中亚地区安全形势不断向好，中亚国家也积极同其他国家在安全领域展开合作。2022 年 6 月，"中国 + 中亚五国"外长第三次会晤在努尔苏丹举行并通过《"中国 + 中亚五国"数据安全合作倡议》;5 月，首届中国—中亚峰会在西安召开，会议聚焦经济和安全问题。

对于中亚国家而言，极端主义、恐怖主义、跨国贩毒问题、阿富汗问题、水资源、边界争端，以及族群差异等问题，都严重影响其经济发展。因此，未来中亚国家同中国在安全问题上进一步展开合作的概率极高。

文润人心：交流互鉴达四海

中国与中亚国家的人文交流合作源远流长，自古以来就有着深厚的友谊。近年来，随着"一带一路"倡议的推进，中国与中亚国家文化科教领域的交流与合作日益密切。

中国与中亚国家在教育领域的合作日益紧密。双方在高等教育、职业教育等方面开展了广泛合作，包括互派留学生、教师交流、联合办学等。此外，双方还在教育领域开展了一系列合作项目，如中国政府为中亚国家提供奖学金、援建学校等。自 2004 年以来，中国在中亚陆续开设 13 所孔子学院（哈萨克斯坦 5 所、吉尔吉斯斯坦 4 所、塔吉克斯坦 2 所、乌兹别克斯坦 2 所）。

"一带一路"背景下优化中国与中亚交流合作的路径

2013 年"一带一路"倡议的提出，从全新角度构建了多边合作机制，为促进全球经济可持续发展、推动世界经济复苏提供了中国智慧和中国方案。"一带一路"倡议内涵丰富，"五通"以点带面、从线到片，以伙伴关系网络为基础，形成经贸、政治、人文合作新格局。在"一带一路"背景下优化中国—中亚交流合作路径就是要各国共同参与，发挥自身优势和潜能，从而促进区域的交流和融合。

加强机制沟通

高质量共建"一带一路"是促进中国与中亚国家区域经济繁荣的重要引擎。一方面，我国要进一步深化国际分工，通过深化市场整合、资源共享、产业合作，发挥中国与中亚国家在要素禀赋、产业结构、贸易结构、价值链供应链等方面的互补性比较优势，形成互利共赢、良性互促的区域国际分工关系。另一方面，我国也要深化开放融合，要通过深化区域市场开放、区域政策协调和重大基础设施共建共享，实现规则、规制、管理、标准的融合对接，增强开放制度耦合水平，有效应对全球经济复苏曲折、需求疲软的外部挑战，为区域经济乃至全球经济的稳健复苏和可持续增长提供可靠基石。

拓宽经贸合作

在发展经贸合作的同时，应注重中亚国家的民生需求和社会问题，如教育、交通、通信、农业等非资源领域，有所侧重地满足中亚五国的引资需求，让当地民众切身感受中国的诚意，以消除周边国家的警惕防范心理。此外，应制定针对中亚五国的长期合作战略，巩固已有政府间经贸合作机制，强化对外合作开放平台，积极推进贸易和投资便利化。依托上合组织框架协议，简化通关手续、加大口岸开放，进一步提高中亚贸易自由度。培育一批开放型龙头企业和支柱产业。积极调整进出口产品结构，深化非资源领域合作，提高产品质量。加大对工业制成品的技术投入，采用高新科技提高出口产品附加值，促进传统产品更新换代，推动产业结构优化升级，扩大技术投资与产业转移规模。

深化互联互通

高水平互联互通是高质量共建"一带一路"的前提，是促进中国同中亚国家一体化发展，挖掘区域投资贸易潜力的重要基础。加快推进中国—中亚交通走廊建设，发展中国—中亚—南亚、中国—中亚—中东、中国—中亚—欧洲多式联运，包括中—哈—土—伊过境通道，跨里海运输线路，推动中吉乌铁路尽快建设，以及"中国西部—欧洲西部"公路常态化运营。以中欧班列五大集结中心为载体，形成内陆国际物流枢纽支撑，引导运输、贸易和产业协同发展，同时加快建设国际门户枢纽和国内航空枢纽城市。加强互联互通，建设中国—中亚交通商贸物流枢纽，大力推进航空运输市场开放，逐步有序增开航班；持续拓展面向中亚的空公海铁联运服务合作；打造大宗商品交易中心，鼓励优势企业在中亚国家建设货物集散基地和海外仓，促进与中亚国家贸易提质增量、迈上新台阶。

扩大资金融通

今后"一带一路"共建国家应在资金融通层面深耕细作，以市场化为原则发挥地缘、成本、规模、配套和政策支持等优势，构建和完善多层次、多种类的金融服务体系。加强与合作国的战略对接和多边机制建设。探索"利益共享、风险分担"的投融资合作模式。推动以本币为核心的"一带一路"金融市场建设。扩大共建国家双边本币互换、结算的范围和规模；共同推进亚洲基础设施投资银行、金砖国家新开发银行筹建，有关各方就建立上海合作组织融资机构开展磋商；加快丝路基金组建运营，同时还要支持共建国家政府和信用等级较高的企业以及金融机构在中国境内发行人民币债券。支持并鼓励符合条件的中国境内金融机构和企业可以在境外发行人民币债券和外币债券，鼓励在共建国家使用所筹资金。

推进民心相通

文化的交流和沟通是民心相通的基础。华侨华人是中国发展的独特机遇，是"一带一路"民心相通建设可资倚重的力量。引导侨胞发挥华社"三宝"优势，着力宣介中华文化的精神价值和世界意义。海外华社的三大支柱华文教育、华文媒体、华人社团是中华文化在海外传播传承的重要载体，是当地民众和政府了解中国、认知中华文化最直接的媒介。要引导侨胞充分发挥华社"三宝"的资源优势，通过多样化的形式和途径、生动鲜活地向住在国社会宣介中华文化的精神价值和世界意义，增进中国与各国人民友谊，促进中国与沿线国互信互联互通。同时，宣介中华文化促进中外人文交流更应注重展示当代中国的发展进步、当代中国人的精彩生活，推动反映当代中国发展进步的价值理念、文艺精品、文化成果走向海外，既要贴近中国实际、贴近国际关切，又要入乡随俗贴近国外受众，影响主流人群，为"一带一路"建设营造良好的舆论环境。

结　语

中国与中亚国家的人文交流合作不断深化，为促进双方共同发展、增进人民友谊发挥了积极作用。在"一带一路"倡议的推动下，双方在各领域的合作将更加紧密，为地区和世界的繁荣与发展作出更大贡献。回顾"一带一路"倡议在过去十年的建设情况，中亚"丝绸之路经济带"建设成果显著，但是仍然面临着基础设施建设、环境保护、政治稳定等诸多挑战。未来，中国同中亚国家的合作潜力巨大，合作空间十分广阔。

共同开辟中国式现代化同"一带一路"
融合发展新境界

中联部当代世界研究中心研究员
"一带一路"智库合作联盟秘书处办公室主任　　　　　李鼎鑫

今年是习近平总书记提出"一带一路"倡议十周年，也是中国式现代化与"一带一路"建设全面融合发展的第十年。中国式现代化与"一带一路"建设深度紧密互动，彼此助力成就，共同为百年未有之大变局下的世界作出了重大的历史性贡献，为站在十字路口的人类进步和世界发展的历史进程提供了重要的方向性参考。

中国式现代化的成果助推了"一带一路"建设。中国实现现代化，是人类历史上前所未有的大变革。中华人民共和国成立以来特别是改革开放以来，中国共产党团结带领中国人民开创、坚持和发展中国特色社会主义，从"现代化的迟到国"成为"世界现代化的增长极""最大的经济和社会变革的实验室"，推动物质文明、政治文明、精神文明、社会文明、生态文明协调发展，用几十年时间走完了发达国家几百年走过的工业化历程，使具有5000多年连续不断文明历史的中华民族全面迈向现代化，使科学社会主义在21世纪的中国焕发出新的蓬勃生机，使新中国在短短几十年里摆脱贫困并跃升为世界第二大经济体，为中国式现代化提供了更为完善的制度保证、更为坚实的物质基础、更为主动的精神力量，更加雄辩地证明"中国式现代化走得通、行得稳，是强国建设、民族复兴的唯一正确道路"。如果没有"一带一路"，没有中欧班列，世界将是更加惨淡的图景。而推动高质量共建"一带一路"不断筚路蓝缕、攻坚克难，成为世界经济走出阴霾的那道最靓丽彩虹的，正是中国 74 年发展所累积起来的中国现代化建设成果。

各合作伙伴国在高质量共建"一带一路"框架下的合作，扩展了彼此间经济广泛与深度的融合，为中国式现代化的继续探索和丰富提供了更为宏阔的全球平台与场景。习近平总书记在学习贯彻党的二十大精神研讨班开班式上鲜明提出，中国式现代化是全新的人类文明形态。这一重大论断，是对中国式现代化理论的极大丰富和发展，具有很强的政治性、理论性、针对性、指导性，为新时代新征程推进中国式现代化提供了根本遵循和科学指南。习近平总书记深刻指出："中国式现代化，深深植根于中华优秀传统文化，体现科学社会主义的先进本质，借鉴吸收一切人类优秀文明成果，代表人类文明进步的发展方向，展现了不同于西方现代化模式的新图景，是一种全新的人类文明形态。"这一重要论述，集中阐释了中国式现代化的内在底蕴、时代特征和本质要求，深刻揭示了人类文明新形态对于塑造和引领人类文明发展进步的时代价值与历史意义。中国在工业、农业、国防和科技现代化和新经济模式等方面取得的重要成就，丰富了人类现代化的定义，开创人类现代化新文明，并且全面映射到"一带一路"推行的开放、包容、可持续、可分享、以人为本的现代化实践中，正在打破西方现代化的垄断，鼓励更多国家走符合自身国情的现代化道路，成就世界的多样性。近些年，中国的移动支付丰富了人民的生活，扩大了消费的场景。消费的时长得以延长，我们半夜都可以拿出手机来逛逛超市，逛逛商场，购买商品，经济得以全天 24 小时运作。这种线上消费方式的变革是划时代的变化，也降低了经济社会运行成本。通过高质量地共建"一带一路"，移动支付带动的经济新发展模式、新手段、新形态也扩展到了"一带一路"共建国家。此外，新能源汽车为代表的低碳产品也走向了欧洲，在汽车生产大国如德国、意大利这些国家的销售成绩单非常靓丽，说明"一带一路"的确也给中国式现代化提供了更为宏阔的平台和场景。在"一带一路"合作当中，中国也是受益者。

　　中国式现代化同"一带一路"深度、全方位、立体化的融合，也为世界经济长期健康发展提供了非常好的操作模式和实现路径。体现在三方面：一是国别层面，"一带一路"推进十年来，业已在共商共建共享理念下形成了各合作伙伴国同"一带一路"建设紧密融合的有效模式，为各国自身的发展和自身的现代化提供了有益的借鉴，各国可以从中国式现代化建设经验中各取所需。二是地区层面，在高质量共建"一带一路"框架下，合作伙伴国之间的发展规划与战略对接、基础设施、高科技与民生等各类项目合作已经成为推动地区稳定发展繁荣的必由之路。"开放的区域主义"是对"封闭的区域主义"的解构，开放的区域主义最生动和成功的实践就是"一带一路"建设。三是在全球层面，当前世界多地区动荡不安的根本原因表面上是源于安全焦虑，本质上是对资源所有权、经济发展权的激烈争夺，中国式现代化与"一带一路"的融合发展将为世界各国和平发展、共同繁荣提供有力的路径参考，为构建人类命运共同体铺设坚实的路基，因此必将为平复全球地缘政治震荡局面做出卓越贡献，为世界的长期和平发展带来曙光。

　　当前，中国的发展和世界的发展，远远没有达到顶峰，中国式现代化同"一带一路"融合发展的进程才刚刚开始，渐入佳境，没有止境，只有更高，没有最高，将是一个不断发展的历史进程。这一进程依托于全球性超大规模市场和全球性科技合作两个轮子，一旦开启，便无法被阻挡。一方面，截至2023年1月份，中国已经同151个国家和32个国际组织签署200余份共建"一带一路"合作文件。"一带一路"建设已经覆盖大多数国家，150多个合作伙伴国的市场集合起来，将是世界级超大规模的市场和经济联合体，推动人类向前发展的进步力量在不断壮大。另一方面，面对美国对中国进行的全方位、全社会、全政府的打压、制裁，包括操弄对芯片等各种高科技技术的脱钩断链去风险等伎俩，中国人民迸发出了强大的自力更生力量，在包括芯片在内的多个领域取得了重要进展。不仅从1到10，从10到100等新技术的拓展应用已取得长足进步，从0到1的原创性发明也已开始并必将更多涌现。此外，在"一带一路"进入以高质量发展为主要特点的第二个、第三个十年发展规划和框架下，150多个合作伙伴国将以各种方式参与到这一前所未有的科技进步进程中，形成强大的全球性联合研发力量。因此，所谓"中国崛起顶峰论"不过是一小撮国家"酸葡萄"心理泛滥，是"中国崩溃论"的变种。苏联解体后，西方学者迫不及待地提出"历史终结论"，还受到不少人追捧。中国的发展雄辩地证明，"历史终结论"遭到了失败，"中国崩溃论"更是早已崩溃。历史并未终结也不会终结，那些认为历史将终结的人自身将被历史所终结。

提高中国和越南在"一带一路"框架下
合作效果的一些建议

越南计划与投资部发展战略研究所副所长　阮国长

大家好！

今天，我想与大家分享关于促进中国和越南"一带一路"合作效果的一些建议。我的演讲内容将分为三个部分：首先，介绍中国和越南"一带一路"合作的概况；其次，探讨我们合作的新背景；最后，提出若干建议。

一、中国和越南"一带一路"合作情况

关于第一部分，我首先要向大家介绍中国和越南双方签署合作文件的情况。实际上，中国和越南已于 2017 年签署了一份重要的备忘录，被称为"两廊一圈"和"一带一路"对接的备忘录。之后在 2019 年，中国和越南双方开始就"两廊一圈"和"一带一路"对接的具体计划进行谈判，而这一进程一直持续至今。关于"两廊一圈"的含义，其中的"两廊"是指两个经济走廊，一个是"南宁—谅山—河内—海防—广宁"，另一个是"昆明—老街—河内—海防—广宁"；其中的"一圈"是指环北部湾经济圈，由中国广西北部湾和越南北部湾构成。目前，越南计划与投资部仍在和中国国家发展改革委围绕"两廊一圈"和"一带一路"的对接计划进行谈判，我们希望今年年底双方可以结束这些谈判，使合作进一步深化。

在经济合作方面，自 2017 年签署备忘录以来，中越两国的合作在贸易、投资、工业园区发展等方面取得了显著成绩。例如，在贸易方面，2017 年至今，双方每年的贸易额都呈现明显增长态势。在投资方面，双方合作也得到了积极发展，截至 2023 年，中国在越南的投资总额已达 249 亿美元，巨大的投资规模使中国在越南的投资排名从之前的第 8 至 10 位上升至第 6 位。在工业合作方面，发展势头也相当强劲，中国和越南共有两个合作工业园，分别位于越南北部的海防省和越南南部的前江省，目前这两个工业合作园吸引的投资者数量相当多。

此外，越南还积极参与了中国提出的一个构想——国际陆海贸易新通道（简称"陆海新通道"）。2019 年，中国国家发展改革委印发了《西部陆海新通道总体规划》，主要是以重庆为运营中心，打造国际大通道。从 2018 年年底"陆海新通道"开始运行起，这条新通道使得从重庆出发的卡车通过 4500 公里到达新加坡只需大约 7 天的时间。自 2018 年至今，中国和越南企业在"陆海新通道"上开展了多种联运合作，双方之间的互动非常频繁而密切，每个月，甚至每个星期都有很多卡车从重庆经越南至曼谷，也有很多卡车从曼谷穿过越南抵达重庆。"陆海新通道"的运行不仅有利于中国企业，更是对中国、越南，以及东盟其他国家都有很大的好处。中国也非常重视与越南在"陆海新通道"的合作，为此，重庆和广西等省区的领导都曾多次访问越南以加强合作。

除了经济合作，中越两国的专家、学者、媒体及地方领导的交往也较为频繁，两国人民交往日益密切，民心相通。比如，我的研究所曾于 2019 年组织过"国际陆海贸易新通道——中越合作潜力与机遇"座谈会，主要是关于"两廊一圈"和"一带一路"对接的问题，当时，我们越南战略发展研究院与来自中国使馆及重庆的专家展开了深度探讨，不仅是为开拓"陆海新通道"进一步深化合作，也加深了中越两国人民之间的友谊。

然而，尽管"两廊一圈"和"一带一路"合作已经取得了比较好的成绩，但目前仍存在一些问题需要解决。首先，是"两廊一圈"和"一带一路"的对接计划谈判进展较慢，谈判已经历了几年，但仍未达成一致。其次，双方在"两廊一圈"和"一带一路"合作框架中尚未确定战略性合作项目，相比于中国和老挝之间合作的昆明至万象铁路来说，中越两国的合作在这方面还显得较为不足。第三，宣传工作的覆盖范围仍然有限，目前很多越南人民和越南企业对"两廊一圈"和"一带一路"合作还不够了解和有信心。第四，越南的交通还相对不便，尤其是铁路。第五，贸易便利化方面也仍存在许多问题，通关时间较长导致运输成本较高。第六，南海冲突对双方合作造成了不利影响。因此，我们双方有必要进一步积极合作解决这些问题。

二、合作的新背景

当前，中国和越南又处于一个新的合作背景下，主要体现在如下三方面：第一，新冠病毒大流行和中美贸易摩擦，使一部分工业生产链从中国转移到越南和其他东盟国家。第二，中国开始实施"双循环"发展战略，越来越注重与东南亚国家的合作。相较于其他国家，东南亚国家在中国的"外循环"中发挥着更为重要的作用。而越南又具有一些优势，比如越南能在24小时内对接南宁、广州、昆明等中国的经济中心。第三，越南与中国的友好关系也有所改善。

三、对未来中越合作的建议

为进一步提高中国和越南在"一带一路"框架下的合作效果，我提出以下一些建议：

首先，双方应尽快完成"一带一路"和"两廊一圈"对接计划的谈判。

其次，应加强宣传工作，包括双方专家和媒体之间的交流，让更多人了解我们的合作成果。

第三，双方应共同努力促进贸易便利化，特别是加强边境口岸的数字化转型合作。比如，最近我们的总理访问中国时，中国广西壮族自治区和越南谅山省已经签署了一份合作文件，双方将合作运营智慧口岸，这是一个很好的开端。

第四，双方应努力合作促进交通系统的对接，特别是在铁路方面。当前越南的铁路质量相对较差，轨道也与中国不同，降低了运输效率。在这方面，中越可以共同合作提高越南铁路的质量，以便更好地与中国铁路对接。

第五，从现在到 2030 年，建议双方共同努力在越南的老街省和谅山省建设 1 至 2 个中越合作工业园。越南的这两个地方分别靠近中国的云南和广西，也亟须与中国在工业领域开展合作。

以上是我的一些建议，相信中国和越南"两廊一圈"和"一带一路"合作将取得更加显著的成效。谢谢大家！

合作与发展愿景

塔吉克斯坦共和国总统公共行政学院教授　埃尔加舍娃·法里扎·马马季耶夫娜

　　丝绸之路，在整个人类历史上，没有什么比这更重要的了。1600 年来，它一直在运作。它不仅是一条贸易路线，也是东西方之间的友好桥梁，是人类两半球相互伸出的和平之手。这是一个经济和文化的奇迹。它没有战争，它改变了它所经历的土地，城市在它的道路上发展和成长。这条路的一部分也经过了我们塔吉克斯坦。

　　尊敬的女士们先生们，请允许我代表塔吉克斯坦共和国总统下属公共行政学院的领导和光荣的团队向论坛的参与者表示欢迎，并对活动的组织者提供这样一个享有盛誉的论坛表示感谢！我很荣幸来到这里，利用论坛的平台，与如此受人尊敬的听众共同讨论改进合作方式和机制，以及发展我们国家和机构之间互利关系的问题。论坛方案为塔吉克斯坦公共行政学院提供了一个独特的机会，以分享其经验教训，展示我们在建立和加强密切友好伙伴关系方面取得的成就，讨论当今的挑战和近期的发展问题，总的来说，积极利用论坛的互动平台进行整体讨论，全面讨论紧迫问题。

　　在当今迅速变化的世界中，塔吉克斯坦与时俱进，克服困难，走上了世俗民主国家的发展道路，形成了自己的国家治理模式。

　　在这一阶段，重要的是要对如何发展和与各国和伙伴合作，以提高公务员的能力，并为国家培养有价值的管理人员。我们很自豪与该地区和整个世界的合作伙伴合作，这有助于共同发展、提高知名度和互信、扩大合作边界并吸引新的受众。

在这方面，我们的中国同事的经验对我们来说很有趣，内容也很接近。并非偶然，为庆祝上海合作组织成立 20 周年，2021 年，在塔吉克斯坦国家管理学院成立的上海合作组织塔吉克斯坦友好合作中心在和平与民族团结创始人、塔吉克斯坦共和国总统尊敬的埃莫马利·拉赫蒙的倡议和直接支持下成立，现已成功运作。

该中心提供了一个平台，促进青年学生和民间社会的合作和发展，并组织了讨论俱乐部和方案、关于包容和友谊问题的区域青年论坛、会议、与感兴趣的人的会议以及关于社会热点问题的圆桌会议。在学院内部组织活动并积极参与国际一级的活动，使中心有机会扩大合作伙伴的范围，确定优先发展领域，设想、规划和实施联合项目。

公共行政学院引以为豪的是出版了《上海合作组织：从上海到杜尚别》一书，该书由该领域的著名科学家、塔吉克斯坦公共行政学院教授 R.K.Alimov 撰写，是作者关于本组织形成和发展历史的文章集，介绍了上合组织杜尚别历史性峰会的成果。

公共管理学院高度重视"一带一路"项目思想的推广。该中心正在实施一个项目，在该项目中，学生有机会通过虚拟游览伟大道路的绿洲来了解丝绸之路的历史，在担任过去和现在圣贤的教师的陪同下，您可以思考"永恒的真理"：什么是善和恶；如何实现一个人对另一种文化和宗教的理解；如何避免战争，和平相处；我们应该害怕多样性，还是多样性让我们的世界变得更美好，更有趣？伦理规范在不同的时代是如何产生的，它们在今天又是如何相互作用并转化为世俗伦理的？需要做些什么来确保该区域和世界各国的可持续发展成为人民、社会和国家生活的基本原则？

该项目旨在让学生了解丝绸之路的重要性，它在经济、文化和精神上连接了我们的国家。我们想给他们一个想法，新丝绸之路将帮助我们重振它所依据的最佳价值观：经济和文化互动、相互理解、愿意接受另一个人和不同的文化，与我们自己、我们周围的人和所有生物和平与和谐地生活。

谈到我们的合作与发展愿景，我们将其与向年轻一代提供高质量的教育联系起来。今天，不可否认的是，世界舞台上正在发生的范式转变与全球化、跨文化交流、数字革命和流动性增加的进程直接相关。我们不能低估这一点。

我们的主要目标——教育和培训——与可持续发展直接相关，在可持续发展中，参与变革进程的年轻管理人员强烈感到，他们需要扎实的知识、能力和技能，才能有意义地参与世界的变革。

高质量的教育是实现可持续发展所必需的。这种培训必须反映并与现代社会不断变化的模式以及知识的不断变化的性质和及时应对变化的原则联系起来。

在这种背景下，我们看到了一种基于伦理和道德原则的综合学习方法的合理性。在这方面，还应提及包容性和不平等的教育。

当然，在这方面，教职工培养本科生批判性思维和独立判断能力的意愿是至关重要的，而不是轻率地接受任何信息和接受任何事情。

我们的目标是在一个日益全球化的世界中重新思考公民教育，在尊重多元化和普遍价值观与关心共同命运之间取得平衡。我们认为，我们的任务是缩小正规教育与就业之间的差距，并努力确保在国家、领域和学习空间之间流动性增加的情况下，学习成果得到明确承认和确认。

我们的理解是，没有伙伴和国家之间的合作，就不可能有发展。我们必须共同实现高质量和持续的学习。在知识和能力在社会中发挥重要作用的国家，学习正成为其可持续发展的关键条件。在这些国家，培训远远超出了严格的正式范围，包括职业和职业培训、能力发展、技能和价值观。学院的学习过程涉及一系列广泛的活动，伴随着向社区服务的过渡。这反过来又需要高质量的继续教育、获得能力和技能、准备工作和作为公务员参与社会发展。这条道路上的一个重要因素是获得和应用所获得的知识、技能、态度、价值观和能力。

因此，我们认为，高质量的终身学习是塔吉克社会最近未来的一个组成部分。我们相信，正是这种方法可以促进经济的成功发展、社会问题的解决、社会的民主转型、支持国家间的文化对话、防止暴力极端主义、性别发展、参与创业活动等。

几个世纪前，丝绸之路将我们两国联系在一起。这条路线继续是塔吉克人民和中国人民之间文化和经济交流的象征，体现了开放、包容与合作在世界历史上的重要性。愿兄弟情谊的纽带不断加强，助力"一带一路"沿线各国伙伴关系与合作的发展！让新丝绸之路引领我们共同繁荣发展！

谢谢大家的关注！

乌兹别克斯坦与中国：
文化对话与教育政策的共同愿景

乌兹别克斯坦国立东方大学副教授　菲茹扎·哈萨诺娃

乌兹别克斯坦非常重视外语学习。这方面的具体任务体现于 2021 年 5 月 19 日《关于采取措施提高乌兹别克斯坦共和国普及外语学习活动质量的新水平》的总统令。在执行该文件的框架内，正在采取措施改善外语教学体系，将其作为国家教育政策的优先事项。此外，还吸引合格的教师进入该领域，提高民众，特别是年轻人学习语言的兴趣。

在这项工作中，国际合作非常重要。于是，2023 年 10 月，乌兹别克斯坦塔什干国立东方大学与中国甘肃省联合国教科文组织协会合作备忘录签署仪式在网上举行。该文件包含五个有针对性的方面，包括学术交流、举办主题活动、出版合作、发展乌中友谊，特别是"一带一路"倡议。双方早已奠定了坚实的合作基础。例如，2023 年 5 月，教授汉语的奇尔奇克市第 18 学校被纳入"百校联盟"计划，为进一步实现学童跨文化交流、扩大教育合作提供了机会。这是扩大教育领域合作的一个新领域。因此，在该计划的框架内，中国驻乌兹别克斯坦共和国大使馆以及甘肃省教科文组织协会向学校捐赠了 1000 多本教科书和教具。

2023 年是乌兹别克斯坦和中华人民共和国建交 30 周年。在此期间，互动充满了新的内容。在两国领导人的意愿下，30 年来，相互贸易额增长了 140 倍。越来越多的中国公司参与在乌兹别克斯坦实施大型投资和基础设施项目。此外，乌中两国人民自古以来就进行贸易，在科学和文化领域密切合作。两国关系的蓬勃发展发生在共建"一带一路"时代，当时两国之间建立了密切的文化对话。时至今日，两国都极其珍视共同的历史。乌兹别克斯坦的汉语学习可以追溯到数千年前，与两国传统的友谊纽带密不可分。同时，重要的是要注意到乌中关系在贸易、工业、交通和社会领域的发展动态。中华人民共和国高度重视与中亚国家的合作，这一直是东西方文明成功交流的有效机制。乌兹别克斯坦在这一机制中发挥着重要的桥梁作用。在乌兹别克斯坦，有几所高等教育机构教授汉语。但只有在乌兹别克斯坦塔什干国立东方大学才创建了汉学学院。中国的语言、文学、经济、政治、历史等学科得到了深入的教学，学院拥有一批具有丰富实践经验的专业教学人员，专家们积极将现代教学技术和信息通信技术应用于学生的学习过程中。几乎所有学院的教师都直接在中国著名大学接受了培训和提高了他们的资格。同样值得注意的是，乌中两国的教育政策具有一致和富有成效的发展趋势。高校代表多次互访、联合举办会议、研讨会、论坛和展览，证明了双方对扩大教育联系的重视。此外，中国每年都会为我们的青年在中国大学的一年实习分配资助名额。双边合作的另一个重要领域是科学。多年来，国内学者为乌兹别克斯坦汉学的发展奠定了坚实的基础。实际成果是出版了对教师和学生都有用的联合书籍、汇编和手册。

塔什干国立东方研究大学是中亚地区主要的高等学府，培养东方国家语言、文学、历史、文化、哲学、经济和国际关系等方面的东方研究专家，对东方国家课题进行综合性科学研究。现在，当第三次文艺复兴的基础在乌兹别克斯坦奠定时，外国专家的参与正在确保教学活动。反过来，中方每年都派教师到乌兹别克斯坦交流经验。中国领先的大学也为国内教师举办在线高级培训课程。30 年来，乌中两国在教育和科学合作领域共同取得了令人瞩目的成就。一个重要阶段是在中华人民共和国的支持下在塔什干和撒马尔罕建立了孔子学院。今天，在乌兹别克斯坦塔什干国立东方大学，超过 5000 名学生在 7 个学院学习，有 14 个教育领域的学士学位和 15 个硕士学位。该大学雇用了 400 名教授和教师，其中 44 名科学博士和 100 多名候选人。该大学有六个研究中心和两个学术委员会。

正如中华人民共和国甘肃省联合国教科文组织协会负责人杜永军在一次在线会议上指出的那样，2019 年，中国教育部《世界教育公报》发表了一篇关于乌兹别克斯坦塔什干国立东方大学活动的文章，讲述了大学的丰富历史、教授的学科、国际合作和整个学习过程。因此，中国教育界了解乌兹别克斯坦在教育领域取得的成就和该部门的大规模改革。双方还讨论了联合编写汉语学校教科书的计划。令人欣慰的是，这一倡议得到了中方的全力支持。杜永军表示，塔什干国立东方大学在相关领域取得了快速发展。有了这样好的经验和基础，甘肃省联合国教科文组织协会将继续寻求与该校的合作，扩大合作范围。2022—2026 年新乌兹别克斯坦发展战略特别重视教育和培训领域。此外，沙夫卡特·米尔济约耶夫总统在讲话中多次指出：有必要在科学、教育和创新的基础上加快改革。为此，首先要培养新型干部，他们未来将成为重大变革的发起者。从这个意义上说，乌中学术界的合作必将发挥积极作用。

中国式现代化与周边国家命运共同体及其现实意义

南京大学中国南海协同创新研究中心教授　成汉平

中国式现代化与西方现代化的根本性区别

党的二十大报告中有一个非常重要，也是全世界都特别关注的提法，就是中国式现代化。首先，中国式现代化，追求的不仅仅是"富裕"，而是"全体人民的共同富裕"。它包括：到 2035 年中等收入群体比重明显提高，基本公共服务实现均等化。它的关键词是均等、共同、普遍。总之，中国把追求全体人民共同富裕融入了现代化建设的过程中。其次，中国式现代化，是立足于物质文明、精神文明相协调，人与自然和谐共生。中国在追求经济实力、科技实力、综合国力大幅跃升的同时，突出强调了要推进"美丽中国"建设，加快发展方式绿色转型和生态保护。中国式现代化的核心要义其实就是"开放""合作""共享"。中国坚持对外开放，与各国共建"一带一路"，推动贸易和投资自由化便利化，坚定支持和帮助广大发展中国家加快发展，推动构建人类命运共同体。中国自身的现代化建设历程，也是促进人类共同发展进步的历程。以上是中国式现代化的主要定位与内涵。

中国式现代化与西方式现代化的主要区别

一是价值取向不同。西方的现代化是按照资本逻辑来展开的，是资本、利润驱动的现代化，讲求利润最大化。西方实行私有制，资本掌握在少数人手中，现代化是少数人获得最大利益的现代化。中国式现代化以人民为中心，注重人民的利益和福祉，强调社会公正和公平。

二是实现的路径不同。西方采取的是暴力、掠夺的路径。对内：主要表现为牺牲底层民众的利益，如英国的"圈地运动""羊吃人"，以剥夺小生产者土地的方式开启现代化。对外：通过殖民地、战争等形式进行掠夺，历史上通过贩卖黑奴、贩卖鸦片掠夺殖民地财富等方式聚集资源，实现现代化。中国式现代化的对内与对外路径。对内：中国共产党始终代表中国最广大人民的根本利益，中国共产党的宗旨、使命、初心是为人民服务。对外：中国没有殖民地，也不搞殖民侵略和战争，所以路径完全不同。

三是最终结果的不同。西方现代化最终巩固的是少数资产阶级利益的最大化。中国式现代化是全体人民获益，最终目标是实现共同富裕和中华民族伟大复兴，建成社会主义现代化强国。

四是实现的时间不同。西方普遍经过了几百年时间的发展，才形成了西方式的现代化，其现代化水平的确已经很高了。而中国式的现代化才经历了不到百年的时间，这是中国共产党英明领导的结果，同时也是勤劳智慧的全体中国人民共同努力的结果。

中国式现代化与中国周边命运共同体的相互关系——以东盟为例

中国式现代化和人类命运共同体不是两个问题，而是紧密相连的，并能够在新的动荡变革期回答世界之变、时代之变、历史之变的同一个重大课题。具体包括：

一是中国式现代化为推动中国与东盟国家之间的持久和平提供坚实基础。习近平主席曾提出与东盟共建五大家园，其中第一个就是和平家园。没有和平，一切都无从谈起。第二，共建安宁家园。"新冠"疫情再次证明，世界上不存在绝对安全的孤岛，普遍安全才是真正的安全。第三，共建繁荣家园。走共同发展之路，打造人类命运共同体、周边命运共同体。我国政府曾承诺在未来3年再向东盟提供15亿美元发展援助，用于东盟国家抗疫和恢复经济。第四，共建美丽家园。双方将加强绿色金融和绿色投资合作，为地区低碳可持续发展提供支撑。第五，共建友好家园。疫后将有序恢复人员往来，继续推进文化、旅游、智库、媒体、妇女等领域交流，使双方民众更加相知、相亲、相融。增加中国—东盟菁英奖学金名额，开展青年营等活动。

二是中国式现代化为推动中国与东盟国家持续发展注入强劲动能，既是机遇也是动力。对东盟国家来说，中国式现代化是巨大的机遇。多年来，东盟持续保持中国第一大贸易伙伴地位。东盟成员国中，与中国前三大贸易伙伴依次为越南、马来西亚和印度尼西亚。

三是中国式现代化为中国—东盟区域治理提供积极示范。构建人类命运共同体，积极参与全球治理体系改革和建设，是中国式现代化的本质要求。中国是幅员辽阔的大国，长期积累的脱贫攻坚战、乡村致富计划以及基层治理等经验，可以毫无保留地与东盟国家分享。

四是中国式现代化为推动中国与东盟国家共同安全贡献智慧。西方注重的是同盟安全。体现于拉帮结派，胁迫其他各方。中国强调的是普遍安全。体现于中国系安理会成员国中的第一大维和出兵国（累计4万多人），同时还是第二大摊款国。

中国式现代化对周边国家的现实意义

第一，中国式现代化不仅是中国强国建设、民族复兴的正确道路，也为世界特别是广大发展中国家，尤其是周边国家，迈向现代化提供了新的选择，成为中国和周边各国人民一道践行全球发展倡议、全球安全倡议、全球文明倡议，构建人类命运共同体的康庄大道。

第二，中国式现代化打破了"西方中心论"，对全球现代化，特别是周边国家发展自身的现代化具有重要的开创意义。中国现代化事业的成功，证明现代化模式具有多样性。事实一再证明，实现现代化的道路是多样而非单一的，每个国家都有权利根据自己的国情选择适合自己发展的道路，任何国家都不能将自己的模式强加于人。适合的才是最好的！

第三，在不确定的时代背景中，以睦邻友好的姿态与理念共同推进中国与周边国家双方的合作共赢。中国的现代化进程无疑为世界提供了一种"新的可能"，那就是摒弃丛林法则、不搞强权独霸、超越零和博弈，开辟一条合作共赢、共建共享、睦邻友好的文明发展新道路。

第四，中国式现代化进程既为周边国家提供榜样，也激励其推进自身现代化进程。如中国与一些邻国同属儒家文化圈，国情类似，模式接近，人文相通，且也制订了宏伟的蓝图（如越南共产党制订的两个一百年计划），完全可以借鉴中国经验，推进符合其国情实际的现代化。中国注定将会毫无保留地分享经验。

绿色"一带一路"建设：进展与挑战

上海交通大学国际与公共事务学院教授　刘宏松

绿色"一带一路"建设的目标与内涵

2016 年 7 月 25 日，习近平主席在给"一带一路"媒体合作论坛的贺信中指出，中国愿同共建国家一道，构建"一带一路"互利合作网络、共创新型合作模式、开创多元合作平台、推进重点领域项目，携手打造"绿色丝绸之路""健康丝绸之路""智力丝绸之路""和平丝绸之路"，造福共建国家和人民。

2017 年 5 月，生态环境部、外交部、国家发展改革委、商务部联合发布《关于推进绿色"一带一路"建设的指导意见》。明确了推进绿色"一带一路"的总体要求、主要任务、组织保障，成为绿色"一带一路"的纲领性文件。

2017 年 5 月 14 日，习近平主席出席"一带一路"国际合作高峰论坛开幕式，并发表题为《携手推进"一带一路"建设》的主旨演讲，强调践行绿色发展的新理念，倡导绿色、低碳、循环、可持续的生产生活方式，加强生态环保合作，建设生态文明，共同实现 2030 年可持续发展目标。

第二届"一带一路"国际合作高峰论坛期间，根据习近平 2017 年的提议，"一带一路"绿色发展国际联盟正式成立，主要成员包括中国生态环境部和俄罗斯、新加坡、老挝、斯洛伐克、意大利、以色列、肯尼亚等 25 个"一带一路"共建国家和地区的环境主管部门以及联合国环境规划署、欧洲经济委员会、工业发展组织等 8 个国际组织，还有一些相关研究机构和相关企业等共 125 个机构。

绿色"一带一路"建设的进展

绿色发展伙伴关系。2021年6月23日，在"一带一路"亚太区域国际合作高级别会议期间，参会的29国共同发起《"一带一路"绿色发展伙伴关系倡议》，为共建绿色"一带一路"提出了共同的主张。

绿色金融。2017年，中国工商银行倡导成立了"一带一路"银行间常态化合作机制（BRBR），并于2019年与欧洲复兴开发银行、法国东方汇理银行和日本瑞穗银行等BRBR机制成员共同发布了"一带一路"绿色金融指数。2020年4月，"一带一路"绿色投资基金落地，与同为第二届"一带一路"国际合作高峰论坛成果的《"一带一路"投资原则》全面对接。作为"一带一路"金融合作的助推者，亚洲基础设施投资银行加强了对绿色项目的支持。在全球"绿色基础设施"实际投资量远低于预期目标的情况下，亚投行将绿色基础设施作为优先目标。亚投行在2021年宣布，在未来五年通过的融资审批中，气候融资将至少达到50%，到2030年亚投行的累计气候融资预计达到500亿美元。

绿色产能合作。"一带一路"倡议实施以来，以可再生能源、新发展理念为标签的中国新兴绿色产业投资与合作在沿线遍地开花，掀起绿色投融资、绿色基础设施建设热潮，与共建国家开展绿色产能合作、产业融通。迄今，中国已同40多个共建国家签署了产能合作文件，开展机制化产能合作。在具体项目合作中，绿色"一带一路"要求中资企业提高环保意识。2019年，商务部发布《对外投资合作国别（地区）指南》，强调对外投资应符合所在国的地理、社会和文化环境以及环境保护的法律要求。中国要求中方企业在海外项目建设中遵循当地的环保标准与法规，以此规范中方企业行为。

2019年，巴基斯坦前总理肖尔特·阿齐兹在《建设丝绸之路：解析"一带一路"倡议对现代世界的影响》一书中深入探讨了"一带一路"倡议建设过程中的生态环境保护问题，指出"一带一路"倡议有潜力成为世界可持续发展的引导力量。2020年9月，联合国秘书长古特雷斯在与习近平举行会见时表示，他高度赞赏中国在践行多边主义、应对气候变化、促进可持续发展等方面所提出的一系列重大倡议与举措，支持中国推动共建"绿色丝绸之路"。"一带一路"共建国家多为处在生态脆弱区的发展中国家，发展需求大于环境保护需求。"一带一路"共建国家环境情况复杂多样，推进绿色"一带一路"建设需要关注的环境因素较多，加大了项目建设的难度。"一带一路"共建国家绿色发展能力参差不齐，可持续发展治理难度高，治理能力弱。许多"一带一路"沿线建设项目所在地基本上处于未开发状态，需要综合考虑配套工程的解决方案，包括公路或铁路连接工程、电力供应、治排水配套、通信工程配套等项目。

丝绸之路国际商协会（敦煌）会议
暨甘肃重点产业链对接洽谈会

丝绸之路国际商协会（敦煌）会议暨甘肃重点产业链对接洽谈会

2023年9月6日，由甘肃省政府和中国贸促会主办的"2023年丝绸之路国际商协会（敦煌）会议暨甘肃重点产业链对接洽谈会"在敦煌举行。

甘肃省政协主席庄国泰，中国贸促会副会长张慎峰，白俄罗斯驻华大使尤里·先科，波黑驻华大使西尼沙·贝尔扬，洲际酒店集团大中华区副总裁兼首席企业事务官陆海清出席并致辞。

庄国泰代表省委、省政府、省政协，对各位来宾表示热烈欢迎，对长期以来给予甘肃发展大力支持的各界朋友表示衷心感谢。他说，敦煌文博会通过主题鲜明、丰富多彩的系列活动，为助推"一带一路"共建国家和地区文化交流与文明互鉴发挥了积极作用。甘肃是连接"一带"与"一路"的重要枢纽，区位条件独特，能源资源富集，产业体系完备，营商环境良好，随着共建"一带一路"的深入实施，甘肃不断推进高水平对外开放，不仅为自身发展注入了强大动力，也为广大企业家朋友投资兴业提供了广阔空间。国际商协会、贸易投资促进组织在经济社会调节中发挥着独特作用，企业是推动经济高质量发展的中坚力量，我们愿与大家一道成为共建"一带一路"的主体力量。希望各位嘉宾利用这次会议深入研讨，挖掘合作潜力，共同建设"一带一路"，为推动各国经济社会发展和增进人民福祉作出积极贡献。

张慎峰表示，中国贸促会、中国国际商会将积极发挥联通政企、融通内外、畅通供需功能作用，围绕贸易投资促进、商事法律服务、参与全球经济治理、应用型智库建设四条业务主线，搭建更多平台、提供更优服务，结合"贸促所能"，牵线"甘肃所需"，不断增进中外企业对甘肃的了解和经贸合作，为甘肃经济的高质量发展作出更大贡献。

洽谈会上，与会嘉宾紧扣"塑造全球文化产业发展新动能"主题，聚焦助力甘肃用足用好"一带一路"最大机遇等进行了研讨交流。同时，还举行了甘肃重点产业链推介活动。

在"丝绸之路国际商协会（敦煌）会议暨甘肃重点产业链对接洽谈会"上的致辞

甘肃省政协主席　庄国泰

尊敬的张慎峰副会长，

尊敬的尤里·申科大使、西尼沙·贝尔扬大使，

各位来宾，女士们、先生们，朋友们：

大家下午好！

金秋怡人，万物收获。非常高兴和各位中外嘉宾相聚在丝路璀璨明珠——敦煌，共同参加由甘肃省人民政府和中国贸促会主办的第六届文博会"丝绸之路国际商协会（敦煌）会议暨甘肃重点产业链对接洽谈会"，加强文化经贸交流，推动合作发展共赢。在此，受胡昌升书记、任振鹤省长委托，我谨代表甘肃省委、省政府、省政协，对各位来宾表示热烈的欢迎，向长期以来给予甘肃发展大力支持的各界朋友表示崇高的敬意！

"敦煌"两字，取盛大辉煌之意，寓繁荣昌盛之愿。中国国家主席习近平在"亚洲文明对话大会"上讲过："文明因多样而交流，因交流而互鉴，因互鉴而发展。"敦煌作为中国通向西域的重要门户，千年以来与世界各地各族文化精粹汇聚交融，造就了独具特色的敦煌文化和丝路精神。灿烂的敦煌文化，正是中华文明以海纳百川、开放包容的广阔胸襟，不断吸收借鉴域外优秀文明成果的典范。2013 年，习近平主席提出共建"一带一路"倡议，倡导"和平合作、开放包容、互学互鉴、互利共赢"的丝路精神，就是在新的历史条件下加强同世界各国的合作交流、促进各国文明对话和文化交流的重

要举措。10 年来，"一带一路"共建国家通过共建共享，不断拓展发展空间，增进民生福祉，为促进世界经济增长作出了积极贡献。敦煌文博会正是在这样的历史节点应运而生，成功举办五届。通过主题鲜明、丰富多彩的系列活动，为助推"一带一路"共建国家和地区文化交流与文明互鉴发挥了积极作用。

甘肃是连接"一带"与"一路"的战略枢纽。随着共建"一带一路"的深入实施，甘肃不断地加强高水平对外开放，不仅为自身发展注入了强大的动力，也为广大企业家朋友投资兴业提供了广阔的空间。

这里区位条件独特，我们陆续建成国际陆港、航空铁路口岸、综合保税区和国家级经开区、跨境电商综试区等一大批开放平台，立体化的交通网络四通八达。

这里能源资源富集，矿产资源储量排在全国前列，中药材资源品质优越，文化资源丰度排在全中国第 5 名，旅游资源的多样性、独特性并存。风能、太阳能资源的开发潜力巨大，这些资源同资本、技术、管理等融会贯通，必将产生巨大的聚合效应。

这里产业体系完备，被誉为"石化工业摇篮"和"有色金属之乡"，石油化工、冶金有色、装备制造、煤炭电力等传统产业实力雄厚，新能源、新材料、生物医药、数字经济等战略性的新兴产业异军突起，能够为各类企业创造更多的对接点、合作点。

这里营商环境优越，我们深入实施"引大引强引头部"行动，"优化营商环境攻坚突破年"行动和"三抓三促"行动，推出一揽子惠企利企政策"大礼包"，全面建立包、抓、联，"六必访"等服务企业制度，让广大企业放心投资、安心经营、舒心发展。

女士们、先生们、朋友们，众所周知，国际商协会、贸易投资促进组织在经济社会调节中发挥着独特作用，既维护本行业合法利益，又反映本行业合理诉求，是连接企业与政府之间的桥梁和纽带。企业是推动经济高质量发展的中坚力量，企业家是我们非常倚重的宝贵财富。政府是加强规划指导、营造良好环境、维护公平秩序的推动者。我们愿与你们一道成为共建"一带一路"的主体力量，在此，我衷心地希望各位嘉宾利用这次会议深入研讨，挖掘合作潜力，共同推进"一带一路"建设，为各国经济社会发展和人民福祉做出我们的贡献。

最后，预祝会议圆满成功，祝愿各位嘉宾朋友身体健康，事业兴旺！

谢谢。

在"丝绸之路国际商协会（敦煌）会议暨甘肃重点产业链对接洽谈会"上的致辞

中国国际贸易促进委员会副会长　张慎峰

尊敬的庄国泰主席，

尊敬的尤里·申科大使、西尼沙·贝尔扬大使，

各位来宾，女士们，先生们：

大家下午好！

初秋的敦煌，秋色润鸣沙，月泉景如画。很高兴与大家相聚在此，共同出席由中国贸促会和甘肃省人民政府主办的 2023 年丝绸之路国际商协会（敦煌）会议暨甘肃重点产业链对接洽谈会。首先，我谨代表中国贸促会、中国国际商会，对各位来宾表示热烈的欢迎和诚挚的谢意！

"敦，大也；煌，盛也"，取盛大辉煌之意的敦煌确实是一片辽阔昌盛的土地。古代敦煌是丝绸之路的必经之地，曾经拥有繁荣的商贸活动。东西方文化在这里交汇，使得敦煌成为"华戎所交，一大都会"。经过千年波澜壮阔的历史渲染，今日的敦煌留存了秦时明月，亦传承了汉唐风度。

"无数铃声遥过碛，应驮白练到安西。"如今，商贾驼铃已化作列车鸣笛，大漠古道也变身高速公路。商贸往来加速产业合作，文化交流推动文明互鉴，古丝绸之路正焕发出新的生机活力。

习近平主席在 2013 年访问中亚时首次提出共建"丝绸之路经济带"倡议。10 年来，中国同各方齐心协力，推动丝绸之路全面复兴，打造面向未来的深度合作，带动双边关系进入一个新时代。我们相信，随着"一带一路"

建设的深入推进，这一国际倡议必将为世界各国经济社会发展提供更加包容、更加高效、更加富有前瞻意义的合作平台和良好机遇。

为此，我提出几点建议：

一是拓展经贸关系，互利共赢。贸易是经济增长的重要引擎。我们要坚持维护多边贸易体制，推动自由贸易区建设，促进贸易和投资自由化便利化。充分释放传统合作领域潜力，并着力打造新的增长点。同时，我们也要密切关注和解决发展失衡、治理困境、数字鸿沟、分配差距等问题，携手建设开放、包容、普惠、平衡、共赢、相互成就的共同体。

二是坚持开放包容，互学互鉴。开放带来进步，封闭导致落后。我们要坚持以开放为导向，打造开放型合作平台。践行全球文明倡议，深化文明互鉴，增进相互理解与信任。加强文化交流、科技交流、人才交流。坚持创新带动发展，优化创新环境，集聚创新资源。

三是加强产业合作，互联互通。产业是经济之本，设施联通是合作发展的基础。我们要深入开展产业合作，推动各国产业发展规划相互兼容促进，保持经济增长活力；着力推动海陆空及网络四位一体的联通，促进政策、规则、标准三位一体的联通，为互联互通提供保障。

借此机会，我也愿向大家介绍中国贸促会创建的全新平台，即将于今年11月28日至12月2日在北京举办的首届中国国际供应链促进博览会。这是落实习近平主席关于维护全球产业链供应链稳定畅通重要倡议的实际行动，也是全球首个以供应链为主题的国家级展会。首届链博会以"链接世界，共创未来"为主题，将打造一个上中下游链接、大中小企业融通、产学研用协同、中外企业互动的开放型国际合作平台。欢迎各国工商界朋友利用上述平台，实现互利共赢合作。

女士们，先生们，工商界是当代丝绸之路上的友好使者，是"一带一路"建设重要的参与者和推动者。中国贸促会愿秉持"丝路精神"，积极同"一带一路"建设参与国对口机构、商协会组织，发展互利共赢的伙伴关系，共同促进贸易和投资便利化，推动建设"一带一路"自由贸易网络，共同合作携手打造辐射"一带一路"、面向全球的贸易投资促进体系，推动政府进一步优化营商环境，当好各国工商界的桥梁纽带，助力地区和世界经济增长。

中国国际商会是中国贸促会开展各项工作的重要载体，目前会员总数已超过35万家，建立了390多个多双边工商合作机制，每年举办上千场各类经贸活动，有着丰富的会员资源和展会、信息、网络资源。此次中外企业"甘肃行"活动，商会组织了二十余家国内外知名企业参加，涉及新能源及装备制造、现代农业及农产品精深加工、绿色化工和文旅康养等产业链方向，希望各位企业家在接下来的对接和考察中深入了解甘肃，在甘肃寻找商机、投资兴业，实现互利共赢、共同发展。

中国贸促会、中国国际商会将牢记习近平主席殷切嘱托，发挥联通政企、融通内外、畅通供需功能，聚焦贸易投资促进、商事法律服务、参与全球经济治理、应用型智库建设四条业务主线，搭建更多平台、提供更优服务，结合"贸促所能"，牵线"甘肃所需"，增进中外企业对甘肃的了解和经贸合作，为甘肃经济的高质量发展作出更大贡献。

最后，祝本次会议取得圆满成功！谢谢大家。

在"丝绸之路国际商协会（敦煌）会议暨 甘肃重点产业链对接洽谈会"上的致辞

白俄罗斯驻华大使　尤里·先科

尊敬的庄国泰先生（甘肃省政协主席），

尊敬的郭奇志先生（甘肃省工商业联合会主席），

尊敬的张慎峰先生（中国国际贸易促进委员会副会长），

尊敬的女士们、先生们，亲爱的朋友们：

大家下午好！

首先，我谨代表白俄罗斯共和国驻华大使馆及我个人的名义，感谢主办方邀请我参加此次活动，感谢他们的热情接待，以及此次会议出色的组织工作。

发展与中国的关系一直是白俄罗斯共和国外交政策的优先事项之一。建交 31 年来，白俄罗斯和中国不仅成为"全天候的朋友"和"铁哥们"，还成为彼此的战略伙伴。我们的互利合作具有全面性，涉及各个领域。

白俄罗斯和中国在地区层面开展经贸、投资和人道主义合作已成为两国的优良传统。

我国的每个州在中国都有友好省份。其中，格罗德诺州与甘肃省建立了友好省州关系。

从许多指标来看，这些地区之间的合作在整个白中关系体系中堪称典范。我由衷地感到高兴的是，格罗德诺州和甘肃省之间长达 16 年的友好省州关系正在积极发展，涌现出一批新的具有前景的联合项目和合作方案。

同时，如果不了解伙伴国的文化、传统和习俗，就不可能在互信互利的基础上开展长期有效的合作。因此，我们特别重视人文外交和文化领域的合作。

白俄罗斯艺术家和艺术表演家们在中国总是被追捧，受到非常热烈的欢迎。

我很高兴在第六届丝绸之路（敦煌）国际文化博览会期间，来自中国和其他国家的朋友们有了一个了解白俄罗斯传统文化的绝佳机会：白俄罗斯最优秀的艺术团体之一——白俄罗斯共和国荣誉艺术团"库帕林卡"——将参加这次联欢音乐会。

今天，文化正成为最受欢迎的行业之一和发达经济体的战略优先领域，文化休闲产业，文化、体育和旅游服务业正在积极发展。

官方数据显示，2022年中国最大的文化产业公司营业收入合计达12.18万亿元人民币（约合1.8万亿美元），并继续呈现稳步增长。

白俄罗斯的文化休闲产业也在以越来越快的速度发展，这得益于人们对休闲服务和娱乐的有效需求的增加，以及相关商品和服务市场的竞争日益激烈。

为此，发展适当的基础设施具有现实意义。许多保存完好的历史建筑、城堡、教堂和其他标志性建筑充满了独特的氛围和历史，是我国不可分割的一部分。目前我国正在积极开展修复历史建筑物的工作，这些历史建筑物未来将参与文化、休闲和旅游活动，为国民经济带来实实在在的经济效益。

举世闻名的米尔城堡和涅斯维日城堡已被联合国教科文组织列入《世界文化遗产名录》，长期以来它们一直是白俄罗斯的明信片。

2023年，布列斯特州的科索沃城堡（又名普斯洛夫斯基宫）和鲁扬斯基宫以及格罗德诺州的沃洛维奇宫在修复后将向游客开放。

修复计划中还包括11座18世纪至20世纪初的庄园、宫殿和公园建筑群，这些文物设施后续将用于发展白俄罗斯的医疗、生态、历史文化、体育和事件旅游。

我们邀请中国合作伙伴共同实施白俄罗斯建筑古迹重建投资项目。

我要指出的是，上述推荐的投资项目适用白俄罗斯共和国文化立法在历史和文化遗产方面的简化要求。

所有设施，未来的多功能文化、娱乐、体育和休闲综合体，酒店和娱乐中心都坐落在风景如画的地方，位于白俄罗斯城镇附近的河岸和湖畔，与大城市相比，这些地方的文化休闲产业历来不太发达。

庄园、宫殿和公园建筑群重建项目的实施为小型居住区带来了新的机遇：创造新的就业机会，为当地居民组织休闲活动，吸引来自白俄罗斯不同地区和世界各地的游客，包括中国的游客。

在 2017 年至 2019 年，白俄罗斯是中国游客在东欧国家最受欢迎的旅游目的地之一。自 2018 年 8 月起，两国间开始实行互免签证制度，白俄罗斯与中国在北京—明斯克航线上开通了直航服务。

我相信，在白俄罗斯建筑、文化和历史古迹基础上，与中国合作伙伴共同修复的文化和旅游基础新设施，将吸引更多的中国游客来我国，并成为文化、旅游、体育和卫生领域双边交流深入有效发展的平台。

白俄罗斯驻华大使馆和总领馆随时愿为所有感兴趣的各方提供有关项目的详细信息，并为中方合作伙伴与白方开展有效合作提供必要协助。

我们邀请中国投资者参与互利合作！欢迎来到白俄罗斯！

最后，请允许我祝愿所有论坛参与者身体健康，工作顺利！感谢大家的关注！

继续践行讲好故事　推动中美文化交流

美中文化协会基金会主席　林　旭

尊敬的各位领导、各位嘉宾，大家好！

作为一个在美国生活的甘肃人，很高兴能够在今天这样一个重要的场合发言，和大家一起讨论如何继续推动中美文化交流与合作、促进两国人民之间互信和友谊的话题。

习近平主席近期两度复信美国友人，并指出"中美关系的希望在人民，基础在民间，未来在青年"。我们的体会就是，人民之间的交流要以友好为前提，民间的来往以文化为重点。

中美关系作为21世纪世界上最重要的双边关系，涵盖了政治、经济、科技、社会等多个领域，同时也贯穿于两国间日常的文化交流之中，而且文化交流与合作是最容易彼此接受和包容，也是最容易建立友好感情的途径。因此，加强文化交流就成为当前形势下两国人民增加了解、促进互信的重要途径。这也符合今年敦煌文博会"沟通世界：文化交流与文明互鉴"的主题。

我们美中文化协会，早在2005年建会初期，就把工作重点放在建设一个可长期传播中华文化平台的打造上，通过有规划、有部署、有创意和有效率的文化交流体系在美国开创了华人春节联欢晚会的先河，至今已经举办了19届。经过坚持不懈地奋力打造，美中文化协会和旗下的"美国华人春晚"已经成为北美地区传播中华文化的一支重要力量和促进海内外华人文化和情感交流的重要平台和品牌。在过去的20年中，美中文化协会的演出队伍曾经出现在华盛顿美国独立日的游行中，出现在NBA的赛场中，出现在美国的棒球赛场中，出现在世界最大的新年玫瑰花车游行中，出现在好莱坞圣诞节游行中，出现在尼克松图书馆，出现在杭廷顿图书馆等地。我们通过参与美国主流文化的这些活动，努力向美国人民讲好中国故事，全面展示华人在海外自强不息、创业奋进、思乡爱国、乐观向上的精神面貌。华人春节联欢晚会不仅成为海外华人团聚喜庆的日子，也成为中华文化与西方文化交融汇合的欢乐载体。

我们的体会是，要讲好三个方面的中国故事：一是继续讲好优秀的传统文化故事。比如我们排练和游行表演的大型腰鼓舞和扇子舞队列，就是在展示中华传统文化的魅力，每次在各地的演出都会赢来民众的欢呼喝彩。二是要热情讲好当代中国的故事。比如我们的大型队列舞蹈采用《在希望的田野上》《当兵的人》等音乐，体现出改革开放以来当代中国人的精神面貌；我们的《扎西德勒》藏族歌舞和《我们的家园》新疆歌舞反映了中国西部开发进步和各民族团结的新时代新气象；我们在 2022 年中国举办冬奥会期间举办了系列迎冬奥的演出活动，在这个具体的时间和事件点上展现大国崛起的精神。三是要真诚讲好我们自己的故事。每届春晚我们都要自编自演一些以在美华人自尊、自立、自强为主题的小品、相声，这些接地气的节目，极大地凝聚了当地华人华侨的人心。

2023 年是共建"一带一路"倡议提出 10 周年。10 年来，共建"一带一路"推动"开放、包容、普惠、平衡、共赢"新兴经济全球化，民心相通作为"一带一路"建设中"五通"的重要内容之一，在"一带一路"建设中发挥着固本强基的基础性作用。民心相通向高质量发展，全面推动了不同文明互学互鉴与交流合作。今天，敦煌文博会和丝绸之路国际商协会（敦煌）会议盛大召开，进一步展现了甘肃对中华文化的自信和进一步对外开放、推动人文交流的胸怀。我相信，甘肃在共建"一带一路"中的朋友圈越来越多，甘肃发展的前景越来越好。

我们洛杉矶华人华侨这次应邀组团参加敦煌文博会，代表性强而且广泛，包括了南加州华人社团联合会、美中文化协会、北京联谊会、南加州促统论坛、巾帼会、大西北总商会等团体，这些团体和今天到场的各位侨领，为弘扬中华优秀文化和推动中美文化交流作出了重要的贡献。

习近平主席指出构建人类命运共同体的方向对我们的文化交流工作和文化平台的搭建具有重要的指导意义。通过这次敦煌文博会期间的学习和交流，我们又有了更深的体会和认识，那就是聚焦新发展阶段、新发展理念、新发展格局，就应本着"包容发展"理念，共话文化交流、文化产业合作、文化产业升级与创新发展，才能逐步推动与实现文化产业的大融合、大联动，以及搭建成果大共享的交流合作平台。

让我们携起手来，共同努力，为推动中美文化交流合作作出新的贡献！

谢谢大家！

用电影架起丝路国家间文化交融与民心相通的桥梁

中国电影家协会儿童电影工作委员会会长　郑　虎

电影是艺术与技术的结合，是世界文化和艺术交流的语言，也是文化产业多领域发展的重要方面。电影诞生至今已经有128年的历史了，它已经作为人类一种流行的文化娱乐形式，在人类文化和娱乐方面扮演着重要的角色。

让我们先了解一下电影的作用和价值。

首先，电影提供情感交流和情感满足。电影可以通过故事、角色、情节、视效等，让观众与电影中的人物和故事建立起情感联系，感受到他们的快乐、悲伤、惊奇、紧张、挫折和成功等；一部好的电影可以让观众感受到人类的善良、勇气和智慧，让观众对生活充满希望和信心，让观众在情感上得到释放和满足，也可以让观众在生活中面对挑战时得到鼓舞和勇气。

其次，电影提供娱乐和社交机会。电影作为一种独特的娱乐方式，可以让观众暂时远离日常生活中的压力和烦恼，享受电影中的视觉和听觉效果；电影可以给观众带来多种不同的情感体验，包括喜怒哀乐等，满足观众不同的娱乐和审美需求；看电影也是一种社区化的社交活动，观众常会与朋友、家人或同事一起看电影，共情分享电影的快乐和感受；电影也会是家庭或社交人群的交流话题，能够增进亲朋间的了解，包括了解彼此的兴趣和价值观等。

再次，电影反映现实和历史、扩展视野和世界观。电影通过故事和情节，记录时代，反映现实或历史，让观众通过电影故事对特定现实或历史产生联想、共鸣和启示；电影又通过故事和人物，让观众更好了解社会历史状况，扩展视野和世界观；电影还可以成为社会舆论和文化传承的重要媒介，对大众和社会产生重要的影响，包括影响公众世界观等。

还有，电影创造文化和跨文化交流。电影作为一种特定文化艺术形式，其中的表达，都基于一定的文化背景和文化承载，都会展示出一定的文化蕴含，并可创造出新的文化现象或文化流行；而国家间的电影文化交流，就是让不同国别的观众，通过他国电影了解彼此不同文化和思维方式，电影作为国家间文化艺术交流的重要形式，不仅能够给异国观众提供跨国电影艺术作品欣赏、思考、亲近的机会，更加能够借助电影这种跨文化交流载体，帮助国与国之间的民众更好地了解和尊重彼此国家的文化传统与文化现实等。

如上所述，正因为电影具有艺术、技术、文化、社会等多重属性，又具有情感交融、娱乐社交、反映现实和历史、创造文化和跨文化交流等独特的作用和价值，那么，围绕电影的作用发挥和价值释放，重视发挥电影文化持久影响力，把电影作为一种宝贵的国家文化资源，在丝路沿线国家间进一步加大和加深电影艺术交流互鉴、互联互通、合作共赢，就显得十分重要，也十分必要。

相信搭建起丝路国家间电影文化艺术交流大平台，不仅具有艺术与文化价值，也有一定的产业与经济价值。因为，百余年电影行业的发展，已经形成了一个庞大的产业，具有了完备而强大的产业链，具体包括了电影的创作、制作、发行、营销、衍生品、传播、资本、文创、文旅等多个方面。当今电影业，已经是一个艺术、技术、专业、市场、资本等人才密集型、实体经济与知识经济乃至与数字经济大融合的新兴产业集群，不仅对本国的文化传承与传播以及对本国的文化艺术贡献值巨大，而且对包括丝路国家间在内的世界各国的文化交流、产业互通、服务贸易、产业经济等贡献值也在与日俱增。

因此，在纪念"一带一路"倡议发表十周年之际，我们要始终秉持丝绸之路"和平合作、开放包容、互学互鉴、互利共赢"的核心精神，坚持新发展阶段的新发展理念，携手努力，共建丝路电影艺术交流与电影文化产业发展新机制与新模式。在此，我们真切祝愿丝路国家电影艺术创作与电影产业发展更加繁盛，也真心希望丝路国家电影同行加强交流互鉴，有关机构能够共同探讨新政策、新机制和新模式，使更多的丝路国家电影走出国门，让60多个丝路国家数亿计的观众，能够通过对不同国家的电影欣赏，领略到丝路异国风情、多元文化、祥和之美，用电影架起丝路国家文化交融和民心相通的桥梁。

与此相关，我们也特别希望能够通过构建丝路电影文化与产业联动的机制或平台，一方面基于丝路国家多民族、多文化必然丰富多彩的电影文化积淀，有关方面能够深入探讨举办长效化的丝路电影主题活动、电影IP增值合作、电影版权交易、电影产业协同、电影文创衍生品开发、电影文旅园区共建等；另一方面丝路国家有关机构和电影业同行，能够不断把已经绵延2100多年的丝绸文化积淀，深入进行影视文化项目的新选题、新创作、新合作和新开发，其中当然包括对中国丝绸之路沿线省份，例如对甘肃丝路文化素材进行不断地挖掘和影视新呈现。我之所以把甘肃单独提出来，是因为甘肃黄河文化、农耕文化、敦煌文化、丝路文化、始祖文化、医药文化、民俗文化源远流长，被誉为"华夏文明的发源地、自然奇观的博物馆、民族风情的大观园、品质旅游的目的地"。发端于甘肃的敦煌学、简牍学、彩陶学，已经成为世界闻名的显学。莫高壁画、嘉峪雄关、魏晋砖画、武威天马、西夏古碑、麦积雕塑无一不是顶尖级国宝。甘肃电影业发展潜力巨大，通过构建丝路电影文化与产业联动，定能共创丝路各国、各地区未来可期的巨大丝路电影文化艺术与产业新成效、新效益，以此持续为丝路沿线国家间文化艺术交流与产业合作赋能加油，从而不断加大电影文化在丝路国家间文化与经济互利繁荣发展中的贡献值。

最后，让我们始终不渝地本着促进文化交流、推动经济发展、增强民族团结的"包容发展"之情，通过尊重、开放、互鉴、共赢，加强丝路国家多姿多彩的电影艺术与电影产业多元交流，共同铸就丝路国家文化交流、产业升级、经济合作与创新发展之道，为丝绸之路沿线各国、各地区释放发展潜力、实现文化产业大融合、发展大联动、成果大共享贡献力量。

丝绸之路影视剧创作论坛

丝绸之路影视剧创作论坛

2023 年 9 月 7 日，第六届敦煌文博会"丝绸之路影视剧创作论坛"在敦煌举行。国家广播电视总局党组成员、副局长朱咏雷，甘肃省人大常委会副主任俞成辉出席并致辞。

本次论坛由国家广播电视总局和甘肃省政府主办，甘肃省广播电视局、酒泉市政府承办。论坛以"剧美'一带一路'，增进民心相通"为主题，旨在充分发挥电视剧、网络剧、网络电影讲好中国故事、传播好中国声音、推动中华文化走出去的重要作用，创新内容合作机制，加强国际合拍，携手海外"朋友圈"讲好中国故事、讲好世界故事，充分展现文明对话和文化相通，让影视剧成为高质量建设文化丝绸之路的重要载体。

论坛上，国家广电总局电视剧司发布了"一带一路"倡议 10 周年重点电视剧项目。甘肃省广电局进行了甘肃省影视资源及重点选题项目推介，并与华策影视集团签署了战略合作协议。来自国家广电总局、中国文联、中国作协、中央广播电视总台影视剧纪录片中心、中国电视艺术家协会、中国电视艺术委员会和多个省区市广播电视局及国内影视制作机构与网络播出平台共 100 多位嘉宾参加了论坛。

在"丝绸之路影视剧创作论坛"上的致辞

甘肃省人大常委会副主任　俞成辉

尊敬的各位来宾，女士们、先生们，朋友们：

大家上午好！

在第六届丝绸之路（敦煌）国际文化博览会隆重开幕之际，由甘肃省人民政府和国家广电总局主办的丝绸之路影视剧创作论坛今天在这里正式开启。在此，我谨代表甘肃省委、甘肃省人民政府，对论坛的举办表示热烈祝贺！对各位嘉宾的到来表示热烈欢迎！

作为中华民族和华夏文明的重要发祥地之一，甘肃是历史文化的富集地，古丝绸之路贯穿甘肃境内 1600 多公里，中华文明在这里不断吸收借鉴域外优秀文明成果，形成了融通中西、博采众长的敦煌文化。甘肃是多民族聚居区，历史上有许多民族在这里融合发展，创造了丰富多彩的民族民俗文化。甘肃也是红色文化的传承地，以南梁为中心的陕甘边革命根据地、红军长征"加油站"哈达铺、三大红军主力会师地会宁等都以其重大意义彪炳史册。甘肃还是现代文化的创新地，所产生的铁人精神、载人航天精神等都是时代精神的精华；舞剧《丝路花雨》《大梦敦煌》被誉为中国民族舞剧的典范，《读者》杂志被誉为中国人的心灵读本，形成了独特的"甘肃文化现象"。党的十八大以来，习近平总书记先后两次视察甘肃，三次面对面给予指导，作出"八个着力"重要指示、提出"五个方面"重要要求，亲自为甘肃发展把脉定向、擘画蓝图。经过全省人民不懈努力，甘肃已进入新的发展阶段，站在新的历史起点。

丝绸之路（敦煌）国际文化博览会是全国唯一以"一带一路"文化交流为主题的国际性综合博览会，承担着服务国家总体外交、服务"一带一路"建设、展现国家对外形象的重要使命。2016 年以来，敦煌文博会已成功举办 5 届，展会规模、观众数量、国际化程度等不断提高，已成为推动中国文化产业发展的重要引擎、敦煌文化走出去的重要平台和扩大文化对外开放交流的重要窗口。本届文博会恰逢全面贯彻落实党的二十大精神的开局之年，共建"一带一路"倡议提出十周年，时机重要、意义深远。借助敦煌文博会这一重要的开放平台，甘肃发挥承东启西、连南通北的区位优势，深度融入"一带一路"建设，对外开放交流合作不断呈现新气象，逐渐成为新时代中国向西开放的黄金地段和前沿门户，迎来了发展振兴的重要历史机遇。正在朝着经济发展、山川秀美、民族团结、社会和谐的目标奋勇前进，努力谱写加快建设幸福美好新甘肃、不断开创富民兴陇新局面的时代篇章。

党的十八大以来，在习近平新时代中国特色社会主义思想特别是习近平总书记关于文化、文艺工作重要论述指引下，甘肃文化事业全面繁荣，文化产业快速发展，就广播电视和网络视听而言，按照总书记"找准选题、讲好故事、拍出精品"的重要要求，努力实施新时代精品工程和陇原文艺高峰攀登工程，近年来，有 20 部纪录片获国家广电总局表彰，涌现出了纪录片《莫高窟与吴哥窟的对话》《放羊的画家》《河西走廊》《敦煌乐器》《青绿甘南》，电视剧《陇原英雄传》、动画片《灵草小战士》等优秀作品。本次论坛以"剧美'一带一路'，增进民心相通"为主题，旨在充分发挥电视剧、网络影视剧讲好中国故事、传播好中国声音、推动中华文化走出去的重要作用，让影视剧成为高质量建设文化丝绸之路重要载体。这与我省参与共建"一带一路"、建设文化强省、弘扬敦煌文化等重大部署高度契合。必将有利于我们增强历史自觉、坚定文化自信，大力推动文化繁荣兴盛，加快建设文化强省，创作生产一批思想性、艺术性、观赏性相统一，具有甘肃地域特色、文化特质的优秀影视作品，更好满足人民群众对美好生活的需要，为铸就社会主义文化新辉煌贡献甘肃力量。

我们真诚希望大家在本次论坛中，能够发表真知灼见，积极建言献策，为深入挖掘"一带一路"历史文化资源，进一步彰显和弘扬丝绸之路的历史地位和敦煌文化的价值，打造更多更好的新时代史诗之作，促进"一带一路"人文交流合作，提出建设性意见和建议，这将是本届论坛最宝贵的财富。多年来，国家广电总局和全国广播电视网络视听行业对甘肃的各项工作给予了热情关心和大力支持。借此机会，我代表甘肃省委、省政府，向全国广播电视行业的朋友们，致以崇高的敬意和诚挚的感谢！我们热情地欢迎大家在陇原大地多走走、多看看，充分领略秀美山川的雄浑壮阔，深入感知交响丝路，尽情畅游如意甘肃，开展交流与合作，与陇原人民共同书写中国式现代化甘肃实践新篇章！

最后，预祝本次论坛圆满成功！祝愿各位嘉宾身体健康、工作顺利、阖家幸福、万事如意！

谢谢大家！

在"丝绸之路影视剧创作论坛"上的致辞

国家广播电视总局副局长　朱咏雷

尊敬的俞成辉主任，各位来宾，同志们，朋友们：

大家上午好！很高兴与大家相聚在戈壁明珠大美敦煌，共商丝绸之路影视剧创新发展大计。首先，我谨代表国家广播电视总局，对论坛的举办表示诚挚的祝贺！

刚才俞成辉主任作了热情洋溢的致辞。甘肃是古丝绸之路的咽喉之地和黄金通道，具有承东启西、连南通北的区位优势。党的十八大以来，随着"一带一路"建设的深入推进，国家广播电视总局支持引导、组织策划了一批"一带一路"主题电视剧、网络剧、网络电影项目，得到甘肃省大力支持，这些项目的实施，为广播电视和网络视听事业产业创新发展、为精品创作繁荣作出了积极贡献。在此，向甘肃省委、省政府一直以来对广电工作的重视、支持表示衷心的感谢！

2013年秋，习近平总书记提出了共同建设"丝绸之路经济带"和"21世纪海上丝绸之路"倡议。10年来，共建"一带一路"倡议从理念到行动，从愿景到现实，已经吸引了全球超过四分之三的国家和主要国际组织共建和参与。我们都还记得，2013年习近平总书记在访问非洲国家坦桑尼亚的时候，在达累斯萨拉姆尼雷尔国际会议中心发表演讲时提到，中国电视剧《媳妇的美好时代》在坦桑尼亚热播，让坦桑尼亚百姓了解了中国百姓生活的酸甜苦辣，会场上所有人报以会心的欢笑和热烈的掌声。在坦桑尼亚，这部电视剧通过坦桑尼亚国家电视台播出，受众达到了600万，之后这部电视剧在其他的东非国家受到热捧。为什么这部电视剧能够在非洲引起这样的关注，能够成为非洲百姓茶余饭后的热门话题，我想，是因为观众从这部电视剧看到了能够引起共鸣的故事，看到了中国的发展道路，看到了普通中国人的日常生活。

文艺是世界语言，是不同国家和民族相互了解和沟通的最好方式。电视剧是海内外观众喜闻乐见的文艺样式，是构建中国话语和中国叙事体系，讲好中国故事、传播好中国声音，展现可信、可爱、可敬的中国形象的重要载体。国际社会对中国的关注度越来越高，他们需要了解中华文明的起源与发展，了解今天中国人的生活变迁和心灵世界，希望解读中国式现代化的发展轨迹和成功秘诀。

进入新时代以来，广播电视和网络视听工作者以习近平新时代中国特色社会主义思想为指导，紧紧围绕举旗帜、聚民心、育新人、兴文化、展形象的使命任务，向着实现中华民族伟大复兴的目标砥砺前行。电视剧、网络剧、网络电影创作生产新风扑面，原创能力持续增强，向党和人民献上了一大批有筋骨、有道德、有温度的优秀作品，取得了历史性发展成就。《在一起》《跨过鸭绿江》《山海情》《觉醒年代》《功勋》《超越》《人世间》《梦华录》《大考》《我们这十年》《县委大院》《开端》《风起洛阳》《血战松毛岭》《特级英雄黄继光》等受到人民群众欢迎喜爱，持续掀起追看和讨论热潮，产生广泛积极的社会影响。今年又涌现出《狂飙》《三体》《去有风的地方》《人生之路》《漫长的季节》《不完美受害人》等一批爆款、"破圈"之作，广播电视和网络视听文艺创作呈现繁荣景象。站在新的历史起点上，我们要深入贯彻落实习近平总书记在文化传承发展座谈会上的重要讲话精神，深入贯彻落实习近平总书记关于"在新的起点上继续推动文化繁荣、建设文化强国，建设中华民族现代文明"的时代要求，进一步坚定文化自信，肩负新时代新的文化使命，充分发挥影视作品在文化交流与文化传承中的作用，通过多彩影像，让各国人民更好触摸中华文化脉搏，感知中国发展活力，增进理解和友谊，为文明互鉴、民心相通，为建设中华民族现代文明作出文艺工作者的新贡献。

借此机会，就加强"一带一路"主题电视剧创作，做好中华文化和中国故事对外传播工作，提三点建议，与大家共勉。

第一，深刻把握中华文明的"五个突出特性"，讲好中华文明和中国式现代化故事，提升中华文化影响力。三年半前（2020 年 3 月 12 日），广电总局召开专题会议，鼓励各电视剧制作机构积极参与"一带一路"主题电视剧创作。今天我们已经看到成果，今天的论坛上将有《幸福草》《我心归处》《生命树》《大海道》《喀什古城》《日光之城》《欢迎来到麦乐村》7 部"一带一路"重点电视剧项目发布。这些项目创作过程中，主创深入基层调研，甘肃局和相关省局大力支持，广电总局多次召开剧本研讨会，大家都付出了极大的心血和努力，在此前少有涉足的题材领域开拓求索，走过充满挑战和风险的艰辛创作历程，才形成今天这样蔚为壮观的局面。这些项目已经取得了积极进展，在下一步创作过程中要认真研读把握习近平总书记关于中华文明突出的连续性、突出的创新性、突出的统一性、突出的包容性、突出的和平性的深入阐释，把中华文明悠久丰富的历史资源和新时代新征程上中国式现代化的伟大实践联系起来，深入挖掘中华优秀传统文化中蕴含的哲学思想、人文精神、价值理念、道德规范，深刻彰显中华文化"以和为贵""和而不同"等独特魅力，提升中华文化感召力、亲和力、影响力，为"一带一路"行稳致远营造良好文化环境。广电总局将通过主动出题、跟进指导、评奖评优、专项资金扶持、全流程服务全链条管理等多种方式，进一步鼓励"一带一路"主题作品创作生产，也希望有更多的机构、平台参与其中。

第二，秉承丝路精神，以优秀作品促进文化交流、民心相通，推动构建人类命运共同体。习近平总书记指出，"一带一路"延伸之处，是人文交流聚集活跃之地。10 年来，"一带一路"激活了以"和平合作、开放包容、互学互鉴、互利共赢"为核心的丝路精神。总书记高度重视文明交流互鉴，提出

"文明因交流而多彩，文明因互鉴而丰富"的重要论断。"一带一路"题材作品要树立天下情怀，展现中国人对人性和生命的理解，弘扬中华文明蕴含的全人类共同价值。反映中国致力于维护国际秩序、秉持和平发展的理念，推动文化交流和文明互鉴，推动各国相互理解、相互尊重、相互信任。不久前，由广电总局和国家卫健委主动出题、组织创作的电视剧《欢迎来到麦乐村》在非洲坦桑尼亚实地拍摄，当地媒体人员和群众演员超 1200 人参与创作，坦方总统接见剧组，剧中主演还与坦方总统一起出镜拍摄了纪录片《与总统同行》，这是一次中外电视合作的成功案例，也是一次重要的民间外交活动。

第三，立足"一带一路"，培养壮大适应新时代国际传播需要的创作人才队伍。"一带一路"作品创作，需要一支专业的人才队伍。摄制组相关人员要了解不同国家和民族的民风、民俗、经济社会发展状况、思维方式、价值观念、文化背景等，要精通外语、熟悉国际规则、擅长跨文化沟通交流，面向国内国际两个市场讲好触动人、吸引人、感染人的"一带一路"故事，加强国际化年轻化表达，等等。还要重视国际营销和渠道建设，加强宣传推广，推动更多反映当代中国发展进步、讲述"一带一路"建设生动故事和对全人类的积极意义、展示中华民族现代文明建设成就的电视剧走向世界。我们将举办有关培训，探索国际传播规律，提升国际交流能力。同时，我们广大电视文艺工作者要坚持在干中学、学中干，做到干什么学什么、缺什么补什么，要更加注重在创作生产一线、重大题材重点项目前沿锻造队伍，经风雨、见世面、壮筋骨、长本领，努力培养更多可堪大用、能担重任的领军人物和中坚力量。

同志们，朋友们，古丝绸之路绵亘万里，延续千年，为人类文明留下了宝贵遗产。"一带一路"赋予古代丝绸之路以全新的时代内涵，根植历史、更面向未来，源于中国、更属于世界。让我们在以习近平同志为核心的党中央领导下，担负起时代赋予的新的文化使命，从源远流长、博大精深的中华文明中汲取智慧营养，在新时代的伟大实践创造中进行艺术创作，通过影视作品促进文化繁荣、深化文明交流互鉴，推动中华文化更好走向世界。

最后，预祝本次论坛圆满成功！

谢谢大家！

甘肃影视资源及重点选题项目主题推介词

甘肃省委宣传部副部长、省广播电视局局长　李润强

尊敬的各位领导，女士们、先生们，朋友们：

上午好！

欢迎大家来到甘肃，来到敦煌。

秋色渐浓，两天之后，就到了白露节气。"蒹葭苍苍，白露为霜。所谓伊人，在水一方。"《诗经》第一篇描写的就是2500多年前我们甘肃天水一带秋天的景象。

甘肃地处祖国大西北，地域辽阔，风光旖旎，历史悠久，文化灿烂。被誉为"华夏文明的发祥地，自然奇观的博物馆，民族风情的大观园"。

甘肃是一幅壮阔的长卷，老天爷赐予了它美丽的河山。除海洋地形地貌之外，甘肃拥有人世间几乎所有的自然景观，大漠戈壁、长河落日，雪山草原、七彩丹霞、鬼斧雅丹……诗与远方，舍此何谈？

甘肃是一座文化的宝库，老祖宗留给了它不朽的诗篇。陇原大地积淀了中华文明的众多优秀基因，黄河文化、农耕文化、丝路文化、始祖文化、医药文化、民俗文化纵贯西东，资源丰度位列全国第五。莫高古佛、麦积烟云、崆峒神韵……灿若星汉，寻根溯源，叶茂果繁。

甘肃是一面精神的旗帜，老前辈赋予了它鲜红的容颜。甘肃不仅承载着中国革命的丰厚历史，而且孕育了长征精神、延安精神、南梁精神、会师精神、铁人精神、航天精神等千秋丰碑，撼人心魄、催人奋进。

甘肃是一片热情的土壤，老百姓创造了它独特的风情。甘肃大地上居住

生活着 45 个民族，东乡、裕固、保安甘肃独有，语言、服饰、音乐、舞蹈、民歌、饮食等民族民俗，文化积淀丰厚，形式多彩，特色独具。

甘肃是一方文艺创作的沃土。甘肃影视资源丰富、外景优势突出。在甘肃境内取景拍摄的影视作品举不胜举，如电影《神话》《英雄》《天下无贼》《三枪拍案惊奇》《决战刹马镇》《天下粮仓》《一个都不能少》等等。以纪录片的方式讲好"一带一路"故事，是近年来甘肃文艺创作的重点和一大亮点。纪录片《河西走廊》《凉州会盟》《梦幻凉州》《金城兰州》《敦煌画派》《放羊的画家》《中国石窟走廊》《莫高窟与吴哥窟的对话》等在央视等各大平台热播，斩获各类全国性奖项，形成一派蔚为壮观的"甘肃纪录片"现象。动画片《灵草小战士》在东南亚国家频道签约播出。电视剧创作方面，我们按照习近平总书记视察甘肃重要讲话指示精神，在电视剧司的有力指导和大力支持下，组织创作了西路军题材电视剧《英雄的旗帜》，目前正在进行成片审查；和华策影视集团合作创作讲述"莫高窟守护人"故事的电视剧《我心归处》，策划创作讲述种业发展故事的电视剧《金色种子》等等。未来五年，我们规划了 16 个重点电视剧选题。今年，我们有《英雄的旗帜》《红果果金担担》《猎狼刀》3 部电视剧争取播出，衷心希望得到播出平台的同仁大力支持！

最后，真诚欢迎在座的影视界朋友来甘肃挖掘选题资源、合作重点项目、打造影视 IP。

谢谢大家！

勇担文化使命　共创精品力作

中央广播电视总台影视剧纪录片中心副主任　梁　红

尊敬的各位领导、各位嘉宾、各位同行：

大家好！很高兴来到敦煌，与各位相聚一堂进行交流。

今年是习近平主席提出共建"一带一路"倡议 10 周年。"一带一路"建设秉持的是共商、共建、共享原则。中央广播电视总台影视剧纪录片中心的发展，也是得益于整个行业的共同成长。在这里，我要感谢中宣部、广电总局等主管部门对我们的关心，以及大家对我们的支持。

近年来，我们联合行业优质资源和优秀创作者，共同推出了《跨过鸭绿江》《大决战》《人世间》《山河锦绣》《觉醒年代》《大秦赋》《装台》《狂飙》《三体》等一系列爆款之作。精品喷涌、精彩纷呈的背后，是以人民为中心、高扬现实主义的创作导向，是人间烟火气、最抚凡人心的价值追求，是海纳百川、共创共赢的合作态度，是建设中华民族现代文明的时代使命。

在此，我想和大家汇报一下我们关于电视剧创作实践的四点体会。

一是坚持创新，突出央视特色，强化内容供给侧改革。"一黄"主打"国剧气质、精品大戏"，聚焦重大主题主线、重要时间节点、重大社会关切的宣传引导，重点播出重大革命、重大历史、重大现实题材大剧，突出"为国家述史、为时代立传、为人民抒怀"的创作导向，像《人世间》《山河锦绣》《装台》《我们的日子》《人生之路》《熟年》《追光的日子》《冰雪尖刀连》等作品就是按照这一特色安排在一黄播出的。"八黄"强化"多样化、年轻态"定位。一方面，加强当下社会话题剧、当代城市生活剧的播出比例，像推出

《狂飙》《警察荣誉》《流金岁月》《理想之城》《向风而行》《平凡之路》《一路朝阳》等，反映现实生活、回应社会关切、引领价值风尚。另一方面，全面提升类型剧的制作品质和年轻化表达，像播出《风起陇西》《雪中悍刀行》《对手》《叛逆者》《天才基本法》《三体》等，吸引年轻观众、拓宽观众圈层。

二是注重协调，"原创自制"和"市场采购"两手抓，力促"满屏皆精品"。《跨过鸭绿江》《大决战》《中流击水》《人世间》《山河锦绣》这些原创自制剧彰显了总台出品的艺术水准，多部剧目受到中央领导的高度肯定和专家观众的一致好评。《觉醒年代》《县委大院》《大考》《超越》《大山的女儿》《新居之约》《亲爱的小孩》《龙城》等剧呈现多样题材，观照历史与现实，紧扣当下生活与社会热点，以良好口碑唱响主旋律、传播正能量。围绕抗美援朝胜利 70 周年、"一带一路"倡议 10 周年、毛泽东同志诞辰 130 周年以及新中国成立 75 周年、抗战胜利 80 周年、长征胜利 90 周年等重要时间节点，我们将推出一系列重磅之作，进一步擦亮"总台出品"的金字招牌。我们还紧紧围绕"文化传承"和"两个结合"特别是"第二个结合"，进一步推进传承中华优秀传统文化的精品创作，展现中华民族历史上的高光时刻。

三是践行绿色，坚持三性统一，着力提升艺术水准和观众满意度。绿色意味着纯净、和谐、可持续，在创作上表现为：尊重艺术规律、秉持工匠精神，追求真善美、摒弃假大空，抵制"模式化生产、快餐式消费"，谨防"低级红、高级黑"，向注水剧、悬浮剧、雷剧、神剧说不，全面提升内容表达。我们一直强调现实题材和现实主义作品的创作，努力挖掘关于普通人的好题材好故事，提升新时代的共鸣感，努力开创影视剧新的"黄金时代"。我们坚决杜绝创作从概念出发，主题先行、生搬硬套、贴标签喊口号，提倡作品应坚持政治性、艺术性，实现社会反映、市场认可相结合。我们倡导将镜头融入生活的脉动，寻找生活脉络的细小切口，还原生活脉象的原生样态，用生活的不同侧影和独特的个体感受，来折射时代社会变迁的滚滚洪流。

四是扩大开放，持续共享，共同推动电视剧高质量发展。我们着力改变电视频道原有垂直业务理念，打破原本单向流动的固定制播体系，打造开放式横向流动的全行业、全媒体、全产业链合作模式，与社会资源充分互动，构建以电视剧精品内容生产为核心的、跨媒介的、集约式的生产播出平台。像今年暑期总台"夏日故事汇"电视剧纪录片片单发布活动，通过"故事"这一纽带，打通了电视剧和纪录片两种艺术形式，用"故事里的人"和"故事讲述人"串联起全行业的暑期精品资源，带领观众在故事中寻找诗意，在故事中感悟生活，在故事中探索世界，在故事中敬畏生命，获得业界的一致好评。我们坚持与大家共享电视剧发展新机遇，通过总台的引领优势和平台优势，采取更加灵活的制播合作方式，一起来做好剧、播好剧。我们将在中宣部、广电总局等主管部门支持下，进一步聚合电视剧行业丰富资源，更好群策群力、凝聚合力，共同推动中国电视剧事业产业高质量发展。

各位领导、各位嘉宾、各位同行，很高兴能在敦煌文博会与大家相会。共商、共建、共享的"一带一路"，是建设人类命运共同体的重要实践，正有越来越多的影视作品聚焦这一重大主题，我们对此充满期待。我们愿意与大家一起共同努力，在新时代的广阔舞台上，打造更多充满精神力量的精品力作。

把握"一带一路"倡议机遇，
以影视精品助力民心相通

华策影视集团总裁　傅斌星

尊敬的各位领导，各位专家老师，各位在敦煌的朋友们：

大家好！

非常感谢国家广电总局和甘肃省广电局的邀请，受邀参加本届文博会，万分荣幸。

华策影视初创于 1992 年，我们始终耕耘在影视行业，得益于改革开放的时代机遇，在波澜壮阔的大时代里我们能够不断学习和进步，形成了"内容为王、科技驱动、产业为基、华流出海"的发展格局，成长成为国内最大的影视制作机构。

2022 年，为献礼党的二十大，华策在中宣部、广电总局的精心指导策划下，汇聚全行业 4000 多名创作精英合力共创精诚奉献时代报告剧《我们这十年》，和中国外交题材大制作电影《万里归途》，两部作品同时在二十大会期全程播出和上映，真情表达中国文化影视人对新时代的礼赞。我们出品的《外交风云》《绝密使命》和联合出品的《觉醒年代》三部作品同时获得了第16 届中宣部"五个一工程"奖，三部作品都实现了"五个一工程"奖、飞天奖、金鹰奖的大满贯。

当前，我们正以打造全球一流的华语文化影视集团为目标，以创作传播全世界观众最喜爱的中国内容为使命，全面拥抱人工智能、数字虚拟拍摄制作等先进科技，和同行及合作伙伴共同推进中国影视行业艺术与科技的融合发展。

10年前，习近平主席提出了共建"一带一路"的伟大倡议，为中国和"一带一路"共建国家的发展注入了强大的动力。从政策沟通、设施联通、贸易畅通、资金融通到民心相通，我们深切感受到"一带一路"既是一条经济民生之路，更是一条文化民心之路。10年来，共建"一带一路"倡议为我国文艺创作和文化传播提供了全新的机遇，借此机会，向各位领导、各位同行汇报分享一下华策关于"一带一路"倡议下影视创作与发展的一些想法和工作。

一、主动融入共建"一带一路"伟大倡议，为影视产业发展争取更加开放的空间与机遇

自古以来，无论是丝绸之路还是海上丝绸之路，都是各民族文化传播的黄金通道。在陆上，敦煌，位于古丝绸之路上的"咽喉之地"，伴随着丝绸之路兴盛和繁荣的一千年，东西方文明长期持续地交融荟萃，催生了公元4至14世纪的莫高窟艺术和藏经洞文献的硕果。作为中西文明交融荟萃的结晶，莫高窟和藏经洞以超越时空的非凡魅力，成为"一带一路"沿线最璀璨耀眼的一颗明珠。在海上，郑和下西洋的商船，不仅带出去了中国精美的丝绸和瓷器，也传播了灿烂的中华文化。

习近平主席提出共建"一带一路"伟大倡议以来，共建国家要求开放合作、加强积极交流、从而互利共赢的需求日益迫切和强烈。共建国家和人民需要展现自己的民族特色、历史传承、社会风貌、人文风情，减少因"文化隔断"造成的沟通不畅甚至误解误会。

在此背景之下，一方面，影视文化作为最富有活力、最大众化的文化形式之一，在促进"一带一路"共建国家和人民消除"文化隔断"、增进文化互动融合方面有着天然的优势，也承担着重要使命。

另一方面，共建"一带一路"倡议不仅提供了广阔的文化市场和生产要素，也提供了文化交流借鉴的平台。多元化的观众群体和作品之间的持续互动，有助于营造百花齐放、百家争鸣的创作氛围，而健康多元的创作环境，不仅能促进影视精品的创作，还能发掘中华传统文化中跨越时空、超越国度、富有永恒魅力的部分，借助影视精品的创作完成当代中国文化创新，为整个人类命运共同体的文化发展作出积极贡献。

因此，我们影视行业要积极主动融入共建"一带一路"的伟大倡议之中，把握机遇，更好地吸引海外优质的创作资源，发挥好影视文化在促进中华文化走出去方面的助推器、主力军作用，为我们行业自身发展争取到百年不遇的大好机遇。

二、抓好影视精品创作，用好故事助力"一带一路"共建国家人民民心相通

不同的国家、不同的民族，文化各有不同，但情感是可以共通的。一个好的故事，它记录着时代的发展变迁、表达着我们的喜怒哀乐、体察着我们的悲欢离合，是我们跨越时空、跨越种群和文化实现情感共通的钥匙。

另一方面，当前世界多极化、经济全球化、文化多样性进入更加深入的发展阶段，国际力量对比正发生日新月异的变化。受此影响，世界文化格局也步入了深度调整的新阶段。在此背景之下，我们更应该有表达我们自身文化与立场的思辨和交流能力，保持"会讲"的心态及气度，随时准备与自己立场相同或对立的人交流、探讨。

这样，具体到我们影视行业抢抓共建"一带一路"的历史机遇，核心就是要不断提升"讲好故事"的能力，不断创作出更多的精品。只有在讲好故事上用心用情、下足功夫，才能创作出在"一带一路"共建国家叫得响、传得开、留得住的好作品，才能发挥好"民心相通"的助推器的作用。

2022年，在中宣部、国家广电总局的指导下，我们在创作党的二十大献礼剧《我们这十年》时，专门创作一个讲述"一带一路"故事的单元《沙漠之光》。该单元剧取材于中国企业在埃及投资光伏能源项目的真实事件，讲述了中国工程队远赴北非建设光伏电站基地，通过努力，化解了当地人的误解与反对，与当地村民结下了跨国友谊的故事。故事形象地展现了"一带一路"是经济之路、民生之路、科技之路、绿色之路，也生动地阐述了"民心相通"对于推进共建"一带一路"倡议下相关合作项目的重要性。

目前，聚焦丝路明珠敦煌，在国家广播电视总局电视剧司直接领导和推动下，在甘肃省广电局、敦煌研究院的支持帮助下，华策影视正在研发创作以弘扬敦煌文化、歌颂历代敦煌守护者在"莫高精神"的指引下坚守大漠、无私奉献的电视剧《我心归处》。该剧以敦煌研究院薪火相传的八十年为线索，以敦煌艺术魅力为灵魂，塑造以常书鸿、段文杰、樊锦诗等为代表的历代莫高窟守护者群像，并展现新时代新敦煌人的新风采，讲述他们在莫高精神的指引下，择一事、终一生，淡泊明志，弦歌不辍，克服了常人难以想象的困难，默默无闻地守护祖国文化宝库的感人故事。在创作过程中，我们深感敦煌的历史文化之厚重，壁画艺术之璀璨，"莫高精神"之感人至深。抓好《我心归处》的创作，讲好敦煌故事，弘扬敦煌文化，是当前我们学习贯彻习近平总书记重要讲话精神、赓续中华文脉的题中之义，也是作为影视工作者助力"一带一路"建设行稳致远的光荣使命。

三、做好影视国际传播，架构民心相通的高速公路

酒香也怕巷子深。文化需要在传播中获得生命力。影视行业积极融入共建"一带一路"伟大倡议，不仅要抓好精品创作，更要重视优秀作品的国际传播。

当前，我国影视文化对外传播力度不够，相比欧美和其他国家的影视文化海外传播，我国仍处于弱势地位；与我国建设文化强国的目标也还存在一定距离。而"一带一路"沿线，涉及中亚、南亚和东南亚大部区域，还延伸至西亚、欧洲和非洲，共建国家大部分为新兴经济体和发展中国家，总人口超过40亿人，这无疑为我们影视文化产业开拓市场、提升影响力提供了新的历史契机。非常值得我们为之努力。

华策影视作为国内最大的民营影视出口企业，从成立之初就坚持华流出海，从最初背着中文海报在全球摆地摊，到走向国际最高领奖舞台；从一剧一谈到"全球一张网"，经过 30 年不懈努力，我们在内容制作、传播渠道、平台搭建、合作交流方面都取得了一定的成绩，连续荣获八届国家文化出口重点企业。我们已经将 15 万＋小时的中国影视内容出口到 200 多个国家与地区，我们还实现了影视剧本和模式的逆向输出，华策出品的《致我们单纯的小美好》《亲爱的热爱的》《下一站是幸福》《以家人之名》等剧都已经在国外翻拍。

近年来，我们积极响应共建"一带一路"伟大倡议，重点开拓东南亚等核心市场，着力开拓中亚、东欧、拉美、非洲、中东等新兴市场，提升欧美等市场，在"一带一路"共建国家和非洲市场已形成一定影响力，实现"一带一路"共建国家全覆盖。

接下来，我们将继续加大"一带一路"共建国家的市场开发和渠道建设，进一步丰富和完善"中国内容全球传播宣发一张网"的建设。我们也非常愿意和行业伙伴共享全球传播宣发一张网，让更多的中国影视内容走出国门，在"一带一路"共建国家和国际上有更好的传播。

以上，是华策影视在共建"一带一路"伟大倡议提出十周年之际，就影视行业紧抓共建"一带一路"机遇实现自身发展的一点思考和工作汇报。

最后，再次感谢与会的各位领导、专家、同行朋友、合作伙伴。感恩伟大的时代和国家，没有伟大的时代，就不会有伟大的作品，更不会有企业的发展！感谢时代的艺术家们，支持企业投身文化影视行业，共同参与创作伟大的作品。感谢行业管理者、同业伙伴，一路与时代同行。祝愿本届敦煌文博会圆满成功。谢谢大家！

描绘美好生活　讲好中国故事

正午阳光影业董事长　侯鸿亮

　　非常高兴能与各位领导和同行相聚在此，交流关于丝绸之路的影视创作的话题。"丝绸之路"是文艺作品的一座富矿，它曾是人类历史上文明交融最耀眼的舞台，见证了中原文化、西域文化、印度文化等的碰撞、融合、互鉴的盛景，千百年来，不同地域与民族的人都被它的深邃与浪漫吸引，用各种载体构建其文化形象。来到当代，"西北风"曾经代表了艺术界的一个时代，如《白鹿原》《平凡的世界》等作品，都透着一股从黄土地中超拔而出的韧劲儿。

　　刚刚我们公司的同事已经介绍了《生命树》，这是一个发生在丝绸之路南线上的故事，塑造了一批为了守护青海生态面貌付出了青春、汗水甚至生命代价的人物群像。这部戏从采风到大纲、分集、剧本初稿出炉，共历时三年，目前剧本仍在持续打磨，不断探寻更恰当的讲故事的方式，希望能把一剧之本做到尽善尽美。因为只有一个好的故事，才能够触发积极的共情，实现更广泛而持久的传播。如《父母爱情》，自 2014 年开播以来，不仅覆盖了全国的各省市级电视台，每次重播都可以达到同时段前三名，长播不衰，而且在全球 68 个国家和地区都进行了播出，在多个国家和地区刷新了收视纪录。在埃及播出时，收视率甚至罕见地超出平均收视率两倍，为文化传播作出了重要贡献。如古装题材《琅琊榜》《知否知否应是绿肥红瘦》自开播以来，每年新增播放量都能够跻身排行榜前列，数据堪比当年热播剧集，长尾效应惊人，这两部戏同样也在海外市场取得了非常优异的成绩，使得中国故事、中华文化在国际上的影响力不断扩大。

一部好的电视剧，能够跨越语言和文化障碍，传递共同愿景，播撒友好的种子。三年前的这个时候，我们团队的《山海情》剧组，正在古丝绸之路的一个驿站——北长滩村——如火如荼地拍摄着。几个月后，这部又土又燃的扶贫剧，在 2021 年初的荧屏，不折不扣地刮起了一场"西北风"。

随后，《山海情》这股"西北风"，沿着新时代的丝绸之路，吹向了"一带一路"沿线的 50 多个国家，中国人民为了摆脱贫困、追求美好生活，团结合作、坚韧不拔、艰苦奋斗的故事，也深深地打动了海外观众。

柬埔寨、越南、非洲等地观众留言说从《山海情》里看到了中国的扶贫历程与伟大成就。他们看得仔细，思考得深入。有人说从剧中农技专家凌一农身上，看到了劳动人民与研究人员之间的联系。看到学者不仅可以用自己的学识帮人们脱离经济的困境，也可以通过合作改变他们的心态，帮助他们成长，这对我们来说尤为珍贵。

华春莹女士在社交媒体发文表示，《山海情》在阿拉伯一些国家播出后受到热捧。阿拉伯观众喜欢这个故事，因为它与对美好生活的向往和追求有着深刻的联系。

在 YouTube 平台，有的网友认为，"中国帮助了数百万人摆脱贫困""在戈壁滩上建设一个新家园，这个故事太感人了"。

这些解读让我们非常欣慰，因为这正是《山海情》的创作初衷，我们希望让观众感受到的，正是真实、立体、可信的中国减贫故事：有祖祖辈辈对土地无限眷恋；有父母子女为了家园彼此理解；有基层工作者为了理想扎根现实……西海固人民对美好生活的创造历程，中国的经验和智慧，通过"一带一路"的桥梁，激发了不同时空下、不同发展阶段中的观众对于美好生活的向往和追求，从而形成了良好的对话关系。

正如美国一个影评人所说，"《山海情》每一集都至少让我的喉咙有一次哽咽，我迫不及待地想让我儿子一起看，因为这些故事是普遍的，只是中国将它们拍出来了。"我们希望同样的经验可以运用到普通的故事里，让它们成为高质量建设文化丝绸之路的载体。

宏大的"一带一路"叙事中，有太多值得讲述的中国故事。有筚路蓝缕的驼铃之路，也有惊涛骇浪的扬帆之路。在我们讲述的故事中，奋斗的力量和生命的蓬勃不会缺席，这是在任何一片土地上，都颠扑不破的美好。这些蕴含文化底蕴、闪耀艺术光芒的中国故事，正以新时代国家名片的角色定位，为丝绸之路搭建起崭新的文化交流、文明互鉴之桥。我们作为新时代的文艺工作者，会更加积极主动讲好中国的故事，积极参与构建新时代命运共同体，相信在未来，越来越多的中国方案、中国价值、中国审美，将通过精彩的中国故事、精湛的中国视听艺术，走进更多观众的视野，为"一带一路"合作提供更丰厚的精神滋养，把一衣带水的情感纽带拉得更紧。

同心启新程：加强剧集国际化传播
促进"一带一路"民心相通

完美世界集团高级副总裁、影视业务负责人　曾映雪

尊敬的各位领导、同仁：

大家上午好！

我是完美世界影视的曾映雪，很荣幸与大家相聚在丝路明珠敦煌，就"一带一路"与文化交流一起探讨，希望借此机会和大家互相交流、互相学习。

一、互鉴共进和谐共生，增进文化认同

2000 多年前，我们的先辈怀着友好交往的朴素愿望，开辟了古丝绸之路，使东西方文明走上了交融交汇的通途。2000 多年后，习近平总书记提出共建"一带一路"的倡议，为世界指明了充满东方智慧的共同发展方向，得到了许多国家的热烈响应和积极参与。2023 年是"一带一路"倡议提出十周年。十年来，"一带一路"倡议为世界经济增长开辟了新空间，为国际贸易合作搭建了新平台，为增进各国人民福祉提供了新路径，古丝路重新焕发出璀璨的光芒。

"唯以心相交，方成其久远"，"民心相通是政策沟通、设施联通、贸易畅通、资金融通的基础"。而只有加强与共建国家的文化交流，增强与共建国家人民的友好往来，增进文化认同，注重在人文领域精耕细作，才能为"一带一路"建设打下广泛的社会基础，促进民心相通。

二、精心凝练深耕创作，弘扬丝路精神

文明如水，润物无声。文明交流互鉴搭建民心沟通之桥，精品影视剧集的创作则是传播文化价值观和展现文化多样性的重要媒介载体。作为一家走过 15 年发展历程的成熟影视公司，完美世界影视深刻认识到影视创作对繁荣文化事业、促进民心相通的重要意义，始终秉持开放、包容、合作的发展理念，坚持精品、多元的创作逻辑。2023 年以来，我们积极响应"一带一路"号召，重点创作了两部剧集作品，也就是刚才发布的《欢迎来到麦乐村》和《幸福草》。

跨国界现实主义轻喜剧《欢迎来到麦乐村》作为中国首部中非合作的影视剧，同时入围北京市"十四五"规划重点电视剧项目与 2023 年"北京大视听"重点文艺精品项目，受到国家卫健委、国家广电总局的大力指导和支持。

这部剧讲述了平凡医者远离祖国与家人，驻守非洲无私奉献的大爱故事，聚焦平凡医者的情感世界和心灵成长，刻画中非人民心灵和心灵的连接。

自 1963 年向阿尔及利亚派出第一支医疗队以来，中国已先后向非洲 40 多个国家派出医疗队员 20000 多人次。中国白衣使者用专业、汗水甚至生命，架起了穿越时空的中非友谊桥梁。值中国援外医疗 60 周年之际，以援外医疗为题材的《欢迎来到麦乐村》可谓应时而生。

为拍好作品，我们的团队从大处着眼，细处落笔，下沉生活，下足功夫。成立调研组飞越 8600 公里的山川与海峡，前往非洲采风，历经两年的创作筹备，阅览数十万字文字资料和百余小时的音频影像，深度采访百余位中国援外医生，进行国内外实地拍摄，力求创作出一部扎根现实、立足生活，充满烟火气且展现文化碰撞的作品。

该剧主创团队为导演金晔，监制郑晓龙，总编剧梁振华，编剧胡雅婷、张显。演员阵容上，我们不仅汇聚了靳东、祖峰、张雨绮、刘冠麟、刘敏涛、丁勇岱、刘佳等观众们喜闻乐见的熟面孔、实力派演员，还起用了一批

有实力的外籍演员，剧组外籍演员多达 160 人。在人物群像的塑造上，我们也注入了诸多心血，呈现丰富的援外医护人员形象之余，还打造了扎根非洲、从事通信建设的援外通信工程师，以及非洲本地医生、华商、跨国青年创业者等形形色色的人物。

我们希望在一系列的趣味故事和生活细节中拉近观众的亲近感和好感度，让大众在喜闻乐见、趣味盎然的故事中，了解非洲国家的文化、习俗、礼仪等知识，感受中国与非洲的亲望亲好、美美与共，希望与观众一起见证一段"人类命运共同体"美好愿景的实现过程。

目前这部剧已于 2023 年 8 月中旬在非洲坦桑尼亚大草原顺利杀青，让我们共同期待一下。

援外项目《幸福草》是由中宣部五洲传播中心联合完美世界影视等公司出品的主旋律作品，作为"一带一路"题材影视重点作品，受到中宣部、国家广电总局、国合署等部门的全面指导和支持。

半个世纪以前，为了帮助贫困农户脱贫和保护生态环境，林占熺发明了"以草代木"栽培食用菌的菌草技术。多年来，这项"小而美、见效快、惠民生"的技术，从福建走向全国，走向世界，助力"一带一路"共建国家发展。《幸福草》聚焦菌草援外，讲述在习近平总书记对人类共同命运的深切关怀下，主人公保持着"发展菌草业、造福全人类"的信念，克服千难万阻，将菌草技术从中国带到巴布亚新几内亚，从南太平洋到非洲，从南亚到拉美，再到联合国舞台，走向更广阔世界的故事。小小一株草，情接万里长。通过《幸福草》，我们将看到中国人民对世界的友好情谊，深刻感悟人类命运共同体的理念。

《幸福草》聚焦全人类的共同价值，意义非凡。题材上，《幸福草》作为习近平总书记亲自推动的援外项目影像化的第一次展示，在援外工程中是独树一帜的亮点，同时也是国际传播的新标杆。

"文艺创作方法有一百条、一千条，但最根本、最关键、最牢靠的办法是扎根人民、扎根生活。"这句话即是我们创作的根本遵循。《幸福草》主创团队从 2022 年 4 月开始进行剧本创作工作，其间做了大量采访、创作、筹备、研讨，并深入云南、福建，斐济，展开调研之行，挖掘更多生动的细节与故事。

叙述视角上，《幸福草》通过生活剧的表达方式，选取全球化视野下具有共情点的父女情、团队情和国际情，用小切口展现大时代和大背景，从一个小家庭的视角展现人类命运共同体的深刻话题。

《幸福草》主创阵容强大扎实，除了刚才项目发布提到的主创团队、主要演员外，还有一众实力派演员梁爱琪、石兆琪、翟万臣、高亚麟加入，资深演员汇聚让《幸福草》更加具有张力和吸引力。

《幸福草》既富有正能量、符合主流审美和东方表达，又兼具文明流动带来的价值观交融，是献礼"一带一路"倡议十周年十分精准、十分细化、十分贴切的温暖现实主义作品。《幸福草》将于 2023 年 9 月下旬杀青，目前完成的拍摄部分已经呈现出独特的生活质感，史诗风格，非常打动人，敬请大家期待。

三、展望机遇迎接挑战，实现合作共赢

剧集"一带一路"不仅为剧集创作提供了难得的机遇，同时也带来了新的挑战。事实上，完美世界影视自成立以来，一直致力于推动文化高质量"引进来"与高水平"走出去"，并已取得显著成效。2014 年公司作品《失恋 33 天》《北京青年》《老有所依》曾作为国礼随国家主席出访拉美。2016 年 2 月，完美世界影视宣布与美国好莱坞环球影业达成片单投资及战略合作协议，5 年 50 部电影，这是中国企业第一次直接与好莱坞六大制片公司签订长期合作协议。2017 年，完美世界影视成为"影视文化进出口企业协作体"首批常务理事单位。每年，完美世界影视携公司优秀影视作品参加戛纳电视节、日本电视节、香港电视节等节展，积极参与相关部门对外宣传及海外文化交流等活动。每年公司实现数百集剧集的海外签约，覆盖全球多个国家与地区的电视台与新媒体渠道。

接下来,如何乘"一带一路"的东风,加大其辐射外溢效应,更好地推动剧集创作交流,我认为应从多个方面着手推进。首先,应始终以构建人类命运共同体的理念为引领,以现实主义精神为主基调,秉持时代精神为创作的内生动力,践行高立意、多元化、精品化的思路,"找准选题、讲好故事、拍出精品";同时,注重求同存异,关注到国际流行思潮与世界性议题,从而获得跨文化传播的共鸣。我们会在保证《欢迎来到麦乐村》《幸福草》两部剧集制作品质的基础上,作好宣传和发行,让我们的故事传播到更加广阔的远方,为促进"一带一路"国家民心相通作出更大的贡献。

国之交在于民相亲,民心相通是"一带一路"建设的人文基础。我们这一代文艺工作者,必当以高度的自信自强,肩负起时代重任,传播中国声音,推动中华文化走出去,为"一带一路"建设奠定更加坚实的民心基础。完美世界影视期待与更多国家与地区的人民携手建设命运与共的美好世界。

广播电视和网络视听经纪人研讨会

广播电视和网络视听经纪人研讨会

2023年9月6日至7日,作为第六届丝绸之路(敦煌)国际文化博览会主要活动之一的"广播电视和网络视听经纪人研讨会"在敦煌市举行。中国广播电视社会组织联合会会长范卫平,甘肃省政协副主席王锐出席并致辞。

此次研讨会由中国广播电视社会组织联合会广播电视和网络视听经纪人委员会主办,甘肃省广播电视局、酒泉市政府承办,以"共创行业新生态,共建合作新机制"为主题,旨在健全完善广播电视和网络视听管理体系,加强文艺领域价值引领和行风建设,进一步规范整合行业资源,建立经纪人行业规则标准,推动艺人经纪行业规范化专业化建设,推动广播电视和网络视听高质量发展。

研讨会上,演职人员经纪线上信息交流平台"有戏"APP正式发布。来自国内的专家学者和知名影视制作机构负责人通过主旨演讲、对话交流和专题研讨等方式,就进一步推动经纪行业规范化专业化建设、助推广播电视和网络视听高质量发展等方面进行了深入交流与研讨。

中国广播电视社会组织联合会,国家广播电视总局相关司局、直属单位,部分影视制作机构,播出平台相关负责人及特邀专家学者参加了研讨会。

在"广播电视和网络视听经纪人研讨会"上的致辞

甘肃省政协副主席　王　锐

尊敬的范卫平会长，各位嘉宾，女士们、先生们，朋友们：

大家下午好！

丝路飞天舞动千年神韵，文博盛会汇聚四海翘楚。在这千枝盈果、万物流金的初秋时节，我们相聚在丝路重镇、文化圣殿——敦煌，举办广播电视和网络视听经纪人研讨会，探讨行业发展现状，共谋行业发展机制，共建良好行业生态，意义十分重大。在此，我谨代表甘肃省委、省政府，对出席本次研讨会的各位嘉宾，表示热烈的欢迎！对长期以来关心和支持甘肃广播电视和网络视听事业发展的国家广电总局、中国广播电视社会组织联合会以及经纪机构、视听平台和社会各界朋友，表示衷心的感谢！

甘肃是中华民族和华夏文明的重要发祥地，也是历史文化的富集地、中西文化的交汇地、红色文化的传承地、现代文化的创新地，各类文化灿若星河、交相辉映，丰厚的文化资源为甘肃文化繁荣发展提供了重要支撑。近年来，我们深入贯彻党的二十大精神，认真贯彻落实习近平总书记在文化传承发展座谈会上的重要讲话以及对甘肃重要讲话和重要指示批示精神，大力推进文化甘肃建设，持续实施"新时代精品"工程和陇原文艺高峰攀登工程，影视剧、纪录片、网络剧、网络电影创作生产新风扑面、成果丰硕，纪录片《河西走廊》《莫高窟与吴哥窟的对话》、电视剧《老柿子树》《射天狼》等一批彰显甘肃特色的精品力作在国内外产生了较大影响。进入新时代，我们积极顺应文化市场发展新趋势，坚持把推动广播电视和网络视听行业发展作为文化建设的重要内容，统筹网上网下，加大政策扶持力度，提升内容创作生产，持续强化行业服务、行业管理，严格落实相关制度规定，深入开展文娱领域综合治理，全省广播电视和网络视听事业呈现出良好发展态势。

推动广播电视和网络视听高质量发展，是贯彻落实习近平总书记关于宣传思想文化工作重要论述的重大举措，也是广电视听行业担负新时代新的文化使命的具体行动。当前，信息技术的快速发展，对媒体传播格局带来了全方位、深层次的影响，广播电视和网络视听已经从人民群众精神文化生活的"甜点"变成了"主菜"，广电视听经纪行业已成为重要的新兴市场主体。新形势新技术新要求，迫切需要进一步加强行业管理，规范从业人员行为，坚持他律和自律有机结合，政府部门、行业协会、经纪机构和从业人员多方携手发力，共同建设良好行业发展环境。

本次研讨会以"共创行业新生态，共建合作新机制"为主题，聚焦行业发展热点问题，围绕演员职业道德与片酬税务、粉丝的引导与管理、危机应对与舆论引导等内容，深入探讨广播电视和网络视听经纪行业规范化、专业化建设有效途径，共同展望行业发展前景，为强化价值引领和行风建设广泛凝聚共识，汇聚发展合力。这对推进广电视听经纪行业理念创新、管理创新、服务创新，促进高标准经纪市场体系建设具有重要意义；也将对进一步释放我省广电视听行业发展潜能、激发发展活力、提升发展质效产生深远影响。

参加今天研讨会的嘉宾都是业内颇具影响力的大咖巨擘。我们热诚期待各位嘉宾通过本次研讨会，深入交流探讨，碰撞智慧火花、分享真知灼见。我们也衷心希望各位嘉宾通过这次甘肃之行，了解甘肃、感知甘肃、关心甘肃，为甘肃广电视听事业发展把脉会诊，多提宝贵意见。我们将把各位嘉宾的智慧经验转化为推动我省广电视听高质量发展的具体举措，深入推进行业专业化、规范化建设，奋力开创广电视听事业发展新局面，为全面建设社会主义现代化幸福美好新甘肃作出新的更大贡献！

最后，预祝本次研讨会取得丰硕成果！祝各位嘉宾朋友在甘肃期间身体健康，工作愉快！

谢谢大家！

在"广播电视和网络视听经纪人研讨会"上的致辞

中国广播电视社会组织联合会会长　范卫平

各位来宾，女士们、先生们，朋友们：

大家下午好！

在第六届丝绸之路（敦煌）国际文化博览会盛大召开之际，很高兴与大家相聚在敦煌。

借助于这一平台，中广联合会广播电视和网络视听经纪人委员会以"共创行业新生态，共建合作新机制"为主题进行交流研讨，其目的就是要深入学习贯彻习近平总书记关于文艺工作的重要论述和重要指示批示精神，落实中宣部和国家广电总局关于文娱领域综合治理工作的相关部署要求，进一步规范整合行业资源、建立经纪人行业规则标准、推动经纪行业规范化专业化建设。可以说，这次研讨会恰逢其时、意义重大。

党的十八大以来，习近平总书记要求广大文艺工作者要在培根铸魂上展现新担当，在守正创新上实现新作为，在明德修身上焕发新风貌，要用自强不息、厚德载物的文化创造，展示中国文艺新气象，铸就中华文化新辉煌。总书记还要求我们强化行业服务、行业管理、行业自律，深入推进行风建设。2023年6月2日，总书记在北京出席文化传承发展座谈会并发表重要讲话，强调指出："中国文化源远流长，中华文明博大精深。只有全面深入了解中华文明的历史，才能更有效地推动中华优秀传统文化创造性转化、创新性发展，更有力地推进中国特色社会主义文化建设，建设中华民族现代文明。"总书记的一系列重要讲话和指示精神就是我们广播电视文艺工作者的努力方向和基本遵循。

2022年7月，按照中宣部的要求和国家广电总局的部署，我们成立了中广联合会广播电视和网络视听经纪人委员会。该委员会成立以来，始终坚持以习近平新时代中国特色社会主义思想为指导，按照讲政治的要求，聚焦"举旗帜、聚民心、育新人、兴文化、展形象"的使命任务，切实履行社会组织的责任担当，对于推动广播电视和网络视听行业健全现代产业体系和市场体系、建设良好的行业生态，对于加强对广播电视和网络视听经纪人的团结引领，提升其职业素养和道德水准，推动经纪人队伍专业化、规范化和科学化建设，对于进一步加强行业自律，规范从业行为，自觉遵守法律法规，抵制行业中的各种陋习和不良作风，发挥了重要的作用。

经纪机构是随着文娱行业发展涌现出来的新文艺组织。中广联合会广播电视和网络视听经纪人委员会是党和政府与经纪机构、经纪人员之间的桥梁和纽带。希望大家紧紧围绕本次研讨会主题，就进一步整合资源、建立标准、推动规范发展进行积极探讨、深入交流、献计献策、贡献智慧。希望我们广播电视和网络视听经纪人委员会，按照政治立会、规范办会、活动兴会、融合建会、队伍强会的要求，继续强化思想政治引领，坚守正确方向；强化职业道德建设，树立行业正气；强化组织团结协作，凝聚发展合力；强化复合式党组织建设，建强行业队伍，努力在自律维权、专业服务、学术研究、教育培训、从业行为监督等方面，在助力广播电视和网络视听创作繁荣、建设良好行业生态方面发挥积极作用。充分发挥我们社会组织在广播电视和网络视听经纪行业建设中的应有作用，为推动新时代广播电视和网络视听事业高质量发展作出我们应有的贡献。

同志们，朋友们，今年是共建"一带一路"倡议提出10周年，习近平总书记2019年在敦煌研究院座谈时的重要讲话犹在耳畔。今天，我们身处敦煌盛大之地，借助文博盛会之风，体会代代传承的莫高精神，倍感使命光荣，责任重大。让我们高举习近平新时代中国特色社会主义思想伟大旗帜，进一步坚定文化自信，积极承担社会责任，团结引导经纪行业推动广播电视和网络视听高质量发展，为建设社会主义文化强国而奋斗。

最后，预祝本次研讨会取得圆满成功！

谢谢大家！

在"广播电视和网络视听经纪人研讨会"上的发言

经纪人委员会副会长、北京泰洋明山文化传媒公司联合创始人　赵　珊

尊敬的各位领导、各位嘉宾：

大家好！

我是泰洋川禾的赵珊。很荣幸能与大家相聚在文化悠久的敦煌古城，一起就艺人经纪行业发展的话题展开交流。每一次来到经纪人委员会组织的会议，我都心生感慨，因为作为中国艺人经纪行业近十年的亲历者，我目睹了行业初期的蓬勃生长，也感受过行业乱象所带来的症结，现在我们能在广播电视和网络视听经纪人委员会的组织和带领下，贯彻和落实习近平总书记关于文艺工作的重要论述，与同行伙伴互相交流、分享经验，一起向着规范化、专业化的道路大力迈进，我和所有从业者一样，由衷地感到欣慰和振奋。

泰洋川禾自成立以来，一直将标准化、专业化、规范化视为公司的价值主张。作为艺人经纪公司，我们的主要职责是为各类演艺人员提供专业的经纪服务，包括影视演员、舞台剧演员、流行歌手等等。对于艺人而言，公司所扮演的角色，就是帮助他们做好全方位的职业管理，逐层解决他们的个人需求，诸如项目管理、时间管理、情绪管理、粉丝管理、舆情管理等等，从而才能让他们更加专注于表演艺术创作，更加专注于锤炼个人修养。但影视行业激烈的市场竞争是大家有目共睹的，艺人的艺德艺能理应不断提升，而我们作为艺人最亲密的工作伙伴，也需要严于律己、崇德尚义。

我们会要求经纪人员"永远走在艺人的前面"，具体体现在：首先我们建立了分工细化的现代化经纪服务模式，对艺人的影视、综艺、商务、宣

传、制作、财法税等工作内容配备垂直的专业人员，这种分工细化的经纪模式能为艺人提供更健全的成长平台，让成熟艺人能获得晋升空间，让潜力新人同样拥有发展机会，从而为整个行业输送多元化的演艺人才；其次，科技创新时代下，经纪行业也需要重视数据与技术，不能只单凭个人经验为艺人提供服务，我们会尽可能在科技手段的辅助下，制定标准化的经纪工作流程，加快运营效率，促进行业信息高效流动，让演艺人员与市场项目充分匹配，从而激发艺人个人成长空间；同时，我们十分注重经纪人和艺人价值观的培养，恪守职业道德，学习政策法规，传递文化正能量，除此之外我们也会积极号召和鼓励艺人投身公益，承担社会责任，让明星影响力更为深远。

艺人经纪行业一路发展至今，离不开所有同行共同推进，但如今行业尚存不足，行业规则标准亟须进一步树立完善。作为一个从业人员和经纪公司的管理者，我也在此倡导三点：一是严格选拔经纪人员，以身作则陪伴艺人成长进步，向艺人传输和强化文艺工作者的使命与担当，要坚定做崇德尚艺的新时代文艺工作者的决心与信念。二是在工作实践中不断总结经验方法论，以广播电视和网络视听经纪人委员会为桥梁纽带，加强同行间的交流，及时分享，互相学习，拉近行业标准的共识，尽早实现行业规范化。三是对于行业不良现象坚决说不，不助长歪风邪气。对内，要求艺人坚守从艺初心，用认真的态度，专业的水平，去实现自身作为；对外，恪守经纪人职业本分，协同合作、公平竞争，以良好的面貌、谨慎的作风、谦逊的态度去面对所有合作对象。

最后，衷心感谢中广联合会广播电视和网络视听经纪人委员会，为我们提供宝贵的学习与交流平台。敦煌文化是世界文明长河中的璀璨明珠，文艺工作也是弘扬中华优秀文化的重要领地，希望经纪人委员会作为行业明灯，能带领我们一起开创经纪行业规范建设的新篇章！我和泰洋川禾的伙伴都将一如既往地为行业发展贡献绵薄之力，谢谢大家！

在"广播电视和网络视听经纪人研讨会"上的发言

经纪人委员会副会长、嘉行传媒执行总裁　赵若尧

尊敬的各位领导、各位嘉宾：

大家好！

很荣幸今天能够来到这个研讨会，我代表公司来到这里和大家一起学习、交流。嘉行作为首批加入中广联合会广播电视和网络视听经纪人委员会的经纪公司之一，一直以来都非常积极地学习、研究和响应我国文艺工作的指导思想及各项规范举措，并不断根据指导思想和政策要求加强自身职业水平、把握发展方向，做到在经纪运营过程中时刻紧跟时代风向、不断提升职业使命感和责任感、从自身做起维护行业规范、培养优质艺人、生产精品内容。

嘉行正式成立公司到今年有 9 个年头，在成立之前，我们的核心团队成员也均有近 10 年的经纪行业从业经历。这段时间正好跨越了我国影视行业、文娱领域蓬勃发展的过程，经纪人这个职业也随着影视文娱的发展越来越成熟、越来越专业。我们见证了第一批影视制作公司随作品扩展经纪业务的初期时代，经历了专业化、商业化的演艺经纪公司探索时代，现在随着经纪人委员会的成立，可以说，我们进入了经纪机构的规范发展时代，标志着演艺经纪人从应市场需要而生的新兴"职业"，进阶到了有管理、有规范、有组织结构体系的新兴"行业"，这对我们所有从业人员来说，都是一个令人欢欣鼓舞的事情，是里程碑式的重要一步，给这个行业的健康发展带来了规范和保障，也给我们搭建了更加便捷的桥梁，有利于我们学习贯彻习近平新时代中国特色社会主义思想这一首要政治任务，壮大主流舆论，繁荣精品创

作，履行社会责任。

经纪机构和经纪人员对于委员会规范整合行业资源、建立经纪人行业规则标准、推动艺人经纪行业规范化专业化建设的各项举措都有着极大的需求。演艺经纪这个工作很有趣也很复杂，它不是一个垂直领域的工作，而是网络式多元化接触、多领域协同合作的工作。所涉及的行业资源不仅是制作公司、播出平台，还会触及文体艺术、广告商业、媒体传播、时尚设计、国际交流等方面，由于各项工作多以独立项目的方式进行，因此此前的市场环境和各类资源相对松散、模糊、缺少统一标准。经纪人委员会为我们搭建了更加专业、透明、有序的交流平台，对于经纪工作的有序展开和整个市场的健康发展都提供了约束和引导作用。

同时，从从业者的专业角度上看，经纪人的工作不仅要能给艺人提供合适的资源、专业的规划服务，还需要充分了解政策导向、法律法规、知识产权、艺术创作技能、教育培训等；加之艺人作为具有影响力的公众人物，经纪人和经纪机构还需要督促其在完成艺术创作的基础上，更要做到恪守社会公德和职业道德，明德修身，积极传递真善美和正能量，这些也无疑对经纪从业人员的技能知识、价值观念、职业素质、引导培养能力都提出了高要求。经纪人委员会陆续开展的专题授课培训，为我们提供了重要的学习机会。

在未来的工作中，我们也会积极地反馈经纪业务领域的动态与感受，认真执行相关方针政策，守法开展经纪工作，为推动经纪行业规范化、专业化发展、建设广播电视和网络视听的健康繁荣环境献一份力。

以上是我的发言，非常感谢大家的倾听，也期待和大家的交流与分享。